글로벌 경쟁법 판례

— 미국·EU 주요 사례 —

이병주

박영사

머리말

디지털 경제로의 전환 속에서 AI, 플랫폼, 알고리즘, 빅테크 등 경쟁법 분야에서 주목받는 키워드는 해마다 빠르게 바뀌고 있습니다. 이는 시장의 구조 자체가 근본적으로 변화하고 있음을 반영합니다.

우리는 미국과 유럽을 롤 모델로, 때로는 반면교사로 삼으며 발전해 왔습니다. 공정거래법 또한 예외는 아닙니다. 미국의 반독점법(Antitrust Law, 셔먼법)과 유럽연합(EU)의 경쟁법(Competition Law, 유럽연합기능조약 중 경쟁 조항)은 우리에게 중요한 참고 자료였습니다. 비교와 대조를 통해 사안을 객관적으로 이해할 수 있는 것처럼, 미국과 EU의 주요 판례를 살펴보는 일은 우리 시장의 현실과 문제점을 성찰하고, 그 해법을 찾는 데 도움이 됩니다. 특히, 급변하는 시장 현실 속에서 미국의 셔먼법이 제정된 이래, 130여 년 동안 사용된 분석 틀과 그 이면에 깔린 논리, 변하지 않는 본질이 무엇일지 궁금했습니다. 세계 질서가 재편되는 지금, 새로 부각된 독과점 이슈에 대응하는 경쟁정책을 두고 미국과 EU가 펼치는 긴장과 경쟁 또한 주목해 보아야 할 부분입니다.

책에서는 이슈별로 주요 판례를 선정하고 그 핵심을 추려 번역했습니다. 일부는 내용을 요약해 추가하면서 쉽게 읽히도록 다듬었습니다. 논문과 교과서를 인용하며 논리를 전개하는 대목을 읽으면서 재미를 느끼기도 하고, 정돈되지 않은 서술이나 긴 문장 속에서 길을 잃기도 했습니다. 미국 판례에서는 판사의 개성이 드러나는 자유로운 문장과 표현이 신선했지만, 종종 논점이 불분명하다 생각도 들었습니다. 반면, EU는 구조적이어서 익숙한 면이 있었지만, 형식적이고 지루하게 느껴질 때가 있었습니다. 편역하는 과정에서, 한국 공정거래법 집행은 어디쯤에 위치할까 생각하면서, 과거 직접 다루었던 사건들과 지금 맡고 있는 업무가 떠오르기도 했습니다.

수년간 품고 있던 작업을 마무리하고 세상에 내보내려 하니, 설렘만큼 두려움도 큽니다. 시간 제약 속에서 역량의 한계로 최근 10년 동안의 사례는 다루지 못했습니다. 미진한 부분은 개정 작업을 통해 채우겠습니다.

복잡한 경제 현실 속에서 날마다 새로운 과제를 해결하기 위해 애쓰는 모든 경쟁법 전문가들께 깊은 존경과 응원을 담아 이 책이 조금이나마 도움이 되었으면 하는 바람입니다. 생각하고 공부하는 일의 중요성을 늘 일깨워 주시는 법무법인 지평의 김지홍 대표님과 공정거래그룹 동료들께도 진심으로 감사드립니다. 언제나 곁에서 지켜봐 주는 아내와 딸에게도 고마움을 전합니다.

목차

Chapter I • 공동행위(경쟁사 간 수평적 합의) 규제

Chapter II • 공동행위(비경쟁사 간 수직적 거래) 규제

Chapter IV ◆ 기업 결합

일러두기

1. 본서는 미국·EU 경쟁법 주요 판례를 선정하여 원문 일부를 발췌·번역한 편역서입니다. 각 판례의 전문은 해당 판례의 공식 출처를 참조하시기 바랍니다.

2. 인용한 목차와 제목은 판례 원문을 그대로 유지하였으며, 편역 과정에서 일부 장 번호가 I·II 없이 III부터 시작하거나 중간 번호가 생략된 경우가 있습니다. EU 판결문에서는 단락(para.) 번호를 생략하고 단락을 합치거나 나누기도 하였습니다.

3. 번역은 직역을 원칙으로 하되, 문맥상 의미가 모호한 경우에는 이해를 돕기 위해 풀어 번역하거나 의역하였습니다.

4. 미국과 EU 법원의 명칭 번역은 주로 다음 문헌을 참조하였으나, 일부 용어는 역자의 판단에 따라 조정하였습니다.
   법원 국제분쟁해결시스템 연구회, 『외국 법원 및 사법관련 국제기구 번역 가이드라인』, 2024년 11월 14일.

I

공동행위(경쟁사 간 수평적 합의) 규제

1. 관련 규정

📖 미국 셔먼법(Sherman Act) 제1조

Section 1. Every contract, combination in the form of trust or otherwise, or conspiracy, in restraint of trade or commerce among the several States, or with foreign nations, is hereby declared to be illegal. Every person who shall make any contract or engage in any combination or conspiracy hereby declared to be illegal shall be deemed guilty of a felony, and, on conviction thereof, shall be punished by fine not exceeding $100,000,000 if a corporation, or, if any other person, $1,000,000, or by imprisonment not exceeding 10 years, or by both said punishments, in the discretion of the court.
여러 주(州) 간 또는 외국과의 거래나 통상을 제한하는 모든 계약, 트러스트 등의 형태의 결합, 공모는 이 법에 의해 위법으로 선언된다. 이 법에 의해 위법으로 선언된 계약을 체결하거나 결합 또는 공모에 관여하는 모든 자는 중죄로 간주되며, 유죄 판결 시 법인의 경우 1억 달러 이하의 벌금, 그 외의 자인 경우 100만 달러 이하의 벌금이나 10년 이하의 징역, 또는 법원의 재량에 따라 이 두 가지 처벌을 병과한다.

EU 유럽연합 기능조약 (Treaty on the Functioning of the European Union, TFEU) 제101조

Article 101

1. The following shall be prohibited as incompatible with the internal market: all agreements between undertakings, decisions by associations of undertakings and concerted practices which may affect trade between Member States and which have as their object or effect the prevention, restriction or distortion of competition within the internal market, and in particular those which:

(a) directly or indirectly fix purchase or selling prices or any other trading conditions;

(b) limit or control production, markets, technical development, or investment;

(c) share markets or sources of supply;

(d) apply dissimilar conditions to equivalent transactions with other trading parties, thereby placing them at a competitive disadvantage;

(e) make the conclusion of contracts subject to acceptance by the other parties of supplementary obligations which, by their nature or according to commercial usage, have no connection with the subject of such contracts.

2. Any agreements or decisions prohibited pursuant to this Article shall be automatically void.

3. The provisions of paragraph 1 may, however, be declared inapplicable in the case of:

— any agreement or category of agreements between undertakings,

— any decision or category of decisions by associations of undertakings,

— any concerted practice or category of concerted practices,

which contributes to improving the production or distribution of goods or to promoting technical or economic progress, while allowing consumers a fair share of the resulting benefit, and which does not:

(a) impose on the undertakings concerned restrictions which are not indispensable to the attainment of these objectives;

(b) afford such undertakings the possibility of eliminating competition in respect of a substantial part of the products in question.

1. 회원국 간 거래에 영향을 미칠 수 있고 역내 시장 내에서 경쟁을 방해, 제한 또는 왜곡하는 목적이나 효과를 가지는 사업자 간 모든 합의, 사업자단체의 결정 및 동조적 행위, 특히 다음과 같은 행위는 역내 시장과 양립할 수 없으므로 금지된다.

(a) 직접 또는 간접적으로 구매가격이나 판매가격 또는 그 밖의 거래조건을 고정하는 행위

(b) 생산, 판매, 기술개발 또는 투자를 제한하거나 통제하는 행위

(c) 시장이나 공급원을 분할하는 행위

(d) 다른 거래 상대방과의 동등한 거래에 대해 다른 조건을 적용함으로써 상대방을 경쟁상 불리한 위치에 두는 행위

(e) 상대방이 그 성질상 또는 상관습상 해당 계약의 대상과 관련 없는 부수적인 의무를 수락하는 것을 조건으로 계약을 체결하는 행위

2. 이 조에 따라 금지된 모든 합의 또는 결정은 자동적으로 무효이다.

3. 그러나 제1항의 규정은 다음의 경우에는 적용하지 않을 수 있다.

— 사업자 간의 합의 또는 합의 유형

— 사업자단체의 결정 또는 결정 유형

— 동조적 행위 또는 동조적 행위 유형

다만, 상품의 생산이나 유통을 개선하거나 기술적 또는 경제적 진보를 촉진하는 데 기여하고, 소비자에게 그 결과로 생긴 이익의 공정한 몫을 허용하며, 아래 각 호에 해당하지 않을 때로 한다.

(a) 이러한 목적 달성에 필수불가결하지 않은 제한을 부과하는 경우

(b) 해당 상품의 상당한 부분과 관련해 경쟁을 제거할 가능성을 제공하는 경우

2. 가격 및 생산량 담합(Price Fixing & Output Fixing)

미국 **Socony - Vacuum Oil 판결**

United States v. Socony-Vacuum Oil Co., Inc., 310 U.S. 150 (1940)

피상고인들은 배심원단에 의해 유죄 판결을 받았으며, 이는 셔먼법 제1조 위반 혐의로 기소된 사건이었다. 순회항소법원은 이 판결을 뒤집고 재심리를 위해 환송했다. 이 사건은 상고허가신청(petition for certiorari)과 이에 대한 반대 상고허가신청(cross-petition for certiorari)을 통해 연방대법원에 제기되었으며, 제기된 쟁점들의 공적 중요성을 고려하여 두 신청을 모두 받아들였다.

II. 공모 혐의의 배경

1926년경부터 미국 전역의 원유 및 휘발유 시장에 심각한 영향을 미칠 정도로 원유가 대량으로 생산되기 시작되었다. 과잉 생산은 낭비였고, 유전의 생산 능력을 감소시켰으며, 펌핑 및 저생산성 유정(pumping and stripper wells)은 생산 비용 이하로 석유 가격을 하락시켰다. 가격이 이처럼 비용 이하로 떨어지면, 그 유정들은 폐쇄되어야 한다. 한 번 폐쇄되면, 땅 밑 변화로 인해 그 유정들은 다시 생산하기 어렵거나 불가능해진다. 이러한 유정들이 국가의 알려진 석유 매장량의 약 40%를 차지하기 때문에, 보존을 위해서는 원유 가격이 이 유정들이 운영 가능한 수준으로 유지되어야 한다. 오클라호마와 캔자스가 자체적인 생산할당법을 통해 상황을 해결하려 노력하고 있을 때, 역사상 가장 큰 유전이 1930년 동부 텍사스에서 발견되었다.

이 유전에서의 석유 공급이 너무 많아서, 한때 원유 가격이 배럴당 10센트 또는 15센트로 떨어졌고, 휘발유는 동부 텍사스 유전에서 갤런당 2달러 1/8센트에 판매되었다. 텍사스의 생산할당법 집행은 극도로 어려웠다. 생산을 제한하는 명령들이 위반되었고, 불법적으로 생산된 석유는 "Hot Oil(불법 석유)"로, 그로부터 제조된 휘발유는 "Hot Gasoline(불법 휘발유)"으로 알려졌다. Hot Oil은 합법적인 석유의 공시 가격보다 상당히 낮은 가격에 판매되었다. 따라서 Hot Gasoline 비용이 더 적게 들었고, 때로는 합법적인 휘발유의 제조 비용보다 낮은 가격에 판매될 수 있었다. 후자는 정상적인 판로를 빼앗겨 헐값에 팔려야 했다. 합법적인 원유를 사용하는 많은 독립 정유사들의 상황은 위태로웠다. 수익성 없는 운영에도 불구하고, 그들은 가동을 중단할 수 없었다. 만약 그렇게 한다면, 독립 정유사는 유전에서의 석유 연결과 정기 고객을 잃을 가능성이 있었기 때문이다. 저장 용량이 적어서, 독립 정유사는 휘발유를 만드는 대로 팔아야 했다. 결과적으로, 그들의 휘발유는 "불황 휘발유(Distress Gasoline)"가 되었는데, 이 휘발유는 정유사가 저장할 수 없고, 정기적인 판매 경로가 없어서 어떤 가격에라도 팔아야 하는 휘발유였다. 이러한 판매는 시장 가격을 하락시켰다.

1933년 봄, 상황은 심각했다. 도매 시장 가격이 제조 원가 이하였다. 시장에 저렴한 휘발유가 넘쳐나면서, 휘발유는 어떤 가격에라도 투매되었다. 1933년 6월 1일, 원유 가격은 배럴당 25센트였고, 일반 휘발유의 탱크 화차 가격은 갤런당 2달러 5/8센트였다. 1933년 6월, 의회는 국가산업부흥법(National Industrial Recovery Act, NIRA)을 통과시켰다. 이 법 제9조 (c)항은 대통령에게 주법을 위반하여 생산되거나 저장소에서 인출된 석유 및 그 제품의 주(州) 간 및 해외 선적을 금지할 권한을 부여했다. 대통령은 1933년 7월 11일 행정명령(Executive Order)을 통해 그러한 선적을 금지했다. 1933년 8월 19일, 석유 산업을 위한 공정경쟁규약(code of fair competition)이 승인되었다.

내무부 장관(The Secretary of Interior)이 이 규약의 운영책임자(Administrator)로 지정되었다. 그는 자신에게 "자문하고 권고할" 석유행정위원회(Petroleum Administrative Board)를 설치했다. 규약 관리를 돕기 위해 기획조정위원회(A Planning and Coordination Committee)가 구성되었는데, 피상고인 Socony-Vacuum의 부사장 Charles E. Arnott이 그 위원회의 일원이었다. 1933년 가을 기획조정위원회에서 연설하면서 운영책임자는 "우리의 과제는 석유 산업을 수익성 있는 기반 위에 안정화시키는 것"이라고 말했다. 상당한 진전이 있었다. 원유 가격은 1933년 9월 말 산업계의 자발적 조치로 배럴당 1달러가 되었지만, 피상고인들에 따르면 이는 공정경쟁규약의 운영책임자의 정책과 바람에 따른 것이었다. 1934년 4월, 규약 개정안이 채택되어 각 정유사가 처리할 수 있는 원유량을 할당함으로써 휘발유 공급과 수요의 균형을 맞추려 했다. 이는 시장에 더 견고한 상황을 만들어 휘발유 가격을 인상하기 위함이었다. 이 개정안은 또한 기획조정위원회가 대통령의 승인을 받아 비통합 또는 반통합 정유사로부터 휘발유를 구매하고 이를 질서 있는 채널을 통해 재판매하기 위한 적절한 조치를 취할 수 있도록 허가했다. 이후 운영책임자에 의해 네 개의 구매 프로그램이 승인되었다. 이는 주요 회사들이 독립 정유사들로부터 불황 휘발유를 구매할 수 있도록 허용했다. 표준 계약 양식이 제공되었다. 해결하려 한 병폐(evil)는, 적어도 부분적으로는 Hot Oil과 Hot Gasoline 생산이었다. 계약들(그 중 적어도 하나는 관리자가 당사자였음)은 국가산업부흥법과 규약의 조항에 따라 체결되었으며, 구매 회사가 판매자가 규약 조항을 준수한다는 조건 하에 지정가로 일정량의 휘발유를 구매하도록 구속했다. 내무부 장관의 1935년 연례 보고서에 따르면, 이 구매 프로그램들은 성공적이지 못했다. "Hot Oil로부터의 휘발유 생산이 계속되었고, 휘발유 재고는 증가했으며, 휘발유 도매 가격은 원유 가격과의 균형 이하로 유지되었고, 1934년 초가을에 산업은 도매 시장의 심각한 붕괴에 직면했다." 배럴당 1달러의 원유 가격과 균형을 이루는 휘발유 가격의 회복은 실현되지 않았다.

한편, 소매 시장은 일련의 가격 전쟁에 휩싸였다. 이러한 가격 전쟁은 모든 시장 – 주유소, 탱크 화차(tank car) 시장에 영향을 미쳤다. 1934년 초, 석유행정위원회는 이러한 문제들을 해결하고자 했다. 판매사들 간의 협정을 협상하고 개별 회사들을 설득하여 일정 기간 동안 가격 수준을 높이도록 했다. 1934년 7월 9일, 이 위원회는 기획조정위원회의 판매위원회 의장인 피상고인 Arnott에게 가격 전쟁을 다루기 위한 자발적 협력 운동을 주도할 의향이 있는지 물었다. Arnott는 소매 시장을 안정화하기 위해서는 Hot Oil과 불황 휘발유를 없애 탱크 화차 시장을 안정화해야 한다고 지적했다. 1934년 7월 20일, 운영책임자는 Arnott에게 편지를 써서 가격 전쟁으로 인한 혼란을 설명하고 다음과 같이 말했다.

"규약 제7조 3항에 따라, 기획조정위원회는 업계를 위한 계획 및 공정 관행 기관으로서 행정부와 협력할 의무가 있습니다. 따라서 저는 기획조정위원회의 판매위원회 위원장으로서 귀하에게 낭비적 경쟁으로 인해 침체된 지역의 시장을 정상 상태로 회복하는 데 필요하다고 판단되는 조치를 취해주시기를 요청합니다. 이러한 상황의 수와 범위를 고려할 때, 석유행정위원회가 단독으로 각 특정 상황을 다루는 것은 비현실적일 것입니다. 그러므로 저는 판매위원회 위원장으로서 귀하에게 가격 전쟁이 발생할 때마다 각 지역에 대한 위원회를 지정하도록 요청하고 권한을 부여합니다. 이 위원회는 현재의 갈등 요소를 확인하기 위해 협의하고 협상하며 적절한 공청회를 개최할 권한을 가지며, 협력적인 방식으로 가격 수준을 유사한 마케팅 조건을 가진 인접 지역에서 일반적으로 우세한 수준으로 안정화시키는 권한을 갖습니다. 물론 귀하의 위원회의 모든 활동은 NIRA 제3조 (a)항 2호의 요구사항과 일치해야 합니다..."

이 편지를 받은 후, Arnott는 워싱턴에 본부를 둔 종합안정화위원회(General Stabilization Committee)와 각 지역에 지역 의장을 임명했다. 50개 이상의 주 및 지역 위원회가 설립되었다. 석유행정위원회는 1935년 중반 규약이 종료될 때까지 Arnott와 위원회들과 긴밀히 협력했다. 이 노력은 (처음에는 국지적으로, 그 다음에는 주 단위로, 그리고 마지막으로는 광역으로) 협상을 통해 가격 전쟁을 제거하고 공급업체들이 자신들로부터 구매한 사람들이 공정한 가격에 판매하도록 설득하는 것이었다. 1934년 12월 첫 주, Arnott는 시카고에서 종합안정화위원회 회의를 개최했고, 이어서 4–5일 동안 중서부 지역의 수백 명의 업계 구성원들이 참석한 일련의 회의를 열었다. 이 회의들은 많은 가격 전쟁을 제거하는 데 매우 성공적이었다고 알려졌다. Arnott는 1934년 12월 18일 석유행정위원회 위원들에게 그 결과를 보고했고, 가까운 미래에 후속 회의를 가질 예정이라고 밝혔다.

III. 주장된 공모

A. 중부 대륙 구매 프로그램의 형성

종합안정화위원회의 다음 회의는 1935년 1월 4일 시카고에서 열렸으며, 모든 개별 피고인들과 기업 피고인들의 대표자들, 그리고 다른 이들이 참석했다. 회의에 참석한 독립 정유사들의 대표자들은 정제 휘발유의 가격이 배럴당 1달러의 원유 가격과 균형을 이루지 못한 것에 대해 불만을 제기했다. 또한 Hot Gasoline와 불황 휘발유(Distress Gasoline)가 시장에 미치는 하락 효과에 대한 독립 정유사들의 불만이 보고되었다. "소매 시장에서 전반적인 안정화를 이루려면 탱크 화차 시장에서 어떤 형태의 견고한 시장이 있어야 한다"는 의견이 제시되었다. 논의 결과, Socony–Vacuum

부사장은 탱크 화차 안정화위원회를 구성하여 상황을 연구하고 보고하도록 했다.

탱크 화차 안정화위원회의 첫 번째 회의는 1935년 2월 5일에, 두 번째 회의는 1935년 2월 11일에 열렸다. 이 회의들에서 문제된 담합이 형성되었으며, 중부 대륙과 관련된 실질적 내용은 다음과 같았다. 약 17개의 독립 정유사들이 매월 중부 대륙 유전에서 600에서 700 탱크 화차 분량의 불황 휘발유를 생산할 것으로 추정되었다. 이 정유사들은 휘발유에 대한 정기적인 판로가 없어 헐값에 처분할 수밖에 없을 것이었다. 따라서 특정 주요 회사들이 이 정유사들로부터 휘발유를 구매하기로 제안되고 결정되었다. 위원회는 매월 이 불황 휘발유의 양과 위치에 대한 정보를 수집할 것이었다. 각 주요 회사는 불황 휘발유를 가진 독립 정유사들 중 하나(또는 그 이상)를 자신의 "댄싱 파트너(dancing partner)"로 선택하고, 그 긴급 공급분을 구매할 책임을 맡기로 했다. 이러한 방식으로 구매력이 조정되고, 구매가 효과적으로 이루어져, 이전의 무계획적 구매보다 훨씬 나은 결과를 얻을 수 있었다. 주요 회사들 간 혹은 주요 회사들과 독립 정유사들 간 이 휘발유를 구매하기 위한 공식적인 계약상 의무는 없었다. 오히려, 각자가 공동 사업의 자신의 몫을 수행하기로 하는 비공식적인 신사협정이나 양해였다. 구매는 "공정한 시장 가격(fair going market price)"으로 이루어질 예정이었다.

이러한 구매 프로그램의 결과로, 탱크 화차와 소매 시장 모두 개선될 것이라는 기대와 의도가 있었다. 결론은 거부할 수 없이 명백한 것으로, 피고인들의 목적은 단순히 현물 시장 가격을 올리는 것이 아니라, 궁극적으로 중서부 지역의 도매업자와 소비자에게 판매하는 휘발유 가격을 인상하는 것이었다. 그들의 합의나 계획은 현물 시장에서의 구매뿐만 아니라, 이러한 구매로 인해 중서부 지역의 가격 개선을 유지하기 위한 양해(understanding)를 명확히 내포하고 있었고, 이는 분명히 가격 인하가 아닌 가격 인상으로써 달성될 것이다. 다른 어떤 협정도 진행 중이던 광범위한 안정화 노력의 철학과 완전히 일치하지 않고 모순되었을 것이다. 본질적으로, 현물 시장 가격의 인상과 유지는 도매업자와 소비자에 대한 가격을 인상하고 유지하기 위해 채택된 수단에 불과했다.

지방법원은 배심원에게, 개인이나 기업 집단이 그들이 제조하는 상품의 가격을 인상하기 위해 함께 행동하고, 그 상품의 주(州) 간 거래와 통상의 상당 부분을 통제할 경우 이는 셔먼법 위반이라는 법적 지침을 제시했다. 법원은 공동행위(combination)의 구성원이 가격을 인상할 권한이 있고 그 목적을 위해 함께 행동할 경우, 그 공동행위는 위법하며, 그 가격이 얼마나 합리적이거나 비합리적인지, 또는 그 가격이 공동행위에 의해 어느 정도 영향을 받았는지는 중요하지 않다고 밝혔다. 또한, 그러한 위법한 공동행위가 존재한다면, 가격 인상에 기여한 다른 요인이 있었더라도 그것은 문제가 되지 않는다고 설시했다.

항소법원은 이러한 배심원 설시가 공동행위가 그 자체로 위법이라는 이론에 근거했기 때문에 번복 가능한 오류라고 판단했다. 항소법원의 견해로는, 피고인들의 활동은 그것이 부당한 거래제한(unreasonable restraint of trade)을 구성하지 않는 한 불법이 아니었다. 따라서, 그 쟁점이 배심원에게 제출되지 않았고, 그에 관한 증거가 배제되었기 때문에, 항소법원은 그러한 활동들의 성격과 경쟁에 미치는 영향을 결정할 수 있도록 파기 환송하여 새로운 재판을 명령했다. 정부의 상고에 대한 답변으로, 피고인들은 여기서 항소법원의 판결이 타당하다고 주장한다. 왜냐하면 그들이 가격에 영향을 미친 것은 단지 구매 프로그램을 통해 불황 휘발유라는 경쟁적 해악을 제거함으로써 가격이 정상적인 경쟁 수준으로 상승하도록 허용했을 뿐이라는 증거가 있었기 때문이다. 그들의 활동은 공정한 경쟁 기회를 저해(impair)하기보다는 촉진했으며, 따라서 그들의 활동은 과도하게 또는 부당하게 거래를 제한하지 않았다는 것이다.

Trenton Potteries 판결에서 이 법원은 산업의 상당 부분을 통제하는 공동행위의 구성원들의 상품 가격에 대한 합의가 가격의 합리성이나 공동행위 사업자 단위의 선의와 상관없이 그 자체로 부당한 거래 제한이라고 배심원에게 지시하면서 셔먼법에 따른 유죄 판결을 유지했다. 법원은 셔먼법 하의 다양한 가격 담합 사건들을 검토하였으며, 다음과 같이 판시했다. "... 종종 결정되었고 항상 가정되었던 것은, 주 사이의 통상에서 거래 혹은 사업을 상당한 방식으로 통제하는 자들에 의한 일률적인 가격 설정은 합의된 가격의 합리성에도 불구하고 셔먼법에 의해 금지된다는 것이다." 연방대법원은 *Standard Oil* 판결 및 *American Tobacco* 판결에서 발표된 소위 "합리성의 원칙(rule of reason)"이 가격 고정 합의의 위법성에 대한 이 견해에 영향을 미치지 않았음을 지적했다.

피고인들은 *Trenton Potteries* 사건과 이 사건을 구별하려고 한다. 피고인들은 *Trenton Potteries* 판결에서 당사자들이 경쟁에 의해 결정된 가격 대신 합의된 가격으로 대체했고, 피고인들이 시장 가격 결정에서 경쟁의 작용을 억제할 수 있는 권한과 목적을 가지고 있었기 때문에 결정의 주요 요인은 시장 경쟁의 파괴였지, 가격이 높거나 낮거나, 합리적이거나 부당한 것이 아니었다고 주장한다.

하지만 우리는 이런 구별을 중요하게 여기지 않는다. 첫째, 공동행위가 가격을 인상하려는 목적을 가지고 있었다는 충분한 증거가 있었다. 마찬가지로 구매 프로그램이 적어도 가격 상승과 현물 시장의 안정성, 그리고 문제된 기간 동안 중서부 지역에서 판매된 휘발유 가격의 인상에 기여했다는 충분한 증거가 있었다. 담합(conspiracy)이 있었고, 그 목적이 가격을 인상하는 것이었으며, 그것이 가격 상승을 야기하거나 기여했다는 증거는 셔먼법 제1조에 따른 담합의 실제 완성 또는 실행에 대한 증거이다.

둘째, 현물 시장의 판매가 여전히 어느 정도 경쟁에 의해 지배되었다는 사실은 중요하지 않다. 왜냐하면 피고인들이 구매 프로그램이 없었다면 해당 시장의 시세를 결정하는 요인이 되었을 공급 일부를 제거함으로써 그 경쟁이 제한되었다는 것은 다툼의 여지가 없기 때문이다. 가격은 상승했고 도매상과 소비자들은 담합이 없었다면 지불했을 금액보다 더 비싸게 휘발유를 구입했다. 경쟁은 시장으로부터 제거되지 않았지만 명확하게 축소됐는데, 왜냐하면 휘발유 공급제한, 구매 프로그램하의 구매 및 발주시점 그리고 현물 시장에서 바닥 가격 설정은 명백히 수요와 공급의 역동성을 감소시키기 때문이다.

이른바 경쟁의 폐해를 제거하는 것은 구매 프로그램에 대한 법적 정당화가 될 수 없다. 이러한 조건의 제거는 주로 가격 구조에 미치는 영향을 위해 추구되었다. 불황 휘발유가 시장에서 제거되었을 때, 보다 공정한 경쟁 가격이 형성되었다고 주장된다. 그러나 그러한 항변은 가격 담합 사건에서 일반적으로 제기되는 항변의 전형이다. 파괴적인 경쟁, 재정적 재난, 가격 인하의 폐단 등은 역사적으로 가격 담합의 명목상 정당화로 등장해 왔다. 이른바 경쟁적 남용을 평가해야 한다면, 가격의 합리성은 모든 가격 담합 사건에서 필연적으로 쟁점이 될 것이다. 그럴 경우, 셔먼법은 곧 무력화될 것이며, 그 철학은 자유 경쟁 체제와 전혀 맞지 않는 것으로 대체될 것이다. 이는 셔먼법을 제정한 사람들이 의도했던 자유의 헌장(the charter of freedom)이 아닐 것이다.

가격의 합리성은 가격 구조의 기초가 되는 사업을 둘러싼 사실의 역동적인 특성 때문에 일정하지 않다. 오늘 합리적인 가격을 정한 사람들이 내일 비합리적인 가격을 영속시킬 것이다. 이는 그러한 가격이 변화된 조건에 따라 지속적인 행정적 감독과 조정의 대상이 되지 않기 때문이다. 가격을 통제하는 자들이 시장을 통제하거나 실질적으로 지배하게 될 것이다. 그리고 그러한 전략적 위치에 있는 자들은 경쟁 체제를 파괴하거나 극단적으로 훼손시킬 수 있는 힘을 가지게 될 것이다. 하지만 이 규칙의 핵심은 더 깊고, 독점력 이상을 다룬다. 가격 구조를 조작하는 어떠한 공동행위도 불법적인 활동에 관여하는 것이다. 심지어 가격 담합 그룹이 시장을 지배할 위치가 아니라고 하더라도, 그들이 가격을 높이고 떨어뜨리거나 혹은 안정화시킨 그 만큼 직접적으로 시장의 힘이 자유롭게 작용(a free play of market forces)하는 것을 방해한 것이다. 이 법은 그러한 모든 계획을 금지하고, 우리 경제의 그 중요한 부분을 어떠한 정도의 간섭으로부터도 보호한다. 의회는 특정 가격 담합 계획이 현명한지 아닌지, 건전한지 파괴적인지를 결정할 권한을 법원에 남기지 않았다. 의회는 파괴적 경쟁과 경쟁의 폐해라는 오래된 주장을 가격 담합의 항변 수단으로 허용하지 않았다. 의회는 진정한 또는 상상된 경쟁적 남용을 이러한 계획들의 법적 정당화 근거로 허용하지 않았으며, 이는 담합 참여자들의 선의를 허용하지 않은 것과 마찬가지다. 만약 그러한 변화가 이루어져야 한다면, 그것은 의회에 의해 이루어져야 한다.

담합에 가담한 사업자들이 지불한 가격이 균일하고 유연성이 없다는 의미에서 고정되지 않았다는 것도 중요하지 않다. *Trenton Potteries* 사건에서 사용된 "가격 담합(price fixing)"이라는 용어는 그러한 제한적인 의미를 갖지 않는다. 따라서, *Trenton Potteries* 사건의 의미 내에서 가격은 다음과 같은 경우에 고정된 것으로 간주된다. 구매나 판매가 이루어질 범위에 대해 합의가 이루어진 경우, 지불되거나 청구되는 가격이 특정 수준이거나 상승 또는 하락하는 척도에 따르기로 한 경우, 가격이 균일하게 책정되기로 한 경우 또는 다양한 공식을 통해 시장 가격과 연관되어 있는 경우이다. 가격은 합의되었기 때문에 고정된 것이다. 그리고 이 사건처럼, 그 가격들이 공정한 현행 시장 가격으로 고정되었다는 사실은 중요하지 않다.

셔먼법에 따르면, 주(州) 간 또는 외국과의 통상에서 상품의 가격을 인상, 인하, 고정, 유지 또는 안정화하려는 목적과 효과를 가진 공동행위는 그 자체로 위법하다.

가격 고정을 위한 기제가 주(州) 간 또는 해외 거래 경로에서 상품에 대해 청구되거나 지불될 가격에 대한 합의인 경우, 해당 공동행위가 그 상품 거래의 상당 부분을 통제한다면 가격을 고정할 수 있는 힘이 존재한다.

가격 고정을 위한 수단이 상품 시장 운영에서의 구매나 판매이거나, 또는 여기서와 같이 시장에 대한 하락 효과를 막기 위해 상품 공급의 일부를 구매하는 것일 경우, 해당 공동행위가 상품의 상당 부분을 통제하지 않더라도 그러한 힘이 존재한다고 판단될 수 있다. 이러한 경우 시장 상황, 담합에 이용 가능한 자원, 주문의 시기와 전략적 배치 등의 결과로 원하는 목표를 달성할 수 있는 효과적인 수단이 있다면 그러한 힘이 확립될 수 있다. 그러나 문제된 사업자들이 시장을 통제하지 않더라도 시장에 대한 효과적인 영향력이 있을 수 있다. 가격 고정 합의는 담합 구성원들이 보유하거나 행사하는 힘이 지배와 통제에 훨씬 미치지 못하더라도 구성원들에게 유용할 수 있다.

독점력(Monopoly power)은 셔먼법이 금지하는 유일한 힘이 아니다. 가격을 고정하려는 목적으로 담합이 형성되었고, 그것이 가격을 고정시켰거나 그러한 결과에 기여했다는 증거는 법 제1조에 따른 가격 고정 담합의 완성에 대한 증거이다. 이 사건 기소는 공동행위가 그러한 목적과 효과를 가졌다고 주장했다. 그리고 이를 뒷받침할 충분한 증거가 있었다. 따라서, 공동행위 구성원들이 가격을 고정할 수 있는 힘의 존재는, 구매 프로그램이 가격의 상승과 안정성을 야기하거나 혹은 이에 기여했다는 판단으로부터 나온 결론에 불과했다.

각주 59

공소장에 따르면, 중서부 지역의 가격이 담합의 활동 결과로 인상되었다는 증거가 필수적이었다. 왜냐하면 위스콘신 서부지방법원이 관할을 가지기 위해서는 피상고인들이 그 지역에서 인상된 가격으로 휘발유를 판매했다는 사실이 필요했기 때문이다. 따라서 우리는 필연적으로 이 사건을 가격 고정 권한의 행사(즉, 실제 가격고정)가 범죄의 요인이었던 사건으로 다루었다. 그러나 이는 셔먼법 제1조에 따른 담합을 입증하기 위해 가격을 고정하려는 목적과 힘이 모두 필요하다는 의미는 아니다. "범죄를 저지를 능력이 없더라도 담합의 죄가 가능하다"는 것은 잘 확립되어 있다. 이러한 고려사항들을 감안할 때, 가격을 고정하려는 담합이 명백한 행위가 보이지 않더라도, 가담자들이 목표를 달성할 수 있는 수단을 가지고 있었다는 것이 입증되지 않더라도, 그리고 담합이 해당 상품의 주(州) 간 또는 국제 거래의 일부만을 포함하더라도 법 제1조를 위반한다. 가격 고정 합의는 가격 경쟁의 완전한 제거를 목표로 할 수도 있고 그렇지 않을 수도 있다. 그러한 합의를 하는 집단이 시장을 통제할 수 있는 힘을 가질 수도 있고 그렇지 않을 수도 있다. 그러나 사업자들이 시장가를 통제할 수 없다고 해서 가격합의가 그러한 공동행위 참가사업자들에게 효용이 없다는 것을 의미하는 것은 아니다. 가격 고정 합의의 효과는 경쟁 전략, 업계에서의 위치, 가격 정책의 기초가 되는 공식 등 많은 요인에 따라 달라진다. 가격담합과 관련된 경제적 정당화 주장이 무엇이건 간에, 셔먼법은 합의의 합리성에 대한 조사를 허용하지 않는다. 그 합의는 경제의 중추 신경계에 대한 실제적 또는 잠재적 위협 때문에 금지된다. 원하는 목표를 달성할 수 있는 힘의 존재나 행사는 법 제2조 위반으로 실제 거래나 상업의 일부를 독점화한 혐의로 기소된 경우에만 중요해진다. 그때는 법이 금지하는 결과를 만들어낼 의도와 힘이 필요하다.

미국 Broadcast Music (BMI) 판결

Broadcast Music, Inc. v. CBS, Inc., 441 U.S. 1 (1979)

이 사건은 Columbia Broadcasting System, Inc.(CBS) 방송국이 미국 작곡가, 저작권자 및 출판인 협회(American Society of Composers, Authors and Publishers, ASCAP) 및 Broadcast Music Inc.(BMI) 및 그 회원과 계열사를 상대로 제기한 반독점 및 저작권 소송이다. 기본적으로 제기된 질문은, ASCAP와 BMI가 저작권이 있는 음악 작품에 대한 포괄 라이선스(blanket licenses)를 ASCAP/BMI가 협상한 요금으로 CBS에 발급하는 것이 반독점법에 따라 가격 담합으로 불법인지 여부이다.

I

두 조직은 주로 포괄 라이선스로 운영되는데, 이는 라이선스 사용자에게 회원 또는 계열사가 소유한 모든 곡을 정해진 기간 동안 원하는 만큼 공연할 수 있는 권리를 부여한다. 포괄 라이선스에 따른 수수료는 일반적으로 총매출의 일정 비율 혹은 고정 금액이며, 이용된 음악의 양이나 종류에 직접적으로 달려 있지 않다. 라디오 및 텔레비전 방송사는 가장 큰 음악 이용자로서 거의 모든 방송사가 ASCAP와 BMI로부터 포괄 라이선스를 받고 있다. 이 소송이 있기 전까지 CBS는 1940년대 후반부터 두 조직으로부터 텔레비전 네트워크에 대한 포괄 라이선스를 지속적으로 보유하고 있었으며, ASCAP 또는 그 회원으로부터 다른 형태의 라이선스를 확보하려고 시도한 적은 없었다.

CBS는 셔먼법과 저작권법에 기해 소를 제기했는데, CBS는 ASCAP와 BMI가 불법 독점이며, 포괄 라이선스는 위법한 가격담합, 끼워팔기, 일방의 거래거절, 그리고 저작권의 남용이라 주장했다. 지방법원은 포괄 라이선스가 가격담합으로 셔먼법 제1조상 당연위법에 해당한다는 주장을 기각하면서, 개별 저작권자와 직접 협상이 가능하므로 부당한 거래제한, 불법적인 끼워팔기, 저작권 남용, 독점화가 없다는 것을 이유로 들었다. 항소법원은 텔레비전 네트워크에 발급된 포괄 라이선스는 셔먼법에 따라 당연위법인 가격담합의 형태라고 판단했다. 포괄 라이선스가 당연위법이라는 항소법원의 결론에 동의하지 않기 때문에 판결을 파기하며 추가 절차를 위해 사건을 환송한다.

II

법원은 특정한 합의 혹은 관행이 너무나 "명백하게 반경쟁적"이고, 매우 자주 "어떤 상쇄(만회)할 미덕(redeeming virtue)도 결여"되어, 셔먼법 사건에서 일반적으로 적용되는 합리의 원칙에 따른 추가 검토 없이 결정적으로 위법으로 간주된다고 판결했다. 이런 당연위법 규칙은 반독점 정책 및 집행의 유효하고 유용한 도구이다. 또한, 개별 상품이나 서비스의 가격을 고정하기 위한 경쟁자 간 합의는 법원이 당연위법 범주에 속한다고 판결한 공동행위 중 하나이다. 그러나 간단한 유형화가 언제나 손쉬운 답변을 제공하는 것은 아니다.

A

항소법원 및 CBS에게는, 포괄 라이선스는 문자 그대로 "가격 고정"을 포함한다. 즉 작곡자와 출판사들은 공동으로 포괄 라이선스를 위한 가격을 정하는 단체를 만들었다. 그러나 이것은 단순히 둘 혹은 그 이상의 잠재적 경쟁자가 말 그대로 "가격"을 "고정"했는지를 결정하는 단순한 문제가 아니다. 문제된 행위가 "당연위법 가격고정"이라는 표지(label)를 붙일 행위 유형에 해당하는지 여부에 대한 분류가 필요하다.

따라서 *Topco* 판결에서 언급한 바와 같이, "문제된 사업행위를 당연위법으로 유형화하기 위해서는 상당한 경험이 필요"하다. 법원은 이전에 이러한 관행을 조사한 적이 없으며, 실제로 항소법원은 "음악 산업에서 공연권을 다루면서, 우리는 저작권법과 반독점법 모두에서 독특한(sui generis) 조건에 직면한다."는 점을 인식했다. 그리고 ASCAP와 포괄 라이선스에 대한 상당히 집중적인 반독점 조사가 있었음에도 불구하고, 그 경험은 법원이 포괄 라이선스를 당연 거래제한으로 금지해야 한다고 거의 조언하지 않는다.

B

ASCAP 회원들은 ASCAP에게 그들의 작품을 공연하기 위해 라이선스할 비독점적 권리만을 부여할 수 있다. 따라서 ASCAP 회원들은 개별적으로 공연을 라이선스할 권리와 그들의 음악 작품을 다른 목적으로 사용할 권리를 유지한다. ASCAP 자체는 사용자와 소유자가 모두 서면으로 요청하지 않는 한, ASCAP 레퍼토리 내의 하나 이상의 특정곡을 공연할 라이선스를 부여하는 것이 금지된다. ASCAP는 신청서를 제출한 모든 사용자에게 일정 기간 동안 또는 프로그램 기준으로 모든 ASCAP 음악 작품을 공연할 비독점적 라이선스를 부여해야 한다. ASCAP와 잠재적 라이선스 사용자(putative license)가 60일 이내에 요금에 합의하지 못하면, 신청자는 지방법원에 합리적인 요금을 결정해 달라고 신청할 수 있으며, ASCAP는 합리성을 입증할 책임이 있다.

포괄 라이선스는 ASCAP가 법령 하에서 사업을 수행하는 주요 수단으로 계속 사용되고 있다. 법원은 두 차례에 걸쳐 ASCAP가 레퍼토리의 선택된 부분에 대해 라이선스를 발급할 필요가 없다고 해석했다. 또한, 법령은 ASCAP 회원들이 공연권(performance rights)을 직접 라이선스할 수 있는 법적 가능성을 보장하고 있으며, 지방법원은 텔레비전 네트워크가 직접 거래를 희망할 경우 그것을 막는 실질적인 장애물이 없다고 판단했고, 항소법원도 이 점에 동의했다. 역사적으로, CBS와 다른 텔레비전 네트워크는 1946년부터 ASCAP와 BMI로부터 포괄 라이선스를 받아왔다. 이 소송이 제기된 후에야 비로소 CBS 네트워크가 다른 종류의 라이선스를 요구했다.

법원은 문제된 관행이 표면적으로 경쟁을 제한하는 효과를 가지는지, 또는 개별 작곡가들 간의 경쟁을 제한하려는 목적으로 촉발되었는지 여부에 대해 확신할 수 없다. 마지막으로, 의회가 새로운 [1976년] 저작권법에서 포괄 라이선스와 유사한 관행을 채택하기로 결정했음을 주목한다. 의회는 케이블 텔레비전 시스템에 의한 2차 전송에 대해 강제 포괄 라이선스를 만들었는데, "반독점법의 어떠한 규정에도 불구하고, ... 모든 권리자(claimant)는 강제 라이선스 수수료의 비례 분배에 대해 상호 합의할 수 있으며, 그들의 청구를 함께 묶어 공동으로 또는 단일 청구로 제출할 수 있으며, 또는 그들을 대신하여 지급을 받을 공통 대리인을 지정할 수 있다."라고 규정했다.

III

A

우선, 항소법원의 판결을 제한하는 것이 상당히 어려울 것이라는 점을 염두에 두고 있다. 만약 항소법원이 판결한 대로, ASCAP가 텔레비전 네트워크에 단일 요금으로 포괄 라이선스를 발급할 때마다 그 자체로 반독점 위반이 발생한다면, ASCAP가 개별 라디오 또는 텔레비전 방송국이나 저작권이 있는 음악을 상업적으로 공연하는 다른 사용자에게 포괄 라이선스를 협상하고 발급하는 것도 자동으로 위법이지 않을까? 마찬가지로, 현재 ASCAP가 회원을 대신하여 발급하는 네트워크 라이선스가 그 자체로 위반이라면, 회원들이 ASCAP에게 저작권이 있는 음악을 네트워크가 사용할 수 있는 다양한 용도를 설정하고 각 용도에 대한 표준 요금을 설정하는 라이선스를 발급하도록 승인하는 것도 똑같이 위법이지 않을 이유가 있을까?

CBS는 ASCAP가 모든 곡을 협상된 사용 범주 내에서 표준 사용료(per−use rates)로 제공하도록 허가받고, 실제로 그렇게 지시받기를 원한다. 그러나 이것이 자체적으로 또는 포괄 라이선스와 함께 저작권자에 의한 불법적인 가격 고정 행위를 구성한다면, CBS는 ASCAP가 포괄 라이선스를 발급하거나 개별 회원을 대신하여 그 회원이 저작권자인 작품의 사용에 대한 요금을 협상하는 것을 금지하는 금지 명령을 내려달라고 주장한다. 따라서 포괄 라이선스가 전면적으로 불법인지 여부를 결정해야 한다. 그러나 이 법원은 당연위법 원칙이 그러한 결정을 요구하지 않는다고 확신한다.

B

비록 저작권법이 저작권 소유자에게 가격을 고정하거나 반독점법을 위반할 권리를 부여하지는 않지만, 부여된 권리를 실현하기 위해 합리적으로 필요한 시장 협약(market arrangement)이 셔먼법의 당연 위반으로 간주될 것으로는 기대하지 않는다. 그렇지 않다면, 저작권법에 의해 예상되고 셔먼법 제한으로부터 보호되는 상업 활동은 전혀 존재하지 않거나, 의회가 구상한 것의 희미한 흔적으로만 존재할 것이다.

C

보다 일반적으로 당연위법 규칙에 따라 이 행위를 특징지을 때, 문제된 관행의 효과와 목적이 자유시장 경제의 적절한 작동을 위협하는지 여부에 초점을 맞춰 조사되어야 한다. 즉, 그 관행이 표면적으로 항상 또는 거의 항상 경쟁을 제한하고 생산을 감소시키는 소지가 있는지, 그리고 시장의 어느 부분에서 그러한 소지가 있는지, 아니면 오히려 "경제적 효율성을 증가시키고 시장을 덜 경쟁적으로 만드는 것이 아니라 더 경쟁적으로 만드는" 것으로 설계되었는지 여부에 초점을 맞춰야 한다.

포괄 라이선스는 "경쟁을 질식시키는 것 외에는 어떤 목적도 없는 노골적인 거래제한"이 아니라, 판매, 모니터링 및 불법 저작물 사용에 대한 집행의 통합을 수반한다. 이미 언급했듯이, ASCAP와 포괄 라이선스는 시장의 실질적인 상황에서 함께 발전했다. 수천 명의 사용자, 수천 명의 저작권자, 그리고 수백만 개의 음악 작품이 있다. 대부분 사용자들은 무계획적이고, 신속하게 완전히 면책된 작곡물들에 모두 접근하기를 원하는데, 저작권 소유자는 자신의 저작물 사용에 대한 대가를 수취할 신뢰할 수 있는 방법을 원한다. 이 산업에서 개별 판매 거래는 매우 비용이 많이 들며, 특히 단일 작곡가의 자원을 고려할 때 개별 모니터링 및 집행도 마찬가지이다. 실제로 항소법원과 CBS 모두 인정하듯이, 개별 라디오 방송국, 나이트클럽 및 레스토랑과의 라이선스 비용은 엄청나게 높으며, 이러한 환경에서 포괄 라이선스가 등장했다.

만약 사실상 불가능한, 수천 건의 개별 협상을 피하는 것을 의도했다면, 포괄 라이선스를 가진 중개인(middleman)은 명백히 필요했다. 또한, 개별 작곡 사용에 대한 개별 요금은 복잡한 요금 및 사용 일정, 사용자에게는 어려운 보고 문제, 저작권 소유자에게는 비용이 많이 드는 감시 작업을 전제로 한다. 역사적으로, 공연권 시장은 주로 단일 요금 포괄 라이선스를 중심으로 조직되었으며, 이는 레퍼토리에 대한 무제한 접근과 침해에 대한 신뢰할 수 있는 보호를 제공했다. ASCAP의 주요 경쟁자이자 사용자에 의해 창설된 BMI가 등장했을 때, 그것 역시 포괄 라이선스를 채택했다.

텔레비전 네트워크 라이선스의 경우, ASCAP는 수천 번 대신 몇 번만 판매되는 포괄 라이선스를 만들어 비용을 절대적으로 절감하고, 네트워크가 지불한 것보다 더 많이 사용하지 않도록 면밀히 모니터링할 필요성을 없앤다. ASCAP는 또한 대부분의 작곡가와 출판사가 이용할 수 없는 일괄 판매 및 집행에 필요한 자원을 제공한다. 더욱이, 이러한 효율성을 달성하기 위해 필요한 통합의 결과로 일부 유형의 대량 라이선스가 필요하며, 집합 라이선스(aggregate license)의 필연적인 결과는 그 가격이 설정되어야 한다는 것이다.

D

이러한 실질적 비용 절감은, 물론 판매자와 구매자 모두에게 잠재적으로 유익하며, 포괄 라이선스를 개별 사용 라이선스와 구별지운다. 포괄 라이선스는 개별 곡과 통합 서비스로 구성된다. 여기서 전체는 부분의 합보다 진정으로 더 크며, 어느 정도는 다른 제품이다. 포괄 라이선스는 특정한 고유한 특성을 가지고 있다. 즉, 라이선스 사용자가 사전 개별 협상의 지연 없이 포함된 음악을 즉시 사용할 수 있게 하고, 음악 자료 선택에 큰 유연성을 제공한다. 많은 소비자들은 이 시장성 있는 패키지의 특성과 비용 절감을 분명히 선호하며, ASCAP와 BMI와 경쟁하기 위해 때때로 등장한 작은 공연권 협회들도 포괄 라이선스를 제공했다. 따라서 포괄 라이선스가 다른 제품인 한, ASCAP는 여러 판매자의 개별 상품을 제공하는 공동 판매 기관이 아니라, 개별 작곡물이 원재료인 포괄 라이선스를 제공하는 별도의 판매자이다. 요컨대, ASCAP는 개별 작곡가들이 완전히 효과적으로 경쟁할 수 없는 시장을 만들었다.

E

마지막으로, 이 관행이 "경제의 중추 신경계(central nerveous system of the economy)"(*Socony–Vacuum* 판결), 즉 자유시장에서 자원 배분을 위한 경쟁적 가격 책정을 위협하는 정도에 대해, 당연위법 규칙의 적용을 반대하기에 충분할 정도로 의심을 갖고 있다. 가격에 영향을 미치는 실제 또는 잠재적 경쟁자 간의 모든 협정이 셔먼법의 당연 위반이거나 심지어 부당한 제한은 아니다. 경쟁자 간의 합병은 가격 경쟁을 포함한 경쟁을 제거하지만, 그것이 당연위법은 아니며, 많은 경우 기존의 반독점 기준에 따른 문제제기를 견뎌낼 수 있다. 합작투자(Joint Venture) 및 기타 협력 약정도, 적어도 가격 고정 계획이 아니라면 일반적으로 불법이 아니다.

여기서 포괄 라이선스 요금은 개별 저작권 소유자 간의 경쟁에 의해 설정되지 않으며, 라이선스에 포함된 작곡물의 사용에 대한 요금이다. 그러나 포괄 라이선스는 단순한 경쟁자 간의 수평적 협약과 완전히 동일시할 수 없다. ASCAP는 포괄 라이선스의 가격을 설정하지만, 그 라이선스는 개별 소유자가 발급할 수 있는 것과는 상당히 다르다. 개별 작곡가와 작가는 다른 시장에서 개별적으로 판매하지 않기로 동의하지 않았으며, 다른 시장에서 가격 고정을 은폐하기 위해 포괄 라이선스를 사용하지 않았다. 지방법원은 CBS가 개별 라이선스를 얻는 데 법적, 관행적 또는 공모적 장애(conspiratorial impediment)가 없다고 판단했다. 요약하면 CBS는 실제 선택권이 있었다.

이런 배경을 고려하고, 수년 동안 및 사용 가능한 대안들에 직면하여, 포괄 라이선스가 저작권이 있는 음악 작곡물의 공연권 시장의 적어도 큰 부분에 대해 수용 가능한 메커니즘을 제공해 왔다는 점을 명확하게 충분히 나타내고 있다. 따라서 법원은 포괄 라이선스가 그 많은 모든 형태에서 자동으로 불법으로 선언되어야 한다고 동의할 수 없다. 오히려, 위법성에 다툼이 있을 때, 그것은 합리의 원칙에 따라 더 신중한 검토를 받아야 한다. 궁극적으로 그 문제제기를 견디지 못할 수도 있지만, 그것이 오늘 법원 앞에 있는 문제는 아니다.

법원은 항소법원의 판단과 그에 근거한 저작권 남용 판단을 파기하고, CBS가 항소법원에 적절히 제기했을 수 있는 미해결 문제를 고려하기 위한 추가 절차를 위해 환송한다.

미국 National Collegiate Athletic Association (NCAA) 판결

NCAA v. Board of Regents of University of Oklahoma, 468 U.S. 85 (1984)

I

이 사건에서 문제되는 것은 1982-1985 시즌을 위해 1981년에 채택된 계획이다. 이 계획은 이전 계획들과 마찬가지로, 가능한 한 생중계가 미식축구 경기 관중에 미치는 부정적 영향을 줄이기 위한 것이라고 명시하고 있다. 이 계획은 "계획 통제 기간 동안 전미 대학 체육협회(National Collegiate Athletic Association, NCAA) 회원 기관들의 축구 경기에 대한 모든 형태의 텔레비전 중계는 이 계획에 따라야 한다"고 규정하고 있다.

NCAA는 TV 중계 네트워크인 ABC와 CBS 방송사 각각과 별도의 계약을 맺어, 계획에 명시된 14회의 생중계 "노출"을 "기본 규칙(ground rules)"에 따라 중계할 권리를 부여했다. 각 방송사는 4년 동안 "참여하는 NCAA 회원 기관들에게 총 131,750,000달러에 달하는 최소 총보상(minimum aggregate compensation)"을 지불하기로 동의했다. 본질적으로 이 계약은 각 방송사가 회원 학교들과 직접 협상하여 그들의 경기를 중계할 권리를 얻을 수 있도록 허가했다. 전국 중계와 지역 중계 간의 지불 차이, 그리고 디비전 II와 디비전 III 경기에 대한 차이를 제외하고, 각 팀이 받는 금액은 시청자 규모, 경기가 중계되는 시장의 수, 또는 경기나 참가 팀의 특정 특성에 따라 변하지 않는다. 대신, "기본 규칙(ground rules)"은 중계 방송사들이 중계하고 싶은 경기를 번갈아 선택하고, 그렇게 함으로써 관련 기관들에게 본질적으로 고정된 가격으로 입찰할 독점 권리를 얻도록 규정하고 있다.

이 계획은 또한 계획이 시행되는 각 2년 기간에 적용되는 "출연 요구사항"과 "출연 제한"을 포함하고 있다. 두 네트워크 각각에 부과되는 기본 요구사항은 각 2년 기간 동안 최소 82개의 서로 다른 회원의 출연을 편성해야 한다는 것이다. 출연 제한에 따르면, 어떤 회원 기관도 총 6회 이상, 그리고 전국적으로 4회 이상 텔레비전에 출연할 자격이 없으며, 이 출연은 두 중계 네트워크 사이에 균등하게 나누어져야 한다. 계약에 명시된 노출 횟수는 또한 방송될 수 있는 경기 수에 대한 절대적인 최대치를 설정한다.

1979년 초 대학미식축구협회(College Football Association, CFA) 회원들이 미식축구 TV 정책 형성에 대해, NCAA에서 훨씬 큰 목소리를 내야 한다고 주장하기 시작했다. CFA는 자체적으로 텔레비전 계약을 협상할 가능성을 조사하고, 독립적인 계획을 개발했으며, NBC 방송사로부터 계약 제안을 받았다. 1981년 8월에 체결된 이 계약은 각 기관에 더 많은 출연 기회를 허용하고, CFA 회원들의 전체 수익을 증가시킬 수 있었을 것이다.

이에 대응하여, 상고인 NCAA는 CFA－NBC 계약을 준수하는 모든 CFA 회원에 대해 징계 조치를 취할 것이라고 공개적으로 발표했다. NCAA는 CFA 회원들의 미식축구 프로그램에만 제재가 국한되지 않고 다른 스포츠에도 적용될 것임을 분명히 했다. 1981년 9월 8일, 피상고인들은 이 소송을 제기했다.

II

NCAA의 문제가 된 관행들이 "거래 제한"을 구성한다는 점에는 의심의 여지가 없다. 이는 회원들이 자체적으로 텔레비전 계약을 협상하고 체결할 자유를 제한한다는 의미에서 그렇다. 그러나 그런 의미로 모든 계약은 거래 제한이며, 셔먼법은 오직 부당한 거래 제한만을 금지하려는 의도였다. 또한 이러한 관행들이 우리가 이전에 부당하다고 판단했던 제한들의 특징을 공유한다는 점도 부인할 수 없다. NCAA는 텔레비전 수익은 물론 팬들과 선수들을 유치하기 위해 서로 경쟁하는 학교들의 연합체이다. 지방법원이 판단했듯이, 텔레비전 권리에 관한 NCAA의 정책들은 궁극적으로 회원 기관들의 투표에 의해 통제된다. 방송사들에게 제공할 수 있는 텔레비전 권리의 가격이나 종류를 기반으로 회원 기관들이 서로 경쟁하는 것을 막는 연합체에 참여함으로써, NCAA 회원 기관들은 수평적 제한(horizontal restraint), 즉 서로 어떻게 경쟁할 것인가에 대한 경쟁자들 간의 합의를 창출했다. 이러한 유형의 제한은 종종 법적으로 부당한 것으로 판단되어 왔다. 회원 기관들이 중계할 수 있는 경기 수에 상한을 설정했기 때문에, 이러한 경쟁사 간 수평적 합의는 방송사들과 소비자들이 이용할 수 있는 중계된 미식축구의 양에 인위적인 제한을 둔다. 판매 가능한 텔레비전 권리의 수량을 제한함으로써, 문제가 된 관행들은 공급 제한을 만들어낸다. 판례들은 이러한 제한들이 부당한 거래 제한이라고 판단해 왔다. 더욱이 지방법원은 최소 총액가(the minimum aggregate price)가 실제로 방송사들과 기관들 사이의 모든 가격 협상을 배제하는 역할을 한다고 판단했으며, 이는 수평적 가격 고정을 구성하며, 아마도 부당한 거래 제한의 전형일 것이다.

수평적 가격 고정(horizontal price fixing)과 공급 제한(output limitation)은 일반적으로 "당연위법" 접근법에 따라 법적으로 제재된다. 이는 이러한 관행들이 반경쟁적 가능성이 매우 높기 때문이다. 당연위법 원칙은 "그 관행이 표면적으로 항상 또는 거의 항상 경쟁을 제한하고 생산량을 감소시키는 경향이 있어 보일 때" 적용된다(*BMI* 판결). 이러한 상황에서는 특정 시장 맥락에 대한 조사 없이 제한이 부당하다고 간주된다. 그럼에도 불구하고, 이 사건에 당연위법 원칙을 적용하는 것이 적절하지 않다고 결정했다. 이 결정은 이러한 유형의 협정에 대한 사법적 경험 부족이나, NCAA가 비영리 단체로 조직되었다는 사실, 또는 대학 간 아마추어 체육의 보호 및 증진에서 NCAA의 역사적 역할에 대한 법원의 존중에 기반한 것이 아니다. 오히려 결정적인 것은 이 사건은 상품이 이용 가능하려면 경쟁에 대한 수평적 제한이 필수적인 산업이라는 점이다.

Bork 판사가 지적했듯이, "일부 활동은 공동으로만 수행될 수 있다. 아마도 가장 대표적인 예는 리그 스포츠일 것이다. 프로 라크로스 팀들의 리그가 형성될 때, 다른 프로 라크로스 팀이 없다는 이유로 그들의 협력을 불법이라고 선언하는 것은 무의미할 것이다."(R. Bork, The Antitrust Paradox (1978)). 이 사건에서 NCAA와 그 회원 기관들이 판매하는 것은 경쟁 그 자체, 즉 경쟁하는 기관들 간의 대회다. 물론, 경쟁자들이 판매될 경쟁을 만들고 정의하는 데 동의한 규칙이 없다면 이는 완전히 비효과적일 것이다. 경기장의 크기, 한 팀의 선수 수, 신체적 폭력이 장려되거나 금지되는 정도 등에 영향을 미치는 무수한 규칙들이 모두 합의되어야 하며, 이 모든 것들이 기관들이 경쟁하는 방식을 제한한다. 더욱이 NCAA는 특정 브랜드의 미식축구, 즉 대학 미식축구를 판매하고자 한다. 대학교육 전통이라는 점과 함께 이러한 "상품"의 정체성 때문에 대학축구는 예컨대 마이너 리그와 같은 다른 프로 스포츠와 구분되며 더 인기가 있다. "상품"의 특성과 품질을 보존하기 위해, 선수들은 이와 같은 "상품"의 특성과 질을 보존하려면, 선수들은 반드시 무보수여야 하고, 수업을 들어야 하며, 그와 유사한 요구사항들을 충족해야 한다. 그리고 "상품"의 진실성(integrity)은 상호 합의가 없다면 보존될 수 없는 것이다. 만약 한 기관이 그러한 제한을 일방적으로 채택한다면, 경기장에서 경쟁자로서의 효과는 곧 파괴될 수 있을 것이다. 그래서 NCAA는 대학축구가 그 특성을 보존하는데 필수적인 역할을 하며, 그 결과 NCAA가 아니라면 가능하지 않은 상품이 판매될 수 있도록 한다. 이러한 역할을 수행함으로써, NCAA의 행동은 소비자의 선택을 넓히는데, 이는 스포츠 팬들에게 가능한 선택뿐만 아니라 선수들에게 가능한 선택도 넓히는 것이기 때문에 친경쟁적인 것으로 볼 수 있다.

BMI 판결은 공동 판매 협정이 매우 효율적이어서 판매자들의 총 생산량을 증가시킬 수 있기 때문에 친경쟁적일 수 있다는 점을 명확히 판시한다. 마찬가지로, *GTE Sylvania* 판결에서 지적했듯이, 시장의 한정된 측면에서의 제한이 실제로 시장 전반의 경쟁을 강화할 수 있다. 피상고인들도 NCAA의 규정 대부분이 회원 기관들 간의 경쟁을 강화한다는 점을 인정한다. 따라서 이 사건이 회원 기관들이 가격과 공급 측면에서 경쟁할 수 있는 능력에 대한 제한을 포함하고 있음에도 불구하고, 이러한 제한의 경쟁적 특성에 대한 공정한 평가를 위해서는 NCAA의 제한에 대한 정당화 사유를 고려해야 한다.

물론 합리의 원칙에 따른 이 사건의 분석이 법원의 검토에 궁극적인 초점을 바꾸지는 않는다. 당연위법 원칙과 합리의 원칙 모두 "제한의 경쟁적 중요성에 대한 판단을 형성하기 위해" 활용된다(*Engineers* 판결). "거래 제한이 부당하다는 결론은 다음 중 하나에 기초할 수 있다. 즉, (1) 계약의 본질이나 특성, 또는 (2) 계약이 거래를 제한하고 가격을 인상하려는 의도였다는 추론이나 간주를 야기하는 제반사정이며, 어느 쪽이건 조사는 경쟁 조건에 미치는 영향에 대한 고려로 국한"된다.

III

NCAA의 텔레비전 계획은 가격과 공급을 제한하기 때문에 경쟁제한적 효과를 낳을 상당한 가능성이 있다. 지방법원의 판단은 이러한 가능성이 실현되었음을 보여준다. 지방법원은 회원 기관들이 자유롭게 TV 권리를 판다면, 보다 많은 경기가 TV에 방영되며, NCAA의 공급제한은 방송사들이 지불하는 TV 방영권의 가격을 올리는 효과를 가져왔다고 판단했다. 더욱이, 법원은 NCAA가 모든 경기의 텔레비전 권리에 대해 가격을 고정함으로써 시청자 수요에 반응하지 않고 경쟁 시장에서 형성될 가격과 무관한 가격 구조를 만들어낸다고 판단했다. 그리고 물론, 실질적으로 모든 회원기관이 NCAA의 승인을 필요로 하기 때문에, 회원들은 NCAA의 텔레비전 통제를 따르는 것 외에 실질적인 선택권이 없다.

가격과 공급제한은 셔먼법이 금지하려고 의도한 거래제한의 전형적인 예이다. 동시에 텔레비전 계획은 경쟁자들을 시장에서 소멸시켰는데, 오직 NCAA 전체를 포괄하는 텔레비전 권리에 입찰할 수 있는 방송사들만이 경쟁 가능하기 때문이다. 따라서 지방법원이 판단했듯이, 경쟁 시장에서 발생할 수 있는 많은 중계방송들이 NCAA의 계획에 의해 배제된다.

반면, 상고인은 기록상 시장에서 수요공급의 상호작용을 변경시킬 능력, 즉 시장지배력이 없기 때문에 텔레비전 계획이 심각한 반경쟁적 효과가 없다고 주장했다. 우리는 법리와 사실관계, 이렇게 2가지 이유로 이 주장을 기각해야만 한다.

법적으로, 시장력(market power)의 증거가 없다고 해서 가격 혹은 공급에 대한 노골적 제한이 정당화되는 것은 아니다. 반대로 가격이나 공급량 측면에서 경쟁하지 않겠다는 합의가 있는 경우, "그러한 합의의 반경쟁적 특성을 보여주는 데 면밀한 산업 분석이 필요하지 않다"(*Engineers* 판결). 상고인은 가격과 생산량이 수요에 반응하지 않는다는 지방법원의 판단에 이의를 제기하지 않는다. 그렇다면 이 계획은 가격과 공급이 소비자 선호에 반응해야만 한다는 셔먼법의 명령과 일치하지 않는다. 법원은 이러한 경우 시장지배력의 증거를 요구한 적이 없다. 가격과 생산량에 대한 이러한 노골적인 제한은 심지어 상세한 시장 분석이 없더라도 어느 정도의 경쟁적 정당화가 필요하다.

사실의 문제로, 상고인 NCAA가 시장력을 보유하고 있다는 것은 명백하다. 지방법원은 대학 간 미식축구 중계가 독특하게 광고주에 매력적인 관객을 창출하고 경쟁사들은 그와 유사한 관객을 끌 수 있는 프로그램을 제공할 수 없다고 판단했다. 이러한 결정은 NCAA가 시장력을 보유하고 있다는 결론을 충분히 뒷받침한다. 실제로, 광고주들이 대학 미식축구 시청자들의 인구의 통계적 특성 때문에 시청자당 프리미엄 가격을 지불할 것이라는 지방법원의 부수적 판단은, 이 상품의 독특함에 대한 생생한 증거이다. 더욱이, 지방법원의 시장 분석은 *International Boxing Club* 판결(1958)에서 챔피언십 복싱 이벤트가 팬들에게 독특하게 매력적이라는 법원의 결정에 의해 확고히 뒷받침된다. 따라서 이는 비챔피언십 이벤트와는 별개의 시장을 구성한다.

Ⅳ

BMI 판결을 원용해, 상고인(NCAA)은 TV 계획이 협력적인 "합작투자(Joint Venture)"로서 방송권 판매를 지원하기 때문에 친경쟁적이라고 주장한다. 공동 사업은 반독점법 면제대상은 아니지만, *BMI* 판결이 언급한 바와 같이, 공동 판매 협정은 해당 협정이 없었다면 "얻을 수 없는 효율성을 수확함으로써 새로운 상품을 가능하게 할 수도 있다." NCAA의 협정이 본질적으로 기여한 것은, 방송 가능한 경기 수를 정의하고, 각 노출에 대한 가격을 설정하며, 네트워크와 홈 팀 간의 각 계약의 기본 조건을 정의하는 것이다. 그러나 NCAA는 어떤 학교나 학교 연합의 판매 대리인으로 활동하지는 않는다. 개별 경기의 선정과 특정 계약의 협상은 네트워크와 개별 학교에 맡겨진 문제이다. 따라서 네트워크 계획의 효과는 개별 방송 판매를 없애는 것이 아니며, 이러한 판매는 여전히 발생하지만, 고정된 가격과 공급 제한에 따라 이루어진다. *BMI* 판결이 많은 개별 작곡물에 대한 방송권을 포함하는 포괄 라이선스와 달리, 여기서는 동일 권리들이 여전히 개별적으로 판매되지만 비경쟁 시장에서만 이루어진다.

지방법원은 NCAA 텔레비전 계획이 대학 미식축구 TV 권리의 경쟁력을 향상시킨 친경쟁적 효율성을 야기시켰다고 판결하지 않았다. 반대로, NCAA의 미식축구는 텔레비전 계획 없이도 동일하게 효과적으로 판매될 수 있다고 결론지었다. 따라서 상고인의 효율성 정당화에 대한 판단에는 근거가 없다. 실제로, 상고인 주장은 가격과 생산량에 관한 지방법원의 판단에 의해 반박된다. 만약 NCAA의 텔레비전 계획이 친경쟁적 효율성을 생성했다면, 이 계획은 공급을 증가시키고 텔레비전 중계 경기의 가격을 낮추었을 것이다. *BMI* 사건에서는 어떤 개인도 제공할 수 없는 패키지 제품의 가용성이 판매되는 음악의 총량을 증가시켰다. 이 사건과 달리, 전체 시장에서 판매될 수 있는 양에 대한 어떤 종류의 제한도 없었고 각 개인은 제약 없이 자신의 음악을 판매할 자유가 있었다. 이 사건은 생산이 제한되었고 향상되지 않았다. 어떤 개별 학교도 제약 없이 자신의 경기를 방송할 자유가 없다. NCAA의 효율성 정당화는 기록에 의해 뒷받침되지 않는다.

나아가 NCAA 텔레비전 계획은 NCAA가 매력적인 패키지 판매를 통해 시장에 침투하도록 하는데 필요하지도 않다. 대학 미식축구에 대한 방송권은 즉각적인 대체물이 없는 독특한 상품이기 때문에, 상품이 존재하지 않는 경쟁자와 경쟁하기 위해 공동행위가 필요하지 않다. 지방법원도 NCAA 텔레비전 계획은 판매되는 TV 방영권의 수량을 감소시켰다고 판시했다.

V

대학 간 미식축구 중계에 대한 규제 역사 전반에 걸쳐, NCAA는 관중의 경기 직접 관람 보호에 대해 관심을 표명해왔다. [그러나] 지방법원이 발견한 바에 따르면, 텔레비전 계획은 직접 경기장 관람을 보호하기 위한 당초 의도와 맞지 않게 발전해왔다. 현재 계획 하에서는 대학 미식축구 경기가 진행되는 모든 시간 동안 경기가 텔레비전에 방영된다. 이 계획은 단순히 경기장 관람을 보호하지 않으며, 실시간 이벤트와 동시에 경기가 텔레비전에 방영되지 않도록 보장하지 않는다.

그러나 이러한 항변을 거부할 더 근본적인 이유가 있다. NCAA의 텔레비전 계획이 직접 관람을 보호하는 데 필요하다는 주장은, 대학 미식축구의 독특하고 매력적인 제품으로서의 진실성을 유지하려는 희망에 기반한 것이 아니라, 텔레비전 중계 경기와의 경쟁에 직면했을 때 그 제품이 충분히 매력적이지 않을 것이라는 두려움에 기반하고 있다. 근본적으로 NCAA의 입장은 대부분의 대학 경기의 티켓 판매가 자유 시장에서 경쟁할 수 없다는 것이다. 텔레비전 계획은 공급량을 제한함으로써 티켓 판매를 보호한다. 이는 독점자가 생산량을 줄여 수익을 증가시키는 방식과 같다. 제품 자체가 소비자에게 충분히 매력적이지 않다는 가정 때문에 실시간 티켓 판매를 전체 경쟁의 스펙트럼에서 격리하려고 함으로써 상고인은 셔먼법의 기본 정책과 일치하지 않는 정당화를 제시하고 있다. "합리의 원칙은 경쟁 자체가 불합리하다는 가정에 기반한 항변을 지지하지 않는다."(*Engineer* 판결)

VI

상고인은 아마추어 운동 팀 간의 경쟁 균형을 유지하려는 관심이 정당하고 중요하며, 이것이 이 사건에서 문제된 규정을 정당화한다고 주장한다. 주장의 첫 번째 부분에는 동의하지만, 두 번째 부분에는 동의하지 않는다.

이 사건에서 당연위법을 적용하지 않기로 한 이 법원의 결정은, 상고인과 그 회원 기관들이 판매하고자 하는 경쟁 유형을 보존하기 위해서는 일정 정도의 협력은 필요하다는 인식에 크게 기반하고 있다. NCAA의 대부분의 규제 통제가 아마추어 운동 팀 간의 경쟁을 촉진하는 정당한 수단이라고 가정하는 것은 합리적이며, 따라서 이는 대학 스포츠에 대한 공공의 관심을 증대시키기 때문에 친경쟁적이다. 그러나 이 사건에서 문제된 미식축구 중계에 대한 특정 제한은, 대회 조건, 참가자의 자격, 또는 공동 사업의 구성원들이 전체 사업의 책임과 이익을 어떻게 분배할지를 정의하는 규칙과 같은 형태가 아니다.

NCAA는 자신의 텔레비전 계획이 어떤 리그 내에서의 경쟁을 평준화했거나 평준화할 의도가 있다고 주장하지 않는다. 이 계획은 전국적인 범위를 가지며, 모든 대학 미식축구 팀이 경쟁하는 단일 리그나 토너먼트가 없다. 1부 리그의 팀들과 2부 또는 3부 리그의 팀들의 강도를 평준화하려는 의도가 있다는 증거도 없으며, 축구 프로그램이 전혀 없는 대학들이 다른 학교의 축구 프로그램에서 발생하는 수익 관리에 목소리를 낼 수 있는 근거조차 없다. NCAA가 대학 간 미식축구의 모든 텔레비전 방송을 규제하는 정당화로 주장하는 경쟁 균형 유지에 대한 관심은, 어떤 중립적인 기준이나 쉽게 식별 가능한 경쟁자 그룹과 관련이 없다.

텔레비전 계획은 이러한 관심을 위해 맞춰져 있다고 보기조차 어렵다. 이 계획은 어떤 대학이 자신의 축구 프로그램에 지출할 수 있는 금액이나, 대학들이 텔레비전 권리 판매, 티켓 판매 또는 판매 수익이나 프로그램 광고에서 발생하는 수익을 어떻게 사용할 수 있는지에 대해 규제하지 않는다. 이 계획은 단순히 일부 대학에 더 중요하게 여겨지는 수익의 한 출처에 대한 제한을 부과할 뿐이다. 이 제한이 졸업생 기부금, 등록금, 또는 다른 수익 창출 활동에 대한 제한보다 NCAA 전반에 걸쳐 더 큰 평등을 가져온다는 증거는 없다. 동시에, 지방법원이 판시한 바와 같이, NCAA는 아마추어리즘을 보존하기 위해 설계된 다양한 다른 제한을 부과하며, 이는 텔레비전 계획보다 경쟁 균형 목표에 훨씬 더 잘 맞춰져 있으며, NCAA가 이를 수행할 권한이 있는 범위 내에서 경쟁 균형을 유지하기에 "명백히 충분하다."

VII

NCAA는 대학 스포츠에서 아마추어리즘이라는 존경받는 전통을 유지하는 데 중요한 역할을 한다. 이 역할을 수행하기 위해 충분한 자유가 필요하다는 점이나, 고등교육에서 학생 운동선수를 보존하는 것이 대학 간 스포츠에 풍부함과 다양성을 더하며 셔먼법의 목표와 완전히 일치한다는 점에 의문이 있을 수 없다. 그러나 셔먼법과 일치하는 범위 내에서 NCAA의 역할은 그렇지 않으면 죽을 수 있는 전통을 보존하는 것이어야 하며, 공급을 제한하는 규칙은 이 역할과 거의 부합하지 않는다. 오늘 우리는 기록에 비추어, 지방법원의 결론을 지지한다는 것만을 확인한다. 즉, 공급을 줄이고 회원 기관들이 소비자 선호에 대응할 수 있는 능력을 둔화시킴으로써, NCAA가 전국민의 삶에서 대학 스포츠의 위상을 높이기 보다는, 오히려 제한하였다. 따라서 항소법원의 판결을 확정한다.

미국 California Dental Association 판결

California Dental Ass'n v. FTC, 526 U.S. 756 (1999)

이 사건에서는 2가지 쟁점이 있다. 하나는 연방거래위원회(FTC)의 관할이 비영리 전문가 협회인 캘리포니아 치과의사 협회(CDA)에까지 미치는가, 또 하나는 CDA가 채택한 광고제한이 반독점법을 위반했다고 판단하기 위해 "약식 심사(quick look)" 기준이 충분한가이다. FTC법에 따른 위원회 관할은 CDA처럼 상당한 경제적 이익을 영리 회원들에게 제공하는 협회에 미친다고 판단하지만, 이 사건처럼 문제된 제한의 반경쟁적 효과가 직관적으로 명백한 것과 거리가 있을 때, 합리의 원칙은 항소법원이 수행했던 것 이상으로 이러한 제한의 결과에 대해 보다 철저한 조사가 요구된다.

I

CDA는 약 19,000명의 치과의사가 소속된 지역 치과 사회인 자발적 비영리 협회로, 이 중 약 3분의 2는 주(州) 내에서 활동한다. CDA에 소속된 치과의사가 준수하기로 약속한 윤리 규정에 따르면, "모든 치과의사가 광고를 할 수 있지만, 치과의사는 어떠한 주요한 측면에서도 거짓 혹은 오인하는 방식으로 광고하거나 고객을 유치하는 것이 금지된다. 치과의사는 자신의 교육 및 능력을 중요한 측면에서 허위이거나 오해의 소지가 있는 방식으로 잘못 표현해서는 안 된다."고 규정한다.

CDA는 이 조항을 해석하는 여러 가지 자문 의견을 발표했으며, 회원들이 윤리강령(Code) 및 주 법을 준수하는 데 도움을 주기 위해 별도의 광고 지침을 통해 할인 광고할 때, 주 법에 따라 해야 하는 공시 사항에 대해 치과의사들에게 자문했다. 문제 있는 광고를 철회하거나 수정하기를 거부하는 신청자는 회원 자격이 거부될 수 있으며, 청문회 후에도 저항하는 회원은 CDA로부터 징계, 정직 또는 제명에 처해질 수 있다.

FTC는 CDA가 진실하고 기만적이지 않은 광고를 제한하기 위해 가이드라인을 채택한 것은, FTC법 제5조를 위반했다고 소를 제기했다. 원고는 CDA가 부당하게 2

가지 형태의 광고를 제한했는데, 하나는 가격 광고, 특히 할인료이고, 또 하나는 서비스 품질과 관련된 광고였다. 행정법 판사(ALJ)는 FTC가 CDA에 대한 관할권이 있다고 판단했으며, ALJ는 CDA가 "자신의 프로그램과 서비스 중 일부가 회원에게 $22,739에서 $65,127 사이의 잠재적 가치를 가지고 있다고 명시했다."고 언급했다. ALJ는 CDA가 시장력(market power)을 행사했다는 증거는 없었지만, 반독점 위반을 입증하기 위해 그런 증거가 필요하지 않다고 판단했다. 왜냐하면 CDA가 회원과 잠재적 회원이 진실하고 비기망적인 광고를 사용하는 것을 부당하게 방해했기 때문이며, 이는 치과 의사와 치과 서비스 소비자 모두에게 해가 되었다. 따라서 ALJ는 FTC법 제5조 위반으로 판단했다.

FTC는 ALJ의 사실 인정을 채택했지만, CDA가 시장력을 결여했다는 결론에는 동의하지 않았다. FTC는 CDA의 할인광고 제한을 당연위법으로 간주했다. 예비적으로 FTC는 가격 광고(비가격 광고 포함) 제한이 셔먼법과 FTC 법을 위반한다고 판단했으며, 이는 축약된(truncated) 합리의 원칙 분석에 따라 이루어졌다.

미국 연방제9항소법원은 FTC가 CDA에 대한 관할이 있다는 점과 본안에 대한 최종 결론을 유지했다. 항소법원은 FTC가 가격 광고 제한에 대해 당연위법 분석을 적용한 것은 오류라고 생각했으며, 모든 제한에 대해 합리의 원칙에 따른 분석이 필요하다고 판단했다. 그러나 항소법원은 FTC가 "적절하게 축소된 혹은 '약식 심사(quick look)' 방식의 합리의 원칙을 적용했다면서, 해당 기준은 당연위법하지는 않지만 완전한 합리의 원칙에 따른 조사가 요구되지 않을 정도로 외견상 반경쟁적인 제한에 적용된다고 판시했다(*NCAA* 판결, '핵심 사항은 합리의 원칙이 때때로 눈 깜짝할 사이에 적용될 수 있다는 것이다.'). 이는 가격 혹은 공급의 '노골적 제한'의 경우 '정밀한 시장 분석'이 없어도 제재할 수 있게 한다."라고 판시했다.

항소법원은 몇 가지 이유로 축약된 합리의 원칙 분석이 적절하다고 생각했다. 할인광고에 대한 제한에 관해서는, 이러한 제한이 "실제로 가격경쟁 자체에 대해 상당히 '노골적인' 제약이 되었다"고 언급했다. CDA의 친경쟁적 정당화, 즉 이러한 제한이 공시를 장려하고 허위 및 오해의 소지가 있는 광고를 방지한다는 주장은, "필요한 모든 정보를 공시하는 것은 단순히 불가능하다"는 이유로 큰 설득력을 갖지 못했다. 또한 "기록은 이 규칙이 사실상 치과 가격의 공시와 투명성을 증가시켰다는 증거를 제공하지 않는다"고 덧붙였다. 비가격 광고 제한에 대해서는 항소법원은 다음과 같이 언급했다. "[이러한 제한은] 개별 치과의사 서비스에 대한 정보 공급을 제한하므로 사실상 일종의 공급 제한이다. 이런 광고 제한은 서비스 공급에 더 직접적인 영향을 미칠 수 있는데, 제한이 없었다면 품질 및 이미지 광고가 일부 고객을 비응급 치료를 받도록 유도할 수 있기 때문이다. 이런 상황에서 이 제한이 충분히 노골적인 공급 제약이라고 생각하여 약식 심사(quick look) 분석을 정당화한다고 판단한다."

항소법원은 또한 CDA의 거래 제한 및 의도에 대한 FTC의 판단과 제한의 효과 및 시장력의 존재가 모두 상당한 증거에 의해 뒷받침된다고 결론지었다.

비영리 전문 협회에 대한 FTC의 관할권과 축소된 합리의 원칙 분석의 경우에 대한 순회법원 간의 갈등을 해결하기 위해 상고를 허가했다. 우리는 이제 항소법원의 판결을 취소하고 사건을 환송한다.

II

FTC 법은 FTC에 "개인, 조합(partnership) 또는 법인"에 대한 권한을 부여하며(제45조 (a)항 (2))에서 "법인"을 "자본금이나 자본 주식 또는 지분 증서가 없는 모든 회사... 또는 협회, 법인 또는 비법인 형태로, 조합을 제외하고, 자신의 이익이나 회원의 이익을 위해 사업을 수행하기 위해 조직된" 것으로 정의하고 있다(제44조). 순회법원들은 이 정의의 정확한 범위에 대해 합의하지 않았지만, FTC는 오랫동안 자신의 이익을 추구하지 않는 단체에 대한 관할권을 부여하는 특정 상황이 존재한다고 주장해 왔다.

FTC가 CDA에 대한 관할권을 가지고 있다는 결론에 도달하는 데 어려움이 없다. FTC 법의 논리와 목적은 이러한 결과와 일치한다. FTC 법은 FTC에게 관할권 아래의 광범위한 단체들이 "상업에 영향을 미치거나 상업에서 불공정한 경쟁 방법을 사용하고 불공정하거나 기만적인 행위 또는 관행을 사용하는 것을 '방지'하라"고 지시한다(제45조 (a)항 (2)). 이윤을 추구하는 회원들을 위해 조직된 비영리 단체는 불공정한 경쟁방법이나 불공정하고 기만적인 행위를 저지를 수 있는 능력과 최소한 파생적으로 동일한 유인을 가지고 있다. 따라서 FTC가 여기에서 관할권이 있었다고 결론짓고, 항소법원이 CDA가 만든 광고제한이 FTC 법을 위반했다는 주장을 유지하기 위해 충분한 분석을 했는지에 대한 질문으로 넘어간다.

III

우리는 항소법원이 법률 문제로서 약식 심사(quick look) 분석이 적절하다고 한 것이 오류라고 판단했기 때문에(그 결과 FTC의 축약(abbreviated) 분석과 결론이 유지될 수 있었던 것), FTC의 결론을 뒷받침하는 증거의 실질성에 대한 문제는 다루지 않는다.

NCAA 판결(1984)에서 "노골적인 가격 및 공급 제한은 자세한 시장분석이 없더라도 어느 정도 경쟁적 정당화를 요구한다."고 판단했다. *Engineers* 판결 및 *Indiana* 판결에서 합리의 원칙에 기초한 축약 혹은 "약식 심사(quick look)" 분석이 형성되었고, 이에 따르면 심지어 경제학에 관한 기초 지식만 있는 관찰자라고 하더라도 문제된 협약이 고객과 시장에 반경쟁적 효과를 초래한다는 결론을 내릴 수 있다. *NCAA* 판결에서 리그의 텔레비전 계획은 명시적으로 공급량(방송 가능한 경기수)을 제한하고 최소 가격을 고정했다. 이 경우와 마찬가지로, 약식 심사(quick look) 분석은 반경쟁적 효과가 가능성이 크다는 점이 쉽게 확인될 수 있을 때 유효하다.

그러나 이 사건은 이처럼 반경쟁적 효과 가능성이 비교적 명백한 상황이라는 점을 보여주지 못한다. 우리가 보기에 CDA의 광고제한은 순수하게 친경쟁적 효과를 갖거나 혹은 경쟁에 어떠한 영향도 없을 가능성이 있다고 생각한다. 가격할인 혹은 비할인 광고 제한은 적어도 표면적으로 전문가들과 환자 간 얻을 수 있는 정보의 확연한 편차가 특징인 시장에서 허위 혹은 기만 광고를 막기 위해 고안되었다. 전문 서비스 시장은 광고가 상대적으로 드물고 서비스 비교가 정착된 것은 아닌데, 고객 혹은 잠재적 경쟁자들이 가격 혹은 서비스에 대한 정보를 획득하고 이를 확인하기 어렵고 이 때문에 오인(misleading) 광고와 관련한 경쟁 위험은 증폭된다. 이에 더해 전문 서비스의 품질은 개인 환자나 고객들이 조정 혹은 모니터링하는 것에 저항하는 경향이 있다. 이는 서비스를 평가하는데 전문지식이 필요하기도 하고 서비스 결과가 서비스 품질에 기인한 것인지 혹은 다른 이유 때문인지 판단하기 어렵기 때문이다. 전문 서비스에 대한 고객 정보에 기반한 의사결정에 이런 중대한 어려움이 있기 때문에, 기만 혹은 관련 없는 광고로부터 소비자를 보호하는 광고제한은, 생산 및 가격 경쟁을 제한하는 전통적인 수평적 합의와 명백히 유사하다는 피상적인 취급 이상을 요구한다.

기록이 실제로 CDA 공시 규칙이 본질적으로 전반적인 할인(포괄할인, across the board discounts) 광고를 금지한다는 결론을 뒷받침한다고 가정하더라도, 그러한 금지가 여기서 순수한 경쟁제한적 효과를 가질 것이라고 명백히 결론 내릴 수는 없다. 예를 들어, 첫 방문 고객에 할인을 알리는 광고가 검진, 엑스레이, 충치 치료에 대한 원 가격과 할인 가격을 나열하는 경우와 단순히 전반적인 할인 비율을 명시하는 경우 중 어느 쪽이 경쟁 관련정보를 전달하는 데 덜 효과적일지는 선험적(priori) 분석이 아닌 실증적(empirical) 분석이 가능한 문제로 보인다. 원칙적으로, 전반적 할인광고가 단기적으로 고객을 유치하는 데 더 효과적일지라도, 그들의 광범위한 주장으로 인한 의도적이거나 우발적인 허위 진술 때문에 시간이 지나면서 잠재적 환자들이 그런 광고를 회의적으로 생각하게 되고, 결국 그 방법의 효과를 떨어뜨릴 수 있다. 전반적 할인광고가 계속해서 사업을 유치할 수 있지만, 그것이 고객을 오인하기 때문에 정확히 작동할 수 있다. 따라서 광고의 효과가 경쟁촉진적이 아니라 경쟁제한적일 수 있다. 다르게 말하면, CDA의 가격 광고 규정은 포괄적 광고의 제거와 관련된 경쟁비용이, 더 정확하고 쉽게 검증 가능한 할인광고를 통해 소비자에게 제공되는 정보증가로 상쇄될 것이라는 예측을 반영하는 것으로 보인다. 경제학적 관점에서 이 견해가 옳을 수도 있고 그렇지 않을 수도 있지만, 이는 그럴듯하지 않은 것이 아니며, 법원이나 FTC가 처음부터 이를 추정적으로 잘못이라고 기각할 수 없다.

항소법원은 비가격 광고제한에 관해 축약된 합리의 원칙 분석을 인정하는 데에도 비슷하게 관대했다. 중요한 것은 가능한 광고의 세계가 제한되었는지가 아니라 (이는 확실히 그렇다), 광고 제한이 명백하게 치과 서비스 총량을 제한하는 경향이 있는지 여부다. 법원은 품질과 안전에 관한 광고를 제한하는 것이 "치과의사들이 제공하는 서비스 패키지를 완전히 설명하는 것을 방해"한다고 주장하면서 이 후자의 질문에 가장 근접했다. 법원은 또한 "[이러한 제한은] 품질과 편안함에 대한 광고가 일부 고객들로 하여금 그렇지 않았다면 받지 않았을 비응급 진료를 받도록 유도할 수 있기 때문에 공급량에 더 직접적인 영향을 미칠 수 있다."고 덧붙였다. 이 공급에 대한 설명은 또한 당혹스럽다. 만약 품질 광고가 실제로 일부 환자들로 하여금 그것이 없을 때보다 더 많은 진료를 받도록 유도한다면, 그러한 광고를 제한하는 것은 치과 서비스의 공급이 아니라 수요를 감소시킬 것이다. 그리고 물론 생산자가 부과한 공급 제한이 인위적으로 가격을 올리는 반경쟁적 효과를 가지는지를 결정하는 데 일반적으로 관련이 있는 것은 수요와 관련된 상품의 생산자 공급이다.

항소법원은 CDA의 "품질에 대한 주장은 본질적으로 검증할 수 없고 따라서 소비자를 오인(misleading)한다"는 견해를 인정했지만, 이러한 우려가 "실제로 거짓이거나 오인의 소지가 있는지 여부와 관계없이 모든 품질 주장을 금지하는 것을 정당화하지는 않는다"고 대응했다. 그 결과, 법원은 "이 제한은 약식(quick look) 분석을 정당화할 만큼 충분히 노골적인 공급 제한"이라고 말했다. 항소법원은 이러한 말로, 일부 치과 품질 주장은 검증 가능하고 진실하기 때문에 정당한 비난을 피할 수 있다고 가정했다. 그러나 이러한 암묵적 가정은 검증하기 어려운 품질이나 환자 편안함(patient comfort)에 대한 주장을 제한하는 것이, 시장을 왜곡하는 오인 또는 허위 주장을 방지함으로써 경쟁 촉진적 효과를 가질 수 있다는, 상반되면서도 적어도 그에 못지않게 그럴듯한(plausible) 주장에 비중을 두지 않은 이유에 대해 설명하지 못한다. 실제로, CDA의 검증 불가능한 품질 및 편안함 광고(quality and comfort advertising)에 대한 제한을 과장광고(puffery)에 대한 친경쟁적 금지로 이해하는 것도 전적으로 가능하다.

요점은 CDA의 제한이 반드시 CDA가 주장하는 친경쟁적 효과를 가진다는 것이 아니다. 예를 들어, 많은 치과 의사들이 매우 유사한 품질 주장을 한다면 품질 주장을 금지하는 것이 경쟁력(competitiveness)에 전혀 영향을 미치지 않을 수도 있다. 물론 이러한 제한이 최종적으로는 경쟁제한적일 가능성도 있다. 오히려 핵심은, 전문직 광고 제한의 효과에 대한 대립하는 주장들이 모두 그럴듯해서, 위원회 처분을 축약 검토(abbreviated review)하는 것을 배제한다는 것이다. 축약 분석(abbreviated analysis)을 촉발하는 명백한 반경쟁적 효과가 입증되지 않았다.

물론 여기서 항소법원의 결론이, 적어도 사실적 기초에 대해 보다 확장된 가능한 검토를 요구했다고 말한다고 해서 반드시 가장 완전한 시장 분석을 요구하는 것은 아니다. "가격과 생산량에 대한 노골적인 제한"에 대한 문제제기는, "경쟁적 정당화를 요구"하기 위해 "상세한 시장 분석"으로 뒷받침될 필요가 없다고 말했지만(*NCAA*

판결), 모든 덜 명백하게 반경쟁적인 제한(이 사건과 같은)을 문제삼는 사건이 전면적인 시장 분석의 후보가 되는 것은 아니다. 사실 반경쟁적 효과에 대한 우리의 분석 범주는 "당연위법(per se)", "약식(quick look)", "합리의 원칙"과 같은 용어가 보이는 것보다 덜 고정적이다. 예를 들어, "당연위법을 합리의 원칙과 구분하는 분명한 경계선이 종종 없다"는 것을 인식했는데, 이는 소위 "당연위법" 제재의 적용이 정당화되기 전에 "시장 조건에 대한 상당한 조사"가 필요할 수 있기 때문이다.

"최종 판단이 추정의 산물인지 아니면 실제 문제된 제한이 경쟁을 강화하는지는" 중요하다. 실제로 가장 압축된 합리의 원칙 분석을 "눈 깜짝할 사이(the twinkling of an eye)"라는 은유로 풍성하게 한 학자도 반독점 주장을 판단하기 위한 적절한 합리의 원칙의 분석 "범위(spectrum)"를 말하는 것조차 오해의 소지가 있다며 그 위험성에 대해 경고했다. 즉, "합리성을 평가하는 데는 항상 일종의 단계적 접근(sliding scale)이 있지만, 단계적 접근법은 우리가 희망할 수 있는 것보다 더 큰 정확성을 기만적으로 제시한다. 그럼에도 불구하고, 요구되는 증거의 질은 상황에 따라 달라져야 한다(Areeda, Antitrust Law)."

동시에 Areeda 교수는 특히 반독점의 준 보통법(quasi-common law) 영역에서 법원이 그들의 결론의 논리를 설명해야 할 필요성을 강조했다. "그들의 논리를 드러냄으로써, 판사들은 다른 이들의 비판적 분석을 받게 되며, 이는 차례로 미래에 대한 더 나은 이해로 이어질 수 있다."

여기의 상황이 보여주듯이, 반경쟁적 효과를 직관적으로 명백하게 추론할 수 있는 제한과 더 상세한 처리가 필요한 제한 사이에 일반적으로 경계선을 그을 수는 없다. 대신 필요한 것은 제한의 상황, 세부사항, 논리를 고려해 사건에 적합한 조사를 수행하는 것이다. 목적은 시장의 경험이 매우 명확했는지, 또는 필연적으로 명확할 것인지를 확인해, 제한의 본질적 경향(the principal tendency of a restriction)에 대한 확신 있는 결론이 더 신중한 검토 대신 신속한(또는 적어도 더 신속한) 검토를 따를 것인지를 보는 것이다. 현재로서는, 적어도 이러한 전문적 광고 제한의 초기 평가는 덜 신속한 검토가 필요했다. 항소법원이 상대적으로 반경쟁적 소지의 가정을 면밀히 조사하지 않았기 때문에, 항소법원 판결을 취소하고 이 문제에 대해 보다 충실한 고려를 위해 사건을 환송한다.

3. 지역분할 담합(Territorial Allocation)

미국 Topco 판결

United States v. Topco Assocs. Inc. 405 U.S. 596 (1972)

[Topco는 약 25개 중소규모의 지역 슈퍼마켓 체인들로 구성된 조합(cooperative association)이다. 1940년대 작은 지역 체인들로 만들어졌는데, 규모가 큰 전국 및 지역 체인들과 보다 효과적으로 경쟁하기 위해 자체 상표(private brand)를 붙인 상품을 만들기 위해 협력했다. Topco는 조합원들의 구매 대리인으로서 33개 주에서 운영되며, 대부분 Topco가 소유한 브랜드 이름을 가진 1,000개 이상의 다양한 품목을 조달한다.

1967년경 Topco 조합원들의 매출은 23억 달러에 달했는데 3개 전국 식료품 체인에 이어 4위였다. 해당 지역에서 조합원 체인들은 1.5% ~ 16% 시장점유율을 차지했는데 평균 6% 정도였고 경쟁력은 다른 체인과 대등한 수준이었다. Topco의 이러한 성공은 어느 정도 Topco 브랜드 제품의 성공에 따른 것이었다. 조합원들 간 합의는 지정된 지역에서만 조합원들이 Topco 상품을 팔도록 제한했다.]

미국 정부는 Topco가 셔먼법 제1조를 위반했다고 주장하며 이 금지명령 소를 제기했다.

Topco의 정관은 대부분의 조합원에게 발급되는 "독점(exclusive)" 지역 라이선스(territorial licenses) 범주를 설정하고 있으며, 나머지 두 개의 조합원 범주도 사실상 독점적인 것으로 판명되었다. 이 시스템 하에서는 어떤 조합원도 자신이 허가받은 지역 바깥에서 Topco 브랜드 제품을 판매할 수 없기 때문에, 다른 조합원의 지역으로의 확장은 실제로 다른 조합원의 동의가 있어야만 가능하다. 또한, 조합원은 새로운 조합원의 가입에 대해 사실상 거부권을 가지고 있어, 조합원들은 자신들이 관여하는 지역 내에서 실제 또는 잠재적인 경쟁을 통제할 수 있다. Topco 조합원들은 조합에서 공급받은 제품을 상표가 있든 없든 도매로 판매하는 것이 금지되어 있으며, 이는 다른 관련 라이선스 소지자들(주로 소매업자들)의 동의 없이는 특별 허가를 받을 수 없다. 그리고 조합원은 특정 지역 내에서 Topco 제품 판매를 제한하는 데 동의해야 한다.

미국 정부는 Topco의 시장분할 계획(scheme of dividing markets)이 소매 식료품 체인 간의 Topco 브랜드 제품 경쟁을 금지하는 방식으로 작동하여 셔먼법을 위반한다고 주장했으며, Topco의 도매 제한(restrictions on wholesaling)도 문제 삼았다. Topco는 자체 상표 프로그램을 유지하고 더 큰 체인과 경쟁하기 위해 지역 구분이 필요하며, 조합은 지역 구분이 배타적이지 않으면 존재할 수 없고, Topco 브랜드 판매에서의 경쟁 제한이 조합원들이 더 큰 체인과의 경쟁을 가능하게 한다고 주장했다.

지방법원은 Topco의 주장에 동의하여 제한적 관행을 합리적이고 친경쟁적인 것으로 인정했다. [지방법원은 합의가 Topco 브랜드 제품 간 경쟁을 제한하지만 Topco 회원들이 다른 큰 사업자들과 경쟁할 수 있는 역량을 증대시켰기 때문에 반경쟁적 효과가 상쇄된다고 판단했다.]

법원이 특정 사업관계를 셔먼법의 당연 위반(per se violation)으로 분류하려면 그 관계들에 대한 상당한 경험이 있은 후에야 가능하다. 제1조의 당연 위반의 전형적인 예는 시장 구조상 같은 시장에서 사업하는 경쟁사들 간 경쟁을 최소화하기 위해 지역을 할당하는 합의다. 제1조의 당연 위반의 고전적인 예 중 하나는 시장 구조의 동일한 수준에 있는 경쟁자들 간의 경쟁을 최소화하기 위해 영역을 할당하는 합의이다. 이러한 공동행위(concerted action)는 일반적으로 "수평적(horizontal)" 제한이라고 불리며, 제조업체와 유통업체와 같이 시장 구조의 다른 단계에 있는 사람들의 결합인 "수직적(vertical)" 제한과 대조된다. 연방대법원은 "수평적 영역 제한(horizontal territorial limitation)은 경쟁을 질식시키는 것 외에 다른 목적이 없는 노골적인 거래 제한"이라는 점을 거듭 반복해 왔다. 이러한 제한은 셔먼법상 당연위법이다.

이 사건 제한은 수평적인 것이며, 따라서 제1조의 당연위법에 해당한다. 지방법원은 이 사건에 당연위법에 해당하는 수평적 지역 제한이 있는지에 대한 어떠한 판단도 하지 않았으며, 단순히 합리의 원칙을 적용하여 해당 제한이 불법이 아니라는 결론을 내렸다. 이렇게 함으로써 지방법원은 오류를 범했다.

반독점법 일반, 그리고 특히 셔먼법은 자유기업의 대헌장(the Magna Carta of free enterprise)이다. 이것은 경제적 자유와 자유기업 체제를 보존하는 데 있어서 권리장

전(the Bill of Rights)이 우리의 근본적인 개인의 자유를 보호하는 것만큼이나 중요하다. 그리고 아무리 작은 기업이라도 모든 기업에게 보장된 자유는 경쟁의 자유로, 기업이 모을 수 있는 경제력(economic power)이라면 그 어떤 것도 활력과 상상력, 헌신 그리고 독창성을 갖고 적극적으로 주장할 자유이다. 이러한 자유에는 특정 민간인이나 집단이 경제의 더 중요한 부문에서 더 큰 경쟁을 촉진할 수 있다고 믿는다고 해서 경제의 한 부문에서의 그 자유가 차단될 수는 없다는 개념이 내포되어 있다.

이 나라에서 원래 구상되었던 자유기업 체제의 개념으로부터 엄청난 이탈이 있었다. 이러한 이탈은 의회의 행동과 국민 의지의 산물이었다. 만약 경제의 한 부분에서의 경쟁을 희생하여 다른 부분에서 더 큰 경쟁을 얻기로 하는 결정을 내려야 한다면, 이것 역시 의회가 결정해야만 하는 것으로 민간 세력(private force) 혹은 법원이 결정할 사항은 아니다. 민간은 이러한 결정을 내리는데 자신들의 이익을 매우 민감하게 인식하고 있고, 법원은 그러한 결정을 내리는 것에 준비되지 않았고 부적절한 위치다. 그러한 결정을 내리기 위해서 무수히 많은 경쟁 이해관계와 끝없는 데이터를 분석하고 해석하고 평가하며, 경제의 경쟁영역이 사회에 미치는 상대적 가치에 대한 섬세한 판단을 내리기 위해서는 국민이 선출한 대표자들의 판단이 필요하다.

지역 제한과 마찬가지로, 고객에 대한 제한은 브랜드 내 경쟁을 제한하고 브랜드 간 경쟁을 촉진하기 위한 것이다. 앞서 논의한 이유로, Topco 조합원들이 경쟁하는 영역은 의회의 반대 결정이 없는 한 그들의 자유로운 선택에 맡겨야 한다. 지방법원의 판결을 파기하고 적절한 판결을 내리기 위해 사건을 환송한다. [Topco의 소매 수준 경쟁 최소화를 위한 지역 할당 계획은 수평적 제한으로, 셔먼법 제1조의 당연위법(per se violation)에 해당한다. 지방법원이 이러한 제한적 관행에 합리의 원칙을 적용한 것은 잘못이다. Topco의 도매 재판매 제한도 같은 이유로 셔먼법 제1조에 따라 당연위법이다.]

4. 공동 거래거절(Concerted Refusals to Deal, Group Boycotts)

미국 Associated Press (AP) 판결

Associated Press v. United States, 326 U.S. 1 (1945)

[AP는 1,200개 신문을 회원으로 하는 협동조합(Cooperative association)으로 회원사 직원, 회원사, 해외 뉴스 에이전시로부터 수집한 뉴스를 회원사들에게 배포한다. 정부는 AP의 3개 행위를 문제삼았다. (1) 회원들이 지역에서 다른 경쟁 신문을 회원으로 받아들이는 것을 막는 행위(veto rights), (2) 회원들이 생산하는 뉴스를 AP에게 독점적으로 공급할 의무(exclusivity), (3) 캐나다 뉴스협회(Canadian Press)가 AP에 캐나다 뉴스를 독점공급하는 대신 AP도 미국 기사를 캐나다 뉴스협회에 독점 공급하는 행위가 그것이다. 지방법원은 veto권을 금지하는 약식판결(summary judgement)을 내렸고, AP는 항소했다.]

지방법원은 AP의 정관(By–Laws)은 뉴스출판 시장에서 경쟁을 질식시킬 목적으로 고안된 규정이라는 점에서 거래를 제한하는 계약이라고 판단했다. 법원은 또한 AP의 제한적인 정관은 경쟁 신문사의 성장을 방해하고 막았다고 판단했다. 하급심 법원은 내규가 표면상으로, 그리고 과거 효과와 관계없이 거래 제한을 구성한다고 판단했으며, 이 판단이 옳다고 생각한다. 결합(combinations)은 아직 거래 제한을 초래하지 않았다고 해서 불법이 아닌 것은 아니다. 거래 또는 통상의 일부를 반드시 제한하거나 독점화하는 행동을 따르기로 한 계약이나 결합은 셔먼법을 위반할 수 있으며, 이는 "완전히 초기 단계이거나 실패한 경우거나, 성공한 경우라도" 마찬가지이다(*Socony–Vacuum* 판결). 이러한 이유로 AP가 아직 완전한 독점을 달성하지 못했다는 주장은 여러 형태로 반복되지만 전혀 관련이 없다.

제일 큰 뉴스 통신사 혹은 그 수많은 회원사 중 어느 하나로부터 뉴스를 구매할 수 없는 것은, 현재 출간되고 있는 경쟁 신문뿐만 아니라 이 제한이 없었다면 미래에 발행될 수 있었을 신문 모두에 가장 심각한 영향을 미칠 수 있다. 지방법원 판결에서 잘 드러난 것처럼, 미국 26개 도시에서 기존 신문사들이 이미 AP 뉴스에 대한 계약을 맺고 있으며, 동일 신문사들이 United Press와 International News Service와도 계약을 맺고 있어, 새로운 신문사가 이 분야에 진입하려면 계약 보유자들에게 거액을 지불해야 한다. 그 최종적 효과(net effect)는 새로운 신문사들이 해당 도시들에 진입할 기회를 심각하게 제한한다. 경쟁의 파괴를 목표로 하는 이러한 성격의 거래 제한은 새로운 참가자들을 사업 분야로 끌어들이는 진취성(initiative, 자발성)을 막고, 셔먼법이 보호하고자 했던 자유기업 체제(the free enterprise system)를 좌절시키는 소지가 있다.

재산권을 가진 소유자는 자신의 동료를 선택할 수 있고, 자신의 기업가 정신(enterprise)과 통찰력(sagacity), 노력 또는 창의성(ingenuity)으로 생산한 것을 자신을 위해, 판매 여부 및 판매 대상을 스스로 결정할 수 있기 때문에, 해당 정관은 셔먼법의 범위를 벗어난 것이라는 주장이 제기됐다. 매우 일반적인 의미에서 한 사람이 자신의 자산을 마음대로 처분할 수 있지만, "이 권리의 행사를 넘어서 계약이나 결합을 통해, 명시적 혹은 묵시적으로, 자유롭고 자연스러운 상거래 흐름을 부당하게 방해하거나 저해할 수 없다." 셔먼법은 특별히 독립적인 사업체들이 경쟁자들의 구매 또는 판매 기회를 줄이는 공동 계획(common plan)의 "동료(associates)"가 되는 것을 금지하는 것을 의도했다. 이러한 결합의 구성원이 집단적인 수단을 통해 사업 경쟁자들을 이기는 것은, 셔먼법이나 실질적이고 일상적인 지식과 일치하지 않고, 개인의 "기업가 정신(enterprise)과 지혜(sagacity)"로 돌릴 수 없다. 이러한 사업 경쟁자에 대한 방해는 오직 불법적인 결합의 집단적인 힘(the collective power of an unlawful combination)에 기인할 수 있다. 문제가 되는 정관을 재산 소유자의 완전한 판매 및 처분의 자유를 장려하고 허용하는 프로그램을 수립한 것으로 보는 것은 명백히 잘못된 것이다. 오히려, 이 출판사들은 공동 협약(concerted arrangements)으로써 상거래 경로를 통해 뉴스 보도를 획득, 구매 및 처분할 수 있는 힘을 결집했다.

또한 뉴스를 파는 다른 통신사들이 있기 때문에 압도적 다수의 미국 발행인들이 공동으로 소수에게 뉴스 판매를 거절하는 것은 법 위반이 아니라는 주장도 제기된다. 그러나 거래를 제한하는 합의가 해당 거래의 모든 대상에 대한 경쟁을 억제하지 않는다는 사실만으로 해당 합의가 셔먼법의 제재로부터 면제될 수는 없다. AP 및 그 모든 회원사들이 제공하는 특정 분야 뉴스를 독점적으로 발행할 권리 때문에 많은 신문사들이 경쟁사보다 경쟁적으로 우위에 설 수 있었다는 점은 명백하다. 반대로 AP 서비스가 없는 뉴스는 경쟁적으로 열위에 있을 공산이 더 크다. 일부 경쟁 신문사들이 AP 뉴스 없이도 운영되고 있는 것은 사실이지만, 미국 전체 발행부수의 96%를 차지하는 조간신문들은 AP 뉴스 서비스를 이용하고 있다.

그럼에도 불구하고, AP 보도가 그들 자신의 "기업가 정신과 통찰력"에 기인할 수 있으며 "필수불가결성의 외투"를 입고 있지 않다는 점을 증거가 보여주지 못했다는 이유로 이 판결을 파기해 달라는 요청을 받고 있다. "필수불가결성(indispensability)"의 부재는 다음과 같은 추론 과정을 통해 확립되었다고 한다. 즉, AP는 각 도시의 제한되고 선별된 출판인 그룹에 뉴스를 제공함으로써 일반 대중에게 뉴스를 널리 이용 가능하게 했고, 따라서 AP와 그 회원 출판인들은 독자 대중으로부터 AP 뉴스를 박탈하지 않았고, 모든 지역 독자들은 신문을 사기만 하면 뉴스를 볼 수 있기 때문에 AP 뉴스에 "적절한 접근권"을 갖고 있다는 것이다. 우리는 이러한 주장들을 거부한다. 제안된 "필수불가결성" 테스트는 셔먼법의 언어와 우리의 모든 이전 해석들에 정면으로 배치될 것이다. 더욱이, 이는 모든 사업 분야에서 그 법을 사문화시킬 것이다. 이 법은 의회가 이 나라가 유지하고자 노력해 온 민간 경쟁 기업경제에 필수적인 안전장치로 일관되게 유지해 온 법이다.

따라서, "경쟁을 막기 위한 목적으로 고안된" 이러한 계약적 제한은 "셔먼법의 적용 대상이 아닌 것으로 판단될 수 있는 통상적이고 일반적인 통상과 상업을 돕기 위한 합의" 중 하나가 될 수 없다(*Eastern States* 판결). 신문 사업에 "공공 설비(public utility)" 개념을 적용함으로써 이러한 결론에 도달했다는 주장이 있다. 이는 정확하지 않다. 경쟁을 억제하기 위해 고안된 약정이나 결합이 그러한 목적을 달성하는 회원제 장치를 택했다고 해서 면책될 수는 없다고 판단할 따름이다.

미국 Klor's 판결

Klor's, Inc. v. Broadway-Hale Stores, Inc., 359 U.S. 207 (1959)

Klor's는 캘리포니아주 샌프란시스코 미션 가에서 소매점을 운영하는 사업자이고, 피고 Broadway-Hale Stores는 백화점 체인으로 그 옆에서 매장 중 하나를 운영한다. 이들은 라디오, TV 세트, 냉장고 및 기타 가전제품 판매에서 경쟁하고 있다. [Klor's는 Broadway-Hale과 10개 제조업체와 유통업체들이 공동으로 Broad-way-Hale의 독점적 구매력을 이용해 이들 제조업체들과 유통업체들이 Klor's에게 판매하지 않거나, (판매하더라도) 차별적인 가격과 매우 불리한 조건으로만 판매하기로 합의함으로써, 셔먼법 제1조와 제2조를 위반하여 거래 제한 및 독점화를 공모했다고 주장했다.]

피고들은 이러한 주장들을 부인하지 않았지만, 소장이 청구 원인을 명시하지 못했다는 이유로 약식판결(summary judgment)과 소 기각(dismissal of the complaint for failure to state a cause of action)을 요청했다. 피고는 이의 없는 진술서(unchallenged affidavits)를 제출하면서, Klor's 주변 몇 블록 이내에 수백 개의 다른 가전제품 소매점들이 있으며, 이들이 피고들이 Klor's에게 판매를 거부한 제품들을 포함하여 많은 경쟁 브랜드의 가전제품을 판매하고 있음을 보여주었다. 지방법원은 다툼이 원·피고간 "순전히 사적 분쟁(purely private quarrel)"으로, 셔먼법이 금지하는 "공공의 해악(public wrong)"에 해당하지 않는다고 결론 내렸다. 이를 근거로 소는 기각되었고 피고들에게 약식판결이 내려졌다. 연방제9항소법원은 이 약식판결을 유지했다. 항소법원은 "셔먼법 위반은 공중이 궁극적으로 피해를 입거나 입을 수 있는 피고들의 행위를 요구한다."고 판시했다. 법원은 이 사건에서 필요한 공공의 피해(public injury)가 없다고 판단했는데, 그 이유로 "피고들의 어떤 행위로 인해 대중에게 제공되는 가격, 수량, 또는 품질이 영향을 받았다거나, 가격, 수량, 또는 품질의 변화를 일으키거나 영향을 미치려는 의도나 목적이 있었다는 주장이나 증거가 없었기 때문이다..."라고 판시했다. 이 판결이 옳다면, 고객들이 경쟁적인 시장에서 구매할 기회가 줄어들지 않는 한, 강력한 사업가들의 집단이 공모하여 Klor와 같은 한 명의 상인이 효과적으로 경쟁하는 데 필요한 상품을 박탈할 수 있다는 의미이다. [항소법원도 공공의 피

해(public injury) 요건이 셔먼법 위반에 요구된다며 지방법원 판결을 확인한 것이다.]

Klor's 주장은 셔먼법이 금지하는 거래제한 및 공공의 피해(public harm)의 한 유형을 분명히 보여준다고 생각하며, 피고들의 진술서는 이러한 혐의에 대해 어떤 항변도 제시하지 않았다. 셔먼법 제1조는 거래를 제한하는 모든 계약, 결합 또는 공모를 불법으로 규정하며, 제2조는 모든 개인이나 결합체가 주(州) 간 통상의 어떤 부분이라도 독점화하거나 독점화를 시도하는 것을 금지한다. 획기적인 판례인 *Standard Oil* 판결에서 이 법원은 제1조를 해석하면서, 보통법이 과도한 거래제한으로 간주했던 계약이나 행위의 유형들, 그리고 새로운 시대와 경제 상황에서 불합리하다고 여겨질 수 있는 것들을 금지하는 것으로 보았다. 법원은 제2조를 "제1조에서 금지하는 목적, 즉 거래제한에 도달하려는 모든 시도를, 그것의 독점화나 독점화 시도를 포함함으로써 법의 금지를 더욱 완전하고 완벽하게 만드는 것"으로 해석했다. 법원은 두 조항의 효과가 "독점적 경향(monopolistic tendency)이 있다고 여겨지는" 모든 "계약이나 행위"와 상당한 양의 주(州) 간 통상의 "자연스러운 흐름"을 방해하는 것들에 대한 보통법의 금지를 채택한 것이라고 말했다. 법원은 주변 상황에 따라 유효성이 달라지는 일부 합의가 있음을 인정했다. 그러나 법원은 그 "본질이나 특성상" 과도하게 제한적이어서 보통법과 법령 모두에 의해 금지되는 제한의 유형들이 있음을 강조했다. 법원은 이러한 제한의 유형에 대해 의회가 공공의 피해(public harm)의 유형을 정했으며 개별 사건에서 피해가 발생했는지 여부를 결정하는 것은 법원의 몫이 아니라고 판단했다. 다른 사업자들과 거래하기를 거부하는 집단적 거절(Group Boycott) 혹은 공동의 거래거절(concerted refusals)은, 오랫동안 금지된 유형으로 판단되어 왔다. 이러한 행위는 특정한 상황에서 합리적이라는 주장으로 면책되는 것도 아니며, 또한 그것이 "가격의 고정 혹은 통제, 생산의 분할 혹은 제한, 품질 저하를 초래한" 것을 보여주지 못했다고 해서 면책되지 않았다. 심지어 가격 인하 혹은 일시적으로 경쟁을 촉진하는 경우에도 그러한 행위는 금지되는 것이다. "그러한 합의는 최저 가격을 고정하는 것과 다름없어서, 사업자의 거래의 자유를 무력화시키고 그 결과 자신의 판단에 따라 판매할 능력을 제한하기 때문이다."

분명하게 원고의 주장은 이러한 거절(boycott)을 드러낸 것이다. 이는 하나의 사업자가 또 다른 사업자와 거래를 거부하는 사례도 아니며, 심지어 제조사와 판매사

간 배타적 유통권(exclusive distributorship)에 합의한 경우도 아니다. 원고가 주장한 것은 제조업체, 유통업체, 그리고 소매업체로 구성된 광범위한 결합(wide combina-tion)이다. 이 결합은 Klor's가 개방적이고 경쟁적인 시장에서 가전제품을 구매할 자유를 빼앗고, 피고들의 제품 판매업자인 Klor's를 폐업으로 내몬다. 이는 제조업체와 유통업체가 Broadway-Hale에 제공되는 것과 동일한 가격과 조건으로 Klor's에 판매할 자유를 박탈하며, 일부 경우에는 어떤 조건으로든 Klor's에 판매하는 것을 금지한다. 이는 주(州) 간 통상의 자연스러운 흐름을 방해한다. 이는 분명히 행위의 "본질(nature)"과 "특성(character)"상 "독점적 경향(monopolistic tendency)"이 있다. 그렇기 때문에 단지 피해자가 하나의 상인에 불과하고 그 사업이 너무 작아서 그의 파멸은 경제에 미칠 영향이 거의 없다는 이유로 용인될 수는 없다. 독점은 이러한 작은 사업자를 한 번에 하나씩 제거함으로써도, 대규모로 몰아내는 것만큼이나 확실히 번성할 수 있다. 이러한 사실을 인식했기에, 셔먼법은 일관되게 "독점을 창출할 경향"이 "천천히 진행되는 것"이건 "전속력으로 진행되는 것"이건 불문하고, 모든 계약과 결합(combination)을 금지하는 것으로 해석해 왔던 것이다(*International Salt* 판결).

미국 Northwest Wholesale Stationers 판결

Northwest Wholesale Stationers, Inc. v. Pacific Stationery & Printing Co., 472 U.S. 284 (1985)

I

상고인 Northwest Wholesale Stationers(Northwest)는 태평양 북서부주에 소재한 약 100개 사무용품 소매업체로 구성된 구매 협동조합(purchasing cooperative)이다. 협동조합은 소매업체들에게 주요 도매업체 역할을 한다. 회원이 아닌 소매업체도 조합원과 같은 가격에 Northwest로부터 도매물품을 구매할 수 있다. 그러나 매 연말 Northwest는 구매액에 대한 일정 비율의 리베이트 형태로 조합원들에게 이익을 분배한다. 그 때문에 회원은 실질적으로 비회원들보다 상당히 낮은 가격에 효과적으로 물품을 구매한다.

1974년, Northwest는 회원들이 소매와 도매 운영을 동시에 하는 것을 금지하도록 정관을 수정했다. 1978년, Northwest 회원들은 Pacific을 제명하기로 투표로 결의했다. Pacific은 제명이 도매 사업을 유지하기로 한 Pacific의 결정 때문이라고 주장한다. Northwest는 제명이 지분 소유권 변경을 협동조합 회원들에게 통지하지 않은 Pacific의 부작위 때문이라고 주장한다.

Pacific은 1980년 오레건 지방법원에 셔먼법 제1조 위반을 주장하며 소를 제기했다. 취지는 Northwest가 절차적 보호 없이 Pacific을 협동조합에서 제명한 것이, Pacific의 경쟁 능력을 제한하는 공동의 거래거절(Group Boycott)이며, 셔먼법 제1조의 당연위법(per se violation)으로 간주되어야 한다는 것이었다. 양측의 약식판결 신청에 대해, 지방법원은 당연위법 원칙의 적용을 거부하고 대신 합리의 원칙 분석이 이 사건을 지배해야 한다고 판결했다. 제시된 기록을 바탕으로 경쟁제한적 효과가 확인되지 않았기 때문에, 법원은 Northwest에 유리한 약식판결을 내렸다.

연방제9항소법원은 이 판결을 취소하며, "이 사건의 다툼 없는 사실들이 당연위법의 판단을 뒷받침한다"고 판시했다. 항소법원은 협동조합이 Pacific을 제명한 것이 Pacific과 동등한 입장에서 거래하기를 거부하는 경쟁제한적 공동행위로, 제명을 허용하는 자율 규제에 대한 특정한 입법적 위임이 없다면 셔먼법 제1조의 당연위법이 될 것이라고 판단했다. 법원은 로빈슨-패트만법(Robinson-Patman Act)이 이러한 제명으로 인한 가격차별을 명시적으로 허용하고 있음을 언급하면서, 제4조가 자율 규제의 법적 근거(madnate)를 제공한다고 결론지었다. 법원에 따르면, 이러한 입법적 근거로 인해 통상 문제된 관행은 합리의 원칙에 따라 평가하게 될 것이다. 그러나 *New York Stock Exchange*(1963) 판례를 인용하며, 합리의 원칙 분석이 적절한 것은 협동조합이 자의적 제명을 방지하고 사법심사의 근거를 제공하기에 충분한 절차적 보호장치(procedural safeguards)를 마련한 경우에만 해당한다고 판단했다. Northwest가 어떠한 절차적 보호장치를 제공하지 않았기 때문에, 항소법원은 Pacific의 제명이 로빈슨-패트만법의 면책으로 보호받지 못하며, 따라서 셔먼법 제1조를 위반하는 당연 위법한 공동의 거래거절(Group Boycott)에 해당한다고 판시했다. 우리는 원심을 파기한다.

II

회원들의 Pacific에 대한 제명결정은 모든 상업적 합의가 거래를 제한한다는 의미에서 분명히 거래 제한이었다(*Chicago Board of Trade* 판결). 이 행위가 셔먼법 제1조를 위반했는지는 그것이 부당한 제한으로 판단되는지 여부에 달려 있다. 문제된 행위가 "경쟁에 미치는 해로운 영향과 이를 상쇄하는 미덕(redeeming virtue)이 부족해서, 그것이 유발한 정확한 해악 혹은 사업적 관점에서의 주장에 대한 면밀한 조사 없이도, 결정적으로 부당하며 그래서 결과적으로 위법한 것으로 추정되는 합의 혹은 거래관행"에 해당하지 않는 한, 합리의 원칙에 따른 조사가 필요하다(*Northern Pacific* 판결).

당연위법의 원칙을 적용하기로 하는 판단은 "그 관행이 외견상 항상 혹은 거의 항상 경쟁을 제한하고 생산량을 감소시키는 경향이 있는 것으로 보이는지, 아니면 '경쟁적 효율성을 증가시키고 시장을 덜 경쟁적이기보다는 보다 경쟁적으로 만들도록' 고안된 것인지 여부"에 달려 있다(*BMI* 판결). ("당연위법 원칙은 주변 상황이 반경쟁적 행위의 가능성을 매우 크게 만들어 문제가 된 행위에 대한 추가 검토를 정당화할 수 없을 때 적용된다", *NCAA* 판결 참조).

법원은 오랫동안 특정한 공동의 거래거절 혹은 그룹 보이콧은 어떤 상쇄하는 효율성이 없이, 경쟁을 제한할 가능성이 커서 셔먼법 제1조의 당연위법으로 제재되어야 한다고 판단해 왔다(*Klor's* 판결 등). 이 사건은 Northwest가 Pacific을 제명한 결정이 결정적으로 경쟁제한적으로 간주되는 그러한 유형의 행위에 속하는지 여부에 대한 것이다. 항소법원은 Northwest가 Pacific에게 절차적 보호장치를 제공하지 않았다는 이유로 조합에서 Pacific을 배제한 것이 결정적으로 부당한 것으로 간주되어야 한다고 판시했다. 절차적 보호장치의 결여가 주로 경쟁제한 효과가 있다는 결정적인 간주(a conclusive presumption)를 정당화하지 않는다 하더라도, 현재 상황에서 도매협동조합에서 경쟁자를 제명하는 단순한 행위만으로도 그러한 효과를 가질 가능성이 충분히 높아 당연위법 원칙의 적용을 정당화할 수 있다고 주장될 수도 있다. 이러한 가능성들은 별도로 분석될 것이다.

A

항소법원은 *Silver* 판결(1963)에서 광범위한 규칙을 도출했다. 이 규칙에 따르면, 자율규제를 위한 법적 근거에 따라 수행된 공동의 거래거절을 포함한 협동 사업(cooperative venture)의 행위는, 적절한 절차적 보호장치가 자율규제와 함께 수반되는 경우에만 당연위법 심사에서 면제되고 합리의 원칙 분석의 대상이 된다. 우리는 이에 동의하지 않으며, 원심의 *Silver* 사건에서의 접근 방식이 현재의 논쟁에 적절히 적용될 수 없다고 결론 내린다.

Silver 판결에서 연방대법원은 쟁점을 다음과 같이 설정했다. 즉, "뉴욕 증권거래소가 1934년 증권거래법에 따라 채택한 규칙에 의거하여, 비회원 중개인에게 통지하거나 어떤 이유를 제시하거나 청문의 기회를 제공하지 않은 채, 다수의 회원사들에게 그들의 사무실과 비회원 사무실 사이에 이전에 운영되던 사설 직통 전화선 연결을 제거하도록 명령했을 때, 뉴욕 증권거래소가 반독점법에 따라 비회원 중개인에게 책임을 져야 하는지, 아니면 반독점법으로부터 묵시적으로 면제되는 것으로 간주되어야 하는지 여부"가 그것이다.

뉴욕 증권거래소가 증권거래 시장에서 매우 지배적인 위치를 차지하고 있어서 거래거절이 비회원에게 치명적일 것이기 때문에, 법원은 증권거래법이 면책을 제공하지 않는 한 비회원과의 거래 거절이 셔먼법 제1조의 당연위법에 해당할 것이라고 결론 내렸다. 따라서 쟁점은 증권거래법의 정책을 실현하기 위해 거래소의 자율규제의 측면을 금지하는 셔먼법의 부분적 폐지가 필요한지 여부였다.

법원은 회원 제명 및 비회원과의 거래 제한 권한을 포함한 증권거래소의 자율규제가 증권거래법의 필수적인 정책이라고 판단하여, 셔먼법이 문제가 된 유형의 거래소 활동을 허용하도록 부분적으로 폐지된 것으로 해석되어야 한다고 판시했다. 그러나 묵시적 폐지(repeals by implication)를 꺼리는 법 해석 원칙으로 인해, 법원은 적절한 절차적 보호장치가 제공된 상황으로 허용 가능한 자율규제를 제한했다. 그래서 효과적인 거래소 자율규제를 촉진하는 중요한 국가 정책을 수용해야 할 특별한 필요성과, 그 정책을 실현하는 데 필요한 범위 내에서만 셔먼법을 제한해야 한다는 원칙에 의해 조절된 것이 *Silver* 사건의 결과를 결정지었다.

로빈슨-패트만법 제4조는 증권거래법의 자율규제 조항과 비교할 수 없다. 해당 조항은 로빈슨-패트만법 자체의 가격차별 금지 규정에 대한 제한적 면제에 불과하다. 이러한 제한된 의회의 의도에 비추어 볼 때, 동법 제4조를 산업 자율규제에 대한 광범위한 권한으로 보아야 한다는 주장은 성립할 수 없다. 따라서 재량적 자율규제를 요구하는 경쟁적인 의회 정책을 수용하기 위해 셔먼법을 축소할 필요는 없다. 어떤 경우에도 절차적 보호장치의 부재가 반독점법 분석을 결정할 수는 없다. Northwest 회원들의 문제된 공동행위가 셔먼법 제1조의 당연위법에 해당한다면, 어떠한 절차적 보호도 그 행위를 면책시킬 수 없을 것이다. 문제된 행위가 제1조 위반에 해당하지 않는다면, 반독점법 자체가 합작투자에 절차적 요건을 부과하지 않기 때문에 절차적 보호의 결여가 그것을 당연위법으로 전환시키지 않을 것이다.

B

따라서 이 사건은 절차적 보호장치의 결여가 아니라 Pacific을 제명하기로 한 결정이 당연무효를 요하는 집단 보이콧(Group Boycott) 또는 공동의 거래 거절로 볼 수 있는지 여부에 달려 있다. "공동의 거래거절(Group Boycott)"은 종종 제1조에 따라 당연무효를 받아야 하는 경제 활동 유형 중 하나로 열거된다(*Klor's* 판결 등). 그러나 어떤 유형의 활동이 금지된 범주에 속하는지는 확실하지 않다. "공동의 거래거절

(Group Boycott)에 대한 당연위법 원칙의 범위와 작용에 대해서는 당연위법 원칙의 다른 어떤 측면보다도 더 많은 혼란이 있다."(L. Sullivan, Law of Antitrust (1977)). 따라서 당연무효 판결을 요하는 공동의 거래거절 범주를 정의하는 데 있어 주의가 필요하다.

법원이 당연위법 접근법을 적용한 사례들은 일반적으로 한 기업 또는 여러 기업이 경쟁자들을 불리하게 만들기 위해 "경쟁 투쟁에서 경쟁자들이 필요로 하는 관계를 직접 거절하거나, 공급자 또는 고객들을 설득하거나 강요해 그런 관계를 거절하도록 하는" 공동 노력(joint efforts)과 관련되어 있다(Sullivan, 위 책) [예컨대, *Silver* 판결(거래소 회원들에 대한 필수적 접근 거부), *Radiant Burners* 판결(상품에 대한 필수적 인증 거부), *AP* 판결(중요한 뉴스 출처에 대한 접근 거부), *Klor's* 판결(도매 물품의 공급거부)]. 이러한 사례들에서 거래거절은 종종 거래거절을 당한 기업이 경쟁하는 데 필요한 공급, 시설, 또는 시장에 대한 접근을 차단했으며, 거래거절을 하는 기업들이 관련 시장에서 지배적 위치를 차지하고 있는 경우가 많았다. 또한 이런 관행들은 일반적으로 전반적인 효율성을 높이고 시장을 더 경쟁적으로 만들기 위한 것이라는 그럴듯한 주장으로 정당화되지 않았다. 이러한 상황에서는 반경쟁적 효과의 가능성이 명확하고, 이를 상쇄할 만한 친경쟁적 효과의 가능성은 희박하다.

공동의 거래거절이 반드시 이러한 특성을 모두 갖추어야 당연위법 처리를 받는 것은 아니지만, 제한이나 배제를 수반하는 모든 협력활동이 당연위법으로 금지된 거래거절과 같이 주로 반경쟁적 결과를 낳을 가능성을 공유하는 것은 아니다. 예컨대, 우리는 지난 회기에 *NCAA* 사건에서 NCAA의 대학 축구 TV 중계권 판매 제한에 대해, 명백한 공급 제한에도 불구하고 당연위법 처리가 부적절하다고 판결했다. 왜냐하면 "이 사건은 상품이 제공되기 위해서는 경쟁에 대한 수평적 제한이 필수적인 산업과 관련되어 있기" 때문이다.

Northwest 같은 도매 구매 협동조합은 주로 경쟁제한적 효과를 초래할 가능성이 있는 특징적인 공동행위의 형태는 아니다. 오히려 그러한 합의는 "경제적 효율성을 높이고 시장의 경쟁을 떨어뜨리는 것이 아니라 보다 경쟁적으로 만들기 위해 고안된" 것으로 보인다(*BMI* 판결). 이러한 합의는 참가 소매업자들이 구매와 재고관리 측면에서 규모의 경제를 달성할 수 있도록 했고 그렇지 않았으면 촉박한 통보로는 구하기 어려웠을 상품에 접근을 가능케 했다. 비용절감과 주문 이행 보장은 소규모 소매업자들이 대형 소매업자들과 보다 효과적으로 경쟁하는 것이 가능할 정도로 가격 인하 및 소매 재고의 유지가 가능하도록 보장하였다.

도매 단계 협동조합의 제명행위가 항상 경쟁제한적 의도를 내포하고 그 때문에 경쟁제한적 효과의 가능성을 높이는 것은 아니다. 도매 구매 협동조합은 효과적으로 운영되기 위한 합리적인 규칙을 수립하고 시행해야 한다. Northwest가 의존하는 것과 같은 공개 규칙은 협동조합에게 회원들의 신용도를 모니터링하는 데 필요한 수단을 제공할 수 있다. 또한 적어도 이 사건이 제시하는 유형의 상황에서는, 제명이 특징적으로 주로 반경쟁적 효과를 초래할 가능성이 높지 않다. 협동조합이 시장력 혹은 효과적인 경쟁에 필수적인 요소에의 독점 접근권을 갖고 있지 않다면, 제명이 사실상 항상 경쟁제한적 효과일 것이라는 결론은 타당하지 않다. 공동 구매약정과 관련해 이러한 점이 입증되지 않는다면, 법원은 합리의 원칙을 적용해야 한다. Pacific은 어느 시점에서도 이 사건에 이러한 구조적 특징이 있다는 점에 대한 최소한의 증명도 하지 않았다.

우리 판단으로는 지방법원이 당연위법 분석을 거부한 것은 옳았다. 당연위법의 적용을 구하는 원고는 문제된 행위가 주로 반경쟁적 효과 가능성이 있는 유형에 속한다는 일응의 입증을 했어야 한다. 단순히 공동의 거래거절이라고 주장하는 것만으로는 모든 공동의 거래거절이 경쟁제한적이지는 않기 때문에 충분하지 않다. 원고가 공동구매를 하는 협동조합의 제명행위를 다투는 경우, 협동조합이 시장력 혹은 효과적인 경쟁에 필요한 사업요소에의 유일한 통로를 보유했다는 점을 어느 정도 증명해야 한다. 절차적 보호장치의 결여가 당연위법 책임을 요구한다는 주장에 초점을 맞추면서, Pacific은 그러한 사실을 전혀 주장하지 않았다. 항소법원이 이 사건에서 잘못된 당연위법 분석을 적용했기 때문에, Pacific의 주장을 기각한 지방법원의 합리의 원칙 분석을 평가하지 않았다. 따라서 그 판단에 대한 항소심 검토를 허용하기 위한 제한된 목적을 위해 환송이 적절하다.

5. 자회사 설립 및 합작투자회사(Joint Venture)

미국 Copperweld 판결

Copperweld v. Independence Tube, 467 U.S. 752 (1984)

이 사건은 모회사와 그 완전 자회사 간 조율된 행위(coordinated act)가 셔먼법 제1조에서 고려하는 법적 의미에서 결합(combination) 혹은 공모(conspiracy)에 해당하는지 여부가 직접 문제된다. 이른바 "기업 내 공모(intra-enterprise conspiracy)" 이론은 모회사와 자회사가 공동 소유 하에 있다는 이유만으로 제1조의 책임이 배제되지는 않는다고 설명한다. 이 이론은 이 법원의 여러 의견에서 나온 확인에서 유래한다.

III

상고인들은 미국 정부가 법정조언자(amicus curiae)로 참여한 가운데, 법원에게 기업 내 공모 이론을 부인할 것을 촉구한다. 핵심적인 비판은, 이 원칙이 하나의 사업체의 결정으로부터 유래된 실제로는 단일 행위를 자회사가 별도로 설립된 법인이라는 이유로 2개 법인 간 공동행위로 취급해야 한다는 사실을 지나치게 중요시한다는 점이다.

우리는 명확하게 제시된 쟁점으로 조사를 제한하는데, 즉 모회사와 그 100% 완전 자회사가 셔먼법 제1조를 위반하여 공모할 수 있는지 여부이다. 우리는 어떤 상황에서, 만약 있다면, 모회사가 완전히 소유하지 않은 계열사와의 공모에 대해 책임을 질 수 있는지는 고려하지 않는다.

A

셔먼법은 "공동행위(concerted action)와 독립행위(independent action)를 기본적으로 구분"한다. 단일 회사의 행위는 제2조에서만 규율되고, 실제로 독점화의 위험이

(threatens actual monopolization) 있을 때에만 불법이다. 한 회사가 부당하게 "거래를 제한"하는 것 같다는 것만으로는 충분하지 않은데, 심지어 적극적인 경쟁자도 그러한 인상을 남길 수 있기 때문이다. 예를 들어, 효율적인 기업이 비효율적인 경쟁자로부터 만족하지 못한 고객을 확보할 수 있고, 그 결과 경쟁자의 경쟁능력이 저하될 수 있다. 이는 시장의 규칙이며, 셔먼법이 촉진하고자 하는 소비자 이익을 증진시키는 바로 그런 종류의 경쟁이다. 부분적으로는, 강력한 경쟁과 장기적인 반경쟁적 효과를 가진 행위를 구별하기 어려울 때가 있기 때문에, 의회는 회사가 독점화의 위험(a danger of monopolization)을 야기하는 경우에만 단일 기업에 대한 셔먼법 조사를 승인했다. 이러한 방식으로 단일 기업의 행위를 판단하는 것은, 반독점법이 공격적인 한 기업가의 경쟁적 열정을 약화시킬 위험을 감소시킨다.

이와 대조적으로, 셔먼법 제1조는 별개 법인들 간의 "계약, 결합(combination), 또는 공모"에 기인한 부당한 거래제한을 규율한다. 제1조는 "전적으로 단독인(wholly unilateral)" 행위에는 적용되지 않는다. 제1조 적용을 받는 공동행위(concerted activity)는 제2조의 단독행위보다 더 엄격하게 판단된다. 특정한 합의, 예컨대 수평적 가격고정과 시장분할은 본래 경쟁제한적이기 때문에 실제 야기하는 피해(harm)에 대한 조사없이 당연위법하다고 여겨진다. 다른 공동행위, 예컨대 합병, 합작 투자(Joint Venture), 그리고 다양한 수직적 합의는 회사의 효율성을 증대시켜 보다 효과적으로 경쟁할 수 있게 하는 가능성이 있다. 때문에 이러한 결합(combinations)은 합리의 원칙으로 판단되며, 이는 해당 결합의 실제 효과를 평가하기 위해 고안된 시장력(market power) 및 시장구조를 조사하는 것이다. 조사가 어떤 형태를 취하건, 공동행위(concerted activity)가 독점화를 초래할 위험(threatens monopolization)이 있는지를 증명할 필요는 없다.

B

셔먼법 제1조의 "계약, 결합... 또는 공모"라는 용어를 올바르게 이해하기 위해서는 단독행위와 공동행위(concerted activity)의 구별이 필요하다. 이러한 용어들의 문자적 의미는 동일 회사의 임원이나 직원들 간의 조정행위(coordinated conduct)를 배제하는 내용이 없다. 그러나 단일하고 통합된 기업의 정책을 실행하기 위한 내부 "합의"는 제1조가 규제하려는 반독점적 위험을 야기하지 않는다는 점은 명백하다. 단일 기업의 임원들은 별개의 경제적 이익을 추구하는 별도의 경제적 행위자들이 아니기 때문에, 그들 간 합의가 이전에 다양한 목표를 추구하던 경제력을 갑자기 결집시키는 것은 아니다. 기업 내 조정은 경쟁을 촉진하려는 노력에서 비롯될 가능성이 경쟁을 질식시키는 노력에서 비롯될 가능성만큼 높다. 시장에서 이러한 조정(coordination)은 사업체가 효과적으로 경쟁하기 위해 필요할 수 있다. 이러한 이유에서 동일 회사의 임원 혹은 직원은 제1조 공모에 필수적인 복수의 행위자를 구성하지 않는다.

실제로, 기업이 특정 책임을 자율적인 부서에 위임했다는 이유만으로 조정행위(coordinated conduct)를 처벌하는 규칙은, 기업이 예상되는 이점을 가진 사업부를 설립하는 것을 저해할 가능성이 있다. 이는 유용한 반독점법 목적에 부합하지 않으며, 오히려 소비자로부터 분권화된 관리가 가져올 수 있는 효율성을 빼앗을 수도 있다.

C

비슷한 이유에서 모회사와 그 완전 소유 자회사의 조정된 활동은 셔먼법 제1조의 목적상 단일 기업의 활동으로 평가되어야 한다. 모회사와 완전 자회사는 전적으로 이해가 일치한다. 그것은 운전자 1인의 통제를 받는 마차를 끄는 여러 마리의 말과 다르지 않다. 공식적인 "합의"가 있든 없든, 자회사는 유일한 주주인 모회사의 이익을 위해 행동한다. 만약 모회사와 그 완전 자회사가 "합의"했다면, 이전에 서로 다른 이해를 위한 경제적 자원들의 갑작스런 결합은 없고, 그래서 제1조 조사의 정당성도 없다.

기업 내 공모이론(Intra-enterprise conspiracy doctrine)은 기업 구조의 형식만을 고려하고 현실을 무시한다. 반독점법상 책임은 기업의 하위 단위가 비법인 사업부로 조직되었는지 아니면 완전 소유 자회사로 조직되었는지에 따라 달라져서는 안 된다. 기업 경영진이 특정한 구조를 선택하게 만드는 경제적, 법적, 또는 기타 고려사항들은 해당 기업의 행위가 경쟁을 심각하게 위협하는지 여부와는 무관하다. 오히려, 기업은 타당한 경영 및 관련 목적을 위해 자회사 형태의 조직을 채택할 수 있다. 별도 법인화는 경영을 개선하고, 복수의 주(州) 운영에서 발생하는 특별한 세금 문제를 피하거나, 기타 정당한 이익을 위해 사용될 수 있다. 특히 기업 운영의 복잡성이 증가하는 것을 고려할 때, 기업은 반독점법상 책임을 증가시키지 않으면서 통제의 효율성, 운영의 경제성, 그리고 경영판단에 따른 기타 요인들을 위해 자유롭게 구조를 만들 수 있어야 한다.

만약 반독점 책임이 회사의 하위 단위가 어떤 형태를 취하고 있는지에 달려 있다면, 모회사는 자회사를 별도법인이 아닌 회사 내 사업부로 전환하도록 장려할 것이다. 이러한 유인은 어떤 유효한 반독점 목표에 기여하지 않고, 소비자와 생산자들이 자회사 형태가 낳을 수 있는 편익(benefit)을 박탈하는 것이다.

D

셔먼법 제1조가 공동행위(concerted behavior)에 주목함으로써 부당한 거래제한을 금지하는 법에 "공백"을 남긴다는 점을 부정할 수는 없다. 부당한 거래제한은 공동으로 활동하는 두 개의 독립한 회사에 의해서만 이루어질 수 있는 것은 아니다. 한 회사가 만약 그 자체로 이들 두 회사가 결합한 시장력을 갖고 있다면 정확히 같은 정도로 거래를 제한할 수 있다. 셔먼법이 이러한 부당한 거래제한을 금지하지 않고, 계약, 결합 또는 공모로 인한 제한만 금지하기 때문에, 법은 단일 회사의 경쟁제한적 행위(독점화 위협에 이르지 않는)를 건드리지 않고 있는데, 이러한 행위도 경제적 효과 면에서는 제1조 책임을 지는 복수회사들의 행위와 구별할 수 없을 수도 있다.

우리는 이미 의회가 타당한 이유에 기반해 이러한 법적 "공백"을 두었다는 점을 적시한 바 있다. 단일 기업의 모든 행위를 합리성 원칙에 따라 사법적 검토를 받게 한다는 것은 반독점법이 장려하려는 경쟁적 열망을 저해할 위험이 있다.

따라서 이 사건에서 적절한 조사는 모회사와 그 완전 자회사의 조정행위가 반경쟁적 효과를 가질 수 있는지 여부가 아니다. 또한 "공모(conspiracy)"라는 용어가 모회사와 그 완전 자회사를 포함하는 문자적 해석을 할 수 있는지 여부도 아니다. 만약 이러한 것이 적절한 조사라면, 단일 기업의 행위는 두 직원의 조정이 관련될 때마다 제1조의 검토 대상이 될 것이다. 이러한 규칙은, 사법권이라는 무게로 해석한 의회의 명확한 의도에 반해, 단독행위와 공동행위 간의 구별을 무너뜨릴 것이다. 오히려 적절한 조사는 의회가 단독행위를 제1조 검토에서 면제하기로 한 결정의 논리를 설명하고, 그 논리가 모회사와 그 완전 소유 자회사의 행위를 유사하게 배제하는지 평가하는 것이다. 의회가 제1조를 공동행위로 제한하기로 한 판단을 재고하지 않는 한, 우리는 모회사와 그 완전 소유 자회사의 조정된 행동이 해당 조항의 적용 범위를 벗어난다고 결론지을 수밖에 없다.

비록 셔먼법이 남긴 "공백"이 의회의 의도적인 정책결정의 합리적인 결과라는 것을 인식하지만, 그러한 공백의 크기는 심각한 의문에 놓여 있다는 점도 주목한다. 반독점 구제가 필요한, 기업과 그 완전 소유 자회사의 반경쟁적 활동은 기업 내 공모 이론에 의존하지 않고도 충분히 감시될 수 있다. 기업이 최초로 지배권을 취득했을 때 항상 셔먼법 제1조 및 클레이튼법 제7조에 따른 조사를 받는다. 그 후는 해당 기업은 셔먼법 제2조와 FTC법 제5조 적용을 완전히 받는다. 이러한 법률이 위험한 반경쟁적 행위를 통제하는 데 충분하다는 것은, 오늘날 법원이 반독점 책임을 인정한 판결이 기업 내 공모 이론이 없었더라도 달라지지 않았을 것이라는 사실에서 알 수 있다. 또한, 연방정부가 반독점법을 집행하는 과정에서 기업과 그 완전 자회사가 제1조에 따라 "결합(combine)"하거나 "공모(conspire)"할 수 있다는 개념을 더 이상 받아들이지 않는다는 사실에서도 나타난다. 따라서 기업과 그 완전 자회사와 관련한 기업 내 공모이론(intra enterprise conspiracy doctrine)의 소멸은 반독점 집행을 훼손하지 않을 것이다. 그것은 단지 반독점 소송으로 가장한 사인(私人) 간 주(州) 불법행위 소송에 따른 3배 배상만 없앨 것이다.

IV

우리는 Copperweld와 그 완전 자회사인 Regal이 셔먼법 제1조의 목적을 위해 서로 공모할 수 없다고 판단한다. 이 법원의 이전 판결 중 이와 반대되는 것이 있다면, 그것들은 인정되지 않고 폐기된다(disapproved and overruled). 따라서 항소법원의 판결을 파기한다.

미국 American Needle 판결

American Needle, Inc. v. NFL, 560 U.S. 183 (2010)

협정(arrangement)이 계약, 결합 또는 공모인지 여부는 거래를 부당하게 제한하는지 여부와는 다른 선행 질문이다. 이 사건은 내셔널 풋볼리그(NFL)의 32개 팀의 사업과 그들이 지식재산을 관리하기 위해 만든 법인에 대한 선행 질문을 제기한다. 법원은 NFL의 라이선스 행위는 셔먼법 제1조의 범위를 유형적으로 벗어나지 않는 공동행위에 해당한다고 판단한다. 이러한 공동행위의 적법성 판단은 합리의 원칙으로 평가되어야만 한다.

I

원래 1920년에 조직된 NFL은 현재 32개의 개별적으로 소유되는 전문축구 팀으로 구성된 비법인 사업자단체(unincorporated association)이다. 1963년, 팀들은 지식재산을 개발하고, 라이선스 및 마케팅할 목적으로 National Football League Property(NFLP)를 설립했다.

1963년과 2000년 사이에 NFLP는 여러 공급업체에게 비독점 사용권(nonexclusive license)을 부여하여 팀의 상징이 부착된 의류를 제조하고 판매할 수 있도록 허용했다. 상고인 American Needle은 그 사용권자 중 하나였다. 2000년 12월, 팀들은 NFLP에게 독점 사용권(exclusive license)을 부여할 권한을 부여하기로 투표했으며, NFLP는 Reebok에게 32개 팀 모두의 상표가 있는 모자를 제조하고 판매할 수 있는 10년 독점 라이선스를 부여했다. 그 이후 NFLP는 American Needle의 비독점 사용권을 갱신하지 않기로 결정했다.

American Needle은 일리노이 북부지방법원에 이 소송을 제기하면서 NFL, 그 팀들, NFLP 및 Reebok 간 계약이 셔먼법 제1조 및 제2조를 위반했다고 주장했다. 피고들은 팀들, NFL 및 NFLP가 "문제된 행위와 관련하여 단일 경제적 기업(a single economic enterprise)이기 때문에" 제1조 의미 내에서 공모할 수 없다고 주장했다. 지방법원은 "지식재산권 활용과 관련된 운영 측면에 대해 NFL과 그 32개 팀이 반독점법 용어로 단일한 실체(single entity)로 행동하고 있는지 여부"에 대한 약식판결을 내렸다. 지방법원은 "운영 측면에서 그들이 운영을 통합했기 때문에 단일 실체로 간주되어야 한다"고 결론지었다. 연방제7항소법원은 이를 확인했다.

Ⅳ

Copperweld 판결에서 보여주는 것처럼, "형식이 아니라 실질에 따라 어떤 주체의 제1조에 따른 공모 가능 여부를 결정해야 한다." 핵심은 문제된 "계약, 결합 ... 또는 공모"가 공동행위인지 여부, 즉 그것이 별개의 의사 결정권자들을 결합시키는지 여부이다. 따라서 관련 조사는 "별개의 경제적 이익을 추구하는 별개의 경제 주체" 사이에 "계약, 결합 … 또는 공모"가 있었고, 그래서 "시장에서 독립된 의사결정의 주체들을 박탈"했고, 그 결과 "사업적 이해관계의 다양성을 제거"해 종국적으로 실제 혹은 잠재적 경쟁을 박탈했는지 여부이다(Areeda & Hovencamp, 셔먼법 제1조에서 처리하려는 핵심 폐해는 "그렇지 않았다면 존재했을 경쟁의 제거"라는 점을 참고).

문제는 합의가 "독립한 의사결정권 주체들(centers)"을 결합시키는지 여부이다. 만약 그렇다면 그 실체들은 제1조에 따른 공모가 가능하며, 법원은 거래제한이 부당한지 그 결과, 위법한지를 판단해야만 한다.

Ⅴ

NFL팀들은 독립 행위(independent action)의 특징인 단일 의사결정 능력이나 경제적 힘의 단일집합을 갖추고 있지 않다. 각 팀은 상당한 규모로, 독립적으로 소유되고 독립적으로 관리되는 사업체이다. "그들의 일반적인 기업 행동은 '별개의 기업 의식'에 의해 안내되거나 결정되며", "그들의 목표는 '공통적이지 않다'." 또한 "각 팀의 재정적 성과는 다른 팀들과 연관되어 있지만, 반드시 다른 팀들과 함께 상승하거나 하락하지는 않는다." 팀들은 경기장에서뿐만 아니라 팬들을 유치하고, 입장 수입을 얻고, 경영진 및 선수들과의 계약을 위해 서로 경쟁한다.

이 사건과 직접 관련 있는 것으로, NFL의 각 팀들은 지식재산권 시장에서 경쟁한다. 각 NFL팀이 지식재산권을 라이선스할 때, "전체 리그의 공통 이익"을 추구하지 않고, 오히려 각 "회사 자체"의 이익을 추구한다(*Copperweld* 판결). NFL이 각자 보유한 상표권을 공동으로 단 한 업체에게만 라이선스하기로 한 결정은, "시장에서 독립된 의사결정 주체를 박탈"하는 것이며, 따라서 실제 혹은 잠재적 경쟁을 없애는 것이다. (두 개의 별도로 소유된 회사가 각자의 별도 제품을 "단일 판매 대리인(single selling agent)"을 통해 판매한다면 제1조 위반의 가능성이 있다는 점을 참고. NCAA 판결). ("명백히, 가장 중요한 경쟁적 위협은 합작 투자 참여자들이 실제 또는 잠재적 경쟁자일 때 발생한다." Areeda & Hovencamp).

NFL은 NELP를 구성함으로써, 합병과 유사한 단일체를 형성한 것이며, 그래서 단일 판로로 NFL 브랜드를 판매한 것이라 주장했다. 그러나 팀들이 지식재산권 관리를 중앙 집중화하는 법적으로 별도의 실체를 조직하고 소유하고 있다는 사실이 결정적인 것은 아니다. 지속적인 제1조 위반은 지속적인 위반에 이름과 표지(label)를 붙인다고 해서 제1조 검토를 피할 수 없다. "아마도 모든 거래 제한에 대한 계약과 결합은 그렇게 표지를 붙일 수 있을 것이다."

NFL팀이 설사 NFL 브랜드를 홍보하는 것처럼 공통의 이해를 갖고 있지만, 개별 팀은 여전히 별개의 이익 최대화 단위로서, 팀 상표권을 라이선스하는 것에 공통 이익이 반드시 일치하는 것은 아니다. NFL 브랜드에 대한 공통 이익은 "모회사들의 경제적 이익을 부분적으로 통합"시키지만, 팀들 간에는 여전히 구분되는 잠재적으로 경쟁하는 이해관계가 있다.

NFL팀들이 주장하는 것처럼, NELP가 "팀들의 '홍보 수단'의 '단일 동력'으로 역할하며" "'전체의 공동 이익을 추구'해 왔을" 수 있다. 그러나 위법한 제한은 빈번히 당사자가 아닌 자들을 희생하는 대가로 제한 당사자들의 공통 이익이 된다. "실제 경쟁의 부재는 그 자체로 반경쟁적 합의의 발현일 수 있다."

NFL팀들은 그럼에도 불구하고, 항소법원에서 팀들 간 협력이 없다면 NFL 미식축구가 존재할 수 없을 것이기 때문에 단일체를 구성한다고 주장한다. "프로 스포츠 리그를 구성하는 클럽들이 완전히 독립적인 경제적 경쟁자가 아니며, 경제적 생존을 위해 어느 정도의 협력에 의존한다"는 것은 사실이다. 그러나 항소법원의 논리는 설득력이 없다.

협력에 대한 정당화는 그 협력이 공동행위인지 독립행위인지와 무관하다. 합작투자에 필요하거나 유용한 "계약, 결합... 또는 공모"는 그것이 "시장에서 독립적인 의사결정 주체를 박탈"한다면 여전히 "계약, 결합... 또는 공모"이다(*Copperweld* 판결). 모든 합작투자는 제품을 생산하기 위해 협력하는 다수의 경제력 원천이 관여된다. 그리고 많은 그러한 조인트벤처에게는 다른 이들의 참여가 필요하다. 그렇다고 해서 협력의 필요성이 공동행위를 독립행위로 전환시킬 수 있다는 말은 아니다. 넛트와 볼트는 함께여야만 작동 가능하지만, 넛트 제조사와 볼트 제조사 간 합의는 여전히 제1조 분석 대상이다. 팀들이 어떤 의미에서 공동으로 운영된다는 단순한 사실만으로 그들이 면책되는 것은 아니다.

NFLP의 결정이 제1조에 의해 다뤄지는 공동행위에 해당하는지에 대한 문제는, 32개 팀이 직접 내린 결정이 제1조로 처리되는지 문제보다 더 복잡하다. 이는 NFLP가 자체 경영진을 가진 별도의 법인이기 때문이면서, 또한 기록에 따르면 NFLP가 창출한 대부분의 수익이 팀들 간에 균등하게 공유되기 때문이다. 그럼에도 불구하고, 32개 팀의 행위가 제1조에 의해 다뤄지는 것과 동일한 이유로 NFLP의 행위도 제1조의 대상이 된다는 것이 분명하다고 생각하며, 최소한 개별 팀들이 소유한 재산의 마케팅과 관련해서는 그렇다. NFLP의 라이선스 결정은 32개의 잠재적 경쟁자들에 의해 이루어지며, 각 팀은 실제로 공동 관리되는 자산의 지분을 소유하고 있다. NFLP로서의 결정을 포함해서 이러한 자산을 활용하기 위한 협력 합의를 제외하면, 각 팀이 의류와 모자 구매, 해당 품목의 판매, 그리고 상표 사용 라이선스 부여와 관련된 자체적인 시장 결정을 내리는 것을 막을 수 있는 것은 없을 것이다.

일반적으로 단일 기업 내의 합의는 회사의 구성부분들이 회사의 이익을 극대화시키기 위한 행위라는 추정에 기반해 독립된 행위로 취급한다. 그러나 드문 경우 그러한 추정은 유지되지 않는다. 하나의 회사 내에서 행한 합의는 제1조 대상인 공동행위에 해당할 수도 있는데, 합의 당사자들이 회사 자체의 이익과 별개로 행동할 때이고 그러한 회사내 합의가 단순히 계속되는 공동행위를 위한 형식적인 껍데기일 수 있다(*Topco* 판결).

이런 이유로, NFLP가 팀들이 개별적으로 보유한 지식재산권에 관해 내리는 결정은 공동행위에 해당한다. NFLP라는 기구를 통해 독립적으로 운영되는 32개 팀은 회사의 이익을 극대화하기 위해 행동하는 단일 회사의 구성요소와 같지 않다. 팀들은 여전히 개별적으로 통제되며, NFLP의 재정적 안녕과는 구별되는 경제적 이해관계를 가진 잠재적 경쟁자로 남아있다. 일반적인 기업 주주들의 결정과 달리, NFLP의 라이선싱 결정은 단순 과반수 이상의 주주들의 동의를 효과적으로 요구한다. 그리고 각 팀의 결정은 NFLP 이익뿐만 아니라 각 팀의 개별적인 이익 또한 반영한다. 32개 팀은 NFLP를 위해 내리는 결정의 결과로 NFLP 이익과는 별개로 개별적인 경제적 이익을 얻는다. 따라서 NFLP의 결정은 각 팀이 자체적으로 지식재산권을 라이선싱해 얻는 이익에 영향을 미친다. 팀들의 "사업적 이해관계"가 "종종 독립체 NFLP 이해관계와 일치하겠지만, 그러한 이해관계의 공통성은 모든 카르텔에 존재한다." 따라서 관련 라이선스 결정을 내릴 때 NFLP은 팀들의 "도구(instrumentality)"이다(*Topco* 판결 참조).

만약 잠재적 경쟁자들이 결합기구를 통해 이익과 손해를 공유했다는 점이 셔먼법 제1조로부터 면책된다는 점을 의미한다면, 어떤 담합이라도 "단순히 그들 간 경쟁하는 제품의 독점 판매자로서 기능하는 '합작투자회사(Joint Venture)'를 만듦으로써 반독점법을 피할 수 있다." (실제로, 단일 경영 구조를 가진 합작투자는 일반적으로 카르텔을 운영하는 더 나은 방법인데, 이는 불법 합의의 당사자가 그 합의에서 이탈할 위험을 줄이기 때문이다). 그러나 경쟁자들은 "제3자 중개인(a third-party intermediary)이나 '합작투자회사(joint venture)'를 통해 행동함으로써 단순히 반독점 책임을 '회피할 수는 없다.'"

VI

협력이 필요한 미식축구 팀들은 반독점법에 구속되지 않는다. "이 산업의 특수한 특성이 많은 종류의 합의에 대한 정당화 사유를 제공할 수 있다." NFL 팀들이 리그 전체의 성공과 수익성에 공동의 이해관계를 가지고 있으며, 경기의 제작과 일정 조정에 협력해야 한다는 사실은 많은 공동 결정을 내리는 데 완전히 합리적인 정당화 사유를 제공한다. 그러나 이 사건에서 문제가 되는 행위는 여전히 셔먼법에 따른 공동행위로 제1조의 분석 대상이 된다.

"그 상품이 애초에 시장에 나올 수 있으려면 경쟁에 대한 제한이 필수적인" 경우,

당연위법은 적용될 수 없고 대신 그 제한은 유연한 합리의 원칙으로 판단되어야 한다(*NCAA* 판결, "이 사건에 당연위법 규칙을 적용하지 않기로 한 결정은 상당 부분, 상고인과 그 회원 기관들이 시장에 내놓으려는 경쟁 유형을 유지하려면 일정 정도의 협력이 필요하다는 인식에 기초하고 있다"). 이러한 경우, 해당 합의는 합리의 원칙 하에서도 효력이 있을 수 있다(*BMI* 판결, "상품을 시장에 내놓는 데 합의가 필수적인 경우 … 합작투자 및 기타 협력 협약도 일반적으로 불법은 아니다"). 그리고 문제된 공동행위에 따라서는 합리의 원칙은 면밀한 분석이 요구되지 않을 수도 있는데, "때때로 눈 깜짝하는 순간에 적용될 수 있다."(*NCAA* 판결).

NFL의 다른 특성들은 팀들 간 합의를 유효하게 할 수도 있다. 예컨대 법원은 "체육팀 간 경쟁적인 균형을 유지하는 이익이 적법하고 중요하다"고 인정했다(*NCAA* 판결). 그와 동일한 이익은 NFL 팀에도 적용되지만, 그러한 점이 팀이 개별적으로 보유한 지식재산권을 판매하는 문제와 관련해서는 제1조 목적상 팀들을 단일체로서 취급하는 것을 정당화하지는 않는다. 그러나 의심의 여지없이 팀들 간 다양한 공동 결정을 합리화할 수 있는 이익인 것도 사실이다. 이 사건에서 문제된 행위에 합리의 원칙을 적용하는 것은 환송심에서 고려해야 할 역할이다.

따라서 항소법원의 판결을 파기하고 이 판결에 부합하는 추가 절차를 위해 환송한다.

6. 묵시적 담합 및 정보교환 (Tacit Collusion & Information Sharing)

미국 Interstate Circuit 판결

Interstate Circuit, Inc. v. United States, 306 U.S. 208 (1939)

상고인 배급사들은 자신들이 소유하거나 통제하는 저작권 있는 영화 필름을 미국 전역의 극장에서 상영하기 위해 주(州) 간 배급하는 사업에 종사하고 있다. 그들은 미국에서 상영하는 모든 1급(first class) 영화의 75%를 배급한다.

(상고인 상영업자들인) Interstate Circuit(Interstate)과 Texas Consolidated Theater (Consolidated)는 서로 계열관계이다. Interstate는 텍사스주 6개시에 소재한 1차(개봉) 및 2차(할인) 상영관 43개를 운영하고 있다. 이 회사는 텍사스 소재 휴스턴에 소재한 극장을 제외하고는 모든 시에서 1차 상영관을 완벽하게 독점하고 있다. 이 극장들 대부분에서 성인의 야간석 입장료는 40센트 이상이다. Interstate는 또한 이 도시들 각각에서 여러 후속 상영 극장들을 운영하고 있으며, 총 22개에 달한다. 그러나 Galveston을 제외한 모든 도시에서 다른 후속 상영 극장들이 있고 Interstate는 이 도시들의 1차 상영 및 후속(할인) 상영관들과 경쟁하고 있다.

Consolidated는 Rio Grande Valley와 텍사스의 다른 지역 및 뉴멕시코의 여러 도시와 마을에서 66개 극장을 운영 중인데, 이 중 일부는 1차 상영관이고 일부는 후속 상영관이다. 이 도시들 중 일부에는 경쟁극장이 없으며, 6개의 주요 도시에는 경쟁하는 1차 상영관이 없다. Consolidated는 Interstate가 운영하는 6개의 텍사스 도시에는 극장이 없다. 이들 두 사업자는 각자 극장을 소유한 지역 도시에서 영화 사업을 지배하는데, 이 점은 문제된 계약기간 동안 양 사업자가 각각 자신들의 영역에서 배급사 상고인들에게 지불한 모든 사용료의 74%를 초과하는 금액을 부담했다는 사실로 알 수 있다.

1934년 7월 11일, 배급사 상고인들의 8개 지점 관리자들에게 이 주제에 대한 이전의 연락에 이어, Interstate와 Consolidated의 대표인 O'Donnell은 지점 관리자들 각각을 수신인으로 지명해 Interstate 편지지로 편지를 보냈다. 그는 Interstate가 배급사들의 영화를 야간 입장료 40센트 이상의 'A' 또는 1차 상영관에서 계속 상영하기 위한 조건으로 두 가지 요구 사항을 준수할 것을 요청했다. 첫 번째는 배급사들이 "이러한 'A' 상품은 후속 상영의 어떤 시간 및 극장에서도 성인 야간 입장료 25센트 미만으로 절대 상영하지 않고", 다른 하나는 "야간에 40센트 이상을 받는 'A' 영화는 이른바 동시상영 정책에 따라 다른 장편영화와 함께 상영하지 않을 것"에 동의한다는 것이다. 편지는 "Rio Grande Valley 상황"에 대해 Consolidated만이 관여하고 있다고 언급하면서, "우리는 최대 야간 입장료 35센트로 우리 'A' 극장에서 상영되는 모든 영화들이 Valley 지역의 후속 상영에서는 25센트로 제한되어야 한다고 주장해야 한다"고 덧붙였다.

당시 텍사스에서 독립적으로 운영되는 후속 상영관에서 야간 선호 좌석에 대해 통상적으로 부과되는 입장료는 25센트 미만이었다. 대부분의 경우 입장료는 15센트 이하였다. 하지만 이전에는 어느 곳도 제한을 계속하도록 계약상 강제된 적이 없었다. 하급심법원은 제안된 제한이 이전 관행으로부터 중요한 이탈에 해당한다고 판결했다.

배급사들의 지역 대표들은 제안된 계약을 체결할 권한이 없어 이 제안을 본사에 전달했다. 이후 Interstate와 Consolidated를 대표하는 Hoblitzelle와 O'Donnell, 그리고 여러 배급사들의 대표들 간에 회의가 이어졌다. 이 회의에서 각 배급사는 지역 지점장과 텍사스 주 외부에서 온 한 명 이상의 상급 임원들이 대표로 참석했다. 회의 과정에서 각 배급사는 1934−35 시즌 동안 Austin과 Galveston을 제외한 Interstate가 서비스를 제공하는 6개 텍사스 도시에서 후속 상영 라이선스 취득자[2차 상영관 운영자들]들에게 요구된 두 가지 제한 사항[최저 입장료 설정, 연속상영 금지]을 모두 부과하기로 Interstate와 합의했다.

비록 영화 저작권을 가지고 있었지만, 상고인들은 배급사들이 후속 상영관에게 제한을 부과하기로 서로 합의했다면 공모 혐의가 성립된다는 점을 부인하지 않는다. 통상적으로 상거래를 제한하는 불법적인 합의 혐의가 있는 사건이 그렇듯이, 정부는 배급사들이 후속 상영관에게 제한을 부과하기로 서로 합의했다는 직접적인 증언의 도움을 받지 못한다. 합의를 입증하기 위해 정부는 혐의를 받고 있는 공모자들의 행동 과정에서 도출된 추론에 의존할 수밖에 없다.

지방법원은 Interstate와 Consolidated를 대표한 제안의 성격, 제안 방식, 배급사들이 제안을 만장일치로 실행에 옮긴 것, 상고인들이 Interstate와 계약협상을 했던 고위 임원과 정상적인 거래상황에서라면 배급사들 간 합의의 존재 혹은 부존재를 알 수밖에 없는 임원 누구도 증인으로 신청하지 않은 점에서 합의 존재를 추론했다. 이 결론은 부수적 판단이나 증거에 의해 뒷받침되지 않는다는 이유로 배급사 상고인들에 의해 이의가 제기되었다. 우리는 지방법원의 이러한 추론이 증거로부터 올바르게 도출되었다고 생각한다.

O'Donnell의 편지는 수신인이 8개 배급사 지역 대표로 기재되었기 때문에, 처음부터 각 배급사들은 그 제안을 다른 배급사들도 고려하고 있다는 점을 알고 있었다. 각 배급사들은 모두 적극적으로 경쟁 중이며, 제한과 관련해 실질적으로 만장일치격의 행동 없이는 2차 상영 및 독립 상영관 사업에서 상당한 손실을 볼 위험이 있지만, 만약 그렇게 한다면 이익이 증가할 전망이 있다는 것을 알았다. 따라서 공동행위에 대한 강한 동기가 있었고, Interstate와 Consolidated는 모든 배급사들에게 단일 문서로 요구 사항을 제시함으로써 이를 충분히 활용했다

또한 합의 없이는 다양한 행동이 뒤따를 위험도 있었다. 제안 준수는 산업에서 이전 거래관행으로부터 급격한 이탈 및 2차 상영관 대부분의 상영료의 급격한 인상을 수반했다. 최소 세 배급사의 지역 관리자들은 제안 수락을 만류했다. 독립 상영업자들은 모여서 Interstate와 Consolidated의 대표들에게 제시한 무익한 항의를 조직했다. 독립적인 협상의 결과로 두 가지 제한 사항 중 하나만을 하나 이상의 배급사가, Interstate가 서비스를 제공하는 텍사스 도시들 중 하나 이상에서 시행할 수 있었지만, 이어진 협상은 실제로 제안의 수정으로 이어졌고, 제한 사항의 조건과 그것들이 운영될 네 개 도시의 선택에 있어 배급사들의 실질적으로 만장일치 행동을 초래했다.

한 배급사는 사실 휴스턴에서 제한을 부과하는 데 동의하지 않았지만, 이는 분명히 그 도시에서 자사 계열사가 1차 상영관을 운영하고 있어 다른 후속 상영업자에게 라이선스를 부여하지 않았기 때문이었다. Galveston과 Austin에 대해서는 제안이 만장일치로 거부되었고, Consolidated가 서비스를 제공하는 Rio Grande Valley 도시들

로 제한을 확대해달라는 요청도 마찬가지였다. 우리는 Galveston이 제외된 이유가, 그 도시에 Interstate와 경쟁하는 후속 상영관이 없었기 때문이라고 추론할 수 있다. 그러나 우리는 합의된 공동행위 외에는 배급사들이 네 개의 텍사스 도시에서는 제안을 그대로 시행했지만, 다섯 번째 도시나 Rio Grande Valley에서는 시행하지 않은 특이한 만장일치 행동에 대한 설득력 있는 설명을 기록에서는 찾을 수 없다. 배급사들의 라이선스 계약 조항 형식의 다양한 변형과 이후 그들 중 두 곳이 모든 여섯 도시로 제한을 확대했다는 사실은, 모든 배급사 상고인들이 제안에 대해 보인 반응의 성격이 갖는 중요성이나 힘을 약화시키지 않는다. 여러 배급사들이 이러한 상황에서 모두가 참여하리라는 어떤 이해 없이 그들의 사업 방식에 대한 그토록 광범위한 변화를 실질적인 만장일치로 수용하고 시행했다고 믿는 것은 신뢰성을 해친다. 우리는 이것이 단순한 우연의 결과였다는 점을 인정하지 않는데, 이는 개연성의 범위를 벗어난 것이기 때문이다.

[배급사 간 합의] 추론은 배급사들이 같은 만장일치로, 후속 상영업자들에게 제한을 부과하기 위해 서로 합의했는지 여부를 알았거나 알 수 있는 위치에 있는 배급사 임원 혹은 대리인이 증언하지 않았을 때 더욱 뒷받침되고 강화되었다. 증명이 그러한 공동행위의 추론을 뒷받침한다고 생각하는 만큼, 상고인들은 이를 설명하거나 반박하기 위해 증거를 제시할 책임이 있었다. 그들은 다른 배급사들과 독립적으로 행동했으며, 다른 배급사들이나 그 대표들과 회의하거나 합의에 이르지 않았다고 증언하기 위해 지역 관리자들을 호출하여 이 책임을 지려 했다. 이러한 상황에서 배급사들을 대신하여 행동할 권한이 있었고 그들이 합의에 따라 행동했는지를 알 수 있는 위치에 있는 임원들을 증인으로 부르지 않은 것은, 만약 그들이 증언했다면 상고인들에게 불리했을 것이라는 점에 설득력이 있다. 강력한 증거가 가능할 때 약한 증거를 제시하는 것은 강력한 증거가 불리했을 것이라는 결론으로만 이어질 수 있다.

지방법원은 배급사들 간 합의가 증거로 확인된다고 판단했지만, 우리는 이 사건의 상황에서 후속 상영업자에게 제한을 부과하기 위한 그러한 합의가 불법적인 공모의 전제 조건이 아니라고 생각한다. 공동행위가 고려되고 안내된 것을 알고서, 배급사들이 그 계획을 준수하면서 참여했다는 사실로 충분했다. 각 배급사들은 다른 사업이 참가하도록 요청받았다는 점을 고지받았고, 각자 모두 협력이 성공적인 계획이행에 필수적이었다는 점을 알았다. 이는 우리가 곧 지적할 것처럼 셔먼법의 의미 내에서 부당한 것이었다. 그 사실을 알고 모든 배급사가 이 계획에 참여했다. 증거는 각 배급사가 일찍이 다른 배급사들이 동참했음을 인식하게 되었음을 설득력 있게 보여준다. 이러한 인식에 기반해 그들은 협약을 갱신하고 이를 두 해 연속으로 실행에 옮겼다.

불법적인 공모가 공모자들 간 동시 행동 혹은 합의 없이도 형성될 수 있으며, 실제로 자주 그렇게 이루어진다는 점은 기본적인 사실이다. 경쟁자들이 사전 합의 없이도 계획에 참여하라는 권유를 수락하고, 그 필연적인 결과로서 계획 수행으로 거래제한이 발생하는 것만으로도 셔먼법상 불법인 공모가 성립하기에 충분하다. 원심 판결을 확정한다.

미국 American Column & Lumber 판결

American Column & Lumber Co. v. United States, 257 U.S. 377 (1921)

"미국 활엽수(Hardwood) 제조사 협회"는 1918년 12월 두 개의 유사 협회가 통합되어 형성되었으며, 그 중 하나로부터 "공개 경쟁계획(Open Competition Plan)"이라고 지정된 활동 부서를 인수했고, 이하 "계획"이라고 지칭한다.

협회 회원들의 계획 참여는 선택 사항이었지만, 이 소송이 시작될 당시 400명의 회원 중 365명이 465개의 제재소를 운영하며 계획의 회원이었다. 협회(사업자단체)의 중요성과 영향력은 피고들의 공동 답변서에서 인정된 바와 같이, 피고들이 전국의 활엽수 제조에 종사하는 제재소 수의 5퍼센트만을 운영했음에도 불구하고 미국 전체 생산량의 3분의 1을 생산했다는 사실로 나타난다.

"계획"의 목적과 대상에 대한 추가 설명은 회원가입을 호소하는 글에서 이루어졌는데, 그 내용은 다음과 같다. "실제 책정되는 가격 관련 정보는 가격이 합리적으로 안정적이고 정상적인 수준으로 유지되는데 필요하다." "공개 경쟁계획은 가격, 무역 통계 및 거래관행에 대한 정보에 대한 중앙 수집센터이다. 모든 회원들에게 다른 회원의 정보를 완전하고 신속하게 알림으로써, "계획" 업무는 특정한 거래 관행의 통일이라는 결과를 이끌어 낸다. 다른 회원의 거래를 추종하는 합의는 없지만, 회원들은 가장 지능적인 경쟁자들이 실제 무엇을 하고 있는지 알고 있다면 그 경쟁사를 따른다."

[계획은 회원들에게 협회 사무국으로 (1) 판매자가 특정되는 일일 판매량과 선적량 보고 및 주문서와 청구서를 첨부한 모든 판매 세부사항, (2) 월간 제품별 생산 및 재고량, (3) 매달 가격 리스트 및 가격 변동 시 자료 제출을 요구했다.] 검사 서비스의 공표된 목적은 회원 동의 없이 어떤 회원의 등급을 변경하는 것이 아니라, 각 회원에게 자신의 가격을 다른 회원들의 가격과 비교할 수 있는 기준을 제공함으로써 모든 회원들의 보고서를 더 이해하기 쉽고 정확하게 만드는 것이다.

회원들의 이러한 모든 보고서는 협회 대표들의 완전한 감사 대상이 된다. 보고를 하지 않는 회원은 사무국의 보고서를 받지 못하며, 6개월 동안 12일 이상 보고를 하지 않으면 해당 회원은 회원 자격을 상실한다.

분명히 이 "계획"에서 제공하는 것보다 더 상세하게 자신의 사업과 관련된 모든 것을 공개하는 방법을 고안하기는 매우 어려울 것이며, 확실히 가장 매력적인 전망만이 어떤 사람으로 하여금 자신의 경쟁자들에게 이러한 공개를 하도록 유도할 수 있을 것이다.

[협회 사무국은 (1) 각 회원의 각 상품 등급별 월별 생산 요약, (2) 각 판매, 가격 및 구매자가 특정되는 주간 단위 판매 및 선적 보고, (3) 각 회원사의 모든 선적에 대한 보고, (4) 각 회원사 월별 재고량 및 재고 요약, (5) 회원사들의 월별 가격 리스트 요약(가격 변경 시 즉각 보고), (6) 생산 및 소비 모두의 변화 및 생산과 판매 비교를 제공하는 시장 보고 같은 통계자료를 회원들에게 제공했다.] 이러한 광범위한 보고서 교환은, "회원들의 관심사인 모든 주제"에 대한 논의 기회를 제공하는 월간 회의로 보완되어, 회원들이 원한다면 실제 혹은 묵시적인 합의를 쉽게 도출하고 유지할 수 있는 조직을 매우 확실히 구성했다.

[실제 회합은 몇몇 지역에서는 거의 매주 열렸고, 회합 전 각 회원은 과거 생산뿐만 아니라 향후 2달의 생산 및 시장정보 예상을 밝힐 것을 요청받았다. 이러한 추정치는 월별 보고 및 주간 판매 보고서에 반영되었다.] "계획"은 서면상으로는 단지 과거 거래에 대한 보고만을 제공했으며, 이는 기록과 주장에서 많이 언급되었는데, 과거 거래를 서로 보고하는 것은 미래 가격을 고정할 수 없다는 것이다. 그러나 분명히 각 회원이 미래의 시장 상황에 대한 추정과 논의를 하도록 유도했으며, 전문 분석가에 의한 이들의 조정은 명시적이진 않더라도 쉽게 미래 가격에 관한 협력적이고, "조화"를 위한 매력적인 기반을 발전시킬 수 있었다.

보고서 교환을 위한 이 정교한 계획은 단순히 각 회원에게 그룹의 다른 모든 회원이 보유한 재고량, 판매량, 가격을 제공하여 공급과 수요 및 현재 가격을 기반으로 시장을 판단하기 위한 데이터를 제공하는 것이 아니다. 그것은 훨씬 더 나아간다. 그것은 재고, 판매, 가격에 관한 정보를 제공할 뿐만 아니라, "향후 몇 개월간의 시장 상황"에 대한 각 회원의 견해, 각자의 "향후 2개월" 생산량이 어떻게 될 것인지, 전문가의 빈번한 보고서 분석, 우리가 보게 될 미래 가격과 생산에 대한 중요한 제안, 그리고 기록상 매우 중요했던 향후 견해 교환을 위한 회의 기회를 제공한다. 이 계획에서 경쟁을 억제하는 조직의 익숙한 유형을 만들기 위해 부족한 유일한 요소는, 생산과 가격에 대한 명확한 합의이다. 그러나 이 합의의 결여는 특히 강력할 때 "가장 지적인 경쟁자를 따르려는" 사람들의 성향, 가능한 한 많은 돈을 벌고자 하는 내재된 성향, 행동의 "조화(harmony)"의 가치를 꾸준히 배양하는 것, 그리고 가격 인하를 불가피하고 즉각적으로 발견하게 만드는 보고 시스템에 의해 메워진다. 이 계획의 제재는 분명히 금전적 이해관계, 친밀한 개인적 접촉, 그리고 사업 명예(business honor)이며, 이 모든 것은 불신으로 간주될 수 있는 행위의 노출과 강력한 경쟁자들에 의한 거래상 처벌이라는 제약 하에 작동한다.

분명히 피고들의 조직은 공동행위를 구성하며, 인정된 바와 같이 그들은 주(州) 간 통상에서 목재의 운송과 판매에 대규모로 종사하고 있어서, 결정을 위해 남은 것은 단지 채택된 사업 수행체계가 이 반독점법에 의해 금지된 주(州) 간 통상에 대한 직접적이고 부당한 제한을 초래했는지의 문제뿐이다.

문제는 당시 지배적이었던 전시 가격(war prices)을 인상하기보다는 유지하는 것이었고, 다양한 회의의 의사록이 가장 간략한 개요로만 유지되었지만, 우리는 두 협회의 통합 후 한 달 이내에 "계획" 회원들이 회의를 통해 적극적으로 협력하여 생산을 제한함으로써 경쟁을 억제하기 시작했음을 확인한다. 이는 회의 의사록과 회의에서 배포된 시장 편지 및 판매 보고서에서 발췌한 다음의 내용에서 매우 명확히 드러난다.

그래서 1919년 1월 21일 신시내티에서 열린 회의에서 사업 상황에 대한 논의 중 의장은 다음과 같이 말했다. "*생산에서 증가가 없다면, 특히* 오크의 경우 좋은 사업이 될 것이다. … *생산을 늘리는 자는 안전하지 않다.* 만약 생산을 늘린다면, 수요가 따라오지 않을 것이기 때문에 곤경에 처하게 될 것이다."

일반적으로 사람들은 명백히 이익이 될 것으로 보이는 일을 하도록 쉽게 설득된다. 때문에, 모든 입수 가능한 데이터를 가지고 있는 협회의 분석가가 더 높은 가격이 정당화되고 쉽게 가능하다고 반복된 의견을 개진함으로써, 필연적으로 그러한 가격을 요구하는 데 있어 공동행위를 초래했고, 실제로 그렇게 되었다.

기록에 따르면 가장 일반적으로 사용되는 활엽수 등급의 가격은 관련 기간 동안 전례 없는 수준으로 상승했다. 오크 품종의 가격 인상은 해당 연도 동안 33.3퍼센트에서 296퍼센트 범위에 이르렀고, 검은 고무나무는 60퍼센트에서 343퍼센트, 그리고 물푸레나무는 55퍼센트에서 181퍼센트 범위였다. 1919년에 매우 높게 가격 상승이 있었고 습기가 많은 눅눅한 날씨가 어느 정도 생산을 제한했을 수 있다고 하더라도, "계획" 회원들이 스스로 언급한 바와 같이, 지방법원의 결론과 마찬가지로 영향력 있는 판매자 회원의 단합된 행동이 이러한 특별한 가격 상승에 크게 기여했다고 인정할 수밖에 없다.

진정한 경쟁자들은 피고들이 했던 것처럼 자신들의 사업에 대한 가장 세세한 내용을 일일, 주간, 월간 보고서로 경쟁자들에게 제출하지 않는다. 그들은 여기서 행해진 것처럼, 성공적으로 경쟁하기 위해 자신의 장부를 경쟁자들의 임의 감사(discretionary audit)에, 그리고 그들의 재고를 경쟁자들의 임의 검사(discretionary inspection)에 제출하기로 계약하지 않는다. 또한 그들은 공동으로 고용한 전문가의 분석을 위해 자신의 사업 세부사항을 제출하지 않고, 그로부터 시장이 현재 시장과 그의 특별하고 기밀적으로 정보를 제공받은 판단에 따른 미래 시장에 대한 "조화로운(harmonized)" 예측을 얻지 않는다. 이는 경쟁자들의 행동이 아니라, 명시적이든 묵시적이든 합의하여 단결하고 공동의 지침 하에 공동의 목적을 추구하는 사람들의 행동이라는 것이 너무나 분명하여, 만약 그것이 주(州) 간 통상에서 생산을 제한하고 가격을 인상하기 위한 공동행위라고 자백되지 않았더라도, 그래서 우리가 본 바와 같이 그 통상에 대한 직접적인 제한이라고 자백되지 않았더라도, 그러한 결론은 불가피하게 입증된 사실들로부터 추론되었을 것이다. 필수품의 한 품목에 대해 국가 거래의 3분의 1을 통제하는 365명의 자연적 경쟁자들의 이러한 비정상적인 행동을 "새로운 형태의 경쟁"이라고 선언하고, 그것이 매우 분명히 그러함에도 거래제한의 오래된 형태가 아니라고 하는 것은, 법원이 일반 사람들이 매우 분명히 보고, 이해하고, 비난하는 현실을, 즉 새로운 옷을 입고 새로운 이름을 가진 오래된 악을, 단어와 형식에 의해 눈이 멀었음을 고백하는 것이 될 것이다.

"계획"은 과거의 신사협정을 확장한 것으로, 법을 교묘하게 회피하도록 고안되었다. 회의가 명목적으로 대중에 공개되었고 일부 방대한 보고서가 법무부로 제출되었으며, 거래를 제한하거나 가격을 고정하는 구체적인 합의가 제출되지 않았다는 이유로 이를 열린 경쟁으로 호칭했다고 하더라도, "계획"의 근본적인 목적이, 원래 경쟁하는 많은 사업자들 간 생산량과 가격 관련 "통일된" 개별 행동을 이끌어내고, 공동행위 유지를 위해 과거와 같은 벌금이나 몰수에 의존하지 않고 경험상 더 강력하고 신뢰할 수 있는 제재인 사업상 명예와 사회적 처벌에 의존하려 했다는 사실을 감출 수는 없다.

이런 기록이 있기 때문에, "계획"의 목적이 단순히 상품거래소 혹은 증권거래소에서 거래되는 상품 시장에 관해 신문 혹은 정부 공보에 실린 정보와 동일내용을 업계 관계자에게 제공하는 것이었다고 주장하는 것은 헛된 일이다. 한 가지 구별되고 충분한 차이점은 출간된 보고서는 판매자와 구매자 양 측에 전달되는 반면 문제된 보고서는 판매자에게만 간다는 것이고, 또 다른 점은 이 사건에처럼 배포된 보고서의 숙련된 설명자가 없었다는 것인데, 설명자는 이 사건에서 회원들이 통일된 행동을 하는 만큼 이익이 될 것이라며 행동 통일을 끈질기게 제안했다. 원심판결을 확정한다.

미국 Maple Flooring 판결

Maple Flooring Manufacturers' Assn. v. United States, 268 U.S. 563 (1925)

피고들은 비법인 "무엽협회(trade association)"인 단풍나무 바닥재 제조사 협회와 이 협회 회원인 22개의 법인 피고들로, 이들은 주(州) 간 통상에서 단풍나무, 너도밤나무, 자작나무 바닥재의 판매 및 배송 업무에 종사하고 있으며, 두 회사를 제외한 모든 피고는 Michigan, Minnesota 또는 Wisconsin에 본사를 두고 있다. 1922년, 피고들은 이러한 유형의 바닥재 총 생산량의 70퍼센트를 생산했으며, 이 비율은 이전 5년 동안 점진적으로 감소하였고, 그 5년 동안의 평균은 74.2퍼센트였다.

피고들은 정부가 문제 삼지 않고 업계와 소비자에게 분명히 유익한, 협력 광고와 제품 표준화 및 개선과 같은 많은 활동에 참여해왔다. 정부가 문제삼은 협회의 행위들은, (1) 협회 회원들 간의 바닥재의 모든 규격 및 등급에 대한 평균비용의 계산 및 배포, (2) Michigan주 Cadillac에서 미국 내 5,000에서 6,000개의 선적 지점 사이의 바닥재 운송 요금을 보여주는 소책자의 편집 및 회원 간 배포, (3) 각 회원들이 협회 사무국장에 수시로 제공하는 통계자료 수집으로, 이 통계자료는 회원들의 바닥재 판매수량과 종류, 가격에 대한 완전한 정보를 제공하며 보유 재고량의 경우 사무국장이 요약해 회원들에 제공하나 회원들의 신원은 미공개, (4) 회원사 대표가 모여 산업에 대해 토론하고 문제점에 대해 의견을 교환하는 회의로 요약할 수 있다.

협회활동의 이러한 측면을 고려하기 전에, 협회 회원들 간에 생산에 영향을 미치거나 가격을 고정하거나 가격 유지를 위한 어떤 합의가 있었다고 주장되거나 입증되지 않았다는 점을 지적해야 한다. 협회 정관과 실제 관행 모두에서, 회원들은 자신이 선택한 가격으로 제품을 판매하고, 원하는 대로 사업을 운영할 수 있는 자유를 부여받았다. 이 법원에서 협회 활동으로 인해 실제로 가격의 실질적인 일관성이 발생했다는 주장은 심각하게 제기되지 않았다. 다만 피고들은 제품 비용 및 생산과 가격에 대한 정보의 전파가 경제법칙의 작용을 통해 가격의 일관성을 가져오는 소지가 있다는 점은 인정하였다. 또한 협회 활동이 소비자에게 불리하게 가격에 영향을 미쳤다는 직접적인 증거도 없었다.

바닥재의 평균비용에 대한 데이터가 협회 회원들 간에 유통되고, 이 데이터가 선적 지점에서의 정확하거나 대략적인 운임 요금과 더불어 임의의 이익 비율을 더한 경우, 가격을 고정하거나 가격 유지를 위한 합의의 기초로 사용될 수 있다는 점에 의문이 없다고 생각한다. 만약 그러한 합의가 존재한다면, 이는 이 법원의 판결에 따라 셔먼법을 위반하는 것이 된다. 그러나 이미 언급했듯이, 기록에는 현재 협회가 펴낸 비용 목록과 화물 요율 책자가 그렇게 사용되었다는 증거가 없다.

판매 및 가격에 대한 모든 보고서는 오로지 과거의 종결된 거래만 다뤘다. 피고 협회가 수집한 통계는 널리 공개된다. 수집된 통계들은 협회 회원사의 제품을 구매하는 사람들의 90%에서 95%가 읽는 목재업 전문지에 출간된다. 이 통계는 상무부에 전송되어 현재 비즈니스에 대한 월간 조사를 출간하며, 연방준비은행 및 기타 은행으로 전달되어 누구나 원하는 때에 사용할 수 있다. 중요한 점은 수집되고 배포된 통계에, 현재 가격 견적, 고용 조건에 대한 정보, 선적의 지리적 분포, 고객의 이름이나 구매자 분류에 따른 분포, 예약된 신규 주문에 대한 세부사항(고객 이름, 주문의 지리적 출처 등)이나 미처리 주문에 대한 세부사항(고객 이름, 고객의 지리적 위치, 잉여 재고를 보유한 회원의 이름, 보유 중인 원목의 양, 주문 취소에 대한 정보)은 포함되지 않았다는 사실이다. 또한 이 통계는 곡물, 면화, 석탄유와 같은 표준화된 제품을 생산하고 주간 상거래를 포함하는 수많은 산업 부문에서 자유롭게 수집되고 공개되는 거래 또는 사업통계와 본질적인 측면에서 다르지 않으며, 그 통계는 생산, 판매 가격 및 보유 재고에 영향을 미치는 물량 및 중요 요소를 공개하는 것이다.

회의는 매월 개최된 것으로 보이며 ... 통계 보고서에 충분히 상세하게 기재되어 있어 과거 가격에 대해 논의할 기회가 없었고, 협회는 변호사로부터 미래 가격은 적절한 논의 대상이 아니라는 조언을 받았다. 그러나 몇몇 증인들은 가격 추이와 미래 가격이 회의에 참석한 피고인들의 개별 대표자들 사이에서 회의 밖에서 논의 대상이 된 것은 인정했다. 그러나 정부는 회의 또는 다른 곳에서 가격에 관한 명시적이거나 묵시적인 양해 혹은 합의가 있었다고 주장하지 않는다.

이러한 기록 상태에서, 상소가 제기된 지방법원 판결에서 피고가 운영하는 계획 또는 시스템이 경쟁을 파괴할 직접적이고 필수적인 소지가 있다고 판단했다. 정부는 이러한 결과가 필연적이라는 주장을 하면서, 주로 이 법원의 *Eastern States Retail* 판결, *American Column & Lumber* 판결 등을 근거로 든다.

American Column & Lumber 사건에서, 기록은 협회 회원들이 참여하고 협회 사무국장이 주도하고 지시한 체계적인 노력이 생산을 줄이고 가격을 인상하기 위해 이루어졌음을 보여준다. 법원은 이러한 공동 노력(concerted efforts)이 그 자체로 불법일 뿐만 아니라, 실제로 과도한 가격 인상을 초래했다고 판단하면서, "대규모이면서 영향력 있는 회원사들의 단합된 행동이 이러한 가격인상에 크게 기여했다"고 판단했다. 해당 사건에 대한 법원 판단은, 회원들이 생산 축소와 가격 인상을 위한 공동행위를 확보하기 위해 결합했다는 점에 근거하고 있으며, 이는 실제로 상거래를 제한하고 가격 인상을 초래했다.

관련 정보의 유포가 어떤 무역이나 사업을 안정시키고 가격 및 거래 관행의 일관성을 생성하는 소지가 있다는 점에 의문을 제기할 수 없다고 생각한다. 시장 상품의 가격 견적교환은 세계 시장에서 가격의 균일성을 초래하는 소지가 있다. 사용 가능한 상품의 공급에 대한 지식은 과잉 생산을 방지하고 과잉 생산으로 인한 경제적 혼란을 피하는 소지가 있다. 그렇다고 상업에 종사하는 개인들의 마음속에 사업 조건에 대한 더 넓고 과학적인 지식을 습득하는 자연스러운 효과와 그로 인해 생산 및 가격을 안정시키는 결과는 상업 제한으로 간주될 수 없으며, 설사 거래제한에 해당한다고 가정하더라도 부당한 제한 혹은 어떤 점에서 불법이라고 할 수는 없다.

산업에 관한 무역 저널과 통계 보고서를 수집하고 배포하며, 주(州) 간 상업에서 상품 생산량에 대한 통계를 수집하고 발표하고 시장 가격을 보고하는 사람들은, 자신들이 노력한 궁극적인 결과가 경제 법칙에 대한 더 나은 이해와 이를 준수하는 더 일반적인 능력을 통해, 가격을 안정시키거나 생산을 제한하는 것일 수 있다는 이유만으로 거래 제한의 불법적인 공모에 가담한 것이 아니다. 이는 셔먼법이 경제 법칙을 폐지하지 않고 정보 수집과 배포를 금지하지 않기 때문이다.

우리는 자신들의 상품의 비용, 생산량, 과거 거래에서 상품의 실제 가격, 보유 중인 상품 재고, 주요 출하 지점에서 소비 지점까지의 대략적인 운송 비용 등에 관한 정보를 공개적이고 공정하게 수집하는 협회 또는 개인 또는 법인들이, 이 사건에서 피고들이 했던 것처럼 주요 선적 지점에서 소비 지점까지의 운송 비용을 논의하지만 가격, 생산 또는 경쟁 제한에 관한 합의나 공동행위를 하거나 시도하지 않고 이러한 정보와 통계를 논의할 경우, 이는 불법적인 거래제한에 관여한 것이 아니라고 판단한다.

지방법원의 판결을 파기한다.

미국 Todd 판결

Todd v. Exxon Corp., 275 F.3d 191 (2d Cir. 2001)

원고 겸 항소인 Roberta Todd는 연방 민사소송규칙 제12조 (b)항 (6)호에 따라 청구원인 부존재에 따른 소 각하신청(motion to dismiss the complaint for failure to state a claim)을 인용한 뉴욕 남부연방지방법원의 명령에 대해 항소를 제기했다. 우리는 원고가 불법적인 정보교환에 대한 셔먼법 제1조 위반을 충분히 주장했다고 판단한다. 원고의 청구는 타당한 상품 시장, 담합 행위에 취약한 시장 구조, 반경쟁적 잠재력이 있는 데이터 교환, 그리고 반독점법 위반으로 인한 피해를 주장하고 있다. 따라서 우리는 원심을 파기하고 사건을 환송한다.

원고는 통합된 석유 및 석유화학 산업의 14개 주요 기업을 상대로 이 소송을 제기했다. 이 기업들이 해당 산업 수익의 80－90%를 차지하고, 산업 인력을 거의 같은 비율로 고용하고 있다. 원고는 자신과 비슷한 상황에 처한 모든 전현직 직원들을 대표해 피고들이 셔먼법 제1조를 위반했다고 주장한다. 구체적으로, 피고들이 비노조 관리직, 전문직 및 기술직(nonunion managerial, professional, and technical, MPT) 직원들에게 지급되는 보상에 대한 상세 정보를 정기적으로 공유하고 이 정보를 이용해 해당 직원들의 급여를 인위적으로 낮은 수준으로 책정했다는 것이다. 원고는 셔먼법 제1조에 따라 금전 손해배상과 형평법상 구제를 청구한다.

이 사건의 사실관계는 다음과 같다. 피고들은 과거와 현재 MPT 급여정보를 비교하는 설문조사를 주기적으로 실시하고 현재와 미래의 급여예산을 논의하는 정기회의에 참석하는 시스템을 도입했다. 데이터 교환에는 또한 이 정보가 MPT 직원의 급여를 설정하는 데 사용될 것이라는 보증도 수반되었다. 피고들의 "직무 매칭 설문조사(Job Match Survey)"는 MPT 급여를 비교하는 데 도움되는 공통기준을 만들었다. 이 설문조사에서는 피고 Chevron의 특정 직무를 기준(benchmarks)으로 사용했다. 다른 피고들은 Chevron 기준직무와 가장 유사한 자사 직무에 대한 상세 정보를 제출하여 매칭될 수 있도록 했다. 이 설문조사는 특정직무 및 직무유형에 대해 피고들이 제공한 책임 및 보상 패키지를 Chevron의 기준 직위와 비교했다. 이 조사는 피고 Unocal과 Chevron이 조정했다. Chevron과 Unocal은 각각 관련된 다른 회사들과 만나 기준에 맞춘 자료를 개발하고, 정보를 취합한 후 제3자 컨설턴트인 Towers Perrin에 제출했다. Towers Perrin은 이 정보를 취합하고 분석, 정제한 후 디스켓과 인쇄본 형태로 피고들에게 배포했다. 모든 직무를 정확하게 매치할 수 없었기 때문에, 피고들은 쉽게 비교하기 위해 특정 비율의 "조정 계수(offsets)"에 합의했다. 직무 매칭 설문조사(Job Match Survey)는 2년마다 실시되었고, "그 사이 해(off years)"에는 "등급 평균 업데이트(Grade Average Update)"로 보완되었다. 이는 마지막 직무 매칭 설문조사 이후 등급 평균 급여의 변화를 계산한 후 전년도 설문조사의 급여 수준을 변화량만큼 조정한 것이었다.

피고들의 "직무군 설문조사(Job Family Survey)"는 업계에서 지급되고 있는 보상에 대한 가장 최신의 정보를 제공했다. 각 회사는 업무 성격에 따라 분류된 30개의 서로 다른 직무 범주 또는 "직무군(job families)"에서 실제로 지급된 급여에 대한 정보를 제출했다. 각 직무군에 대해 교환된 정보는 MPT 직원의 직급 분류, 경력 수준, 학력 배경에 따라 세분화되었다. 이 설문조사는 Exxon이 조정했으며, 다시 한 번 정보는 Towers Perrin에 제출되어 취합되었다. 참여 회사들은 각각 Towers Perrin으로부터 인쇄본과 디스크 형태로 정보를 받았다. 설문조사에서 수집된 정보는 연중 여러 차례 업데이트되어 참여자들에게 배포되었다.

이것이 급여 정보교환의 주요 형태였지만, 피고들은 다른 출처의 데이터로 이 정보를 보완했다. 피고의 "승진 가이드(Advancement Guides)"는 직원의 주어진 급여 등급 내에서 승진 요건을 설정했다. 이 가이드는 피고 회사들의 MPT 직원들의 승진 속도를 늦추는 데 사용되었다. 데이터 교환 설문조사 외에도, 피고 회사들의 인사 담당자는 최소 연 3회 정기회의를 열어 급여 및 급여 관련 정보를 논의하고 교환했다. 이 회의에는 개별 피고들의 MPT 직원에 대한 현재 및 미래 급여 예산에 대한 논의가 포함되었다.

셔먼법 제1조는 "여러 주(州) 간 또는 외국과의 거래나 통상을 제한하는 모든 계약, 트러스트 형태의 결합 또는 기타 결합, 또는 공모"를 금지한다. 전통적인 "경성(hardcore)" 가격담합은 선구적 사건인 *Socony-Vacuum* 판결 및 그 후속 판례에 따라 당연불법(per se unlawful)이다. 이 사건의 원고가 피고들이 실제로 MPT 급여를 고정하기로 합의했다고 주장할 수 있다면, 당연위법 법리가 적용될 가능성이 높다.

더욱이 직접적인 "결정적(smoking gun)" 증거가 없더라도 그러한 상호 의존적 행위가 정황증거와 피고들의 조장 관행(facilitating practice) 사용과 같은 추가 요인들(plus factors)을 수반하는 경우, 의식적인 병행행위를 근거로 수평적 가격담합을 추론할 수 있다. 정보교환은 가격 담합의 추론을 뒷받침할 수 있는 조장 관행의 한 예이다.

밀접하게 관련있지만 분석적으로 구별되는 다른 유형의 청구가 있는데, 이는 셔먼법 제1조에 근거한 법 위반이 정보교환 자체에 있는 경우이다. 이는 단순히 정보교환을 가격 고정 합의를 추론하는 증거로 사용하는 것과는 대조적이다. 이 정보교환은 당연위법은 아니지만, 합리의 원칙 분석에 따라 불법으로 판단될 수 있다. *Container Corp.* 사건에서 연방대법원은 정보교환 자체가 셔먼법 제1조 위반을 구성할 수 있다고 판시하면서 "가격 정보를 교환했지만 가격 일정을 지키기로 한 합의는 없다"는 소장의 적법성(the sufficiency of a complaint)을 인정했다. 법원은 그 사건에 존재하는 시장조건과 배포된 정보의 성격을 고려할 때, 데이터 교환이 가격 안정화를 초래하여 골판지 용기 시장에 반경쟁적 효과를 미쳤다고 판결했다. *Container Corp.* 판결 이후 불분명했던 점은 이러한 교환이 당연위법인지 아니면 합리의 원칙의 적용을 받는지 여부였다. 법원은 당연위법 판례의 언어 일부를 사용했지만, 합리의 원칙을 시사하는 시장분석을 수행했다. 잘 알려진 동조의견(concurrence)에서 Fortas 대법관은 당연위법 규칙이 적절하지 않다고 주장했다.

연방대법원은 *Citizens & Southern National Bank* 판결에서 혼란을 해소하면서 "가격 정보의 배포 자체는 셔먼법의 당연위법이 아니다"라고 명확히 했다. *Gypsum* 판결에서 연방대법원은 그 이유를 다음과 같이 설명했다. "경쟁자 간의 가격 데이터 및 기타 정보교환은 항상 반경쟁적 효과를 가져오는 것은 아니다. 실제로 이러한 관행은 특정 상황에서 경제적 효율성을 증가시키고 시장을 덜 경쟁적이기보다는 오히려 보다 경쟁적으로 만들 수 있다." 그런 다음 연방대법원은 이 맥락에서 합리의 원칙 조사의 기본 틀을 제시했다. "특히 관련산업의 구조와 교환된 정보의 성격을 포함한 여러 요인들이 일반적으로 이러한 유형의 판매자 간 의사소통의 친경쟁적 또는 반경쟁적 효과를 파악하는 데 고려된다."

이 사건에서 주장된 행위(정보 교환)는 본질적으로 혹은 직관적으로 반경쟁적이지 않다. 연방대법원도 이를 인정해서 특히 완전한 합리의 원칙 분석을 명시적으로 언급했다(*Gypsum* 판결, “경쟁자 간의 가격 데이터 및 기타 정보 교환은 항상 반경쟁적 효과를 가져오는 것은 아니다...”).

그러나 시장력(market power)을 입증하기 위해 반경쟁적 효과를 사용하는 것은, “약식 심사(quick look)” 또는 “축약(truncated)” 합리의 원칙 사례에 국한되지 않는다. 위에서 논의된 이 법원의 선례는 “약식 심사” 사례가 아니었다. 그들은 단순히 시장력을 입증하는 대안적 방법을 수용했을 뿐이다.

Gypsum 판결에서 연방대법원은 데이터 교환(data exchange)에 대한 합리의 원칙 분석에서 “가장 두드러진” 두 가지 요인 중 하나가 “관련 산업의 구조”라고 설명했다. 따라서 관련시장이 획정되면, 법원은 그 시장의 구조를 분석하여 “묵시적 조정(tacit coordination)을 통한 시장력 행사에 취약한지”를 분석해야 한다. 지방법원이 설명했듯이, “취약한 시장은 일반적으로 고도로 집중된 즉, 과점적이며, 비탄력적인 수요를 가진 대체가능한 제품들이 있다.”

일반적으로 반경쟁적 담합관행의 가능성은 집중된 산업에서 가장 현실적이다. 이 사건에서 관련 시장이 원고 주장대로 획정된다면, 피고들은 집단적으로(collectively) 80－90%의 시장점유율을 점하게 될 것이다. 이는 어떤 기준으로 보더라도 극히 높은 시장점유율이지만, 지방법원은 주장된 시장이 “원고 주장처럼 명백히 과점적이지 않다”고 주장한다. 지방법원은 이 사건에 피고가 14명이며 이는 법무부 기업결합 가이드라인(merger guidelines)에 따르면 집중된 시장이 아니라고 지적한다. 그러나 이 기준으로 시장이 고도로 집중된 것으로 간주되지 않는다고 해서 담합 활동의 가능성이 배제되는 것은 아니다. 기업결합 가이드라인 지수(index)는 “인정된 상호의존성의 존재 또는 강도에 영향을 미치는 모든 요인을 포착할 수 없다.”(Areeda, Antitrust Law: An Analysis of Antitrust Principles and Their Application (1986))

고려해야 할 첫 번째 요인은 정보의 시간 관점이다. 연방대법원은 “현재 가격정보의 교환은 물론 반경쟁적 효과를 발생시킬 가능성이 가장 크며, 비록 당연위법은 아니지만 일관되게 셔먼법 위반으로 판결되어 왔다.”라고 명확히 했다(*Gypsum* 판결, *American Column & Lumber* 판결 인용). 과거가격 데이터의 교환은 훨씬 선호되는데, 현재 데이터가 미래가격에 영향을 미치고 가격 공모를 용이하게 할 가능성이 더 크기 때문이다. 같은 이유로 미래가격의 정보교환은 특히 반경쟁적이라고 간주된다.

가장 두드러지게, Exxon이 조정한 직무군 설문조사(Job Family Survey)는 특정경험 수준과 학력을 가진 직원들에게 지급되는 특정 유형의 업무에 대한 급여 정보를 수집했다. 이 설문조사는 피고들이 다양한 '직무군'의 직원들에게 실제로 지급한 현재 보상 데이터를 요청하고 획득했다. 수집된 정보는 1년에 여러 차례 설문 참가자들에게 배포되었다. 한편, 초봉 설문조사는 6대 메이저 기업으로부터 MPT 직위에 진입하는 대학 졸업자들의 초봉을 측정하는 정보를 수집했다. 피고들은 또한 1년에 최소 3회 회의에 참석하여 다양한 유형의 급여 정보를 논의했다. "이 회의에서 교환된 정보 중에는 피고들의 현재 및 미래급여 예산 인상에 관한 내용이 포함되어 있었다."

시간 프레임 외에도 법원이 주목하는 또 다른 요인은 정보의 구체성이다. 특정 당사자, 거래 및 가격을 식별하는 가격 교환은, 가격 안정화를 위한 비밀 또는 묵시적 공모를 감시하는 데 사용될 수 있기 때문에 잠재적으로 반경쟁적이라고 여겨진다(*Container Corp.* 판결). 법원은 거래의 구체성을 피하기 위해 산업 평균의 형태로 정보를 집계하는 것을 선호한다(*Maple Flooring* 판결(평균 가격의 통계 보고서를 합법으로 판단)과 *American Column & Lumber* 판결(교환 정보가 거래의 구체적인 세부사항을 제공한 경우 위반으로 판단)을 비교).

이 점에서 문제되는 정보교환의 두 가지 측면이 있다. 첫째, 급여정보는 제3자 컨설팅 회사에서 집계 및 배포했지만, 직무군 설문조사(Job Family Survey)에 참여한 회사는 최소 3개 경쟁사로 구성된 하위 집합으로 세분화된 급여 데이터를 받았다. 원고는 이러한 주기적으로 업데이트되는 데이터 세트가 각 피고에 의해 경쟁사들의 발표된 예산이 실제로 실행되었는지 확인하고 급여를 조정하기 위해 어떤 조정을 해야 할지 고려하는 데 사용되었다고 주장한다. 원고는 이러한 관행으로 인해 "이전에 발표된 급여 수준과의 편차를 쉽고 빠르게 감지할 수 있었다"고 주장한다. 둘째, 피고들은 회의에서 현재와 미래의 급여 예산을 논의했는데, 여기에는 "회사별" 정보가 포함되어 "모든 참가자들이 다른 참가자들이 다가오는 해의 급여 예산을 어떻게 책정할 것인지, 또는 참가자의 급여 연도가 최근에 시작되었다면 그 새로운 해의 예산을 어떻게 책정할 것인지 알게 되었다."

정보교환을 평가할 때 고려해야 할 또 다른 중요한 요소는 데이터가 공개적으로 제공되는지 여부이다. 공개 배포는 데이터 교환이 친경쟁적 가능성을 실현하는 주요

방법이다. 예를 들어, 전통적인 과점(판매자 측) 맥락에서 정보에 대한 접근은 구매자가 제품을 더 잘 비교할 수 있게 준비시켜 시장을 더 효율적으로 만들고 교환의 반경쟁적 효과를 줄일 수 있다. 따라서 법원은 정보가 공개되는 경우 데이터 교환을 승인할 가능성이 더 높다.

언급된 이유들로 인해, 법원은 피고들의 소각하 신청(motion to dismiss)을 인용한 지방법원의 결정을 취소하고, 이 판결에 부합하는 절차를 위해 사건을 환송한다.

7. 동조적 행위(Concerted Practices)

EU Dyestuffs 판결

Case 48/69, Imperial Chemical Industries Ltd. v Commission, [1972] ECR 619, ECLI:EU:C:1972:70

1964년 1월부터 1967년 10월까지 공동체에서 염료 가격이 세 번에 걸쳐 일반적이고 균일하게 인상되었다는 것은 다툼 없는 사실(common ground)이다. 1964년 1월 7일에서 20일 사이에 이탈리아, 네덜란드, 벨기에, 룩셈부르크와 특정 제3국에서 특정 범주를 제외한 대부분의 아닐린 기반 염료 가격이 15% 균일하게 인상되었다. 1965년 1월 1일에는 독일에서도 동일한 인상이 있었다. 같은 날 프랑스를 제외한 모든 공동시장(Common Market) 국가의 거의 모든 생산자가 1964년 인상에서 제외된 염료 및 안료의 가격을 10% 균일하게 인상했다. ACNA 사업자가 이탈리아 시장에서 1965년 인상에 참여하지 않았기 때문에, 다른 사업자들도 해당 시장에서 발표된 가격 인상을 유지하지 않았다. 1967년 10월 중순 무렵, 이탈리아를 제외한 거의 모든 생산자들이 모든 염료에 대해 가격 인상을 실시했으며, 독일, 네덜란드, 벨기에, 룩셈부르크에서는 8%, 프랑스에서는 12%에 달했다.

집행위원회는 1969년 7월 24일의 결정에 따라 가격인상이 Imperial Chemical Industries Ltd.(ICI)를 포함한 유럽 10개 사업자들 간 [TFEU 제101조 (1)항]을 침해하는 동조적 행위(concerted practices)의 결과라고 결정했다.

원고는 위원회가 [TFEU 제101조 (1)항] 의미 내에서 동조적 행위(concerted practices)의 존재를 증명하지 못했다고 다툰다. 이는 위원회 결정에 언급된 3가지 가격인상과 관련 있다. 해당 결정은 1964년, 1965년 및 1967년의 증가가 동조적 행위(concerted action)의 결과로 발생했다는 일응의 증거(prima facie evidence)는, 각 국가의 다른 생산자가 도입한 각 인상 요율이 동일했고, 매우 드문 예외를 제외하고 동일한 염료가 관련됐으며, 실제로 같은 날짜가 아니더라도 매우 짧은 기간 동안 가격 인상이 실제 시행되었다는 사실에서 찾을 수 있다고 언급한다.

위원회는 이러한 인상은 단순히 시장 구조의 과점적 특성으로 설명할 수 없다고 주장한다. 사전 협의(concertation) 없이 공동시장에 공급하는 주요 생산자가 특수 제품을 포함한 동일한 주요 제품군을 거의 같은 순간에 동일 요율로 여러 차례 가격을 인상할 수 있었고, 대체 상품이 거의 없거나 전혀 없으며, 염료 시장의 조건이 다른 여러 국가에서 그렇게 했을 것이라고 가정하는 것은 비현실적이라는 것이다.

위원회는 이해관계자가 특정 행동 방침을 채택하기 위해 공통 계획을 수립할 필요가 전혀 없더라도 협의(concertation)가 있었다 말할 수 있다고 주장했다. 위원회는 이해관계자들이 서로 취하고자 하는 태도(attitude)를 미리 통보했어야 했고, 그 결과 그들이 경쟁자들이 같은 방식으로 행동할 것이라는 사실을 알고 안전하게 자신의 행동을 조절할 수 있었다는 것으로 충분하다고 주장한다.

원고는 위원회 결정이 문제된 제품에 대한 시장 분석이 부족하고 동조적 행위이라는 개념에 대한 잘못된 이해에 근거한 것이라고 주장한다. 이 개념은 결정에서 과점 구성원들의 인식 있는 병행행위(conscious parallelism)와 잘못 식별되었지만, 그러한 행위는 각 사업자가 택한 독립적인 결정에 기인하며, 객관적인 사업적 요구, 특히 염료 생산에 대한 만족스럽지 못한 낮은 이익률을 증가시킬 필요에 의해 결정된다고 주장한다.

실제로 문제의 제품 가격은 생산자 간의 활발한 경쟁으로 인해 지속적으로 하락하는 소지를 보였으며, 이러한 경쟁은 해당 제품 시장에서 일반적인 것으로 제품 품질과 고객에 대한 기술 지원뿐만 아니라 가격, 특히 주요 구매자에게 개별적으로 제공된 큰 폭의 할인도 마찬가지라고 주장된다.

원고는 가격 인상률이 같았다는 사실은 한 사업자의 “가격 주도(price-leadership)” 존재의 결과라고 한다. 또한 각 사업자가 생산하는 염료의 수가 많기 때문에 실제로 제품별로 가격을 인상하는 것이 불가능하다고 주장한다. 또 다른 주장은 대체 가능한 제품들에 대해 서로 다른 가격 인상을 적용하는 것은 재고의 제한된 수준과 수요의 상당한 증가에 대응하기 위해 필요한 시간 때문에 경제적으로 의미 있는 결과를 낳을 수 없거나, 아니면 파괴적인 가격 전쟁으로 이어질 것이라는 것이다. 마지막으로, 원고는 대체품이 없는 염료는 생산자들의 매출에서 단지 작은 부분을 차지할 뿐이라고 말한다. 이러한 시장 특성을 고려하면서 광범위하고 지속적인 가격

침식(erosion)을 감안할 때, 가격을 인상하기로 결정한 과점의 각 구성원들이 이익 관련 동일한 문제가 있는 경쟁자가 자신을 따를 것이라고 합리적으로 예상할 수 있었다고 주장한다.

동조적 행위(concerted practice)의 개념

[TFEU 제101조]는 '동조적 행위' 개념과 '사업자 간 합의' 또는 '사업자 단체의 결정' 개념을 구분한다. 그 목적은 해당 조항의 금지 범위에 사업자 간 조정(coordina-tion)의 한 형태를 포함시키는 것이다. 이는 적절하게 소위 합의가 체결된 단계에 이르지 않고, 의도적으로 경쟁의 위험을 사업자 간 실질적 협력(practical cooperation)으로 대체하는 것이다.

따라서 본질적으로 동조적 행위(concerted practice)는 계약의 모든 요소를 갖추고 있지 않지만, 특히 참가자의 행동에서 분명해지는 조정(coordination)에서 발생할 수 있다. 병행행위(parallel behavior) 자체가 동조적 행위(concerted practice)와 동일시될 수 없지만, 그 행위가 제품의 성질, 사업자의 규모와 수, 해당 시장의 규모를 고려할 때 정상적인 시장 조건에 부합하지 않는 경쟁 조건을 초래한다면, 그것은 동조적 행위의 강력한 증거가 될 수 있다.

이는 특히 병행행위가 관련 당사자들로 하여금 경쟁이 초래했을 수준과는 다른 수준에서 가격을 안정화하려는 시도를 가능하게 하고, 기존 지위를 강화해 공동 시장(common market)에서 상품의 효과적인 이동의 자유(effective freedom of movement of the products)와 소비자의 공급자 선택의 자유(the freedom of consumers to choose their suppliers)를 해치는 경우 더욱 그렇다. 따라서 이 사건에서 동조적 행위가 있었는지 여부는, 다툼의 대상인 위원회 결정의 근거가 되는 증거를 개별적으로가 아니라 전체적으로 고려하면서, 해당 제품의 시장 특성을 고려할 때에만 올바르게 판단할 수 있다.

염료 시장은 시장의 80%가 주로 매우 큰 10개 생산자에 의해 공급된다는 특징이 있다. 이들 대형 생산자는 이러한 상품을 자주 다른 화학 제품이나 제약 특수품과 함께 제조한다. 이러한 제조업체의 생산 패턴과 비용 구조는 매우 다르며, 이로 인해 경쟁 제조업체의 비용을 파악하기 어렵다. 염료의 총 수는 매우 많으며, 각 사업자는

1,000개 이상의 염료를 생산한다. 이러한 제품들의 평균적인 대체 가능성 정도는 표준 염료의 경우 비교적 좋은 것으로 간주되지만 특수 염료의 경우 매우 낮거나 심지어 전혀 없을 수도 있다.

특수제품과 관련해 시장은 특정한 경우 과점적 상황으로 치닫는 소지가 있다. 염료 가격이 사용자인 사업체의 최종 제품 가격에서 비교적 작은 부분을 차지하기 때문에 시장 전체에서 염료에 대한 수요의 탄력성이 거의 없으며 이는 단기적으로 가격 상승을 촉진한다.

위원회 결정이 다루고 있는 1964년, 1965년 및 1967년의 가격 인상은 서로 연결되어 있다. 1965년 1월 1일 독일에서 대부분의 아닐린 염료 가격이 15% 인상된 것은 실제로 1964년 1월 이탈리아, 네덜란드, 벨기에, 룩셈부르크에서 적용된 인상의 다른 국가 시장으로의 확장에 불과했다. 1965년 1월 1일 프랑스를 제외한 모든 회원국에서 도입된 특정 염료 및 안료의 가격 인상은 첫 번째 인상에서 제외된 모든 제품에 적용되었다. 1967년 가을에 도입된 8%의 가격 인상이 프랑스에서 12%로 인상된 이유는 가격 통제 시스템 때문에 프랑스 시장이 참여하지 않은 1964년과 1965년의 인상을 보상하고자 했기 때문이다. 따라서 3번의 증가는 동일한 조건에서 발생하지 않았더라도 서로 분리할 수 없다.

1964년에 문제된 모든 사업자들은 가격 인상을 발표하고 즉시 실행했으며, Ciba－Italy가 주도한 이 조치는, 1964년 1월 7일 Ciba－Switzerland의 지시에 따라 15% 인상을 발표하고 즉시 도입되었다. 이 조치는 2~3일 이내에 이탈리아 시장의 다른 생산자들에 의해 실행되었다. 1월 9일에 ICI Holland는 네덜란드에서 동일한 인상을 도입하는 조치를 취했고, 같은 날 Bayer는 Belgo－Luxembourg 시장에서 동일한 조치를 취했다. 특히 독일 사업자의 가격 인상과 스위스 및 영국 사업자의 가격 인상 사이에는 사소한 차이가 있지만, 이러한 인상은 다양한 생산자와 시장의 동일한 제품 범위, 즉 안료, 식품 착색제 및 화장품을 제외한 대부분의 아닐린 염료에 관한 것이었다.

1965년 인상과 관련하여 특정 사업자는 독일 시장에서 가격이 이미 다른 시장에서 비슷하게 인상된 제품은 15%, 가격이 아직 인상되지 않은 제품은 10%에 해당하는 가격 인상을 사전에 발표했다. 이 발표는 1964년 10월 14일에서 12월 28일 사이에 걸쳐 이루어졌다. 첫 번째 발표는 1964년 10월 14일에 BASF가 했고, 그 뒤를 이어 10월 30일에 Bayer가, 11월 5일에 Casella가 발표했다.

이러한 인상은 1965년 1월 1일에 모든 시장에 동시에 적용되었다. 단, 프랑스 시장은 해당 국가의 가격 동결로 인해 제외되었고, 이탈리아 시장은 주요 이탈리아 생산자인 ACNA가 해당 시장에서 가격을 인상하기를 거부한 결과 다른 생산자들도 가격을 인상하지 않기로 결정했다. ACNA는 또한 독일 시장에서 가격을 10% 인상하지 않았다. 그 외 인상은 일반적이었고, 위원회 결정에 언급된 모든 생산자가 동시에 도입했으며, 제품 범위와 관련하여 차이 없이 적용되었다.

1967년 인상과 관련하여, 1967년 8월 19일 바젤에서 열린 회의에서, ACNA를 제외한 모든 생산자가 참석했는데, 이 회의에는 Geigy가 1967년 10월 16일부터 판매 가격을 8% 인상할 의향을 발표했다. 같은 자리에서 Bayer과 Francolor 대표들은 그들의 기업도 인상을 고려하고 있다고 언급했다. 9월 중순부터 위원회 결정에 언급된 모든 기업은 8%의 가격 인상을 발표했는데, 프랑스의 경우 12%로 인상하여 10월 16일에 이탈리아를 제외한 모든 국가에서 발효되도록 했다. 이탈리아에서는 ACNA가 다시 가격 인상을 거부했지만, 다른 두 시장에서는 10월 16일 아닌 다른 날짜에 가격 변동을 따르고자 했다.

전체적으로 볼 때, 세 차례의 연속적인 가격 인상은 관련 기업들 사이의 점진적 협력(progressive cooperation)을 보여준다. 실제로 1964년의 경험에 따르면, 인상 발표와 적용이 동시에 이루어졌을 때, 영향을 받는 제품 범위에 대한 사소한 차이가 있었고, 1965년과 1967년의 인상은 다른 운영 방식을 보여준다. 여기서 주도권을 잡은 사업자들인 BASF와 Geigy는 각각 가격 인상 의도를 미리 발표했고, 이를 통해 각 사업자는 서로의 다른 시장에서의 반응을 관찰하고 그에 따라 자신들을 적응할 수 있었다.

이러한 사전 발표를 통해 다양한 사업자는 미래 행동에 대한 불확실성을 모두 없앴으며, 그렇게 함으로써 하나 또는 여러 시장에서 독립적인 행동 변화에 일반적으로 내재되어 있는 위험의 상당 부분도 제거했다. 이러한 사정은 더욱 그러했는데, 염료 시장의 가격에 대한 일반적이고 동일한 인상률을 설정하게 한 이러한 발표들이 인상률의 비율에 관해 시장을 투명하게 만들었기 때문이다. 따라서 그들이 행동한 방식에 따라, 해당 사업자들은 가격에 관해서 시장에서의 경쟁을 위한 일부 전제 조건을 일시적으로 제거하여 행동의 병행적 일치(parallel uniformity)를 달성하는 데 방해가 되는 요소를 없앴다. 이러한 행동이 자발적이지 않았다는 사실은 시장의 다른 측면을 조사한 결과에서도 입증된다. 사실, 관련 생산자의 수로 볼 때 유럽 염료 시장이 엄격한 의미에서 가격 경쟁이 더 이상 실질적인 역할을 할 수 없는 과점이라고 말할 수 없다. 이러한 생산자들은 가격이 상승하는 시기에 그들 중 일부가 일반적인 움직임을 따르지 않고 대신 개별적인 방식으로 행동하여 시장점유율을 늘리려고 할 수 있는 상당한 위험을 만들어낼 만큼 충분히 강력하고 수가 많다.

더욱이, 공동 시장을 가격 수준과 구조가 다른 5개의 국가 시장으로 분할함으로써 모든 국가 시장에서 자발적이고 동등한 가격 인상이 발생할 가능성이 없다. 따라서 가격에 대한 병행 행위가 관련 사업자에 매력적이고 위험 없는 목표였을 수 있지만, 동일한 조치를 동시에, 동일한 국가 시장에서 동일한 제품군에 대해 자발적으로 취할 수 있다는 것은 거의 상상하기 어렵다. 이런 방식으로 진행하면서, 사업자들은 서로 다른 시장에서의 상호 행동에 대한 불확실성을 미리 제거했고, 그로 인해 해당 시장에서의 독립적인 행동 변화에 내재된 위험의 상당 부분도 제거했다. 이러한 다양한 시장에서 일반적이고 동일한 증가는 해당 사업자들의 공통된 의도, 즉 첫째, 가격 수준과 할인의 형태로 경쟁에서 발생하는 상황을 조정하고, 둘째, 가격 인상에 내재된 경쟁 조건의 변화 위험을 피하려는 의도에 의해서만 설명될 수 있다.

가격 경쟁의 기능은 가격을 가능한 한 가장 낮은 수준으로 유지하고 회원국 간의 상품 이동을 장려하여 생산성 측면에서 활동을 가능한 가장 효율적으로 분배하고 기업이 변화에 적응할 수 있는 능력을 허용하는 것이다. 염료시장에서 가격의 투명성 부족, 각 생산자의 다양한 염료들이 소비자가 사용하는 제품 범위를 구축하기 위한 상호 의존성, 해당 제품의 가격이 사용자인 사업체의 최종 제품 가격에서 차지하는 비중이 상대적으로 낮고, 사용자가 지역 공급자를 보유하는 것이 유용하다는 사실, 그리고 운송 비용의 영향과 같은 요인으로 인해 시장의 유연성이 제한되기 때문에, 소비자 수준에서 다양한 국가 시장의 상호 침투 기회를 인위적으로 줄일 수 있는 모든 조치를 피해야 할 필요성이 문제된 제품 시장에서 특히 중요해진다.

모든 생산자는 경쟁자의 현재 또는 예상 가능한 행동을 고려하여 가격을 변경할 자유가 있지만, 그럼에도 불구하고 생산자가 가격 인상과 관련해 조정된 일련의 조치(coordinated course of action)를 결정하고, 그 행동의 필수 요소(예: 인상 금액, 대상, 날짜 및 장소)에 대한 서로의 행동에 대한 모든 불확실성을 사전에 제거하여 그 성공을 보장하기 위해 여하한 방식으로 경쟁자와 협력하는 것은 조약에 포함된 경쟁 규칙에 위배된다. 이러한 행동의 본질적인 요소에는 인상의 금액, 주제, 날짜 및 장소가 포함된다. 이러한 상황에서 문제된 상품 시장의 특성을 고려할 때, 원고의 행위는, 소송이 진행된 다른 사업자들과 함께 경쟁의 위험과 경쟁자들의 자발적인 반응의 위험을 협력으로 대체하도록 고안된 것이며, 이는 [TFEU 제101조 (1)항]에서 금지된 동조적 행위(concerted practice)에 해당한다.

EU Suiker Unie 판결

Joined Cases 40/73 to 48/73, 50/73, 54/73 to 56/73, 111/73, 113/73, 114/73, Suiker Unie UA and others v Commission, [1975] ECR 1663, ECLI:EU:C:1975:174.

'동조적 행위(concerted practice)'라는 개념은 사업자 간 조정 형태를 말하며, 이는 적절하게 소위 합의가 체결되는 단계까지 이르지 않고도 의도적으로 경쟁의 위험을 대체하여, 제품의 특성, 기업의 중요성과 수, 해당 시장의 규모와 특성을 고려할 때 시장의 정상적인 조건에 부합하지 않는 경쟁 조건으로 이어지는 사업자 간의 실질적 협력(practical cooperation)을 말한다. 이러한 실질적 협력이 동조적 행위에 해당하며 특히 관련자들이 기존 입지를 통합하여 공동 시장에서 상품의 효과적인 이동의 자유와 소비자가 공급자를 선택할 자유를 해치는 경우 더욱 그렇다.

이와 같은 경우에, 동조적 행위가 있었는지 여부는 위원회가 근거한 사실들을 개별적으로가 아니라 전체적으로, 문제의 시장 특성을 고려한 후 평가해야만 적절하게 판단될 수 있다.

이탈리아 시장 보호를 목적으로 하는 동조적 행위에 대한 문제제기

위원회는 원고들의 행위가 [TFEU 제101조]에 의해 금지된 동조적 행위에 해당한다고 보고, '이탈리아 시장에서 앞서 언급한 프랑스, 벨기에, 독일 공급업체와 이탈리아 수입업체 그룹 사이의 모든 경쟁이 제거되었다'고 주장한다.

위원회 결정에 대해 원고들은 해당 행위가 [TFEU 제101조]에 규정된 금지에 해당하지 않는다고 주장한다. 왜냐하면 한편으로는 공동체 규정과 회원국 당국이 취한 조치가 이탈리아 설탕 시장에서 경쟁을 방지, 제한 또는 왜곡할 수 있는 기회를 제공하지 않았고, 다른 한편으로는 문제된 관행이 해당 조치의 불가피한 결과였기 때문이라는 것이다.

위원회는 우선 공동체 및 이탈리아 규정이 효과적인 경쟁을 방해하지 않았으며, 또한 이탈리아의 조치가 원고들에게 그들이 한 것처럼 행동하도록 강요하지 않았다고 답변한다.

우선 이탈리아 당국이 채택한 이탈리아 법 및 기타 조치가 이 분쟁의 평가에 어떤 영향을 미치는지 검토하는 것이 바람직하다.

문제된 기간 동안 이탈리아 공공기관(Interdepartmental Committee on prices, CIP)은 주로 이탈리아 사업자(사탕무 생산자, 설탕 공장, 설탕 수출업체)에게 혜택을 주고 '설탕 균등화 기금'에서 지불하는 보조금 지급을 포함한 일련의 명령을 채택했다. 이탈리아 공공기관(Sugar equalization fund, Ccz)은 관련 법률에 따라 '이탈리아 설탕 경제를 점진적으로 통합시켜 설탕 부문에서 공동 시장을 달성하기 위해 필요한 균등화(requisite equalization)를 마련'하는 임무를 맡았다.

이 보조금은 kg 당 23리라의 추가부담금(sovrapprezzo)으로 자금이 조달된다. 이는 이탈리아에서 적용되는 가격과 이탈리아에서 적용되는 공동체 개입가격(Community derived intervention price)의 차이와 동일하며, 국내산 설탕과 수입산 설탕에 모두 부과되었다. 그러나 수입 설탕에 대한 부담금은 외국산 설탕의 비용이 국내산 설탕의 비용을 초과하는 범위 내에서 그 차액을 상쇄하기 위하여 감액되었으며, 따라서 국내 생산이 수요에 미치지 못하는 분량을 보충하는 데 필요한 수량까지 설탕 수입을 촉진할 수 있었다. 이러한 부담금 감면 조치는 전체 추가부담금과 운송 비용의 영향을 합칠 경우 외국 공급자들이 이탈리아 당국이 정한 최대 가격보다 높은 가격으로 제품을 팔 수밖에 없어, 공동체 설탕을 이탈리아로 수입하는 것이 불가능했을 것이라는 점에서 필요했다. CIP에 따르면 이는 '추구했던 목표에 반하는 것'이었다.

이러한 모든 고려 사항은 이탈리아 규정과 이를 시행한 방식이 위원회가 비판하는 관련 사업자의 행위 과정에서 가장 중요한 측면 중 일부에 결정적인 영향을 미쳤다는 것을 보여준다. 따라서 이러한 규정과 규정의 시행이 없었다면, 심리의 주제인 협력이 이루어지지 않았거나 위원회가 발견한 것과 다른 형태를 취했을 것이다. 위원회는 이러한 규정의 효과를 충분히 고려하지 않았으며 결과적으로 위원회가 주장하는 위반 사항의 평가에서 필수적인 요소를 간과했다는 것이 드러난다.

또한 이탈리아 규정의 목적과 효과, 그리고 규정의 실행 방식은 공급과 수요를 정확히 일치시켜 정상적인 경쟁의 필수적인 요소를 제거하는 것이었다.

더욱이 위에서 설명한 시스템은 당사자들이 수요와 공급이라는 자유시장의 힘에서 비롯되었을 가격을 협상할 수 있는 기회를 상당히 줄였다. 게다가 이탈리아 규정은 간접적이지만 근본적으로, 구매자가 공급자를 선택할 수 있는 자유를 방해했고 그 반대도 마찬가지였다.

앞서 지적했듯이 국가 할당 제도는 국가 시장을 분할하는 경향이 있어 경쟁 규칙이 적용될 수 있는 여지를 일부만 남기지만, 해당 영역도 이탈리아 시장의 특수한 조직으로 인해 근본적으로 범위가 크게 제한된다. 이러한 고려 사항은 문제된 행위가 경쟁을 상당한 수준으로 저해할 수 없으므로 [TFEU 제101조] 금지에 해당하지 않는다는 것을 보여준다.

따라서 다툼이 제기된 [이탈리아 시장에 관한 동조적 행위 인정에 따른] 결정은 취소되어야 한다.

네덜란드 시장 보호를 목적으로 하는 동조적 행위에 대한 문제제기

[위원회 결정은 4개사]가 1968/69년부터 1971/72년 마케팅 연도까지 '벨기에와 독일 서부에서 네덜란드 시장으로 설탕 배송을 통제하고 결과적으로 네덜란드 시장을 보호하는 것을 목적과 효과로 하는 동조적 행위에 관여함으로써 [TFEU 제101조 (1)항]을 위반했다고 한다.

[이에 대해 4개사]가 제출한 의견의 핵심은, 어떠한 동조적 행위도 없는 상황에서는 원고들이 비난받는 행동 방침이 동조적 행위에 해당하지 않으므로, 위원회는 이러한 행위에 [TFEU 제101조]를 적용함으로써 이 조항을 위반했다는 것이다.

[4개사의 협의사실]은 네덜란드의 거의 모든 수출을 특정 위탁인이나 목적지, 즉 네덜란드 생산업체에 공급하고 이후에 제3국으로 변성(denaturing) 또는 수출로 돌렸다는 것이다. 또한 그들은 이웃 회원국으로 설탕을 수입하고자 하는 사업자에게 공급을 거부했다는 혐의를 받고 있다.

판례에 의해 정해진 조정(coordination) 및 협력(cooperation)의 기준은 실제 계획을 수립할 필요가 없으며, 각 경제 참여자(economic operator)가 제안하거나 판매하려는 거래상대방 선택을 포함해 공동 시장(common market)에서 채택하려는 정책을 독립적으로 결정해야 한다는 경쟁 관련 조약 조항에 내재된 개념에 비추어 이해되어야만 한다.

이러한 독립성 요건이 경제 참여자에게 경쟁자의 기존 및 예상 행동에 지능적으로 적응할 권리를 박탈하는 것은 아니지만, 그러한 회사 간의 직접적 또는 간접적 접촉을 엄격히 금지한다. 그러한 접촉의 목적 또는 효과는 실제 또는 잠재적 경쟁자의 시장에서의 행동에 영향을 미치거나 그러한 경쟁자를 상대로 시장에서 채택하거나 채택할 것을 고려하기로 결정한 행동 방침(course of conduct)을 공개하는 것이기 때문이다.

인용된 문서는 원고들이 서로 연락했으며 실제로 경쟁자의 미래 행동에 대한 불확실성을 미리 제거하는 목표를 추구했다는 것을 보여준다. 제시된 문서는 … 경쟁 위험을 막고자 했다는 충분한 증거이며, 그들은 벨기에 설탕의 상당한 과잉 생산, 네덜란드 생산의 부족, 벨기에 가격이 네덜란드 가격보다 낮았다는 사실, 벨기에 딜러가 대량의 자유 수출을 원했다는 사실을 고려할 때, 동조적 행위가 없이는 이 위험에 노출되지 않을 것이라고 확신할 수 없다.

따라서 문제의 동조적 행위와 이를 시행한 관행은, 네덜란드 생산자들이 공동 시장에서 상품의 효과적인 이동의 자유와 소비자가 공급자를 선택할 수 있는 자유를 해침에도, 자신들이 확립한 지위를 유지할 수 있는지에 대한 의심을 제거했을 가능성이 있었다.

EU T-Mobile 판결

Case C-8/08, T-Mobile Netherlands BV and others v Raad van bestuur van de Nederlandse Mededingingsautoriteit, [2009] ECR I-4529, ECLI:EU:C:2009:343

네덜란드 시장에서 이동통신 서비스를 제공하는 사업자 대표들이 2001년 6월 13일에 만났다는 점은 분명하다. 당시 네덜란드에는 5개 사업자가 자체 이동전화 네트워크를 보유하고 있었다. 2001년에 5개 운영자가 차지한 시장점유율은 각각 10.6%, 42.1%, 9.7%, 26.1% 및 11.4%였다. 추가 라이선스가 발급되지 않았기 때문에 6번째 모바일 전화 네트워크가 구축될 것이라고 예상할 수 없었다. 따라서 이동통신 서비스 시장에 접근하는 것은 이 5개 사업자 중 하나 이상과 계약을 체결해야만 가능했다.

제공되는 이동통신 서비스 범위에서 선불 패키지와 후불가입을 구분한다. 선불 패키지의 특징은 고객이 통신 비용을 선불로 지불한다는 것이다. 선불 카드를 구매하거나 재충전할 때 고객은 구매한 크레딧 가치만큼 통화에 사용할 수 있는 통화 시간 크레딧을 구매한다. 반면 후불가입은 특정 기간 동안 통화한 시간이 이후에 고객에게 청구되고, 추가로 고객이 고정 가입비를 지불하는 것이 특징이며, 이 고정 가입비에는 통화 시간에 대한 크레딧도 포함될 수 있다.

2001년 6월 13일, 네덜란드에서 이동통신 서비스를 제공하는 이동통신 사업자 대표들이 회의를 가지고, 이 회의에서 2001년 9월 1일부터 시행될 예정이었던 후불가입에 대한 표준 유통점 수수료 인하에 대해 논의했고, 여기서 회의 참석자 간의 토론에서 기밀 정보가 언급되었다.

동조적 행위(concerted practice)가 반경쟁적인지 여부를 평가할 때는 특히 그것이 달성하고자 하는 목적과 경제적, 법적 맥락에 주의를 기울여야 한다. 또한, 당사자들의 의도가 동조적 행위가 제한적인지를 결정하는 데 필수적인 요인은 아니지만, 집행위원회나 관할 공동체 법원이 이를 고려하는 것을 막을 이유는 없다. 반경쟁적 목적을 가진 동조적 행위와 반경쟁적 효과를 가진 동조적 행위를 구별하는 것과 관련하여, 반경쟁적 목적과 반경쟁적 효과는 [TFEU 제101조 제1항]의 금지 대상이 되는 행위를 결정함에 누적적(cumulative)이 아닌 대안적(alternative) 조건임을 기억해야 한다. 이러한 요건의 대안적 성격은 '또는(or)'이라는 접속사로 표시되며, 이는 먼저 행위의 정확한 목적을 그것이 추구되는 경제적 맥락에서 고려해야 함을 의미한다. 그러나 동조적 행위의 내용에 대한 분석으로 경쟁에 미치는 영향이 충분히 해롭다는 것이 드러나지 않는 경우, 그 결과를 고려해야 한다. 그리고 이러한 행위가 금지 대상이 되기 위해서는 실제로 경쟁이 상당한 정도로 방해되었거나, 제한되었거나, 왜곡되었음을 증명하는 요인들이 존재한다는 것을 확인해야 한다.

더욱이, 동조적 행위가 [TFEU 제101조 제1항]에 의해 금지되는지를 결정할 때, 그 목적이 공동시장 내에서 경쟁을 방해, 제한 또는 왜곡하는 것임이 명백한 경우에는 실제 효과를 고려할 필요가 없다. '목적에 의한 위반(infringements by object)'과 '효과에 의한 위반(infringements by effect)' 사이의 구별은 사업자 간 담합의 특정 형태가 그 본질상 정상적인 경쟁의 적절한 기능에 해롭다고 간주될 수 있다는 사실에서 비롯된다. 따라서, 회부 법원(referring court)의 주장과는 달리, 동조적 행위의 반경쟁적 목적이 확립된 경우에는 그 효과를 고려할 필요가 없다.

이 사건에서 문제되는 것과 같은 동조적 행위가 반경쟁적 목적을 추구하는지 여부를 평가하는 것과 관련해서, 우선 법률총괄연구관(Advocate General)이 의견서에서 지적한 바와 같이, 동조적 행위가 반경쟁적 목적을 가진 것으로 간주되기 위해서는 경쟁에 부정적인 영향을 미칠 가능성(potential)이 있으면 충분하다는 점에 유의해야 한다. 다시 말해, 동조적 행위는 개별 사례에서 특정 법적 경제적 맥락을 고려하여 공동시장 내에서 경쟁을 방해, 제한 또는 왜곡할 수 있는 결과를 초래할 수 있기만 하면 된다. 실제로 그러한 반경쟁적 효과가 발생하는지 여부와 효과의 정도는 과징금을 결정하고 손해배상 청구를 평가하는 데만 관련 있을 뿐이다. 둘째, 경쟁자 간 정보교환과 관련하여, 동조적 행위의 존재를 판단하는 데 필요한 조정 및 협력 기준은 조약의 경쟁 조항에 내재된 개념에 비추어 이해되어야 한다는 점을 상기해야 한다. 이 개념에 따르면 각 경제주체는 공동 시장에서 채택하려는 정책을 독립적으로 결정해야 한다.

이러한 독립 요건이 경제주체가 경쟁자의 기존 또는 예상 행위에 지능적으로 적응할 권리를 박탈하는 것은 아니다. 그럼에도 불구하고, 그러한 주체 간의 직접 또는 간접 접촉을 통해 사업체가 실제 또는 잠재적 경쟁자의 시장에서의 행위에 영향을 미치거나 시장에서의 자체 행위에 대한 결정 또는 의도를 경쟁자에게 공개하는 것은 엄격히 금지하는데, 그러한 접촉의 목적 또는 효과가, 제공되는 상품 또는 서비스의 특성, 관련 사업체의 규모 및 수, 해당 시장의 규모를 고려했을 때, 문제된 시장의 정상적인 조건에 부합하지 않는 경쟁 조건을 만드는 것이라면 더욱 그렇다.

EU대법원은 *Deere* 판결에서 이 사건에서 시장과 같이 고도로 집중된 과점 시장에서는 정보 교환을 통해 거래자가 경쟁자의 시장 위치와 전략을 알 수 있고, 따라서 거래자 간의 경쟁을 상당히 약화시킬 수 있다고 판결했다. 따라서 경쟁자 간의 정보 교환이 해당 시장의 운영에 대한 불확실성의 정도를 감소시키거나 제거하여 기업 간의 경쟁을 제한하는 경우 경쟁 규칙과 양립할 수 없게 된다.

그러나 법률총괄연구관이 의견서에서 지적했듯이, 시장에서 경쟁자의 모든 병행 행위(parallel conduct)가 반경쟁적 목적을 가진 동조적 행위를 채택했기 때문은 아니다. 하지만 해당 사업자가 채택할 변경 사항의 시기, 범위 및 세부 사항에 관한 참가자 간의 불확실성을 제거할 수 있는 정보 교환은 반경쟁적 목적을 추구하는 것으로 간주되어야 하며, 이는 이 사건과 같이 딜러에게 지불되는 표준 수수료의 감소와 관련된 변경 사항까지 확대 적용된다.

II

공동행위(비경쟁사 간 수직적 거래) 규제

1. 관련 규정

미국 셔먼법(Sherman Act) 제1조

Section 1. Every contract, combination in the form of trust or otherwise, or conspiracy, in restraint of trade or commerce among the several States, or with foreign nations, is hereby declared to be illegal. Every person who shall make any contract or engage in any combination or conspiracy hereby declared to be illegal shall be deemed guilty of a felony, and, on conviction thereof, shall be punished by fine not exceeding $100,000,000 if a corporation, or, if any other person, $1,000,000, or by imprisonment not exceeding 10 years, or by both said punishments, in the discretion of the court.
여러 주 간 또는 외국과의 거래나 통상을 제한하는 모든 계약, 트러스트 등의 형태의 결합, 공모는 이 법에 의해 위법으로 선언된다. 이 법에 의해 위법으로 선언된 계약을 체결하거나 결합 또는 공모에 관여하는 모든 자는 중죄로 간주되며, 유죄 판결 시 법인의 경우 1억 달러 이하의 벌금, 그 외의 자인 경우 100만 달러 이하의 벌금이나 10년 이하의 징역, 또는 법원의 재량에 따라 이 두 가지 처벌을 병과한다.

EU 유럽연합 기능조약 (Treaty on the Functioning of the European Union, TFEU) 제101조

Article 101

1. The following shall be prohibited as incompatible with the internal market: all agreements between undertakings, decisions by associations of undertakings and concerted practices which may affect trade between Member States and which have as their object or effect the prevention, restriction or distortion of competition within the internal market, and in particular those which:

(a) directly or indirectly fix purchase or selling prices or any other trading conditions;

(b) limit or control production, markets, technical development, or investment;

(c) share markets or sources of supply;

(d) apply dissimilar conditions to equivalent transactions with other trading parties, thereby placing them at a competitive disadvantage;

(e) make the conclusion of contracts subject to acceptance by the other parties of supplementary obligations which, by their nature or according to commercial usage, have no connection with the subject of such contracts.

2. Any agreements or decisions prohibited pursuant to this Article shall be automatically void.

3. The provisions of paragraph 1 may, however, be declared inapplicable in the case of:

— any agreement or category of agreements between undertakings,

— any decision or category of decisions by associations of undertakings,

— any concerted practice or category of concerted practices,

which contributes to improving the production or distribution of goods or to promoting technical or economic progress, while allowing consumers a fair share of the resulting benefit, and which does not:

(a) impose on the undertakings concerned restrictions which are not indispensable to the attainment of these objectives;

(b) afford such undertakings the possibility of eliminating competition in respect of a substantial part of the products in question.

1. 회원국 간 거래에 영향을 미칠 수 있고 역내 시장 내에서 경쟁을 방해, 제한 또는 왜곡하는 목적이나 효과를 가지는 사업자 간 모든 합의, 사업자단체의 결정 및 동조적 행위, 특히 다음과 같은 행위는 역내 시장과 양립할 수 없으므로 금지된다.

(a) 직접 또는 간접적으로 구매가격이나 판매가격 또는 그 밖의 거래조건을 고정하는 행위

(b) 생산, 판매, 기술개발 또는 투자를 제한하거나 통제하는 행위

(c) 시장이나 공급원을 분할하는 행위

(d) 다른 거래 상대방과의 동등한 거래에 대해 다른 조건을 적용함으로써 상대방을 경쟁상 불리한 위치에 두는 행위

(e) 상대방이 그 성질상 또는 상관습상 해당 계약의 대상과 관련 없는 부수적인 의무를 수락하는 것을 조건으로 계약을 체결하는 행위

2. 이 조에 따라 금지된 모든 합의 또는 결정은 자동적으로 무효이다.

3. 그러나 제1항의 규정은 다음의 경우에는 적용하지 않을 수 있다.

– 사업자 간의 합의 또는 합의 유형

– 사업자단체의 결정 또는 결정 유형

– 동조적 행위 또는 동조적 행위 유형

다만, 상품의 생산이나 유통을 개선하거나 기술적 또는 경제적 진보를 촉진하는 데 기여하고, 소비자에게 그 결과로 생긴 이익의 공정한 몫을 허용하며, 아래 각 호에 해당하지 않을 때로 한다.

(a) 이러한 목적 달성에 필수불가결하지 않은 제한을 부과하는 경우

(b) 해당 상품의 상당한 부분과 관련해 경쟁을 제거할 가능성을 제공하는 경우

미국 클레이튼법(Clayton Act) 제3조

Section 3. It shall be unlawful for any person engaged in commerce, in the course of such commerce, to lease or make a sale or contract for sale of goods, wares, merchandise, machinery, supplies, or other commodities, whether patented or unpatented, for use, consumption, or resale within the United States or any Territory thereof or the District of Columbia or any insular possession or other place under the jurisdiction of the United States, or fix a price charged therefor, or discount from, or rebate upon, such price, on the condition, agreement, or understanding that the lessee or purchaser thereof shall not use or deal in the goods, wares, merchandise, machinery, supplies, or other commodities of a competitor or competitors of the lessor or seller, where the effect of such lease, sale, or contract for sale or such condition, agreement, or understanding may be to substantially lessen competition or tend to create a monopoly in any line of commerce
거래에 종사하는 자가 그 거래 과정에서 미국 또는 그 영토, 콜롬비아 특별구, 또는 미국 관할 하의 섬 지역이나 기타 지역 내에서 사용, 소비 또는 재판매를 위해, 특허 여부와 관계없이 상품, 기계, 부품 또는 기타 물품을 임대하거나 판매 또는 판매 계약을 체결하거나 또는 상품의 가격을 정하거나, 그 가격에서 할인 또는 리베이트를 제공하는 경우에, 그 임차인 또는 구매자가 임대인 또는 판매자의 경쟁자의 상품, 기계, 부품 또는 기타 물품을 사용하거나 취급하지 않겠다는 조건, 합의 또는 양해에 기반해 이루어지고 이러한 임대, 판매 또는 판매 계약 또는 이러한 조건, 합의 또는 양해의 효과가 일정한 거래 분야에서 실질적으로 경쟁을 감소시키거나 독점을 창출할 경향이 있는 경우 불법이다.

2. 가격제한(Price Restraint) - 재판매가격유지 (Resale Price Maintenance, RPM)

미국 Dr. Miles 판결

Dr. Miles Medical Co. v. John D. Park & Sons Co., 220 U.S. 373 (1911)

원고는 비밀 제조법에 따라 제조된 특허 의약품의 제조업체로, 도매 및 소매에서 모든 제품의 판매에 자신이 고정한 특정 가격을 유지하기 위해 면밀하게 고안된 체계를 제시한다. 그 목적은 원고의 구매자와 모든 후속 구매자가 판매해야 하는 최소 가격을 설정하는 것이다. 이러한 결과를 달성하기 위해, 원고는 두 가지 형태의 제한적인 계약을 채택했는데, 계약당사자는 다음 2가지 중 하나의 당사자가 되는 방식으로 거래를 제한하였다. “위탁 계약 - 도매(Consignment Contract - Wholesale)”로 알려진 한 종류의 계약은, 400개를 초과하는 중간 도매상 및 도매업체들과 체결되었고, 다른 종류는 2만 5천 명의 소매업자들과 체결한 “소매 대리점 계약(Retail Agency Contract)”이었다.

피고는 요구된 계약체결을 거부한 의약품 도매업체로서, 계약을 체결한 자들로 하여금 제한사항을 위반하도록 유도함으로써 “할인 가격(cut prices)”으로 판매할 의약품을 조달한 혐의를 받고 있다.

이러한 계약들이 거래를 제한하는 것은 분명하다. 그러나 원고는 이러한 제한은 보통법(common law) 또는 셔먼법에 근거해 무효가 아니라고 주장하는데, 다음과 같은 근거로 원고의 근본적인 주장을 이해할 수 있다. (1) 해당 제한은 비밀 공정으로 제조된 특허 의약품과 관련이 있기 때문에 유효하고, (2) 이와는 별개로, 제조업체는 자신의 제품에 대한 모든 판매 가격을 통제할 권리가 있다는 것이다.

비밀 공정(secret process)은 기밀 정보(confidential communication)의 대상이 될 수 있으며, 지역 및 가격에 대한 제한과 함께 판매 또는 사용 라이선스의 대상이 될 수 있다. 그러나 여기서 문제는 제조 과정이 아니라 제조된 제품, 즉 상업용 물품에 관한 것이다. 원고는 신뢰를 바탕으로 혹은 계약에 따라, 자신의 제조 과정을 전달하지 않았으며, 공정 사용에 대한 라이선스를 발급하면서 제조업자와 사용권자가 판매하는데 제한을 두지 않았다. 또한, 공정이 비밀이기 때문에 다른 누구도 그 제품을 제조할 수 없다고 주장하고 있다. 그러나 이 주장은 생산의 독점에 기초하고 있으며, 공정의 비밀성이나 그 독점을 부여할 수 있는 특정 사실에 근거한 것이 아니다. 이는 어떤 이유로든 생산의 독점이 존재한다면, 그에 따라 생산된 제품의 전체 거래를 통제할 권리와 도매상과 소매상 간에 발생할 수 있는 경쟁을 방지할 권리가 따른다는 것을 의미한다. 이 원칙은 비밀 공정에 국한되지 않고, 필수 원자재나 재료의 공급원을 확보한 사람이 제조한 상품에까지 확장될 것이다. 그러나, 생산의 독점이 존재한다고 해서, 제품이 시장에 출시되고 생산자가 자신의 소유권을 포기한 이후 장래 판매와 관련해 거래의 자유를 유지하는 데 공공의 이익이 없다고 할 수 없다. 또한 모든 제조업자는 판매 전에 그가 만든 제품을 통제한다. 그는 소유권을 가지며, 그 지배권은 제조 과정의 공개 유무 혹은 위치, 재료 또는 효율성의 이유로 그가 가진 특별한 이점에도 의존하지 않는다. 그가 특정 물품을 생산하지 않으면 시장에 공급될 수 없다는 것이 실제의 결과이기는 하나, 그렇다고 해서 그 결과가 그가 생산하는 제품에 대한 재산권을 확대하지는 않는다.

다음으로 제조 과정의 비밀성과 무관하게 원고가 자신이 제조한 제품과 관련이 있다는 사실 때문에 거래 제한을 유지할 권한이 있는지 여부이다. 이 주장의 근거는 제조업체가 자신이 선택한 대로 제품의 사용 또는 구매자가 물품을 처분할 수 있는 가격에 조건을 붙일 수 있다는 것으로 보인다. 이러한 제한의 정당성은 생산자의 자유에서 도출하려고 한다.

그러나 제조업자에게 제조하거나 판매할 의무가 없다는 이유만으로, 제조업자가 실제로 제품을 판매한 경우 구매자에게 모든 종류의 제한을 부과할 수 있는 것은 아니다. 따라서 양도에 대한 일반적인 제한은 보통 무효이다.

거래를 제한하는 계약과 관련하여, 보통법의 종전 원칙은 현대적 상황에 맞게 상당 부분 수정되었다. 그러나 공공의 이익이 여전히 첫 번째 고려 사항이다. 제한을 유지하기 위해서는, 공공과 당사자 모두에게 합리적이며, 특정한 상황에서 계약상대방을 보호하기 위해 공정하게 필요한 범위로 제한되어야 한다. 그렇지 않으면 거래 제한은 공공 정책(public policy)에 반하여 무효이다.

이 사건은 영업권의 매각, 사업에 대한 권리 양도, 또는 제조 공정의 사용권 제공과 유사하지 않다. 원고는 자신의 사업이나 생산 수단에 대한 어떠한 이익도 포기하지 않았다. 원고는 자신의 제품 구매자가 자신과 경쟁할 수 있는 권리도 부여하지 않았다. 원고는 자신이 관여하는 사업에 대한 완전한 통제를 유지하고, 원하는 것을 제조하며, 원하는 가격으로 판매 가격을 설정한다. 또한 우리는 공공의 이익과 무관할 수 있는 단일 거래를 다루고 있는 것도 아니다. 이 계약들은 원고가 물품에 대한 소유권을 포기한 이후에도 가격을 유지하고, 그 물품을 거래하는 사람들 간의 경쟁을 막기 위해 고안되었다.

원고는 표준소매가의 중요성을 주장하며, 일반적으로 혼란과 피해는 고정가격보다 낮은 가격으로 판매되는 것으로부터 일어난다고 주장한다. 하지만 고정된 소매가의 이점은 주로 유통사들과 관련이 있다. 고정가격을 준수함으로써 발생하는 증가된 이익은 원고가 아니라 유통사에게 돌아갈 것이다. 원고가 이러한 이익을 실현할 수 없는 것은 전술한 경쟁 관계 때문이다. 고정된 소매가를 유지하는 것이 제조업체에 이점이 있다고 하더라도, 제조업체가 물품을 소유한 유통사들의 거래의 자유를 제한하는 계약을 통해 그러한 이익을 확보할 권리(entitled)가 있는지 여전히 의문이 남는다. 이 점에 관해, 원고가 동일 내용의 계약을 유통사들과 체결하는 방식은, 만약 유통사들이 결합해 통일한 제한을 설정하고 같은 결과를 얻으려는 합의를 했을 경우와 다를 바 없다. 이렇게 해서 유통사들이 얻을 즉각적인 이익이 그러한 직접적인 합의를 유지하기에 충분하지 않다면, 원고가 주장하는 숨은(ulterior) 이익도 그 시스템을 정당화기에 충분하다고 볼 수 없다.

그러나 유통업자들 간 합의나 결합이 오로지 경쟁 파괴와 가격 고정만을 목적으로 하는 경우, 공익에 해롭고 무효이다. 이러한 합의 혹은 계약은 참가자들이 소비자로부터 높아진 가격으로부터 얻을 것으로 기대하는 이점으로 면책되지는 않는다.

[원고의 계획]은 사실상 금지된 목적을 위한 결합을 창출한다. 해당 상품의 특정 성격을 이유로 적절한 구별을 할 수 없다. 그것은 특별한 특권이나 면제를 받을 권리가 없다. 그리고 상품이 거래 채널로 들어가 유통업자들이 소유하게 된 경우, 경쟁을 방지하고 가격을 유지하기 위한 합의의 유효성은 그것들이 여러 제조업자에 의해 생산되었는지 아니면 한 제조업자에 의해 생산되었는지, 또는 이전에 한 사람이 소유

했는지 아니면 여러 사람이 소유했는지의 상황에 의해 결정되지 않는다. 원고는 자신이 만족하는 가격으로 제품을 판매했다면, 공중(public)은 후속 거래에서 경쟁을 통해 얻을 수 있는 모든 이익을 누릴 권리가 있다.

미국 Leegin 판결

Leegin Creative Leather Products, Inc. v. PSKS, Inc., 551 U.S. 877 (2007)

Dr. Miles 판결에서, 연방대법원은 제조사가 유통사와 합의하여 유통사가 제조사 상품에 대해 부과할 수 있는 최저 가격을 정하는 합의는, 셔먼법 제1조에 따라 당연위법(per se illegal)이라는 규칙을 확립했다. 이 사건에서 제기된 질문은, 연방대법원이 당연위법의 규칙을 폐기(overrule)하고, 재판매가격유지 합의를 셔먼법 제1조 위반 여부를 판단하는 일반적인 기준인 합리의 원칙(rule of reason)에 따라 판단되는 것을 허용해야 하는지 여부이다. 법원은 제조사가 유통사에 부과하는 다른 수직적 제한(vertical restraint)에 대해 당연위법의 원칙을 폐기했다. 더욱이, 존중받는 경제 분석가들은 수직적 가격제한이 친경쟁적 효과를 가질 수 있다고 결론 내렸다. 이제 *Dr. Miles* 판결은 폐기해야 하며, 수직적 가격제한은 합리의 원칙에 따라 판단해야만 한다고 판시한다.

I

원고 Leegin Creative Leather Products, Inc.(Leegin)는 가죽 제품과 액세서리를 디자인, 제조 및 유통한다. Leegin은 1991년부터 'Brighton'이라는 브랜드명으로 벨트를 판매하기 시작했다. Brighton 브랜드는 현재 다양한 여성 패션 액세서리로 확장되었으며, 미국 전역의 5,000개 이상의 소매점에서 판매되고 있다. 이 소매점들은 대부분 독립적인 소규모 부티크와 전문점들이다. Leegin의 사장인 Jerry Kohl은 또한 Brighton 제품을 판매하는 약 70개의 매장에 지분을 가지고 있다. Leegin은 적어도 자사 제품에 관해서는 소규모 소매업체들이 고객을 더 잘 대우하고, 더 많은 서비스를 제공하며, 대형 소매점들보다 더 만족스러운 쇼핑 경험을 제공한다고 주장한다. Kohl은 이렇게 설명했다. "우리는 소비자들이 Sam's Club이나 Wal-Mart에서 얻는 것과는 다른 경험을 하기를 원합니다. Wal-Mart 같은 매장에서는 그런 종류의 경험이나 지원, 고객 서비스를 얻을 수 없습니다."

피고 PSKS, Inc.(PSKS)는 텍사스 주 Lewisville에서 여성 의류 매장인 Kay's Kloset

을 운영한다. Kay's Kloset은 약 75개의 다양한 제조업체로부터 제품을 구매하고 한때 Brighton 제품을 판매했다. 1995년 처음으로 Leegin으로부터 Brighton 제품을 구매하기 시작했다. 이 브랜드를 판매하기 시작하면서, 매장은 Brighton을 적극적으로 홍보했다. Kay's Kloset은 그 지역에서 Brighton 제품을 구매할 수 있는 대표적인 소매점이 되었다. Brighton은 매장의 가장 중요한 브랜드였으며, 한때는 매장 수익의 40~50%를 차지했다.

1997년 Leegin은 "Brighton 소매가격 및 판매촉진 정책"을 도입했다. 이 정책에 따라 Leegin은 Brighton 제품을 권장 가격 이하로 할인하는 소매업체에 판매를 거절했다. Leegin은 유통 전략의 핵심인 고객 서비스를 제공하기 위해 소매업체에 충분한 마진을 제공하는 정책을 채택했다. 또한 할인이 Brighton 브랜드 이미지와 평판을 해친다는 우려를 표명했다.

2002년 12월 Leegin은 Kay's Kloset이 Brighton 전체 라인을 20% 할인했다는 사실을 발견했다. Kay's Kloset은 Leegin의 권장 가격을 낮춘 인근 소매업체와 경쟁하기 위해 Brighton 제품을 할인 판매했다고 주장했다. 그럼에도 불구하고 Leegin은 Kay's Kloset에 할인을 중단할 것을 요청했다. 요청이 거부되자 Leegin은 해당 매장에 대한 판매를 중단했다. Brighton 브랜드의 상실은 매장 매출에 상당한 부정적 영향을 미쳤다.

PSKS는 텍사스 동부지방법원에 Leegin을 상대로 소를 제기하면서, Leegin이 "소매업체들과 Leegin이 정한 가격만 부과하기로 합의"함으로써 반독점법을 위반했다고 주장했다. Leegin은 자사의 가격 정책의 친경쟁적 효과를 설명하는 전문가 증언을 제시하려 했다. 지방법원은 *Dr. Miles* 판례에 의해 확립된 당연위법 원칙에 의거하여 이 증언을 배제했다. 최종적으로 Leegin에게 3,975,000.80달러를 지급하라는 판결을 내렸다. 연방 제5항소법원은 이 판결을 유지했다. 항소심에서 Leegin은 소매업체들과 수직적 가격 고정 합의를 맺었다는 사실 자체는 다투지 않았다. 대신 이러한 합의에 합리의 원칙이 적용되어야 한다고 주장했다. 항소법원은 이 주장을 기각했다. 연방대법원은 수직적 최저 재판매가격유지 합의가 계속해서 당연위법으로 취급되어야 하는지 결정하기 위해 상고를 허가했다.

II

당연위법 규칙의 적용은 "항상 또는 거의 항상 경쟁을 제한하고 생산량을 감소시키는 경향이 있는" 것으로 언급된 제한에 국한된다. 당연 금지(per se prohibition)를 정당화하려면 제한은 "경쟁제한적" 효과(*GTE Sylvania* 판결)가 있어야 하며, "이를 상쇄하는 미덕(redeeming virtue)이 부족"해야 한다.

결과적으로, 당연 규칙은 법원이 문제가 되는 제한행위의 유형에 상당한 경험을 가진 후에만 적절하고(*BMI* 판결), 법원이 합리의 원칙에 따라 모든 혹은 거의 모든 경우에 무효화될 것이라는 확신을 갖고 예측할 수 있는 경우에만 적용된다. 따라서 "특정 관행의 경제적 효과가 즉시 명백하지 않은 사업적 관계의 맥락에서 부과된 제한에 대해 당연위법 원칙을 채택하는 것을 꺼려왔다"는 것은 놀라운 일이 아니다. 그리고 우리가 판시한 것처럼, "합리의 원칙을 적용하는 것의 시작은 형식적인 기준 설정(formalistic line drawing)이 아닌 보다 증명 가능한 경제적 효과에 기반해야만 한다(*GTE Sylvania* 판결)."

III

연방대법원은 *Dr. Miles* 판결이 제조업체와 유통업체 간의 최저 재판매가격(minimum resale price)을 설정하는 수직적 합의에 대해 당연위법 원칙을 확립한 사안으로 해석했다. *Dr. Miles* 사건에서 의약품 제조업체인 원고는 정해진 가격에 재판매하기로 동의한 유통업체에게만 제품을 판매했다. 법원은 제조업체가 재판매가격을 통제하는 것이 불법이라고 판단했다. 이는 "일반적인 양도 제한은 보통 무효"라는 보통법 규칙(common-law rule)에 근거했다. 그런 다음 법원은 이러한 합의가 제조업체가 아닌 유통업체에 유리하며, 법이 무효로 다루는 경쟁 유통업체 간의 결합과 유사하다고 설명했다.

법원의 최근 판례의 논리는 *Dr. Miles* 판결이 근거로 한 논거들을 부정했다. *Dr. Miles* 판결은 양도 제한에 대한 보통법 규칙(common-law rule)을 근거로, "증명 가능한 경제적 효과"보다는 "형식적인" 법리에 기초해 판결을 정당화했다(*GTE Sylvania*

판결). *Dr. Miles* 판결에서 법원은 1628년에 출판된 저술에 근거를 두었지만, 1911년 당시 제조업체가 수직적 가격제한을 사용하려는 사업상 이유를 상세히 논의하지 않았다. 그러나 셔먼법의 "거래 제한(restraint of trade)"이라는 용어는 "1890년 당시 보통법이 그 용어에 부여한 고정된 의미만을 근거로 하는 것이 아니라, 보통법 자체를 원용(invoke)"한다. 법원은 오래된 시대의 관련이 적은 교리에 결정적인 비중을 두는 것에 신중해야 한다. "400년 전이나 심지어 100년 전의 보통법 상태는 우리 앞에 놓인 문제 즉, 오늘날 미국 경제에서 수직적 유통 제한에 대한 반독점법의 효과와 무관하다"는 점을 재확인한다.

게다가 *Dr. Miles* 판결은 제조업체가 유통업체와 체결한 수직적 계약(vertical agreement)을 경쟁 유통업체 간의 수평적 결합(horizontal agreement)과 유사한 것으로 다루었다. 그러나 이후 사건에서 법원은 수직적 제한에 적용되는 규칙을 정의할 때, 수평적 제한을 다루는 규칙에 의존하는 접근 방식을 거부했다. 최근 사례에서는 수직적 계약과 수평적 계약 사이의 경제적 효과에 대한 인정된 차이, 즉 *Dr. Miles* 판결에서 법원이 고려하지 못한 차이점에 따라 반독점 원칙을 세웠다.

Dr. Mile 판결의 논거가 당연위법 규칙을 정당화하는 것은 아니다. 따라서 우선 최저 재판매가격을 정하는 수직적 합의의 경제적 효과를 살펴보고, 그리고 당연위법 규칙이 적절한지 판단할 필요가 있다.

A

논쟁 당사자는 자신의 입장을 뒷받침할 근거를 찾을 수 있지만, 여기서는 경제학 문헌이 제조업체의 재판매가격유지 사용에 대한 친경쟁적 정당화 사유로 가득 차 있다고 말하는 것으로 충분하다. 예를 들어, 법정조언자(amicus curiae)로서 경제학자들의 요약서는 "이론적 문헌에서는 최저 재판매가격유지가 친경쟁적 효과를 가질 수 있으며, 다양한 시장 조건에서 경쟁제한적 효과를 가질 가능성이 낮다는 점은 본질적으로 논란의 여지가 없다"고 밝히고 있다. 미국 정부의 법정 조언자 요약서는 "제조업체가 자사 상품의 판매 가격을 통제하도록 허용하는 것이 다양한 방식으로 브랜드 간 경쟁과 소비자 후생을 증진시킬 수 있다는 광범위한 합의가 있다"고 언급한다. 미국 변호사협회 반독점법 부문도 "재판매가격유지에 관한 경제 문헌의 대부분은 이것이 반경쟁적 목적보다는 효율성을 높이는 데 사용될 가능성이 더 높다고 제시한다"고 밝히고 있다. 재판매가격유지에 대해 더 회의적인 이들조차도 친경쟁적 효과 가능성을 인정한다. 예를 들어, William S. Comanor 등의 법정조언자 요약서는 "재판매가격유지의 다양한 효과를 고려할 때, 당연위법 접근법보다는 합리의 원칙이 타당하다는 입장을 합리적으로 취할 수 있다"고 언급한다. Scherer와 Ross는 "재판매가격유지의 이익과 비용 사이의 전반적인 균형은 아마도 근소할 것"이라고 말한다. 재판매가격유지의 경쟁 효과를 기록한 최근의 몇몇 연구들은 이 관행이 당연위법 원칙의 기준을 충족한다는 결론에 의문을 제기한다. Overstreet는 "재판매가격유지의 효율적 사용이 명백히 드물거나 희귀하지 않다"고 언급했다. Ippolito의 연구 또한 이를 뒷받침한다.

수직적 가격제한의 정당화 사유는 다른 수직적 제한의 그것과 유사하다. 최저 재판매가격유지는 브랜드 내 경쟁(동일 브랜드 내 소매업체 간 경쟁)을 줄임으로써 브랜드 간 경쟁(서로 다른 브랜드의 제조업체 간 경쟁)을 자극할 수 있다. 브랜드 간 경쟁 촉진이 중요한 이유는 "반독점법의 주요 목적이 이러한 유형의 경쟁을 보호하는 것"이기 때문이다. 단일 제조업체가 수직적 가격제한을 활용하는 것은, 브랜드 내 가격경쟁을 없애는 경향이 있고, 이는 결국 소매업체로 하여금 제조사가 경쟁 제조사에 대항하도록 돕는, 유/무형의 서비스 또는 판촉 노력에 투자하도록 장려한다. 재판매가격유지는 또한 소비자에게 더 많은 선택권을 주어, 소비자가 저가/낮은 서비스 브랜드와 고가/높은 서비스 브랜드, 그리고 그 사이에 위치한 브랜드 중에서 선택할 수 있도록 한다.

수직적 가격제한이 없으면 브랜드 간 경쟁을 강화하는 소매 서비스가 제대로 제공되지 않을 수 있다. 할인 소매업자들이 서비스를 제공하는 소매업자들의 노력에 무임승차하여 그 서비스가 창출하는 수요 증가를 일부 가로챌 수 있기 때문이다(*GTE Sylvania* 판결). 예컨대, 소비자는 고급 전시실에 투자하고, 제품 시연을 제공하거나, 지식이 풍부한 직원을 고용해 교육하는 소매업체로부터 제조업체 제품의 장점을 알 수 있다. 또는 소비자는 고품질 상품을 판매하는 것으로 유명한 소매점에서 제품을 보고 구매를 결정할 수 있다. 만약 소비자가 서비스를 제공하거나 품질 평판을 만드는 데 투자하지 않았기 때문에 할인 판매가 가능한 소매업체로부터 제품을 구매할 수 있다면, 높은 서비스를 제공하는 소매업체는 할인업체에게 매출을 잃게 될 것이고, 그러면 소비자가 선호하는 것보다 더 낮은 수준으로 서비스를 줄일 수밖에 없다. 최저 재판매가격유지는 할인업체가 서비스 제공업체 대비 경쟁적으로 가격을 내리는 것을 막기 때문에 이런 문제를 완화한다. 가격 경쟁이 줄어든 상황에서 제조업체의 소매업체들은 서비스를 놓고 서로 경쟁한다.

또한 재판매가격유지는 새로운 회사와 브랜드의 시장 진입을 촉진함으로써 브랜드 간 경쟁을 증가시킬 수 있다. "신규 제조업체와 시장에 막 진입 중인 제조업체는 이러한 제한을 사용하여 유능하고 공격적인 소매업체가, 소비자에게 알려지지 않은 제품의 유통에 흔히 필요한 자본과 노동력을 투자하도록 유도할 수 있다."(*GTE Sylvania* 판결). 새로운 제품과 브랜드는 역동적인 경제에 필수적이며, 만약 재판매가격유지를 통해 시장을 뚫을 수 있다면 이는 친경쟁적 효과가 있는 것이다.

재판매가격유지는 심지어 무임승차가 없더라도 제공되지 않을 소매업체 서비스를 장려함으로써 브랜드 간 경쟁을 증가시킬 수 있다. 제조업체가 소매업체와 계약을 맺어 소매업체가 수행해야만 하는 다양한 서비스를 명시하는 것은 어렵고 비효율적일 수 있다. 소매업체에 보장된 마진을 제공하고 기대에 부응하지 못하면 계약을 해지하겠다고 위협하는 것은, 소매업체의 성과를 유도하고 자체적인 주도권과 경험을 사용해 가치 있는 서비스를 제공하도록 함으로써 제조업체의 시장점유율을 확대하는 가장 효율적인 방법일 수 있다. 또한 재판매가격유지는 불확실한 소비자 수요에 직면했을 때 소매업체가 제조업체 상품의 적절한 재고를 확보하도록 동기를 부여하는 데 도움이 될 수 있다.

B

최저 재판매가격을 설정하는 수직적 합의는 경쟁을 촉진하는 정당성을 가질 수 있지만, 다른 경우에는 반경쟁적 효과를 가질 수 있다. 독점 이익을 얻기 위한 불법적 가격담합은 항상 존재하는 유혹이다. 예를 들어, 재판매가격유지는 제조업체 카르텔을 용이하게 할 수 있다. 불법 카르텔은 일부 제조업체가 카르텔에 따른 고정가격보다 가격을 인하하는지 알아내려 할 것이다. 재판매가격유지는 낮은 가격으로 이익을 얻는 가격 인하 제조업체를 파악함으로써 카르텔에 조력할 수 있다. 또한 재판매가격유지는 제조업체가 소매업체에 대한 가격을 낮춰 소비자에 보다 싼 가격으로 제공되는 부수적인 이점을 막을 수 있다.

수직적 가격제한은 "소매업체 수준에서 카르텔을 조직하는 데 사용될 수도 있다."(*Business Electronics* 판결). 소매업체 그룹이 공모하여 소비자에게 가격을 고정한 다음 제조업체에게 재판매가격유지를 통해 불법적인 합의를 돕도록 강요할 수 있다. 이 경우 제조업체는 서비스를 유도하거나 브랜드를 홍보하는 관행을 확립하는 것이 아니라, 비효율적인 소매업체에 더 높은 이익을 제공하는 관행을 수립한다. 더 나은 유통 시스템과 저렴한 비용구조를 갖춘 소매업체라도 이러한 합의 때문에 보다 낮은 가격을 설정하는 것이 방지된다. 역사적 사례들은 이러한 가능성이 정당한 우려임을 시사한다. (예컨대 Marvel & McCafferty의 "재판매가격유지의 후생 효과(The Welfare Effects of Resale Price Maintenance"(1985)에서는 전국 소매약사(Retail Druggists) 협회가 제조업체들에게 재판매가격유지를 사용하도록 강요한 힘을 보여주는 사례를 제시한다. Hovenkamp는 *Dr. Miles* 판결에서 소매 약사가 카르텔을 형성하고 이를 집행하기 위해 제조업체를 이용했다는 점을 제시한다)

가격을 높이기 위해 생산량을 줄이거나 경쟁을 줄이는 경쟁 제조업체 또는 경쟁 소매업체 간의 수평적 카르텔은 당연 불법이며 그래야만 한다(*GTE Sylvania* 판결). 두 가지 유형의 카르텔을 촉진하기 위해 최저 재판매가격을 설정하는 수직적 합의가 체결되는 경우, 이 역시 합리의 원칙에 따라 불법으로 간주되어야 한다. 이러한 유형의 합의는 수평적 담합의 존재를 증명하려는 원고에게 유용한 증거가 될 수 있다.

더욱이 재판매가격유지는 강력한 제조업체나 소매업체에 의해 남용될 수 있다. 예를 들어, 지배적인 소매업체는 비용을 줄이는 유통 혁신을 막기 위해 재판매가격유지를 요청할 수 있다. 제조업체는 소매업체의 유통망에 접근할 필요가 있다고 판단하는 경우 소매업체의 수직적 가격제한 요구를 수용하는 것 외에는 선택의 여지가 없다고 생각할 수 있다. 이에 비해 시장력을 가진 제조업체는 재판매가격유지를 통해 소매업체에 소규모 경쟁자나 신규 진입자의 제품을 판매하지 않도록 유인을 제공할 수 있다. 이런 점들이 명확하기 때문에, 수직적 가격제한의 잠재적인 반경쟁적 결과를 무시하거나 과소평가해서는 안 된다.

C

불법행위의 위험에도 불구하고 재판매가격유지가 "항상 또는 거의 항상 경쟁을 제한하고 생산량을 감소시키는 경향이 있다"고 어느 정도 확신을 가지고 말할 수는 없다. 최저 재판매가격을 설정하는 수직적 합의는 그것이 형성되는 상황에 따라 친경쟁적 또는 반경쟁적 효과를 가질 수 있다. 그리고 이 주제에 대한 실증적 증거는 제한적이지만, 이러한 합의의 효율적인 사용이 드물거나 가설적이라는 것을 시사하지는 않는다. 이러한 규칙이 상당한 양의 경쟁촉진적 행위를 금지할 수 있기 때문에, 이러한 합의들은 당연위법(per se condemnation)으로 간주하기에 적합하지 않아 보인다.

그럼에도 불구하고 피상고인 PSKS는 수직적 가격제한은 당연 규칙의 행정 편의성을 이유로 당연 불법이어야 한다고 주장한다. 예를 들어, *GTE Sylvania* 사건에서 언급된 바와 같이 "당연위법 규칙은 업계에 지침을 제공하고 소송 당사자와 사법 시스템의 부담을 최소화하는 소지가 있다." 이 주장은 당연위법이 예외가 아니라 규칙임을 시사한다. 이는 반독점법을 잘못 해석하는 것이다. 규칙 자체는 관리 비용을 줄일 수 있지만 이는 방정식의 일부일 뿐이다. 이 규칙은 역효과를 낳을 수 있다. 반독점법이 장려해야 하는 친경쟁적 행위를 금지함으로써 반독점 시스템의 총비용을 증가시킬 수 있다. 합법적인 관행에 대해 불필요한 소송(frivolous suits)을 조장하여 소송 비용을 증가시킬 수도 있다. 따라서 법원은 행정적 "이점만으로는 당연 규칙 제정을 정당화하기에 충분하지 않다"고 설명하면서(*GTE Sylvania* 판결), 그 사용을 "명백히 반경쟁적인" 제한으로 한정했다. 이제 법원이 행정 비용을 근거로 수직적 가격제한이 당연 위법이이어야 한다고 결론 내린다면, 그 당연규칙 적용에 관한 전통적인 "엄격한 기준(demanding standards)"을 뒤집는 것이 아니라면, 약화시킬 것이다. 행정비용의 감소가 가능하다는 것만으로는 *Dr. Miles* 판결의 규칙을 정당화할 수 없다.

피상고인은 또한 수직적 가격제한이 제조업체 상품의 가격 상승으로 이어질 수 있기 때문에 당연위법이 정당화된다고 주장한다. 피상고인은 추가적인 반경쟁적 행위 증명 없이 가격 효과에 의존하는 것은 잘못이다. 이미 지적한 바와 같이, 반독점법은 주로 브랜드 간 경쟁을 보호하기 위해 고안되었으며, 이로 인해 나중에 가격이 낮아질 수 있다. 더욱이 법원은 심지어 친경쟁 효과를 촉진하는 과정에서 가격이 인상될 수 있음에도 불구하고 다른 수직적 거래제한을 합리의 원칙에 따라 평가했다.

그리고 제조업체가 당연위법이 아닌 재판매가격을 통제하는데 더 비용이 많이 드는 대안을 사용해 왔다면, 재판매가격 유지행위가 가격을 낮출 수 있다.

더욱이 피상고인 주장은 일반적으로 제조업체와 소비자의 이해관계가 소매업체 이윤 마진과 일치한다는 점을 간과하고 있다. 제조업체가 소매업체에 부과하는 가격과 소매업체가 소비자에게 부과하는 가격 간의 차이는 제조업체의 유통 비용의 일부를 나타내며, 다른 비용과 마찬가지로 제조업체는 일반적으로 이 유통 비용을 최소화하려고 한다(*GTE Sylvania* 판결). 제조업체는 소매업체에게 근거 없는 마진으로 과도한 보상을 할 유인이 없다. 제조업체가 아니라, 소매업체가 높은 소매 가격으로 이익을 얻는다. 제조업체는 자주 손해를 보는데, 브랜드 간 경쟁은 소비자가 "동일 제품의 다른 브랜드로 대체"하기 때문에 경쟁력과 시장점유율을 감소시키기 때문이다. 따라서 일반적으로 단일 제조업체는 "서비스 향상으로 인한 수요 증가"가 발생한 경우에만 최저 재판매가격을 설정하기를 원할 것이다.… 소매 가격 상승이 수요에 미치는 부정적인 영향을 상쇄하고도 남을 것이기 때문이다."(Mathewson & Winter)

피상고인 입장이 가진 함의는 광범위하다. 제조업체가 내리는 많은 결정과 협조행위를 통해 실행하는 것들이 더 높은 가격으로 이어질 수 있다. 예를 들어, 제조업체는 제품 품질을 개선하는 더 나은 투입물을 얻기 위해 다른 공급업체와 계약할 수 있다. 또는 제품 인지도를 높이기 위해 광고 대행사를 고용할 수 있다. 그러나 이러한 행동이 가격 상승으로 이어진다고 해서 셔먼법을 위반한다고 생각하는 사람은 없을 것이다. 반독점법은 제조업체가 소비자가 알지 못하거나 원하지 않는 일반 제품을 생산하도록 요구하지 않는다. 제조업체는 이러한 행위가 가격 상승에도 불구하고 수요 증가로 이어질 것이라고 믿기 때문에 제품 품질을 개선하거나 브랜드를 홍보하기 위해 노력한다. 재판매가격유지행위도 동일한 원리가 적용될 수 있다.

재판매가격유지 행위는 분명 경제적 위험을 내포하고 있다. 만약 수직적 가격제한에 합리의 원칙이 적용된다면, 법원은 시장에서 경쟁제한적 사용을 제거하는 데 주의를 기울여야 할 것이다. 이는 현실적인 목표이며, 특정 요소들이 조사에 관련이 있다. 예컨대, 특정 산업에서 이 관행을 사용하는 제조업체의 수가 중요한 정보를 제공할 수 있다. 시장력이 없는 소수의 제조업체만이 이 관행을 채택할 경우, 제조업체 담합을 촉진할 가능성은 낮다. 담합은 경쟁 제조업체들에 의해 무력화될 수 있기 때문이다. 마찬가지로, 경쟁 시장에서 단일 제조업체만이 재판매가격유지행위를 사용할 경우 소매업체 담합 가능성도 낮다. 브랜드 간 경쟁으로 인해 소비자들은 더 저렴한 대체품으로 전환할 것이고, 이는 단일 브랜드에 대한 소매업체들의 가격 담합으로 인한 이익을 없앨 것이다. 반면, 많은 경쟁 제조업체들이 이 관행을 채택한다면 재판매가격 유지행위는 더 신중한 조사의 대상이 되어야 한다.

제한의 출처 또한 중요한 고려사항이 될 수 있다. 소매업체가 수직적 가격 제한을 추동시켰다는 증거가 있는 경우, 그 제한이 소매업체 담합을 촉진하거나 지배적이고 비효율적인 소매업체를 지원할 가능성이 더 크다. 반대로 제조업체가 소매업체의 압력과 무관하게 이 정책을 채택했다면, 이러한 제한으로 인해 반경쟁 행위가 조장될 가능성이 줄어든다. 제조업체는 또한 비효율적인 소매업체 주도의 가격 제한에 반대할 동기가 있는데, 제조업체의 경쟁력 있는 위치를 해칠 수 있기 때문이다.

마지막으로, 지배적인 제조업자나 소매업자가 반경쟁적 목적으로 재판매가격유지를 남용할 수 있다는 것은 관련 주체가 시장력을 보유하지 않는 한 심각한 문제가 아닐 수 있다. 소매업체가 시장력이 부족하다면, 제조업체는 경쟁 소매업체를 통해 제품을 판매할 가능성이 높다. 그리고 제조업체가 시장력이 부족한 경우 경쟁업체를 유통매장에서 떼어 놓기 위해 재판매가격유지 관행을 사용할 가능성이 적다.

합리의 원칙은 시장에서 경쟁제한적 거래를 없애기 위해 고안되고 사용된다. 이 표준 원칙은 수직적 가격제한에도 적용된다. 최저 재판매가격을 설정한 수직적 합의로 인해 손해를 입었다고 주장하는 당사자는 일반적으로 합의 존재와 운영 범위를 보여줄 수 있는 정보와 자원을 갖고 있을 것이다. 법원은 일련의 판결을 통해 합리의 원칙을 적용하여 이러한 제한의 효과를 고려한 경험을 쌓음으로써, 해당 규칙이 시장에서 반경쟁적 제한을 제거하고 기업에 더 많은 지침을 제공하도록 보장하는 소송 구조를 확립할 수 있다. 예를 들어, 법원은 시간이 지남에 따라 경쟁제한적 제한을 금지하고 친경쟁적 제한을 장려하기 위한 공정하고 효율적인 방법인 합리의 원칙을 만들기 위해 증거를 제시하거나 심지어 정당한 경우 추정을 제시하는 규칙을 고안할 수 있다.

위와 같은 모든 이유로, 이 문제를 원점에서 고려한다면, 당연위법이 아닌 합리의 원칙이 수직적 가격 제한을 판단하는 적절한 기준이 될 것이라고 생각한다.

Ⅳ

Dr. Miles 판결이 거의 1세기가 되었기 때문에 법원이 백지 상태에서 시작하는 것은 아니다. 그래서 선례구속의 원칙(stare decisis)에 기초해 이를 유지해야 한다는 주장이 있다. 심지어 *Dr. Miles* 판결이 잘못된 규칙을 확립했다고 하더라도, "선례구속의 원칙은 대부분의 사안에서 적용 가능한 법의 지배가 올바르게 정립되는 것보다는 정립되는 것 그 자체가 더 중요하다는 정책 판단(policy judgement)을 반영한다."(*Khan* 판결)

그러나 이 경우에는 선례구속의 원칙이 그다지 중요하지 않다. 왜냐하면 우리 앞에 놓인 문제는 셔먼법의 적용범위이기 때문이다. 법원은 처음부터 셔먼법을 보통법 법령으로 취급해 왔다. 보통법이 현대적 이해와 더 많은 경험에 적응하듯이, 셔먼법의 "거래 제한"에 대한 금지도 현재의 경제 상황의 역학에 맞춰 진화한다. 합리의 원칙이 상정하는 사례별 재판(case-by-case adjudication)이 이러한 보통법적 접근을 구현해 왔다. 마찬가지로, 당연위법 원칙의 경계도 불변해서는 안 된다. "'거래 제한'이라는 단일 용어로부터 '합리의 원칙'은 새로운 상황과 새로운 지혜에 따라 진화하나 당연위법의 경계선은 영원히 과거 상태 그대로 고정된 채로 남는, 시간적으로 정신분열적인 법령을 만드는 것은 말이 되지 않는다."(*Business Electronics* 판결).

A

법원은 선례구속의 원칙이 수직적 가격제한에 대한 당연위법 원칙을 계속 고수하도록 강제하지 않는다고 결론 내린다. 앞서 논의한 바와 같이, 경제학 문헌의 권위 있는 학자들은 당연위법 원칙이 부적절하다고 제안하며, 재판매가격유지행위가 경쟁 촉진적 효과를 가질 수 있다는 데에 현재 광범위한 합의가 있다. 또한 재판매가격유지행위의 장기적 영향을 평가할 수 있는 반독점 집행 기관인 법무부와 연방거래위원회 모두 이 법원이 당연위법 원칙을 전통적인 합리의 원칙으로 대체할 것을 권고했다는 점도 중요하다. 독점금지 맥락에서 어떤 판결이 "심각하게 의문시되고 있다"는 사실은 우리가 그것을 재평가하는 것을 정당화한다(*Khan* 판결).

다른 고려사항들도 *Dr. Miles* 판결이 파기되어야 한다는 결론을 강화한다. 수직적 제한에 대한 법원의 취급은 *Dr. Miles*의 엄격한 접근 방식에서 벗어나 발전해 왔다. 우리는 그 판결의 근거들로부터 거리를 두어 왔다. 이는 놀라운 일이 아니다. *Dr. Miles* 사건은 셔먼법 제정 직후에 결정되었고, 당시 법원은 독점금지 분석에 대한 경험이 거의 없었기 때문이다. 더욱이 *Dr. Miles* 판결 후 단 8년 만에, 법원은 제조업체가 권장 재판매가격을 발표하고 이를 따르지 않는 유통업체와 거래를 거부할 수 있다고 판결함으로써 *Dr. Miles* 판결의 범위를 제한했다(*Colgate* 판결).

최근의 판례들에서 법원은 보통법적 접근 방식을 따라 수직적 제한에 대한 한때의 엄격한 금지를 계속해서 완화하고, 제한하거나 파기했다. 1977년, 법원은 수직적 비가격 제한에 대한 당연위법 원칙을 뒤집고 그 대신 합리의 원칙을 채택했다. *GTE Sylvania* 판결의 각주에서 법원은 수직적 가격제한과 비가격제한 사이의 차이가 서로 다른 법적 취급을 뒷받침할 수 있다고 제안했지만, 판결문의 핵심은 불평등한 취급을 "정당화하기 어렵다"고 보는 학설 및 판례, 그리고 논거에 근거를 두었다.

가장 최근인 1997년, 법원은 수직적 최고가격 고정 합의에 대한 문제를 학설과 실제 경험에 비추어 검토한 후, 이러한 합의를 당연위법으로 취급했던 29년 된 선례를 파기했다. *Khan* 사건에서 법원은 *Albrecht v. Herald Co.* 판결을 번복하고, 대신 이러한 합의들을 전통적인 합리의 원칙에 따라 평가해야 한다고 판시했다. *Dr. Miles* 판결의 영향력을 계속 제한해 온 연방대법원의 태도와 다른 수직적 제한에 대한 최근의 취급은 *Dr. Miles* 판결을 유지해서는 안 된다는 결론을 정당화한다.

Dr. Miles 선례는 수직적 거래제한 관련 다른 사례와 함께 분석하면, 경제적 의미가 거의 없기 때문에 원칙적 틀과도 부합하지 않는다. 재판매가격유지의 친경쟁적 효과가 *Dr. Miles*를 뒤집기에 불충분하다고 판단한다면, *Colgate* 및 *GTE Sylvania*와 같은 사례 자체에 의문이 제기될 것이다. 이러한 후속 판결은 브랜드 내 경쟁을 감소시킬 수 있지만, 제조업체가 다른 방법을 통해 수직적 가격제한과 관련된 친경쟁적 이점을 확보할 수 있도록 허용하기 때문에 정당화될 수 있다. 그러나 이런 다른 방법은 특정 제조업체가 확립하고 유지하는 데 효율성이 떨어질 수 있다. 최종 결과는 제조업체가 차선책을 채택하도록 강요받고 소비자가 열등한 관행으로 인해 증가된 비용을 부담해야 하므로 경쟁과 소비자 복지를 저해한다.

제조업체는 수직적 가격제한이 제공하는 것과 유사한 혜택을 얻을 수 있는 여러 가지 합법적인 선택지를 가지고 있다. 제조업체는 자사의 권장 가격을 따르지 않는 소매업체와 거래를 거부할 수 있는 *Colgate* 권리를 행사할 수 있다(*Colgate* 판결). 일방적인 가격 설정과 공동의(concerted) 가격 설정의 경제적 효과는 일반적으로 동일하다(*Monsanto* 판결). 제조업체의 문제는 배심원이 일방적 정책이 사실상 수직적 합의라고 결론을 내려 제조업체가 3배 손해배상 및 잠재적인 형사 책임을 부담할 수 있다는 것이다(*Business Electronics* 판결).

또한, 판매하는 제품 유형에 따라 제조업체는 하류부문을 통합하고 제품을 소비자에게 직접 판매함으로써 재판매가격유지라는 친경쟁적 이점을 달성할 수도 있다. *Dr. Miles* 판결은 실제 시장 상황이 아닌 당연위법 원칙에 근거해 수직 통합을 수직적 합의에 비해 더 매력적으로 만들어 수직 통합과 수직적 합의의 상대적 비용을 왜곡시킨다. 이러한 왜곡은 다른 경우에는 발생하지 않는 비효율적인 통합으로 이어질 수 있으므로 소비자는 최적화되지 않은 유통 전략의 결과를 다시 겪어야 한다. 그리고 수직적 가격제한과 달리 통합은 모든 브랜드 내 경쟁을 제거한다.

또 다른 고려사항이 있다. 제조업체는 유통업체에 지역적 제한을 부과하고 특정 지역에서 한 유통업체만이 자사 상품을 판매하도록 허용할 수 있다. 이전 판례들은 이러한 수직적 비가격 제한이 수직적 가격제한과 유사한 영향을 미친다는 것을 인정했으며, 경제학 문헌도 이를 확인한다. 둘 다 브랜드 내 경쟁을 줄이고 소매업체 서비스를 자극할 수 있다. 수평적 시장 분할과 수평적 가격 고정에는 동일한 법적 기준(당연 불법)이 적용되는데, 둘 다 유사한 경제적 효과를 가지기 때문이다. 마찬가지로 수직적 가격제한과 비가격 제한에 대한 현재의 차별 취급을 경제적으로 정당화할 근거는 거의 없다. 더욱이 수직적 비가격 제한은 원하는 서비스를 유도하는 데 덜 효율적일 수 있으며, 가격과 서비스 경쟁을 모두 제거함으로써 수직적 가격제한보다 브랜드 내 경쟁을 더 많이 감소시킨다.

요약하면, 이는 결함이 있는 반독점 원칙으로, 제조업체가 건전한 사업 목표를 달성하기 위해 차선책을 선택하도록 요구함으로써 소비자의 이익보다는, 부주의한 사람들을 위한 함정으로 작용하는 법적 구분을 만들어 변호사들의 이익에 더 부합한다.

B

피상고인의 선례구속의 원칙에 근거한 *Dr. Miles* 판결 재확인 주장은 다른 결과를 요구하지 않는다. 피상고인은 수직적 가격제한에 관한 의회의 조치를 언급한다. 1937년, 의회는 밀러-타이딩스 공정거래법(Miller-Tydings Fair Trade Act)을 통과시켰는데, 이는 주법에 의해 승인된 경우 수직적 가격제한을 합법화했다. 15년 후, 의회는 제조업체와 유통업체 간의 수직적 가격 설정 합의를 해당 합의에 관여하지 않은 다른 유통업체들에게도 강제할 수 있도록 면제 범위를 확대했다. 그러나 1975년, 의회는 두 법을 모두 폐지했다. 피상고인에 따르면, 1975년에 *Dr. Miles* 규칙이 수직적 가격 제한에 적용되었다는 사실은 의회가 이 규칙을 비준했음을 보여준다.

그러나 이는 사실이 아니다. 소비재가격설정법(Consumer Goods Pricing Act) 본문은 수직적 가격제한에 대한 당연위법 규칙을 성문화하지 않았다. 이는 수직적 가격제한을 당연합법으로 만든 법적 조항들을 폐지했을 뿐이다. 의회는 다시 한 번 이러한 제한을 셔먼법 제1조의 범위 내에 두었다. 그리고 앞서 논의된 바와 같이, 의회는 법원이 보통법 전통에 따라 "법의 지배 원칙을 발전시킬" 능력을 갖도록 제1조를 의도했다. 의회는 *Dr. Miles* 규칙을 확고히 할 수 있었지만, 더 유연한 선택을 했다. 법원은 수직적 가격제한을 모든 제한과 마찬가지로 전통적인 제1조 원칙에 따라 분석함으로써 의회의 결정을 존중한다. 여기에는 우리의 반독점 원칙이 "새로운 상황과 새로운 지혜에 따라 진화한다"는 원칙도 포함된다.

더욱이, 합리의 원칙은 소비재가격설정법과 모순되지 않는다. 이전의 의회 면제와 달리, 이는 수직적 가격제한을 당연합법(perse legal)으로 취급하지 않는다. 이 점에서, 이전 면제에 대한 정당화 근거는 시사하는 바가 있다. 그 목표는 "의회가 대량할인업체에 의해 시장에서 밀려날 수 있다고 생각한 소규모 소매점을 주정부가 보호할 수 있도록 하는 것"이었다. 주(州) 공정거래법 또한 유사한 근거로 정당화된 것으로 보인다. 이러한 조항들의 근거는 셔먼법과는 무관하다. 경쟁과 소비자 후생으로부터 분리되어, 이들은 비효율적인 소규모 소매업체들을 경쟁 불능으로부터 구하기 위해 설계되었다. 반면, 반독점법의 목적은 "경쟁자가 아닌 경쟁의 보호"이다. 의회가 일부 수직적 가격제한에 대한 면제를 폐지한 것이 반경쟁적 행위를 장려하던 이전의 관행을 종식시키기 위한 것이라면, 합리의 원칙은 동일한 목표를 촉진한다.

또한 주목할 만한 점은 "[미국에서] 재판매가격유지행위에 가장 유리한 법적 환경이었던 이 시기에도 극소수의 제조업체만이 [재판매가격유지] 계약을 사용했다"는 것이다. 소비자들이 저렴한 상품을 요구하는 한, 수직적 가격제한을 합리의 원칙에 따라 판단한다고 해서 시장이 이를 제공하는 것을 막지 않을 것이다. 이러한 이유로 *Dr. Miles* 사건에서 법원의 판결을 이제 파기한다. 수직적 가격제한은 합리의 원칙에 따라 판단되어야 한다.

V

항소법원 판결을 파기하고 이 판결에 부합하는 절차를 위해 사건을 환송한다.

3. 비가격 제한(Non-Price Restraint)-지역분할 (Territorial Allocation))

미국 GTE Sylvania 판결

Continental T.V., Inc. v. GTE Sylvania, Inc., 433 U.S. 36 (1977)

제조업체와 소매업체 간의 프랜차이즈 계약은 자주 소매업체가 계약에서 정한 지역 외에서 프랜차이즈 상품을 판매하는 것을 금지하는 규정을 포함한다. 이 사건의 경우 셔먼법 제1조 및 1967년 *Schwinn* 판결에서 이러한 제한에 대한 반독점 분석이 적절했는지에 대한 중요한 질문을 제기한다.

I

피상고인 GTE Sylvania는 홈 엔터테인먼트 제품 부문을 통해 텔레비전 세트를 제조해서 판매한다. 1962년 이전 다른 사업자들처럼, Sylvania는 독립 혹은 회사 소유의 유통업체에게 TV 세트를 판매했고, 이들 유통업체는 다양한 대형 소매업체 그룹에게 TV세트를 재판매했다. 전국 매출에서 점유율이 1-2%로 하락하자, Sylvania는 마케팅 전략을 강도높게 재평가했고 1962년 여기서 문제된 프랜차이즈 계획을 채택했다. Sylvania는 도매 유통업체로부터 빠져나와 더 작고 선별된 소규모 프랜차이즈 소매업체에게 직접 판매했다. 이러한 변화의 목적은, 회사가 시장에서 위치를 향상시키는데 필요한 보다 공격적이고 경쟁력 있는 소매상을 끌어들이고자, 경쟁 중인 Sylvania 소매업체의 숫자를 감소시키는 것이었다. Sylvania는 특정지역의 프랜차이즈 수를 제한하고 각 가맹점은 프랜차이즈를 받은 지역에서만 Sylvania 제품을 판매하도록 요구했다. 프랜차이즈는 독점 영업지역(exclusive territory)을 구성하지 않았으며, Sylvania는 기존 소매업체들의 시장 개발 성공 혹은 실패에 따라 지역의 소매업체 수를 늘릴 유일한 재량권을 가졌다. 개정된 마케팅 전략은 성공한 것으로 보이는데, Sylvania 전국 TV 판매점유율이 약 5% 상승했고 회사는 전국 컬러 TV세트 시장에서 8위 제조사 자리를 차지했다.

이 사건은 개정된 Sylvania 계획 아래 이전에 성공적이었던 프랜차이즈 가맹본부(Sylvania)와 가맹점주(Continental TV) 간 관계 파탄으로 인한 결과이다. [Sylvania는 일련의 다툼 끝에, Continental이 Sylvania가 기존 가맹점주가 적절하게 운영하고 있다고 판단한 Sacramento 시장에 자신의 승인없이 확장한 것을 이유로 Continental과 거래를 해지하였다.]

[Continental 주장]은 Sylvania가 지정된 지역 외에 Sylvania 제품의 판매를 금지하는 프랜차이즈 계약을 체결하고 실행함으로써 셔먼법 제1조를 위반했다는 것이다. 배심원단은 Sylvania가 "(영업)지역 제한과 관련해서는 반독점법을 위반하는 거래제한 계약, 결합 또는 공모"에 가담했다고 판단했고, Continental 손해를 591,505달러로 평가했고, 이는 클레이튼법 제4조에 따라 3배로 증액되어 1,774,515달러의 배상금이 산정되었다.

항소심은 원심을 뒤집고 Sylvania의 지역제한은 *Schwinn* 판결에 지방법원의 설시를 뒷받침할 수 있는 언급이 있음을 인정했지만, *Schwinn* 사건은 여러 근거에서 구별된다고 결론 내렸다. 두 사건에서 제한의 성격, 경쟁에 미치는 영향, 그리고 가맹본부들의 시장점유율을 대조하면서, 법원은 Sylvania의 위치 제한이 *Schwinn* 사건에서 무효화된 제한들보다 경쟁에 해를 끼칠 가능성이 적다고 결론 내렸고, *Schwinn* 판결에서 언급된 당연위법이 아닌 "합리의 원칙"에 따라 판단해야 한다고 판결했다.

III

Schwinn 판결은 *White Motor* (1983) 판결로부터의 느닷없고 대부분 설명도 없는 일탈이었는데, 그 사건에서 연방대법원은 불과 4년 전에 수직적 제한에 대한 당연위법 원칙을 거부했었다. 선고 이래로 *Schwinn* 판결은 학계 및 법원에서 지속적인 논란과 혼란의 대상이었다.

셔먼법 제1조 해석의 전통적인 구조는 익숙하고 추가 논의가 불필요하다. 합리의 원칙에 따라, 사실 판단자는 제한적 관행이 경쟁에 불합리한 제한을 가하는 것으로 금지되어야 하는지를 결정할 때 사건의 모든 상황을 고려한다. 당연위법의 분석은 오로지 문제된 행위가 명백하게 반경쟁적 행위와 관련된 경우에만 적절하다.

수직적 제한의 시장 영향은 복잡한데, 브랜드 내 경쟁감소와 브랜드 간 경쟁이 동시에 발생할 가능성이 있기 때문이다. 의미심장하게도 *Schwinn* 판결에서 법원은 문제된 제한의 브랜드 내 피해와 브랜드 간 이익의 개별적 가능성 관점에서 구분하지 않았다. 핵심적인 요인은 소유권의 이전(passage of title)이었다. 소유권이 이전되는 모든 제한은 당연위법이었고, 그렇지 않은 제한은 합리의 원칙에 따라 평가되고 인정됐다. 여기서 문제되는 지역 제한은 *Schwinn* 판결 하에서는 같은 분석 패턴이 적용될 것이다.

수직적 제한은 특정 구매자 그룹을 놓고 경쟁하는 특정 제품의 판매자 수를 제한함으로써 브랜드 내 경쟁을 감소시킨다. 지역 제한은 소매 판매점의 효과적인 마케팅 영역에 대한 실질적 제약 때문에 이러한 효과를 가진다. 브랜드 내 경쟁은 감소될 수 있지만, 소매업체가 그 결과로 생긴 시장을 이용할 수 있는 능력은, 소비자들이 다른 프랜차이즈 지역으로 이동하거나, 아마도 보다 중요하게는, 다른 제조업체의 경쟁 제품을 구매할 수 있는 능력으로 제한될 수 있다.

수직적 제한은 제조사들이 제품의 유통에서 특정한 효율성을 확보할 수 있게 함으로써 브랜드 간 경쟁을 촉진한다. 이러한 "상쇄할 만한 이점(redeeming virtues)"은 합리의 원칙하에 수직적 제한을 인정한 모든 판결에 내재해 있다. 경제학자들은 제조업체들이 다른 제조업체들과 더 효과적으로 경쟁하기 위해 이러한 제한을 사용할 수 있는 여러 방법을 확인했다. 예컨대 신규 제조사와 새로운 시장에 진입하는 제조사는 소비자에 알려져 있지 않는 제품 유통에 종종 필요한 자본 및 노동 투자를 유능하고 공격적인 소매자에게 권유할 수 있게 이러한 제한을 이용할 수 있다. 기존 제조사도 소매사들이 판촉 활동에 관여하거나 혹은 효과적인 제품 마케팅에 필요한 서비스와 보수를 제공하도록 유도하기 위해 지역 제한을 활용할 수 있다. 서비스와 수리는 자동차와 주요 가전제품과 같은 많은 상품에 필수적이다. 이러한 서비스의 가용성과 품질은 제조사의 영업권과 제품 경쟁력에 영향을 미친다. 이른바 "무임승차" 효과와 같은 시장 불완전성 때문에, 소매업체들 모두가 이런 서비스를 제공하지 않는 것보다 모두 이런 서비스를 제공하면 각 소매업체들의 이익이 더 클 것임에도 불구하고, 순수한 경쟁 상황에서는 이런 서비스는 제공되지 않을 수 있다.

Schwinn 판결에서 제시된 판매 혹은 비판매 거래 기준이, 어떤 상황에서 당연위법이 적용되고 다른 상황에서 합리의 원칙이 적용되는 것인지 정당화하기에 충분하지 않다. 여전히 *Schwinn* 판결에서 언급된 당연위법이 비판매 거래까지 확장될 것인지 혹은 합리의 원칙으로의 복귀에 찬성해 당연위법의 적용을 포기할 것인지 문제가 남아 있다. 당연위법을 확대하는 것을 지지하는 설득력 있는 근거를 확인하지 못했다. 상술한 바대로 *Schwinn* 판결에서 "모든 수직적 지역제한과 모든 프랜차이징을 금지하는 것"은 바람직하지 않다고 판단했다. 심지어 Continental도 모든 지역 제한을 당연 위법으로 판결할 것을 요구하지 않는다.

확실히 이 사건에서, 일반적으로나 혹은 Sylvania 계약과 관련해서 수직적 제한이 "경쟁에 해로운 영향"을 가지거나 가질 가능성이 있거나, 혹은 "어떤 상쇄할 이점이 부족"하다는 점에 대한 증명이 없었다. 따라서 *Schwinn* 판결에서 제시된 당연위법 원칙은 폐기되어야 한다고 결론 내린다. 이렇게 판단하더라도 *Northern Pacific* 판결에 따른 당연위법 금지를 정당화할 특정한 수직적 제한의 적용 가능성을 배제하는 것은 아니다. 그러나 합리의 원칙 기준에서 시작은, *Schwinn* 판결에서처럼 형식적인 선긋기가 아닌 논증가능한 경제적 효과에 기반해야 한다는 점을 분명히 한다.

요약하면, *Schwinn* 판결 이전 수직적 제한을 규율했던 합리의 원칙(rule of reason)으로 돌아가는 것이 적절한 결정이라고 결론 내린다. 특정한 수직적 제한으로 인해 반경쟁적 효과가 발생하는 것으로 나타날 때, 이는 합리의 원칙에 따라 적절히 규제될 수 있다. 이 기준은 전통적으로 셔먼법 제1조에 따라 문제가 제기된 대부분의 반경쟁적 관행에 적용되어 왔다. 따라서 항소법원의 판결을 확정한다.

4. 비가격제한(Non-Price Restraint) - 끼워팔기 및 번들링(Tying and Bundling)

미국 International Salt 판결

International Salt Co., Inc. v. United States, 332 U.S. 392 (1947)

정부는 상고인 International Salt(International)가 특허받은 기계의 임대 계약에서 임차인이 International Salt 소금 제품만을 사용하도록 하는 조항을 시행하는 것을 금지하기 위해 이 민사소송을 제기했다. 이 제한은 셔먼법 제1조와 클레이튼법 제3조를 위반한다고 주장된다.

International은 주(州) 간 상거래로 소금을 거래하며 미국 내 산업용 소금의 최대 생산업체이다. 또한 소금 제품을 활용하는 2가지 기계에 대한 특허를 보유하고 있다. 그 중 하나인 'Lixator'는 암염을 다양한 산업 공정에 사용되는 염수로 용해한다. 다른 하나인 'Saltomat'는 통조림 제조 과정에서 정제 형태의 소금을 주입한다. 이러한 기계의 유통은 임대 계약으로 이루어졌는데, 이 계약은 임차인이 임대 기계에서 사용되는 모든 비특허 소금 및 소금 정제를 상고인로부터 구매하도록 요구하는 조항을 포함하고 있다. 1944년 상고인 International은 이 기계들에서 사용하기 위해 약 119,000톤의 소금을 약 500,000달러에 판매했다.

상고인의 특허는 그들이 보상받는 발명에 대해 제한적 독점권을 부여한다. 이를 통해 상고인은 다른 사업자가 특허 기계를 제작, 판매 또는 사용하는 것을 제한할 권리를 갖는다. 그러나 특허권은 비특허 소금의 사용 혹은 거래를 제한할 권리를 부여하지는 않는다. 소금 시장을 경쟁으로부터 차단하는 계약을 체결함으로써, International은 특허가 반독점법으로부터 면제되지 않는 거래 제한에 관여했다.

상고인은 약식판결이 셔먼법상 거래제한이 부당한지 혹은 클레이튼법상 소금에 대한 경쟁을 실질적으로 감소시키거나 혹은 독점을 창출할 경향이 있는지에 대한 사실 쟁점의 심리를 배제했다는 이유로 부당하다고 주장한다. 그러나 우리는 인정된 사실만으로도 진정한 쟁점이 남아있지 않다고 판단한다. 가격 담합(Price fixing)은 그 자체로 부당할 뿐만 아니라 실질적인 시장에서 경쟁자를 배제하는 것도 그 자체로 부당하다. 이 계약들이 영향을 미치는 거래량이 미미하거나 비실질적이라고 볼 수 없으며, 이러한 약정이 독점을 달성하려는 경향은 명백해 보인다. 법률상 "독점을 창출할 경향(tendency)이 있는" 합의는 금지되며 그러한 경향이 점진적인지 아니면 급격히 진행되는지는 중요하지 않다. 또한 법은 그 움직임의 방향을 제재하기 전에 움직임이 목표에 도달하는 것을 기다리지 않는다.

그러나 상고인은 "Lixator" 계약이 부당함(unreasonableness) 내지 독점 경향(the tendency to monopoly)과 거리가 멀다고 주장하면서, 경쟁사가 더 낮은 가격에 동등한 품질의 소금을 제공할 경우, 상고인이 같은 가격에 소금을 공급하지 않는 한, 임차인이 공개 시장에서 구매할 자유가 있다고 규정했다는 점을 이유로 들었다. 또한 "Saltomat" 계약은 임차인이 International의 소금 정제에 대한 일반적인 가격 인하의 혜택을 받을 권리가 있다고 규정했다고 주장한다. 물론 "Lixator" 조항이 임차인을 어느 정도 보호하는 것은 맞지만, 합의의 경쟁 억제 효과를 막지 못한다. 상고인은 언제든지 동일 가격에 사업 우선권을 가지고 있었다. 경쟁자는 시장을 확보할 희망을 가지려면 상고인의 가격을 하회해야 하지만, 상고인은 단순히 경쟁에 대응하는 것만으로도 그 시장을 유지할 수 있었다. 우리는 이러한 양보가, 비록 그러한 조항이 없을 때보다는 덜 가혹한 것이긴 하나, 계약이 거래 제한이라는 점을 완화시킨다고 생각하지 않는다. "Saltomat" 조항은 임차인에게 상고인의 현재 가격으로 상고인의 소금 정제를 구매할 권리만을 부여하기 때문에 법적으로 중요한 효과가 없음이 분명하다. 모든 구매는 어떤 경우에도 상고인의 제품이어야 한다.

상고인은 또한 임대계약에 기해 상고인이 기계 수리 및 유지 보수의무를 부담하기 때문에, 자사 소금 사용은 합리적인 것으로 자사 고품질 소금이 있어야 기계가 만족스럽게 기능하면서 동시에 유지비용도 낮게 발생했기 때문이라고 주장한다. 상고인은 자사의 암염이 평균 98.2%의 염화나트륨 함량을 가지고 있다고 주장한다. 반면, 다른 생산자들의 암염은 "염화나트륨 함량이 일정하지 않으며, 많은 경우 95%까지 낮다"고 한다. 이러한 높은 비율의 불용성 불순물이 "Lixator" 기계의 기능을 저해한다고 주장한다. "Saltomat"에 대해서도 이와 유사한 주장이 제기된다.

물론 임대인은 유지보수 부담을 최소화하고 만족스러운 작동을 보장하기 위해 선의로 고안된 합리적인 제한을 임차인에게 부과할 수 있다. 논의를 위해, 만약 해당 기계 기능이 상고인이 주장하는 소금함량 98.2%인 제품에서만 가장 잘 작동한다면, 임차인에게 그러한 특정 품질의 소금을 사용하도록 의무를 부과할 수도 있었을 것이다. 그러나 해당 기계가 International 외 다른 사업자들이 생산한 같은 품질의 소금에 알레르기 반응을 보인다는 점에 대한 서면 제출 혹은 주장도 없었다. 만약 다른 사업자들이 기계 사용을 위한 합리적인 사양을 충족하는 소금을 제조할 수 없었다면 그것은 별개의 문제이나, 적어도 경쟁사들이 때때로 그런 제품을 공급한다는 점은 인정된다. 그럼에도 불구하고 경쟁사는 품질 관점이 아닌 특정 판매자 측면에서 제한하는 조항에 의해 시장에서 배제된다. 임대 기계의 사용 규칙이 모든 공급업체가 충족해야 하는 합리적인 기준을 설정할 수는 있지만, 자유 경쟁을 제한하는 것으로 위장되어서는 안 된다.

미국 Jefferson Parish Hospital 판결

Jefferson Parish Hospital District No. 2 v. Hyde, 466 U.S. 2 (1984)

1977년 7월 피상고인 Edwin G. Hyde는 전문의 자격이 인증된 마취과 의사로서 East Jefferson 병원 의료진을 신청했다. 자격심사위원회와 의료진 집행위원회는 승인을 권고했지만, 병원 이사회는 신청을 거부했는데, 그 이유는 병원이 Roux & Associates(Roux)라는 전문 의료 법인과 계약을 맺고 있어서 병원 환자들에게 필요한 모든 마취 서비스를 이 법인이 수행하도록 되어 있었기 때문이다.

이에 피상고인은 계약이 불법이라는 확인 판결(declaratory judgement)과 피상고인을 병원 직원으로 임명할 것을 요구하는 소를 제기했다. 재판 후, 지방법원은 이를 기각하면서 Roux 계약의 반경쟁적인 결과가 미미하고 환자 치료의 개선이라는 형태의 이익이 그 반경쟁적 결과를 능가한다고 판단했다. 항소법원은 계약이 "당연" 위법이라는 주장을 받아들여 원심을 취소했다. 우리는 상고를 허가했고, 이제 항소법원 판결을 파기한다.

I

1971년 2월, East Jefferson 병원이 개원하기 직전, 병원은 Dr. Kermit Roux가 그 당시 막 설립한 Roux와 "마취과 계약"을 체결했다. 이 계약은 Roux가 지정한 모든 마취과 의사가 병원의 의료진으로 받아들여질 것이라고 규정했다. 병원은 마취과 운영에 필요한 공간, 장비, 유지보수 및 기타 지원 서비스를 제공하기로 동의했다. 또한 필요한 모든 약품과 기타 물품을 구매하기로 동의했다. 병원은 "마취과 사용을 Roux로 제한하고, 계약 기간 동안 다른 어떤 개인, 당사자 또는 단체도 병원 내에서 해당 서비스를 수행하지 않을 것"에 동의했다.

1971년 계약은 1년 기간으로 체결되었으며, 어느 한 쪽이 종료를 선택하지 않는 한 자동으로 1년씩 갱신되도록 규정되었다. 1976년에는 1971년 계약의 대부분의 조항을 포함한 두 번째 서면 계약이 체결되었다. 이 계약의 기간은 5년이었으며, 다른 마취과 의사들을 병원에서 배제하는 조항은 삭제되었다. 그럼에도 불구하고 병원은 여전히 폐쇄적인 마취과 체제를 유지하기로 결정했다.

배타조건부 계약(exclusive contract)은 경제의 두 가지 다른 부문에 영향을 미쳤는데, 의료 서비스 소비자와 마취 서비스 제공자들이다. East Jefferson 병원에서 수술을 받기로 선택한 의료 서비스 소비자는 Roux와 관련되지 않은 마취과 의사를 고용할 수 없다. Roux에 고용된 마취과 의사들을 제외하고는 어떤 마취과 의사도 East Jefferson에서 진료할 수 없다. 뉴올리언스 대도시 지역에는 최소 20개의 병원이 있으며, Jefferson Parish에 거주하는 환자의 약 70%가 East Jefferson 병원이 아닌 다른 병원을 이용한다. 지방법원은 병원들이 경쟁하는 관련 지리적 시장을 전체 뉴올리언스 대도시 지역으로 간주했기 때문에, 이 증거는 East Jefferson이 어떤 중요한 "시장력(market power)"도 가지고 있지 않다고 확신시켰다. 따라서 지방법원은 상고인들이 Roux 계약을 반경쟁적 목적으로 사용할 수 없다고 결론지었다. 같은 증거로 항소법원은 다른 결론을 내렸다. 항소법원은 해당 주민의 30%가 East Jefferson 병원을 이용하고, 실제로 "환자들은 가격이나 품질보다는 위치에 따라 병원을 선택하는 경향이 있다."는 점에 주목하며, 관련 지리적 시장이 Jefferson Parish의 East Bank 지역으로 결론을 내렸다.

항소법원은 이 사건이 "끼워팔기 합의"를 포함한다고 판단했는데, 그 이유는 "병원의 수술실(주상품) 이용자들이 병원이 선택한 마취 서비스(부상품)도 함께 구매하도록 강요받기 때문이다." 항소법원은 주상품의 관련 지리적 시장을 Jefferson Parish의 East Bank로 획정하고, 병원이 "부상품의 구매자들을 강제할 수 있을 만큼 주상품 시장에서 충분한 시장력"을 가지고 있다고 판단했다. 부상품의 구매가 "상당한 규모의 주(州) 간 거래"를 구성한다는 점에서, 항소법원은 *Northern Pacific Railway* 판결을 근거로 이 끼워팔기 계약이 "당연위법"이라고 결론지었다.

II

반독점법 판례 역사에서 특정한 끼워팔기 계약이 경쟁을 억제할 받아들일 수 없는 위험을 내포하고 있기 때문에, "당연위법(per se)"이라는 명제에 의문을 제기하기에는 너무 늦었다. 이 원칙은 처음 *International Salt* 판결에서 명시되었으며, 그 이

후 법원에 의해 여러 차례 지지되어 왔다. 이 원칙은 또한 반독점법의 근간이 되는 의회의 정책을 반영한다. 클레이튼법 제3조를 제정하면서, 의회는 끼워팔기 계약의 반경쟁적 성격에 대해 큰 우려를 표명했다. 이 사건이 클레이튼법에 따라 제기된 것은 아니지만, 끼워팔기의 경쟁적 결과에 관한 의회의 판단은 시사하는 바가 크며 존중되어야 한다.

그러나 두 제품을 따로 판매하지 않지 않는 모든 거절이 경쟁을 제한한다고 볼 수는 없다는 점은 분명하다. 각 제품이 경쟁 시장에서 별도로 구매될 수 있는 경우, 하나의 판매자가 두 제품을 단일 패키지로 판매하기로 결정한 것은, 특히 경쟁 공급자가 패키지 전체 또는 여러 부품 중 하나를 자유롭게 판매할 수 있는 경우 어느 시장에도 부당한 제한을 가하지 않는다.

구매자들은 종종 패키지 판매가 매력적이라고 생각하며, 판매자가 이런 묶음 판매를 제공하기로 결정한 것은 단지 효과적으로 경쟁하려는 시도일 수 있다. 이는 셔먼법에 전적으로 부합하는 행동이다.

법원은 무효인 끼워팔기 약정의 본질적 특징은, 매도인이 주상품에 대한 통제권을 이용해 매수인이 전혀 원하지 않거나 다른 조건으로 다른 곳에서 구매하는 것을 선호했을 수 있는 부상품 구매를 강요하는 데 있다고 판단해 왔다. 그러한 "강제(forcing)"가 존재할 때, 끼워팔린 부상품에 대한 성과(역량) 경쟁(competition on the merits)이 제한되고 셔먼법을 위반한 것이다.

따라서 법원은 판매자가 구매자에게 경쟁 시장에서 하지 않을 일을 하도록 강제하는, 소위 "시장력(market power)"이라고 불리는 특별한 능력이 있을 때 끼워팔기 계약을 규제해 왔다. "강제"가 생겼을 때, 법원은 끼워팔기 계약이 불법이라고 판단했다.

따라서 법은 한편으로는 끼워팔기 주상품의 가격을 인상함으로써 시장력을 이용하는 것과 다른 한편으로 부상품에 대한 시장에서의 경쟁제한을 시도하는 것을 구분한다. 판매자의 힘이, 경쟁자들에 비해 어느 정도 정당한 우위를 누리고 있을 상품 시장에서, 단지 그 수익을 극대화하기 위해 사용될 때, 셔먼법의 경쟁적 이상이 반드시 손상된 것은 아니다. 그러나 그 힘이 다른 시장에서의 성과(역량) 경쟁(competition on the merits)을 저해하기 위해 사용될 경우, 잠재적으로 열등한 제품은 경쟁 압력으로부터 벗어날 수 있다. 이러한 방해는 끼워팔기 부상품 시장에서 기존 경쟁자들에게 피해를 주거나 새로운 경쟁자들의 진입 장벽을 만들 수 있고, 가격 차별을 쉽게 함으로써 시장력의 사회적 비용을 증가시켜 이를 통해 끼워팔기가 없었을 경우와 비교했을 때 독점 이익을 증가시킬 수 있다. 그리고 셔먼법이 특별히 보호하고자 한 소비자 관점에서도, 두 번째 시장(second market)에서 가장 좋은 할인을 선택할 자유는 침해받는데, 이는 끼워팔기 주상품(tying product)을 구매하려는 필요 때문이기도 하고, 또한 패키지로만 판매되면 각 제품의 진정한 가격을 평가할 수 없기 때문일 것이다. 요약하면, 끼워팔기 계약을 통해 역량 경쟁(competition on the merits)의 제한을 허용하는 것은 "자유 시장이 용납하지 않을 힘의 존재"를 묵인하는 것이다.

당연위법 제재, 즉 실제 시장 상황에 대한 조사 없이 제재하는 것은, 강제가 있다는 점에 대한 개연성(probability)이 있는 경우에만 적절하다. 따라서 당연위법 원칙의 적용은 반경쟁적 결과 발생의 개연성에 초점을 맞춘다. 물론 기준으로서, 당연 위법을 정당화하기 위해서는 경쟁에 미칠 영향의 상당한 가능성(substantial potential)이 존재해야 한다. 만약 단 한 명의 구매자가 부상품 구매와 관련해서 "강제"된다면, 경쟁에 미칠 결과적 영향은 반독점법의 우려를 보장하기에 충분하지 않을 것이다. 법원이 끼워팔기로 상당한 양의 거래가 봉쇄되지 않는 한, 끼워팔기 규제를 거부한 것은 이 때문이다. 마찬가지로, 구매자가 다른 판매자로부터 구매하지 않았을 상품을 부상품 시장에서 구매하도록 "강제"된다고 하더라도, 다른 판매자가 판매할 수 있었을 시장은 봉쇄되지 않았기 때문에 경쟁에 부정적인 영향이 있다고 할 수 없다.

일단 이 기준을 넘어서면, 경쟁제한적 강제가 발생할 가능성이 높은 경우 당연위법 금지는 적절하다. 예를 들어, 정부가 판매자에게 상품에 대한 특허나 유사한 독점을 부여했다면, 다른 곳에서 그 상품을 구매할 수 없다는 사실이 판매자에게 시장력을 부여한다고 추정하는 것은 공정하다. 특허 독점의 범위를 확대하기 위해 그것이 부여하는 시장력을 이용하여 두 번째 제품 시장에서의 경쟁을 제한하려는 모든 노력은 두 번째 시장에서의 실질적인 경쟁을 약화시킬 것이다. 따라서 매수인이 특허권자로부터 특허대상이 아닌 별도의 상품을 전부 매수할 것을 조건으로 한 특허품의 매매 또는 임대는 위법하다.

시장력의 존재가 개연성이 높은 다른 상황에서도 동일한 엄격한 규정이 적절하다. 판매자의 시장점유율이 높거나, 또는 판매자가 경쟁자들이 제공할 수 없는 독특한 상품을 제공할 때, 법원은 시장력이 존재하고 이를 이용해 별도의 시장에서 경쟁을 제한할 가능성이 충분하여 당연위법 판단이 적절하다고 판시했다. 따라서 *Northern Pacific Railway* 판결(1958)에서, 법원은 철도회사가 광대한 서부 부동산을 지배하는 것이 그 자체로는 불법이 아니지만, 이를 통해 철도회사에게 독특한 종류의 협상력을 부여해 해당 토지의 판매를 장기간에 걸쳐 운송 시장의 경쟁을 배제하는 독점적, 장기적 약정과 연계할 수 있게 했다고 판결했다. 그러나 판매자가 고객으로 하여금 원치 않는 두 번째 제품을 구매하도록 강제할 수 있는 정도나 종류의 시장력을 가지고 있지 않은 경우, 관련 시장에서의 부당한 경쟁 제한에 대한 증거에 의해서만 반독점법 위반은 인정될 수 있다.

요약하면, 끼워팔기 계약의 유효성에 대한 조사는 반드시 두 제품이 판매되는 시장 또는 시장들에 초점을 맞춰야 한다. 왜냐하면 바로 그 시장이 반경쟁적 강제가 영향을 미치는 곳이기 때문이다. 따라서 이 사건에서 끼워팔기 문제에 대한 분석은, 마취과 서비스 제공자와의 계약 관계보다는 환자에 대한 병원의 서비스 판매에 초점을 맞추어야 한다. 그 분석을 할 때, 병원이 함께 묶을 수 있는 두 개의 별개 제품을 판매하고 있는지, 만약 그렇다면, 시장력을 이용해 환자들에게 끼워팔기 계약을 강제로 수용하게 했는지를 고려해야 한다.

III

병원은 환자에게 다양한 수술에 필요한 시설과 서비스를 포함하는 패키지를 제공해 왔다. East Jefferson 병원에서 이 패키지에는 마취과 의사의 서비스가 포함된다. 상고인들은 이 패키지가 전혀 끼워팔기 계약을 포함하지 않고, 단지 기능적으로 통합된 서비스 패키지(functionally integrated package of service)를 제공하는 것이라고 주장한다.

그러나 판례들은 하나 또는 두 개 제품이 관련되어 있는지 여부는, 해당 상품 간 기능적 관계가 아니라 두 상품에 대한 수요의 특성에 달려 있음을 보여준다. 법원은 구매자 눈에 구별되는 두 개의 별개 시장을 연결하지 않았기 때문에 끼워팔기 계약이 존재하지 않는다고 판결했고, *Fortner I* 판결에서는 구매자 관점에서 별도로 가격이 책정되고 구매하는, 두 개의 독립된 거래를 포함하는 매매는 끼워팔기 계약이라 결론지었다. 이러한 사례들은 두 개의 별개의 상품 시장이 연결되지 않는 한 끼워팔기 약정이 존재할 수 없음을 분명히 한다.

상고인들이 끼워팔기 계약을 활용했는지 질문에 대한 답은, 해당 약정이 끼워팔기 규제에 대한 원칙에 따라 규제될 가능성이 있는지, 다시 말해 원고가 끼워팔기 주 상품 시장과 구별되는 상품 시장에서 역량 경쟁(competition on the merits)을 제한한 것인지에 달려 있다. 따라서 이 사건에서 병원서비스와는 별도로 마취 서비스를 효율적으로 제공할 수 있는 구별되는 상품 시장을 식별할 수 있을 만큼, 병원 서비스와 분리된 마취 서비스 구매에 대한 충분한 수요가 존재하지 않는 한, 어떠한 끼워팔기 약정도 존재할 수 없다.

의심의 여지없이, 병원이 제공하는 패키지의 마취 서비스 구성요소는 별도로 제공될 수 있다. 그리고 만약 병원이 고객에게 제공하는 패키지에 마취 서비스를 포함해야 한다고 고집하지 않으면 개별 환자 또는 환자의 의사가 마취 서비스를 선택할 수 있을 것이다. 실제로 마취 서비스는 상고인들이 제공하는 병원 서비스와 별도로 청구된다. 환자나 외과의사가 종종 특정 마취과 의사에게 병원에 와서 마취를 제공하도록 요청하고, 병원 선택과 별개로 피상고인의 전문 분야인 산부인과 마취과에서 개별 마취과 의사를 선택하는 경우가 특히 빈번하다는, 충분하면서 반박되지 않은 증언이 있었다. 소비자가 마취 서비스와 상고인들이 제공하는 다른 병원 서비스를 구별한다는 결론을 충분히 뒷받침할 기록이 있다.

따라서, 병원이 환자들에게 Roux로부터 필요한 마취과 서비스를 받도록 요구한 것은 두 가지 구별 가능한 서비스의 구매를 단일 거래로 결합한 것이다. 그럼에도 불구하고, 이 사건이 그렇지 않았다면 별도로 구매되었을 두 가지 서비스의 필수 구매를 포함한다는 사실이 Roux 계약을 불법으로 만들지는 않는다. 위에서 언급한 바와 같이, 패키지 판매에는 본질적으로 반경쟁적인 결과가 없다. 오직 환자들이 병원의 시장력의 결과로 Roux의 서비스를 구매하도록 강제된 경우에만 이 계약이 반경쟁적 결과를 초래할 것이다. 강제가 없다면, 환자들은 자유롭게 경쟁 병원에 가서 Roux 대신 다른 마취과 의사를 이용할 수 있다. 환자들이 두 개의 별개 항목을 구매해야 한다는 사실은 적절한 조사의 시작일 뿐이다.

IV

남는 문제는 이 계약이 시장력을 이용해 환자들이 구매하지 않았을 서비스를 구매하도록 강요하는 것인지이다. 피상고인이 끼워팔기에 대해 당연불법이라는 규칙을 적용하고 실제 시장 조건에 대한 분석을 피할 수 있는 유일한 근거는, Jefferson Parish에 거주하는 사람들이 가장 가까운 병원인 East Jefferson 병원에 가기를 선호한다는 점에 의존하는 것이다. 그러나 이러한 종류의 선호가 반드시 상당한 시장력을 입증하는 것은 아니다.

Jefferson Parish에 거주하는 환자 중 70%는 East Jefferson 아닌 다른 병원에 입원한다. 따라서 East Jefferson 병원의 Jefferson Parish에 거주하는 사람들에 대한 "지배(dominance)"는 압도적이지 않다. 주민들 중 상당한 다수가 East Jefferson에 가지 않기로 선택한다는 사실은, 지리적 데이터가 실제 경쟁 조건에 대한 추가 조사의 필요성을 없애는 종류의 시장지배적 지위(dominant market position)를 구성하지 않는다는 점을 의미한다. 항소법원도 이를 인정했는데, East Jefferson의 시장점유율만으로는 시장력(market power)을 추론하기에 불충분하다고 인식했으며, 상고인들이 병원 서비스에 대해 비경쟁적인 가격을 부과할 수 있게 하는 "시장 불완전성"에 근거해 결론을 강화했다. 의료 비용에 대한 제3자 지급의 보편성은 가격 경쟁을 줄이고, 적절한 정보의 부족은 소비자들이 경쟁 병원이 제공하는 의료 서비스의 질을 평가할 수 없게 한다. 이러한 요인들은 어떤 추상적인 의미에서 "시장력"을 생성할 수 있지만, 끼워팔기 규제를 정당화하는 종류의 시장력을 생성하지는 않는다.

끼워팔기 계약은 구매가 없을 서비스의 구매를 강제함으로써 실질적인 경쟁을 제한하는 경우에만 제재되어야 한다. 가격이나 품질 경쟁이 부족하다고 해서 이런 유형의 강제(forcing)가 창출되는 것은 아니다. 만약 소비자들이 가격에 대한 의식이 결여되어 있다면, 그 사실이 그들이 원하지 않는 마취과 의사를 선택하도록 강제하지는 않을 것이다. 가격 무관심은 그들이 원하는 마취과 의사의 서비스를 이용할 수 있는 다른 병원으로 가려는 의지나 능력에 영향을 미치지 않을 것이다. 마찬가지로,

만약 소비자들이 마취 서비스의 품질을 평가할 수 없다면, 끼워팔기 계약이 없더라도 그들은 마취과 전문의가 누군지 상관없이 선택하게 된다. 이런 경우 "역량 내지 실력(merits)"을 이유로 이루어졌을 선택을 차단했다고 볼 수는 없다.

따라서 항소법원이 근거로 한 두 가지 "시장 불완전성" 모두 소비자들이 끼워팔기가 없었다면 선택하지 않았을 마취과 서비스를 강제로 받도록 만들지 않는다. 모든 수술을 받는 환자가 마취과 의사의 서비스가 필요하다는 것은 안전하게 가정할 수 있다. 이 기록에는 병원이 어떤 환자에게도 그러한 서비스를 "강제"했다는 증거가 없다. 따라서 기록은 이 합의에 대해 끼워팔기에 대한 당연위법 규칙을 적용할 근거를 제공하지 않는다.

V

피상고인이 당연위법의 적용 없이 승소하기 위해서는, Roux 계약이 경쟁을 부당하게 제한했기 때문에 셔먼법을 위반하였다는 점을 증명할 책임이 있다. 이 증명 책임은 독점계약이 마취과 의사들 간 경쟁에 미치는 실제 효과에 대한 분석이 반드시 수반된다. 그러나 이 경쟁은 명확하게 획정되지 않은 시장에서 이루어진다. 이 시장은 병원이 환자에게 서비스를 제공하는 시장과 반드시 동일하지 않으며, Roux 계약과 같은 독점 계약을 위한 마취과 의사들 간의 경쟁을 포함할 수 있고, 주 전체 또는 지역적으로 제한될 수 있다. 그러나 기록에는 Roux 계약이 실제로 시장에서 작동하는 방식으로 인해 경쟁을 부당하게 제한했다는 결론을 내릴 수 있는 충분한 증거가 없다. 기록은 Roux 계약이 특정 마취과 의사와의 별도계약에 대한 소비자 수요에 어떤 영향을 미쳤는지 거의 보여주지 않는다. 증거는 일부 외과의사들과 환자들이 Roux 마취 서비스보다 피상고인의 서비스를 더 선호했다는 점을 보여주지만, 두 마취과 의사의 차이를 잘 아는 식견 있는 환자도 그가 선택한 마취과 의사를 제공해줄 병원에 갈 수 없었다는 증거는 없다.

요약하면, 기록상 East Jefferson 병원에서 마취과 의사를 선택할 경우 Roux와 관련된 네 명의 의사 중 한 명으로 제한되어 있다는 것이 전부이다. Roux가 독점 계약을 체결하지 않았더라도, 환자가 선택할 수 있는 대안의 폭은 거래의 성격과 병원이 의료진 특권(staff privilege)을 부여할 의사들의 신원과 수를 어느 정도 통제할 수 있다는 점에서 본질적으로 심각하게 제한될 것이다. 만약 피상고인이 East Jefferson 직원으로 채용된다면, 선택의 범위는 네 명에서 다섯 명의 의사로 확대되겠지만, 환자가 특정 마취과 의사를 선택할 자유에 대한 가장 중요한 제약은 여전히 남아 있을 것이다. 실제로 경쟁에 미치는 실제 부정적인 영향을 증명하지 못한다면, 피상고인은 셔먼법 위반을 입증할 수 없고, 그러한 증명은 없었다.

VI

상고인의 폐쇄적인 정책은 의료윤리에 대한 의문을 제기할 수도 있고, Roux 구성원이 아닌 다른 사람으로부터 마취제를 투여 받기를 원하는 일부 환자들에게 불편을 초래했을 수도 있지만, 이 법원이 불법으로 규정한 끼워팔기 합의로 특징짓는, 구매자들에게는 명백히 부당한 영향을 미치지 않는다. Roux와 병원 간 독점 계약이 이 사건의 "주상품" 또는 "부상품"의 가격, 품질, 또는 공급 또는 수요에 나쁜 영향을 끼쳤다는 증거는 없다. 이 계약으로 인해 Dr. Hyde와 다른 의사들이 East Jefferson 아닌 다른 곳에서 진료할 수밖에 없었을 수도 있다. 하지만 시장 전체가 이 계약에 의해 영향을 받았다는 것을 보여주는 어떠한 증거도 없다. 사실, 앞서 지적한 것처럼 마취과 의사들의 서비스 시장을 설명하는 자료는 거의 없다. 그러나 그 시장이 바로 독점 계약이 주로 영향을 미친 시장이다. 여기서 셔먼법에 의해 금지된 경쟁 제한의 종류가 전혀 입증되지 않았다. 따라서 항소법원의 판결은 취소되며, 사건은 추가 절차를 위해 해당 법원으로 환송한다.

미국 Eastman Kodak 판결

Eastman Kodak Co. v. Image Technical Services, Inc., 504 U.S. 451 (1992)

이 사건에서 주요 쟁점은 주요 장비(primary equipment) 시장에서 피고의 시장력(market power) 부족이 파생 후속 시장(aftermarkets)에서의 시장력 가능성을 배제하는지 여부이다.

상고인 Eastman Kodak(Kodak)은 복사기와 마이크로그래픽 장비를 제조하고 판매한다. Kodak은 또한 자사 장비 서비스 및 교체 부품을 판매한다. 피상고인들은 1980년대 초에 Kodak 복사기와 마이크로그래픽 장비를 서비스하기 시작한 18개의 독립 서비스 기관(independent service organization, ISO)이다. Kodak은 이후 ISO의 부품 가용성을 제한하고 ISO가 Kodak 장비를 서비스하는 것에 Kodak과 경쟁하기 어렵게 만드는 정책들을 채택했다.

I

A

이 사건은 Kodak의 약식판결 신청(motion for summary judgement) 사안으로, "[피상고인]의 증거는 신뢰되어야 하며, 모든 정당한 추론은 피상고인에 유리하게 도출되어야 한다."는 원칙이 적용된다. 따라서 다툼 있는 사실관계에 대해 피상고인의 주장 내용이 맞다고 추정된다는 점을 염두에 두고, 우리는 피상고인 주장에 대한 사실적 근거를 검토한다.

Kodak은 대용량 복사기 및 마이크로그래픽 장비 같은 복잡한 업무용 기계를 제조 및 판매한다. 이들 장비는 독특한데, 예를 들어, Kodak 기계에서 작동하는 마이크로그래픽 소프트웨어 프로그램은 경쟁사 기계와 호환되지 않는다. Kodak 부품은 다른 제조사 장비와 호환되지 않으며, 그 반대의 경우도 마찬가지이다. Kodak 장비는 신제품일 때 비싸지만 재판매 가치는 거의 없다.

Kodak은 고객들에게 자사 기계에 대한 서비스와 부품을 제공한다. Kodak은 일부 부품을 자체적으로 생산하고, 나머지는 독립적인 장비 제조업체(OEM)들이 Kodak 주문을 받아 생산한다. Kodak은 오리지널 장비, 평생 서비스, 평생 부품으로 구성된 전체 시스템을 단일 가격에 판매하지 않는다. 대신 Kodak은 최초 보증 기간 이후 연간 서비스 계약을 통해 모든 필요한 부품을 포함하여 서비스를 제공하거나, 또는 호출당 기준(per call basis)으로 서비스를 제공한다. Kodak은 고객에 따라 장비, 서비스 및 부품 가격을 협상과 입찰을 통해 다르게 청구한다. Kodak은 Kodak 기계에 대한 서비스의 80~95%를 제공한다.

1980년대 초부터 ISO는 Kodak 장비의 수리 및 서비스를 시작했다. 그들은 또한 부품을 팔았고, 중고 Kodak 장비를 재정비해서 판매했다. 고객은 연방, 주 및 지방정부 기관, 은행, 보험 회사, 기업, 그리고 전문 복사 및 마이크로필름 서비스 제공자였다. ISO는 Kodak보다 상당히 낮은 가격에 서비스를 제공했고, 일부 고객은 ISO 서비스 품질이 더 높다고 평가했다.

일부 ISO 고객은 자신이 필요한 부품을 구매하고 ISO에 서비스만 의뢰하기도 한다. 다른 고객들은 서비스와 부품 모두를 ISO에 공급받기로 선택한다. ISO는 Kodak 또는 다른 출처, 주로 OEM으로부터 구매한 부품의 재고를 유지한다.

1985년과 1986년에 Kodak은 Kodak 서비스를 이용하거나 자체적으로 기계를 수리하는 Kodak 장비 구매자에게만 마이크로그래픽 및 복사기의 교체 부품을 판매하는 정책을 시행했다. 같은 정책의 일환으로, Kodak은 ISO가 Kodak 부품의 다른 공급원에 접근하는 것을 제한하려고 했다. Kodak과 OEM은 OEM이 Kodak 장비에 맞는 부품을 Kodak이 아닌 다른 누구에게도 판매하지 않기로 합의했다. 또한 Kodak은 Kodak 장비 소유자와 독립 부품 유통업체들에게 Kodak 부품을 ISO에 판매하지 말라고 압박했다. 또한, Kodak은 중고 기계의 가용성을 제한하기 위한 조치를 취했다.

Kodak은 이런 정책을 통해 ISO가 Kodak 기계에 대한 서비스를 판매하는 것을 더 어렵게 만들 계획이었는데, 이는 성공했다. ISO는 신뢰할 만한 공급원에서 부품을 구할 수 없었고, 많은 ISO가 사업에서 퇴출되었으며, 다른 ISO는 상당한 수익을 잃었다. 고객들은 ISO 서비스를 선호했지만, Kodak 서비스로 전환할 수밖에 없었다.

B

1987년 ISO는 지방법원에 이 사건 소를 제기하면서, Kodak이 '부품' 판매에

Kodak 기계의 '서비스'를 불법적으로 끼워 팔아 셔먼법 제1조를 위반했고, Kodak 기계의 '서비스' 판매를 불법적으로 독점화하고 독점화를 시도했다며 이는 셔먼법 제2조를 위반한 것이라 주장했다.

Kodak은 피상고인들이 증거개시를 시작하기 전에 약식판결(summary judgment)을 신청했다. 지방법원은 심리 없이 Kodak에게 유리한 약식판결을 내렸다.

셔먼법 제1조 청구 관련, 법원은 피상고인들이 Kodak 장비와 서비스 또는 부품 사이에 끼워팔기 계약에 대한 증거를 제출하지 않았다고 판단했다. 그러나 법원은 셔먼법 제1조 주장에 대해 판단하지 않았다. 피상고인들은 Kodak *'장비(equipment)'*와 서비스 간의 끼워팔기가 아니라, Kodak *'부품(parts)'*과 서비스 간의 끼워팔기를 주장한다. 셔먼법 제2조 청구에 대해, 지방법원은 Kodak이 "자신의 이름으로 판매하는 부품 시장에서 자연 독점"을 가지고 있다 할지라도, ISO에 그 부품을 판매하지 않는 일방적인 거부는 제2조를 위반하지 않는다고 판단했다.

연방제9항소법원은 의견이 갈렸지만 지방법원의 판결을 취소(reverse)했다. 셔먼법 제1조 주장과 관련하여, 법원은 먼저 서비스와 부품이 별개의 시장인지, 그리고 양자 간 끼워팔기가 존재하는지 여부가 다툼 있는 사실관계라고 판단했다. 항소법원은 끼워팔기가 존재할 수 있다고 판단하고, 지방법원이 판단하지 않은 질문, 즉 "Kodak이 끼워팔기 부상품(서비스) 시장에서 경쟁을 눈에 띄게 제한할 정도로, 주상품(부품) 시장에서 충분한 경제적인 힘(economic power)을 가지고 있는지에 관한 중요한 사실 문제"를 고려했다. 법원은 Kodak에 동의하면서 장비 시장에서의 경쟁 때문에 Kodak이 부품 시장에서 힘을 갖지 못할 수 있다는 점에 동의했지만, "시장 불완전성 때문에 소비자 행동에 관한 경제 이론이 현실과 유리될 수 있다."는 "이러한 이론을 근거로" 지방법원의 약식판결을 유지(uphold)하지 않았다. 지방법원이 시장력(market power) 문제를 고려하지 않았고, 증거개시(discovery)를 통해 증거가 완전히 현출되지 않았다는 점에 주목하면서, 항소법원은 약식판결을 유지하기 위해, 피상고인에게 시장 분석을 실시하거나 특정 불완전성을 정확하게 지적할 것을 요구하지는 않았다.

항소법원은 제2조 청구와 관련해, Kodak의 부품 정책 시행이 "반경쟁적"이고 "배제적"이며 "독점화에 대한 특정 의도를 포함하고 있다."는 판결을 뒷받침할 충분한 증거가 존재한다고 결론지었다. ISO는 Kodak의 사업적 정당화사유(business justification)를 반증할 수 있는 약식판결을 위한 충분한 증거를 제시했다고 판단했다.

II

끼워팔기 약정은 "일방 당사자가 하나의 상품을 판매하면서 구매자가 다른(또는 부) 상품도 구매하게 하거나, 적어도 그 상품을 다른 공급자로부터 구매하지 않기로 합의하는 조건에서만 거래 합의하는 것"을 말한다. 판매자가 끼워팔기 주상품 시장에서 "상당한 경제력(substantial economic power)"을 가지고 있고, 부상품 시장에서 상당한 규모의 거래에 영향을 미칠 때, 해당 약정은 셔먼법 제1조를 위반한다.

Kodak은 자신의 행위가 주(州)들 간 상당한 규모의 거래에 영향을 미친다는 사실을 다투지 않았다. 그러나 자신의 활동이 '끼워팔기'에 해당하는지, Kodak이 주상품 시장에서 '상당한 경제력'을 행사했는지에 대해서는 의문을 제기했다. 이 문제를 차례로 검토한다.

A

피상고인들의 끼워팔기 주장에 대한 약식판결 신청을 기각시키려면, 합리적인 사실 판단자(a trier of fact)는 다음 2가지를 인정할 수 있어야 하는데, 첫째 서비스와 부품이 두 개의 별개 제품이라는 점, 둘째 Kodak이 두 제품의 판매를 묶었다는 점을 확인할 수 있어야 한다.

서비스와 부품이 두 개의 별개 제품으로 간주되기 위해서는 기업이 부품과 별도로 서비스를 제공하는 것이 효율적일 만큼 충분한 소비자 수요가 있어야 한다(*Jefferson Parish* 판결). 기록에 따르면, 서비스와 부품은 과거에 분리 판매된 적이 있고 현재도 자가 서비스 장비 소유자들에게 분리 판매되고 있다. 실제로, 전체 첨단기술 서비스 산업의 발전은 서비스에 대한 별도의 시장이 효율적이라는 증거이다.

Kodak은 서비스와 분리된 부품 수요가 없기 때문에 서비스와 부품에 대한 별도의 시장이 존재할 수 없다고 주장한다. 이 논리에 따르면, 카메라와 필름, 컴퓨터와 소프트웨어, 자동차와 타이어에 대해 별도의 시장은 결코 존재할 수 없다고 결론지어야 할 것이다. 이는 우리가 쉽게 받아들일 수 없는 가정이다. "종종 기능적으로 연결된 제품들의 거래 방식에서 그중 적어도 하나의 상품이 다른 제품 없이는 쓸모없는 경우, 이를 금지된 끼워팔기 방식으로 간주해 왔다."(*Jefferson Parish* 판결)

Kodak의 주장은 또한 사실 관계상으로도 부정확해 보인다. 최소한 일부 소비자들은 부품 없이 서비스만 구매할 것인데, 일부 서비스는 부품을 필요로 하지 않고, 일부 소비자들, 예를 들어 자가 수리를 하는 이들은 서비스 없이 부품만 구매할 것이기 때문이다. Kodak의 통합된 시장 주장에 대해 충분한 의문이 제기되었기 때문에 사실 판단자가 이를 해결해야 한다.

마지막으로 피상고인들은 서비스와 부품 사이에 끼워팔기가 있다는 충분한 증거를 제시했다. 기록에 따르면 Kodak은 제3자가 ISO로부터 서비스를 구매하지 않기로 동의한 경우에만 제3자에게 부품을 판매했다.

B

끼워팔기 약정에 대한 충분한 증거를 발견한 후, 우리는 불법적인 끼워팔기 약정의 다른 필요한 특징인 주상품 시장에서의 상당한 경제력(appreciable economic power)을 고려한다. 시장력(market power)은 "구매자가 경쟁 시장에서는 하지 않을 일을 하도록 강제하는" 힘이다(*Jefferson Parish* 판결). 그것은 "단일 판매자가 가격을 올리고 생산량을 제한하는 능력"으로 정의되었다. 이런 힘의 존재는 통상적으로 판매자가 지배적인 시장점유율을 갖는 것에서 추론된다.

피상고인 ISO들은 Kodak이 부상품 시장인 서비스에 대해 원치 않는 구매를 강제할 수 있는 충분함을 넘는 힘을 가지고 있다고 주장한다. ISO들은 특정 부품들이 오직 Kodak을 통해서만 공급받을 수 있다는 증거를 제시한다. ISO들은 또한 Kodak이 자신이 생산하지 않는 부품들의 공급가능성을 통제한다고 주장한다. 증거에 따르면, Kodak은 독립 제조업체(OEM)가 Kodak 부품을 ISO(독립 서비스 조직)에 판매하는 것을 금지하고, Kodak 장비 소유자와 독립 부품 유통업체에게 ISO가 Kodak 부품을 구매하지 못하도록 압력을 가했으며, 중고 기계의 가용성을 제한하기 위한 조치를 취했다.

또한 피상고인들은 부품 시장에 대한 Kodak의 통제가 서비스 경쟁을 배제하고 서비스 가격을 높였으며, 원치 않는 Kodak 서비스 소비를 강요했다고 주장한다. 피상고인들은 소비자들이 ISO 서비스를 선호했음에도 불구하고 Kodak 서비스로 전환했다는 증거, Kodak 서비스가 ISO 서비스보다 가격은 높고 품질은 낮았으며, Kodak 정책에 의해 ISO가 퇴출되었다는 증거도 제시한다. 이전 판례에 따르면, 이러한 증거는 ISO들이 재판에서 시장력에 대한 주장을 하기에 충분한 근거가 된다.

Kodak은 관련 부품 시장의 독점 *점유율*을 인정하더라도 셔먼법 위반에 필요한 *시장력*을 실제 행사할 수는 없다고 반박한다. Kodak에 따르면, 이는 장비 시장에 경쟁이 존재하기 때문이다. Kodak은 경쟁 시장에서 부과되는 수준 이상으로 서비스 및 부품 가격을 올릴 능력이 없는데, 이는 애프터마켓 시장에서 가격을 올려 얻는 이익은, 최소한 그에 상응하는 장비 판매에 따른 이익 감소로 상쇄될 것이고, 이는 소비자들이 더 매력적인 서비스 비용을 갖춘 장비를 구입하기 시작할 것이기 때문이라는 것이다.

Kodak은 장비, 서비스 또는 부품 시장에 대한 실제 데이터를 제시하지 않는다. 그 대신 "장비 시장의 경쟁은 파생 애프터마켓에서 독점력(monopoly power) 인정을 배제한다."는 실질적인 법적 규칙을 법원이 채택해야 한다고 촉구한다.

실제 시장 현실보다는 형식적 구분에 기반한 법적 추정은 일반적으로 반독점법에서 경시된다. 법원은 반독점 주장을 구체적인 사건에 따라 해결하는 것을 선호해 왔으며, "기록에 나타난 특정 사실들"에 초점을 맞추어 왔다(*Maple Flooring Manufacturers* 판결). 시장력의 존재를 판단할 때, 특히 "한 제품의 판매가 다른 제품의 가격 변화에 반응하는 정도"를 결정할 때, 법원은 해당 시장의 경제적 현실을 면밀히 검토해 왔다.

애프터마켓의 시장력이 문제라면, Kodak은 사실관계를 검토할 필요가 없다고 주장한다. Kodak에 따르면, 이러한 상황에서는 시장력이 없다는 법적 추정이 정당화된다고 주장한다. 그 이유로 장비시장에서 시장력이 없는데 서비스와 부품시장에서 시장력이 존재한다는 것은 "단순히 경제적으로 말이 안 된다."며, Kodak은 이러한 법적 추정이 없으면 친경쟁적 행위를 저해할 수 있다고 주장한다(*Matsushita* 판결).

법원이 *Matsushita* 사건에서 원고 주장이 경제적으로 타당해야 한다고 요구한 것은, 반독점 사건에서 약식판결에 직면한 원고들에게 특별한 부담을 지우는 것이 아니었다. 법원은 신청 당사자가 실제 시장을 정확히 반영하는지와 관계없이 자신의 행동을 뒷받침하는 어떤 경제 이론을 제시하기만 하면 약식판결을 받을 수 있다고 판시하지 않았다. *Matsushita* 판결은 단지 신청 당사자 아닌 당사자의 추론이 배심원단에 도달하기 위해 합리적이어야 한다고 요구할 뿐이다. 이는 새롭게 만들어진 요건이 아니라 그 판결에서 단순히 명확히 표현된 것이다.

따라서 Kodak은 약식판결을 받을 권리가 있음을 보여주는 데 상당한 부담을 안고 있다. Kodak은 가격 인상과 경쟁 배제의 증거에도 불구하고, 시장력에 대한 추론이 불합리하다는 것을 보여줘야 한다. Kodak이 이러한 책임을 다 했는지 판단하기 위해, 우리는 장비 시장에서의 시장력 부재가 필연적으로 애프터마켓에서의 시장력을 배제한다는 Kodak이 제안한 규칙의 기저에 깔린 사실적 가정들을 풀어야 한다.

한 시장이 다른 시장의 착취를 막는 정도는 소비자가 다른 시장의 가격 변화에 대응하여 한 제품의 소비를 변화시킬 정도, 즉 "수요의 교차 탄력성"에 따라 달라진다. Kodak이 제안한 규칙은 장비와 애프터마켓에서 수요의 교차 탄력성에 대한 사실적인 가정에 기초하고 있는데, 이는 "Kodak이 부품이나 서비스 가격을 경쟁 수준 이상으로 인상한다면, 잠재 고객들은 Kodak 장비 구매를 중단할 것이다. 아마도 Kodak은 그러한 전략을 통해 단기적인 이익을 늘릴 수 있을 것이지만, 장기적인 이익에는 엄청난 비용을 지불할 것"이라는 가정이다. Kodak은 법원이 이러한 장비시장에서 경쟁이 필연적으로 애프터마켓에서 지배력을 막는다는 "기본적인 경제적 현실(basic economic reality)"을 법의 문제로 받아들여야 한다고 주장한다.

Kodak이 장비 판매를 잃지 않고는 서비스와 부품 가격을 1센트도 올릴 수 없다고 해도, 그 사실이 애프터마켓의 시장력을 부정하는 것은 아니다. 독점 기업이라도 독점 가격으로 물건을 팔면 매출이 줄지만, 높은 가격이 매출 손실을 상쇄하고도 남는다. Kodak이 서비스와 부품 가격을 더 높게 책정하는 것이 '단기 게임(a short-run game)'이 될 것이라고 주장하는 것은, 장비 시장의 가격이 경쟁 가격과 터무니없는 가격 두 가지 밖에 없는 잘못된 이분법에 기반한 것이다. 하지만 서비스 및 부품의 높은 가격 판매로 인한 수익 증가가 장비 판매 손실로 인한 수익 감소를 상쇄하는 것 이상의 가치를 갖는 중간 최적가격(a middle, optimum price)이 존재할 수 있다. 장비 시장이 애프터마켓의 가격에 제약을 가한다는 사실이 그 시장에서의 지배력 존재를 결코 부정하는 것은 아니다. 따라서 Kodak 주장과 달리 장비 시장의 경쟁이 애프터마켓의 시장력과 공존할 수 없다는 불변의 물리 법칙이나 "기본적인 경제 현실"은 존재하지 않는다.

다음으로 더 좁게 설정된 질문을 검토한다. Kodak의 이론이 실제 시장 행동을 너무나 정확하게 기술하기 때문에 ISO들이 주장하는 애프터마켓에서의 Kodak 시장력이 불가능하지는 않더라도 적어도 비합리적인 것인가 하는 문제이다.

Kodak의 이론을 검토해 보면, Kodak 주장은 서비스 가격이 인상되면 장비 판매가 재앙적 수준으로 감소할 것이는 것이다. 아마도 이 이론의 당연한 결과는, 낮은 서비스 가격이 장비 판매를 극적으로 증가시킨다는 것이다. 해당 이론에 따르면, Kodak이 저가의 ISO 서비스를 장비 판매를 확대하는 기회로 활용할 것으로 예상했을 것이다. 그러나 Kodak은 오히려 저가의 ISO 서비스를 제거하기 위해 의도적으로 고안된 제한적인 판매 정책을 채택했는데, 이는 Kodak의 장비 판매 혹은 Kodak 자신의 이론에 대한 스스로의 믿음을 파괴할 것으로 예상되는 행위였다. 하지만 기록에 따르면, 그 어떤 일도 벌어지지 않았다. Kodak 고객들에 대한 서비스 가격이 올랐지만, Kodak 장비 판매가 줄었다는 증거나 주장은 없다.

Kodak은 "Kodak 장비 구매자에게 시간을 두고 총 비용을 분산하는 마케팅 전략"을 설명함으로써 Kodak의 이론과 실제 결과를 조화시키려고 시도한다. 바꿔 말해, Kodak이 장비에 대해서는 경쟁 이하의 매우 낮은(subcompetitive) 가격을 부과하고, 서비스는 매우 높은 초경쟁(supracompetitive) 가격으로 그 차이를 메워 전체적으로 경쟁력 있는 가격을 만든다는 것이다. 사실 Kodak이 이러한 가격결정 전략을 채택했다면, 이는 Kodak이 주장하는 이론이 현실을 설명하지 못하는 점을 해명할 수 있었을 것이다. 그러나 Kodak은 자사 장비나 부품 가격을 경쟁 수준 이하로 낮게 책정하고 서비스를 통해 이익을 회수한다고 주장한 적이 없다. 대신 자사 장비에 대해 경쟁사와 비슷한 수준의 가격을 매기고 있으며, 자사의 장비 판매 부문과 서비스 부문 모두 수익을 내려 한다고 주장한다. 더욱이, 이 가상의 가격 책정 전략은 자체 서비스 고객에 대한 Kodak의 정책과 일치하지 않는다. 만약 Kodak이 고객을 확보하고 서비스 시장에서 손실을 만회하기 위해 장비 가격을 낮게 책정하고 있다면, 서비스 없이 부품만 판매할 여유가 없을 것이다. 요약하면, 코닥의 이론은 기록에 나타난 실제 시장 행동을 설명하지 못한다.

ISO들은 Kodak 이론이 직관적으로 매력적이기는 하지만, 복잡한 내구재의 주요 시장과 파생 시장의 행동을 정확히 설명하지 못할 수 있는 강력한 이유를 제시한다. 바로 상당한 정보비용과 전환비용의 존재이다. 이 비용은 서비스 및 부품 가격과 장비 판매 사이의 연관성을 덜 민감하게 만들 수 있다.

서비스 시장가격이 장비 수요에 영향을 미치려면, 소비자들은 구매 시점에 '패키지' 즉, 장비, 서비스, 부품의 총 비용을 파악해야 한다. 다시 말해, 소비자들은 정확한 수명주기 가격 설정(lifecycle pricing)에 참여해야 한다. 복잡한 내구성 장비의 수명주기 가격 책정은 어렵고 비용이 많이 든다. 정확한 가격을 산출하기 위해 소비자는 상당한 양의 기초 데이터를 획득하고 복잡한 분석을 수행해야 한다. 필요한 정보에는 초기 장비의 운영, 업그레이드 또는 개선에 필요한 제품의 가격, 품질, 가용성에 대한 데이터뿐만 아니라, 고장 빈도 추정치, 수리의 성격, 서비스 및 부품 가격, '가동 중단' 시간의 길이, 가동 중단으로 인한 손실 등을 포함한 서비스 및 수리 비용이 포함된다.

이러한 정보의 대부분은 구매 시점에 획득하기 어렵고, 일부는 불가능하다. 제품의 수명 동안 기업들은 서비스와 부품 가격을 변경할 수 있으며, 더 진보된 기능을 갖추거나 수리 필요성이 줄어들거나 새로운 보증이 적용되는 제품을 개발할 수 있다. 또한, 이 정보는 고객별로 다를 가능성이 높은데, 수명주기 비용은 장비의 종류, 장비 사용 정도, 가동 중단 비용 등에 따라 고객마다 다를 것이다.

더욱이, 소비자들이 복잡한 정보를 획득하고 처리할 수 있다 하더라도, 그들은 그렇게 하지 않기로 선택할 수 있다. 정보를 얻는 것은 비용이 든다. 만약 서비스 비용이 장비 가격에 비해 작거나, 소비자들이 서비스 비용보다 장비 성능에 더 관심이 있다면, 그들은 정보를 수집하는 것이 비용 효율적이지 않다고 판단할 수 있다. 마찬가지로, 연방정부와 같은 일부 소비자들은 구매 시점에 "패키지"의 총 비용을 고려하기 어렵게 만드는 구매 시스템을 가지고 있다. 주정부와 지방정부는 종종 서비스를 운영 비용으로, 장비를 자본 비용으로 취급하여 각각을 다른 부서에 위임한다. 이러한 정부 기관들은 수명주기 가격을 책정하지 않고, 대신 각 시장에서 가장 낮은 가격을 선택한다.

요약하면, 정보 비용과 전환 비용이 장비 시장과 서비스 시장이 순수한 보완재로 작용한다는 단순한 가정을 방해하는지에 대해 사실관계의 문제가 있다. Kodak이 서비스 및 부품 시장에서의 시장력에 대한 ISO들의 추론이 불합리하다는 것을 입증하지 못했으며, 따라서 Kodak이 약식판결을 받을 수 없다고 결론 내린다. ISO들이 Kodak이 실제로 그렇게 했다는 직접적인 증거를 제시하고 있기 때문에, Kodak이 애프터마켓에서 가격을 올리고 경쟁을 몰아낼 수 있는 시장력을 가지고 있다고 추론하는 것은 명백히 합리적이다. 또한 위에서 논의한 바와 같이, 고착된 고객들, 높은 정보비용, 차별적 가격설정이 장기적 손실을 제한하고 아마도 제거한 상황에서, Kodak이 그 시장력을 행사하여 즉각적인 이익을 얻기로 선택했다고 추론하는 것도 타당하다. 증거를 ISO들에게 가장 유리한 관점에서 볼 때, 그들의 시장력 주장은 "경제적으로 타당하다".

Kodak의 행동이 어떤 친경쟁적 효과를 가지고 있는지, 그리고 만약 그렇다면 그것이 반경쟁적 효과를 상쇄하는지 여부를 결정할 필요는 없다. 단지 Kodak의 서비스 및 부품 정책이 항상 또는 거의 항상 경쟁을 강화하는 것으로 보이지 않으며, 따라서 실제 경제적 영향에 대한 어떠한 증거도 없이 법적 추정을 정당화하지 않는다는 점만을 지적한다. 이 사건에서, 재판을 진행해서 친경쟁적 행위를 억제할 위험과 위법 행위가 처벌되지 않을 위험을 비교 형량할 때, 그 균형은 약식판결에 반대하는 쪽으로 기울어진다.

III

ISO는 또한 Kodak이 셔먼법 제2조를 위반해 서비스 및 부품 시장을 독점화했거나 독점화를 시도했는지에 대한 재판에서 다룰 진정한 쟁점을 제기했다고 주장한다. 셔먼법 제2조 위반은 2가지 요건을 충족해야 한다. (1) 관련 시장에서의 독점력(monopoly power) 보유, (2) 우수한 제품, 사업 수완 또는 역사적 사건의 결과로서의 성장이나 발전과 구별되는, 독점력의 의도적 획득 혹은 유지 행위가 그것이다.

A

독점력 보유라는 첫 번째 요건 여부는 쉽게 해결된다. 전술한 것처럼 ISO는 서비스와 부품은 별개의 시장이며, 서비스와 부품에서 Kodak이 "가격을 통제하거나 경쟁을 배제하는 힘"을 가지고 있다는 점에서 충분히 납득할 수 있는 주장을 제시했다. 물론 셔먼법 제2조에 따른 독점력(monopoly power)은 셔먼법 제1조상의 시장력(market power)보다 더 큰 것을 필요로 한다. 하지만 Kodak이 부품 시장의 거의 100%와 서비스 시장의 80%에서 95%를 차지하고 있으며, 즉시 이용 가능한 대체품이 없다는 응답자들의 증거는 셔먼법 제2조의 더욱 엄격해진 독점 기준 하에서도 약식판결을 내리기에 충분하다.

또한 Kodak은 셔먼법에 따르면 제품이나 서비스의 단일 브랜드는 결코 관련 시장이 될 수 없다고 주장한다. 우리는 동의하지 않는다. 반독점법에서 관련시장은 Kodak 장비 소유자가 가능한 선택지에 따라 결정된다(*Jefferson Parish* 판결). Kodak 장비의 서비스 및 부품은 다른 제조사의 서비스 및 부품과 호환되지 않기 때문에, Kodak 장비 소유자 관점에서 관련 시장은 Kodak 기계를 서비스하는 회사로만 구성되어 있다. 법원의 이전 사례들은 어떤 경우에는 하나의 제품 브랜드가 별도의 시장을 구성할 수 있다는 주장을 지지한다. 이 사건에서 적절한 시장획정은 소비자가 직면한 "상업적 현실"에 대한 사실 조사를 통해서만 결정될 수 있다.

B

셔먼법 제2조 청구의 두 번째 요건은 "경쟁을 배제(foreclose)하거나, 경쟁 우위를 확보하기 위해, 또는 경쟁자를 파괴하기 위해" 독점력을 사용하는 것이다. 만약 Kodak이 독점력을 의도적으로 획득하거나 유지하려는 계획의 일환으로 부품 및 서비스 정책을 채택했다면, 이는 셔먼법 제2조를 위반한 것이다(*Alcoa*, *Aspen* 판결).

위에서 자세히 설명했듯이, 피상고인들은 Kodak이 부품 독점을 유지하기 위해 배제적 조치를 취했고 Kodak 서비스 시장에서 독점을 강화하기 위해 부품에 대한 통제를 이용했다는 증거를 제시했다. 따라서 책임 여부는 Kodak이 해당 조치에 "정당한 사업상 이유(valid business reasons)"가 있는지 설명할 수 있는지에 달려 있다. Kodak은 자신의 조치에 대해 다음 3가지 정당한 사업상 이유가 있다고 주장한다. "(1) Kodak이 서비스 품질을 강조하도록 함으로써 브랜드 간 장비 경쟁을 촉진하기 위한 것, (2) Kodak의 재고 비용을 줄여 자산 관리를 개선하기 위한 것, (3) ISO가

Kodak의 장비, 부품 및 서비스에 대한 자본 투자에 무임승차를 방지하기 위한 것"이 그것이다. 그러나 각 주장이 타당한지 그리고 충분한지에 대한 사실관계에 의문이 있기 때문에 약식판결(summary judgement)은 부적절하다.

Kodak은 먼저 고객들이 ISO를 사용하는 것을 막음으로써, "자사의 정교한 장비에 대해 높은 품질의 서비스를 최상으로 유지할 수 있다."고 주장하고, "ISO에 의한 부적절한 진단, 유지보수 또는 수리의 결과임에도, Kodak이 장비 오작동으로 비난받는 것을 피할 수 있다."고 주장한다. ISO는 품질 좋은 서비스를 제공하며 일부 Kodak 장비 소유자들이 이를 선호한다는 증거를 제시했다. 이는 진정한 사실 관계의 쟁점(a genuine issue of fact)을 제기하기에 충분하다.

Kodak이 제시한 품질 서비스에 대한 헌신이라는 동기를 의심할 만한 다른 이유들이 있다. Kodak의 품질 정당성은 소비자들이 수명주기 가격설정(lifecyle pricing)을 충분히 알고 있다는 가설과 자체 서비스 정책(self－service policy)과 일관되지 않아 보인다. Kodak은 독점 서비스 계약이 필요하다고 주장하는데, 이는 고객들이 열악한 ISO 서비스로 인해 발생한 고장에 대해 Kodak 장비를 탓할 것이기 때문이다. 따라서 Kodak은 고객들이 복잡하고 미묘한 수명주기 가격 결정을 충분히 잘 안다고 주장하면서도, 동시에 어떤 고장이 나쁜 장비 때문인지 나쁜 서비스 때문인지 구별할 만큼은 모른다고 주장하는 것이다. Kodak은 정보에 대한 식견(informational sophistication)이, 한 상황에서는 존재하고 다른 상황에서는 부재해야 하는지에 대한 이유를 제시하지 못했다. 또한, 자체 서비스 고객들도 자신의 열악한 서비스로 인해 발생한 고장에 대해 Kodak 장비를 탓할 가능성이 동일하기 때문에, Kodak의 자체 서비스 허용은 품질 주장에 의문을 제기한다. 요약하면, 우리는 피상고인들이 "합리적인 사실 판단자가 Kodak의 첫 번째 이유가 핑계라고 결론 내릴 증거를 제시했다."는 항소법원 판단에 동의한다.

또한 Kodak의 두 번째 정당성 주장, 재고비용 통제에 관해서는 사실관계 쟁점이 있다. ISO 주장대로, Kodak의 조치는 재고비용을 통제할 필요성과 일관성이 없어 보인다. 아마도 Kodak 기계를 수리하는 데 필요한 부품의 재고는 고장률에만 의존하며, 그 비율은 Kodak이 수리하건 ISO가 하건 동일해야 한다. 더 중요한 것은, 그러한 정당화 사유가 Kodak이 주문자 상표부착생산(OEM) 업체, 장비 소유자, 그리고 부품 중개업자들에게 부품을 ISO에 판매하지 않도록 강요했다는 ISO가 제시한 증거에 대해 설명하지 못한다는 점이다. 이러한 행위는 Kodak의 재고 비용에 아무런 영향을 미치지 않았을 것이다.

Kodak의 마지막 정당화 사유 또한, 피상고인들의 제2조 청구에 대한 약식판결을 정당화하지 않는다. Kodak은 자사 정책이 ISO가 "Kodak의 서비스 수익을 빼앗기 위해 제품 개발, 제조 및 장비 판매에 대한 투자를 착취하는 것을 막는다"고 주장한다. Kodak은 ISO가 수리 작업자 교육 및 부품 재고 투자를 통해 서비스 시장에 상당하게 투자한다는 점을 다투지 않는다. 대신, Kodak에 따르면 ISO는 장비 및 부품 시장에 진입하지 못했기 때문에 무임승차 중이다. 이러한 무임승차 주장은 판례에 전혀 근거가 없다. 오히려 항소법원이 지적했듯이 반독점법에 의해 금지된 폐해 중 하나는, 잠재적인 경쟁자들이 두 개의 시장에 동시에 진입할 것을 요구함으로써 잠재적인 경쟁자들에게 진입장벽을 만드는 것이다.

Ⅳ

물론 결국에는 Kodak의 주장이 옳다고 판명될 수도 있다. 부품과 서비스, 장비가 하나의 통합된 시장의 구성 요소일 수도 있고, 장비 시장이 애프터마켓을 규율해서 이 3가지 모두가 전체적으로 경쟁력 있는 가격으로 책정될 수 있으며, Kodak의 행위로 인한 친경쟁적 효과가 반경쟁적 효과보다 클 수도 있다. 그러나 이처럼 빈약한 자료에 기반해서 법적으로 이러한 결론에 이를 수는 없다. 따라서 약식판결을 기각하는 항소법원의 판단을 확정한다.

미국 Microsoft 판결

U.S. v. Microsoft Corp., 253 F.3d 34 (D.C. Cir. 2001)

Microsoft는 셔먼법 제1조에 따른 책임에 대한 지방법원의 판단에 이의를 제기한다. 지방법원은 Microsoft가 IE 웹 브라우저(부상품)와 Windows 운영 체제(OS)(주상품)를 계약 및 기술적으로 번들링(결합판매)한 것이 본질적으로 불법인 끼워팔기 행위(tying arrangement)를 했다고 결론지었다. 우리는 플랫폼 소프트웨어 제품과 관련된 끼워팔기의 합법성을 결정하기 위해서는 본질적으로 당연위법 분석보다는 합리의 원칙이 적용되어야 한다고 생각한다. 연방대법원은 "특정 사업 관계에 대한 상당한 경험이 있은 후에야 법원이 이를 당연위법으로 분류한다."라고 경고한 바 있다(*BMI* 판결, *Topco* 판결)

모든 "사업 관계"는 어떤 의미에서 고유한 특징을 가지고 있지만, 어떤 거래는 완전히 새로운 유형에 속한다. 우리가 설명하겠지만 문제된 행위는 후자의 예로, 타사 애플리케이션의 플랫폼 역할을 하는 소프트웨어에 추가 기능을 기술적으로 통합하는 것을 처음으로 자세하게 검토하는 것이다. 이전 반독점 소송에서 유사한 사례가 없으므로, 당연위법 원칙을 단순하게 적용하면 심각한 해악을 초래할 위험이 있다. 따라서 우리는 끼워팔기가 당연위법하다는 지방법원의 판결을 취소하고 사건을 환송한다. 원고는 환송 시 합리의 원칙에 따라 끼워팔기 청구를 계속할 수 있다.

끼워팔기 혐의의 근거 사실은 셔먼법 제2조의 독점 유지(monopoly maintenance) 청구와 상당부분 겹친다. 지방법원 판결은 주요 판단은 다음과 같다. (1) Microsoft는 Windows 95 및 98의 라이선스 사용자들에게 단일 가격에 번들로 IE를 라이선스하도록 요구했다. (2) Microsoft는 OEM이 Windows 데스크톱에서 IE를 제거하거나 삭제하는 것을 허용하지 않았다. (3) Microsoft는 소비자가 프로그램 추가/제거 유틸리티를 사용하여 IE를 제거하는 기능을 차단하는 방식으로 Windows 98을 설계했다. (4) Microsoft는 특정 상황에서 사용자가 선택한 기본 웹 브라우저를 무시하도록 Windows 98을 설계했다. 지방법원은 이러한 행위가 당연위법한 끼워팔기에 해당한다고 판결했다.

끼워팔기에 대한 당연위법에는 4가지 요건이 있다. (1) 주상품(tying good) 및 부상품(tied good)은 2개의 별개 제품이다. (2) 피고는 주상품 시장에서 시장력이 있다. (3) 피고는 소비자에게 부상품을 구매하는 것 외에 다른 선택지를 제공하지 않는다. (4) 끼워팔기 행위는 상당한 양의 상거래를 봉쇄한다(*Kodak* 판결, *Jefferson Parish* 판결)

Microsoft는 지방법원이 언급한 4가지 방식으로 Windows와 IE를 결합했다는 점을 부인하지는 않고, 대신 Windows(주상품)와 IE 브라우저(부상품)는 "별개 제품"이 아니며, 부상품 시장에서 경쟁 브라우저를 실질적으로 배제하지 않았다고 주장한다.

우리는 먼저 당사자들 간의 많은 논쟁과 사건의 혼란의 원인인 별개 제품 이슈에 대해 다룬다. 우리 목적은 별개 제품 테스트와 이 사건의 사실 사이의 적합성이 낮다는 점을 강조하는 것이다. 그런 다음, 주상품이 플랫폼 소프트웨어인 경우 당연위반 원칙에 대한 예외를 만드는 추가적인 근거를 제시한다.

우리는 우리가 보는 더 큰 문제, 즉 당연위법 분석 기준을 제3자 애플리케이션의 플랫폼 기능을 하는 소프트웨어와 관련된 피고의 끼워팔기 행위를 평가하는 데 "기성품(off the shelf)"처럼 무조건 적용해야 하는지에 대해 직접 다룬다. "우리 반독점 판례의 역사에서 특정 끼워팔기 계약은 경쟁을 질식시킬 용인할 수 없는 위험을 초래하고, 따라서 '그 자체로' 부당하다는 명제에 의문을 제기하기에는 너무 늦었다."는 것에는 의심의 여지가 없다(*Jefferson Parish* 판결). 그러나 OS에 추가 소프트웨어 기능을 통합하는 것이 이러한 행위에 포함된다고 보기에는 강한 의문이 있다. 이러한 통합에 당연위법 기준을 적용하면 불필요한 오류 위험과 후생 증진적 혁신(welfare enhancing innovation) 저해가 발생한다.

연방대법원은 "특정 사업의 거래관계에 대한 상당한 경험을 쌓은 뒤에야 비로소 법원이 해당 거래를 당연위법을 분류한다..."고 경고했다(*Topco* 판결을 인용한 *BMI* 판결). 그러나 이 사건에서 문제된 종류의 끼워팔기는 대법원이 검토했던 어떤 사례와도 다르다. 끼워팔기에 대한 초기 대법원 판례는 특허 제품의 판매 또는 임대가 특정 비특허 제품을 특허권자로부터 구매하는 것을 조건으로 하는 계약을 다뤘다(*International Salt* 판결). 이후 대법원 끼워팔기 사례는 특허로부터 생긴 시장력을 다루지는 않았지만, 계약상 결합(contractual ties)을 계속해서 다뤘다(*Jefferson Parish* 판결, 피고 병원이 수술실 사용을 병원과 연계된 의료 집단의 마취 서비스 구매와 조건부로 제공)(*Kodak* 판결, 피고 복사기 제조업체는 자사 수리 서비스를 이용하는 조건으로 기계의 교체 부품을 제공).

이러한 사례 중 어느 것도 부상품이 주상품과 물리적, 기술적으로 통합되지 않았다. 또한 피고는 끼워팔기가 주상품의 사용자 및 보완재 제조업체에게 주상품의 가치를 높였다고 주장한 적이 없다. 피고가 부상품을 사용하면 주상품이 사용자에게 더 가치가 있다고 주장한 상기 사례들에서 법원은 부상품의 대체재에 대한 품질 기준을 통해 동일한 결과를 얻을 수 있다고 판결했다(*International Salt* 판결). Microsoft는 IE와 Windows가 통합된 물리적 제품이며, IE API를 Windows와 번들링(결합판매)하면 후자가 타사 소프트웨어에 더 나은 애플리케이션 플랫폼이 된다고 주장한다. IE API로부터 얻는 이점이 다른 브라우저 제조업체용 품질 기준을 통해 어떻게 달성될 수 있는지는 불분명하다. 법원은 API 통합에 이점이 있다는 Microsoft 주장에 대해 판단하지 않는다. 우리는 단지 이러한 점 및 다른 새롭게 주장된 효율성 때문에, 여지까지 사법적 "경험"이, 소프트웨어 회사가 패키지 형태로 다양한 기능을 판매하기로 한 결정이, "경쟁에 미치는 해로운 영향과 결점을 상쇄 보완할 *어떠한* 가치(virtue)가 부족하다는 이유로" "그것이 초래할 정확한 피해나 사용에 대한 사업적 변명에 대한 정밀한 조사 없이 결정적으로 비합리적이어서 그 결과 불법으로 추정"이라고 믿을 근거를 거의 제공하지 않는다는 것을 시사한다는 점을 주목한다(강조된 부분은 *Northern Pacific* 판결).

또한 우리는 하급 연방법원의 판결에서 소프트웨어 통합에 대한 많은 통찰력을 찾지 못했다. 컴퓨터 산업에서 대부분의 끼워팔기 사건들은 하드웨어와 번들링하는 것을 포함한다. … 소프트웨어 번들링을 검토한 사례가 부족한 것은 당연위법 분석이 부정확한 결과를 가져올 수 있다는 높은 위험성을 시사하지만, 플랫폼 소프트웨어 시장의 특성은 당연위법 규칙이 가치 있는 혁신을 저해할 수 있음을 적극적으로 시사한다. 우리는 두 가지 이유를 염두에 두고 있다.

첫째, 앞에서 설명했듯이 별개 제품 기준(the separate-products test)은 새로 통합된 제품의 순 효율성에 관해 부족한 기준 지표(proxy)이다. 당연위법으로 분석하면, 이전에 별개였던 기능(예: 자동차에 시동기 모터 포함)을 통합하거나 두 번째 기능(예: 얼룩 방지 카펫의 발명)에 대한 수요를 완전히 없앤 최초 회사는 통합 시점에 부상품이 강력한 "별도" 시장이 있는 것처럼 보이기 때문에 두 개의 별개 제품을 끼워 판 것으로 비난받을 위험이 있다. 그러나 합리의 원칙에 따른 분석은 시장선도자(first mover)에게 "끼워팔기"로 인한 효율성 이득이 소비자 선택의 왜곡을 적절히 상쇄한다는 것을 증명할 기회를 제공한다.

별개 제품 기준이 생산적 통합(productive integration)의 특정 사례를 걸러내지 못한다는 점은, 피고가 경쟁하는 플랫폼 소프트웨어 시장에서 특히 문제가 된다. 해당 시장에서 통합은 일반적일 뿐만 아니라 시장력이 없는 회사에도 일반적이다. 우리는 거의 모든 경쟁 OS 공급업체들도 브라우저를 번들로 제공한다는 증거를 이미 검토했다. 게다가 원고는 OS 공급업체가 기본적인 인터넷 인프라(plumbing) 및 기타 유용한 기능을 자신들의 OS에 통합할 수 있고 실제로 통합한다는 사실을 다투지 않는다. 시장력이 없는 기업은 패키징을 함으로써 효율성이 향상되지 않는 한 서로 다른 소프트웨어를 함께 패키징할 유인이 없다. 경쟁적인 플랫폼 소프트웨어 시장에서 번들링이 보편적으로 나타난다는 사실은, 법원이 경쟁이 덜한 시장에서 이러한 행위를 규제하기에 앞서 신중히 고려해야 할 이유를 제공한다.

둘째, 플랫폼 소프트웨어 시장의 광범위한 혁신적 특성으로 인해, 이러한 시장에서의 끼워팔기는 법원이 이전에 접하지 못했고 그래서 연방대법원이 당연위법 규칙에서는 고려하지 않았던 효율성을 창출할 수도 있다. 예를 들어, 브라우저를 OS와 번들로 제공하면, 독립 소프트웨어 개발자는 소비자의 컴퓨터에 브라우저 API가 있다고 믿고 자체 패키지에서 이를 제외할 수 있다. 소프트웨어 개발자가 필요한 브라우저 API를 자체 제품과 번들로 제공할 수 있다는 것은 사실이다. 하지만 2가지 다른 소프트웨어 프로그램과 함께 번들로 제공되는 경우 소비자가 동일한 API에 대해 2번 대가를 지불해야 할 수도 있다. OEM이 판매하는 컴퓨터에 API를 포함할 수 있다는 것도 사실이지만, 그 경로를 통한 균일한 API의 확산은 더 떨어질 수 있다. 첫째, 많은 OEM이 가정이나 기업 또는 학술 사용자와 같은 Windows 소비자의 특정 하위 집합을 대상으로 한다. 이러한 OEM 중 하나라도 고객에게 충분한 이점이 없다는 이유로 API를 번들로 제공하지 않기로 결정하면, 해당 API를 사용하는 ISV(Independent Software Vender, 독립 소프트웨어 공급업체)가 프로그램의 모든 복사본과 함께 이를 번들링해야 할 수도 있다. 둘째, 모든 OEM이 동일한 API 세트를 번들로 제공하기 전에 상당한 지연이 발생할 수 있다. 이 지연은 필연적으로 첫 번째 현상으로 인해 악화된다. 프로그램이 매우 빠르게 변경되는 분야에서는 필수요소(여기서는 API)의 확산이 지연되면 비용이 매우 많이 들 수 있다. 물론, 이러한 주장은 Microsoft의 API 번들 결정을 정당화하지 못할 수 있다. 특히 Microsoft가 IE의 API를 Windows와 함께 번들링한 것이 아니라 전체 브라우저 애플리케이션을 번들링했기 때문이다(때로는 API 없이도). 소프트웨어 구성 요소를 번들링하는 것에 대한 정당화가 전체 소프트웨어 패키지를 번들링하는 것에 대한 정당화는 아닐 수 있다. 특히 소프트웨어 코드의 가변성(malleability)을 고려할 때 더욱 그렇다. 더욱이 효율적인 API 확산에 대한 이해관계는, Microsoft가 사후적인 기능제거를 막기 위해 설정한 계약적 또는 기술적 제한 보다, 단순한 가격 번들링(price-bundling)을 정당화하는 훨씬 더 강력한 근거를 분명하게 제공한다. 그러나 피고의 제품 경계를 재정의하는 것에 대한 우리의 우려와 애플리케이션 개발자의 작업을 단순화함으로써 소비자에게 이익을 줄 가능성 때문에, 우리는 OS 소프트웨어 시장에서의 끼워팔기에 대한 어떤 단호하고 빠른 접근방식에 의문을 제기한다.

또한, 끼워팔기에 대한 당연위법 규칙의 채택의 기초가 되는 검토 과정에서, 비록 매우 실제적임에도 간과된 여러 효율성이 존재할 수 있다. 우리는 이러한 효율성은 기술적으로 역동적인 시장에서 흔하다는 점을 우려하는데, 이런 시장은 제품 개발이 쉽게 예측 가능한 선형 패턴(linear pattern)을 따를 가능성이 특히 낮다. 컴퓨터용 디스크 드라이브의 진화에 관한 *ILC Peripherals* 사건을 예로 들어보자. IBM이 1956년에 처음으로 디스크 드라이브를 출시했을 때, 디스크에 데이터를 읽고 쓰는 자기 디스크(magnetic disk)와 디스크 헤드(disk heads)가 포함된 통합 제품을 판매했다. 드라이브 소비자는 데이터를 저장하고 동시에 모든 데이터에 액세스하는 두 가지 기능을 요구했다. 처음 몇 년 동안 소비자의 저장 장치 수요는 자기 디스크 기술의 진화를 앞지르며 빠르게 증가했다. IBM은 이러한 수요를 충족시키기 위해, 소비자가 드라이브에서 제거한 디스크의 데이터에는 접근할 수 없지만, 소비자가 드라이브에서 자기 디스크를 제거할 수 있도록 했다. 이러한 부품화(componentization)를 통해 컴퓨터 주변 장치 제조업체는 소비자에게 이동식 디스크를 판매할 수 있었다. 그러나 시간이 지나면서 자기 디스크 기술이 용량에 대한 수요를 따라잡았기 때문에, 소비자는 모든 데이터를 저장하는 데 이동식 디스크를 거의 필요로 하지 않게 되었다. 이 시점에서 IBM은 디스크를 드라이브에 다시 통합하여 소비자가 용량 손실 없이 다시 한 번 모든 데이터에 즉시 접근할 수 있게 했다. 이에 따라 이동식 디스크 제조업체가 소송을 제기했다. 하지만 지방법원은 모든 데이터에 즉시 접근하려는 소비자 요구를 충족했기 때문에 끼워팔기는 정당하다고 판단했고, 디스크와 디스크 헤드(disk heads)가 하나의 제품이라고 판결했다. *Northern Pacific Railway* 판결에서 고려한 축약 심사(truncated analysis)에 보다 충실한 법원이었다면 아마도 이러한 소비자 혜택을 간과했을 수 있다.

이러한 논의들은 모두 하나의 결론을 가리킨다. 플랫폼 소프트웨어 시장에서 번들링이 "보완 상쇄하는 가치(redeeming virtue)"가 거의 없다고 단언할 수 없고, 번들링 금지에 따른 "사회에 미치는 손실이 거의 없다."는 이유로 "개별 사례에서 비용에 대한 조사가 불필요하다."고 여길 수는 없다(*Jefferson Parish* 판결, O'Connor 대법관 동조의견). Microsoft의 관행이 플랫폼 소프트웨어에 추가 기능을 통합함으로써 창출된 소비자 잉여량이나 배제된 소비자 선택량에 미치는 영향에 대한 충분한 실증 증거가 없어서 이러한 행동의 전체에 대해 합리적인 판단을 내릴 수 없다. (일부 문제에 대해서는 데이터도 없다.) "법원은 이러한 조치가 경쟁에 미치는 실제 영향에 대해 알고 있는 것 이상을 알아야 이를 ... 셔먼법상 당연위법으로 분류해야 하는지 여부를 결정할 수 있다."(*White Motor* 판결) 그때까지 법원은 "단순하게 이름 붙이는 것이 항상 즉각적인 답을 제공하는 것은 아니다."는 지혜에 귀를 기울일 것이다(*BMI* 판결). 그리고 셔먼법 제1조에 따른 끼워팔기 책임에 당연위법 책임을 물은 지방법원의 판결을 취소하고, 우리는 Microsoft의 끼워팔기를 합리의 원칙에 따라 평가하도록 사건을 환송한다. 합리의 원칙은 소프트웨어 시장, 특히 운영체제(OS) 시장에서 번들링의 이점을 더 자유롭게 고려할 수 있도록 허용하며, 부상품 시장에서 소비자가 가격과 품질 간의 직접적인 비교를 통해 선택할 수 있는 능력이 손상되었을 때 발생하는 비용과 이러한 이점을 균형 있게 평가할 수 있도록 한다(*Jefferson Parish* 판결, 당연위법 규칙은 경쟁촉진적 정당성 고려를 광범위하게 허용하지 않는다는 점을 지적).

당연위법 규칙과 합리의 원칙의 상대적 장점에 대한 법원의 판단은 끼워팔기에 국한되며, 여기서 주상품은 타사 애플리케이션의 플랫폼 역할을 주된 목적으로 하는 소프트웨어이고, 부상품은 보완적인 소프트웨어 기능이다. 우리 추론이 때로는 더 광범위한 효력을 갖는 것처럼 보일 수 있지만, 기록상 소프트웨어 통합에 대한 논의가 거의 없는 상황에서 기록 바깥의 사실에 대해 말할 자신은 없다. Microsoft가 IE API를 번들링하는 주된 정당화 사유는, Windows에 포함시키면 타사 소프트웨어(및 Windows)의 소비자 가치를 높인다는 것이다. 이 주장은 주상품이 플랫폼 소프트웨어인 경우 특히 강력하게 적용되므로, 현재로서는 소프트웨어 시장 전반에 당연위법 규칙이 적용되지 않는다고 판단할 근거가 없다. 또한 법원이 끼워팔기에 대한 효율성 정당성을 확인할 때마다 합리의 원칙으로 전환하는 선례를 만드는 것으로 해석되어서도 안 된다. 기록을 검토한 결과, 새로운 기능을 플랫폼 소프트웨어에 통합하는 것은 일반적인 관행이며, 이 소송에서 경직된 당연위법 규칙 적용은 PC, 네트워크 컴퓨터, 정보 기기 시장에서 플랫폼 혁신에 어두운 그림자를 드리울 수 있다는 점을 시사할 뿐이다.

EU Tetra Pak 판결

Case C-333/94 P, Tetra Pak International SA v Commission, [1996] ECR I-5951, ECLI:EU:C:1996:436

Tetra Pak 그룹은 액체 또는 반액체 식품을 종이팩(cartons, 카톤)으로 포장하는 장비를 전문으로 한다. 그 활동은 무균 및 비무균 포장 분야 모두를 포함하며, 종이팩과 종이팩 포장 충전기를 제조하는 것으로 구성된다. 1983년에 종이팩의 90%가 우유와 기타 액체 유제품 포장에 사용되었다. 1987년에는 그 점유율이 약 79%로 감소했다. 당시 종이팩의 약 16%가 과일 주스 포장에 사용되었고, 나머지 5%는 와인, 미네랄 워터, 토마토 기반 제품, 수프, 소스 및 이유식 등 기타 제품 포장에 사용됐다.

무균 부문에서 Tetra Pak은 UHT 우유 포장용으로 설계된 '테트라 브릭(Tetra Brik)' 시스템을 제조한다. 이 부문에서 Tetra Pak의 경쟁사인 PKL만이 유사한 무균 포장 시스템을 만든다. 무균 충전 기술을 보유하는 것은 기계와 무균 종이팩 모두에 있어 시장 진입의 핵심이다. 반면, 비무균 포장에는 상대적으로 덜 정교한 장비가 필요하다. Tetra Pak이 비무균 종이팩 시장에서 사용하는 '테트라 렉스(Tetra Rex)' 종이팩은 노르웨이 그룹 Elopak이 생산하는 '퓨어 팩(Pure-Pak)' 종이팩과 직접적인 경쟁관계에 있다.

집행위원회 결정에 따르면, 무균 부문의 공급 구조는 준독점적(quasi-monopolistic)이었으며, Tetra Pak이 시장의 90~95%를 차지했다. 유일한 실질적 경쟁사인 PKL은 나머지 시장점유율 5~10%의 거의 대부분을 차지했다. 비무균 부문의 구조는 과점적이었다. 집행위원회 결정 당시 Tetra Pak은 유럽 공동체 시장의 50~55%를 차지하고 있었다. 1985년 Elopak은 비무균 기계 및 종이팩 시장에서 약 27%를 차지했고, 그 뒤를 이어 PKL이 약 11%를 차지했다. 나머지 종이팩 시장은 세 개의 회사가 나누어 차지했고, 비무균 기계 시장의 나머지 점유율은 약 10개 정도의 소규모 제조업체 사이에 분할되었다.

2번째 상고 이유 관련

Tetra Pak 주장에 따르면, 1심법원이 인용한 판례는, 지배 시장(dominated market)이 아닌 다른 시장에서의 행위가 지배시장의 위치를 강화하려는 의도가 없는 경우에도 [TFEU 제102조]의 적용을 받는다는 결론을 정당화하지 못한다고 주장한다. Tetra Pak은 이런 결론은 집행위원회와 1심법원이 발견한 여러 시장 간의 연관성으로도 정당화될 수 없다고 주장한다. Tetra Pak은 주장을 전개하면서, 이전 판례에서 EU대법원이 항상 지배시장에서 발생한 남용이 그 효과가 다른 시장에 미친 경우, 혹은 지배적 지위가 없는 다른 시장에서의 남용이 지배시장에서의 지위를 강화하는 경우를 검토해 왔다는 점을 강조한다.

우선, 1심법원이 [TFEU 제102조]가 상품 시장의 남용이 어디에서 발생했는지에 대한 요건에 관해, 명확한 지침을 제공하지 않는다고 평가한 것에 이의를 제기할 수 없다는 점을 강조해야 한다. 따라서 1심법원은 지배적 사업자에 부과된 특별 책임의 실제 범위는 약화된 경쟁 상황을 보여주는 각 사례의 특정 상황을 고려해야 한다고 지적한 것은 타당했다.

이와 관련하여, 1심법원이 인용한 판례는 중요하다. *Commercial Solvents* 판결 등은 지배시장 외의 시장에 영향을 미치는 남용의 사례를 제공한다. *AKZO* 및 *British Gypsum* 판결에서 공동체 사법부(Community judicature)는 지배시장이 아닌 다른 시장에서 발생했지만 지배시장에 영향을 미친 특정 행위를 남용으로 판단했다. 따라서 1심법원이 이런 판례를 근거로 공동체 사법부가 지배시장과 구별되는 시장에서 지배적 지위 사업자의 행위에 대해 [TFEU 제102조]가 적용될 가능성을 배제했다고 주장하는 원고 주장을 기각해야 한다고 결론내린 것은 타당했다.

[TFEU 제102조]의 적용은 지배적 지위와 주장된 남용 행위 사이에 연관성(associative links)이 있다는 것을 전제로 하는 것이나, 이런 연관성은 일반적으로 지배시장(dominated market)과 구별되는 시장에서의 행위가 그 구별된 다른 시장에 영향을 미칠 때는 존재하지 않는다. 이 사건처럼 구별되지만 연관된 시장(distinct, but associated, markets)의 경우, 연관된 비지배시장에 영향을 미치는 행위에 대해 [TFEU 제102조]를 적용하는 것은 특별한 상황에서나 정당화될 수 있다. 이와 관련하여, 1심법원은 Tetra Pak이 무균 및 비무균 종이팩 포장 전체 시장에서 78%를 차지하고 있고, 이는 가장 근접한 경쟁자보다 7배 더 많은 수치라는 점이 관련 있다고 판단했다. 판결문에서 Tetra Pak이 비무균 부문에서 선도적 위치가 있다는 점을 강조한 다음, Tetra Pak

이 무균 시장에서는 거의 90%의 점유율을 차지한 준독점적 위치라고 판단했다. 또한 이러한 시장에서 지위로 인해 Tetra Pak이 비무균 시스템의 선호 공급업체가 되었다고 언급했다. 마지막으로 1심법원은 이 사건에서 [TFEU 제102조]의 적용은 다양한 시장 상황과 이들 간의 밀접한 연관성에 의해 정당화된다고 결론내렸다.

1심법원이 고려한 연관성(associative links)의 중요성을 부정할 수 없다. 다양한 재료들이 동일한 기본 액체 제품의 포장에 사용된다는 사실은 한 부문의 Tetra Pak 고객들이 다른 부문의 잠재적 고객이기도 하다는 것을 보여준다. 이런 가능성은 1987년 Tetra Pak 고객의 약 35%가 무균 및 비무균 시스템을 모두 구매했다는 통계가 보여준다. 무균 시장을 거의 완전히 지배하고 있었기 때문에 Tetra Pak은 비무균 시장에서도 특혜적 지위(favoured status)를 누릴 수 있었다. 무균 시장에서의 지위 덕분에 다른 경제 운영자들과 독립적으로 행동하면서 비무균 시장에 노력을 집중할 수 있었다.

따라서 1심법원이 이 사건에서 Tetra Pak이 무균 시장에서 준독점적 지위를 누리고 있고, 별개지만 밀접하게 연관된 비무균 시장에서 선도적 지위를 차지하고 있기 때문에 해당 시장 전체에서 지배적 지위를 차지하는 것과 비슷한 상황에 있었다는 점을 고려해 이 사건에서 [TFEU 제102조]의 적용을 인정한 것은 타당했다.

3번째 상고이유 관련

Tetra Pak은 1심법원이 종이팩과 포장 충전기를 끼워 판 것이 두 제품 간 자연스러운 연관성이 있고, 상업적 관행에 따른 것임에도 불구하고 [TFEU 제102조]에 위배된다고 판결한 것은 법률적 오류라고 주장한다. Tetra Pak은 [TFEU 제102조 (d)항]을 성질상 또는 상업적 용도에 따라 계약의 내용과 무관한 부가 서비스를 수용하도록 하는 계약 체결을 금지하는 것으로 해석한다.

먼저 1심법원은 포장 기계와 종이팩 사이에 자연적 연관성이 있다는 점을 증명하기 위해 Tetra Pak이 제기한 주장을 명시적으로 기각했다는 점에 유의해야 한다. 1심 판결문에서 법원은 다음과 같이 판결했다. “상업적 용도를 고려하더라도 제품 포장 기계가 종이팩과 분리될 수 없다는 결론을 뒷받침할 수 없다. 상당 기간 동안 다른 기업이 제조한 기계에 사용하도록 설계된 무균 종이팩 제조를 전문으로 하는 독립적인 제조업체가 있었고, 이 업체는 기계를 직접 제조하지 않았다.” 상업적 용도에 근거한 이러한 평가는, 다른 제조업체가 Tetra Pak의 기계에서 사용할 종이팩을 생산할 수 있다고 명시함으로써 Tetra Pak이 주장한 자연적 연관성의 존재를 배제한다. 무균 종이팩과 관련하여 1심법원은 판결문에서 "공동체 경쟁법에 따라 모든 독립 생산자는 경쟁자의 지식재산권을 침해하지 않는 한 다른 사람이 제조한 장비에 사용할 소모품을 자유롭게 제조할 수 있다."고 판결했다. 또한 1심법원은 자연적 연관성에 근거한 주장을 기각하면서, Tetra Pak이 기술적 고려 혹은 제품 책임, 공중 보건 보호 및 브랜드 평판 보호와 관련된 고려사항을 근거로 자체적으로 특정 조치를 부과할 수 없다고 언급했다. 이러한 점들을 전체적으로 보면, 1심법원은 Tetra Pak만이 자사 기계에 사용하기 위한 종이팩을 제조할 수 있는 유일한 기업이 아니라고 판단했다.

또한 [TFEU 제102조]에 명시된 남용 행위 대상이 포괄적이지 않다는 점을 강조해야 한다. 따라서 두 제품을 끼워파는 것이 상업적 관례에 따른 것이거나 문제된 두 제품 간에 자연스러운 연관성(natural link)이 있는 경우에도, 그러한 판매는 객관적으로 정당화되지 않는 한, 여전히 [TFEU 제102조]의 의미 내에서 남용에 해당할 수 있다. 따라서 1심법원의 이유제시는 전혀 하자가 없다.

4번째 상고이유 관련

Tetra Pak은 1심법원이 Tetra Pak의 비무균 부문에서의 가격이 약탈적이라고 결론을 내리면서 손실을 회수할 것이라는 합리적 전망을 증명할 필요가 없다고 본 것은 법률적 오류라고 주장한다. Tetra Pak은 약탈적 판매로 인해 발생한 손실을 회수할 가능성이 약탈적 가격설정이라는 개념의 구성 요소라고 생각한다. 위에서 인용한 *AKZO* 판결문의 71항에서 이러한 점이 분명하다고 주장한다. 그러나 위원회와 1심법원 모두, 비용보다 낮은 판매가 Tetra Pak이 지배적 지위를 차지하지 않는 것으로 판단된 비무균 시장에서만 이루어졌다는 점을 인정했기 때문에, Tetra Pak은 나중에 손실을 회수할 현실적인 기회가 없었다고 주장한다.

AKZO 판결에서 법원은 사업자가 약탈적 가격설정을 실행했는지 여부를 판단하기 위한 두 가지 다른 분석 방법의 존재를 실제로 인정했다. 첫째, 평균 가변비용(average variable costs)보다 낮은 가격은 항상 남용이다. 그러한 경우 경쟁자를 제거

하는 것 외에는 상상할 수 있는 경제적 목적이 없다. 생산되고 판매되는 각 품목은 사업체에 손실을 초래하기 때문이다. 둘째, 평균 총비용(average total costs)보다 낮지만 평균 가변비용보다 높은 가격은 (경쟁자를) 제거하려는 의도가 증명될 때에만 남용행위이다.

1심법원은 *AKZO* 판결에서 법원이 한 것과 동일한 심사를 실시했다. 1976년과 1981년 사이 이탈리아에서 판매된 무균 종이팩의 경우, 가격이 평균 가변비용보다 상당히 낮았다고 판단했다. 따라서 경쟁자를 제거하려는 의도를 증명하는 것은 불필요했다. 1982년에 해당 종이팩 가격은 평균 가변비용과 평균 총비용 사이에 있었다. 이런 이유로 1심법원은 Tetra Pak이 경쟁자를 제거하려고 의도했다는 것을 입증하는 데 주력했고, 상소인은 이 점에 대해 1심법원을 비판하지 않았다. 또한 1심법원이 1981년과 1984년까지 영국에서 비무균 기계 판매에 정확히 같은 논리를 적용한 것은 타당했다.

더욱이 이 사건의 사정에 비추어, Tetra Pak이 손실을 회수할 현실적인 가능성이 있었다는 것을 추가로 증명할 것을 요구하는 것은 적절하지 않다. 경쟁자가 제거될 위험이 있는 경우라면 언제나 약탈적 가격설정에 대한 처벌이 가능해야 한다. 1심법원은 이 사건에 그러한 위험이 있다고 판결했다. 왜곡되지 않은 경쟁 유지라는 추구 목표는, 그러한 전략이 경쟁자를 실제로 제거하는 결과를 초래할 때까지 기다리는 것을 배제한다.

EU Microsoft 판결

Case T-201/04, Microsoft Corp. v Commission, [2007] ECR II-3601, ECLI:EU:T:2007:289

Windows 클라이언트 PC 운영 체제와 Windows Media Player의 번들링

Microsoft는 두 가지 주장에 근거하는데, 첫째는 [TFEU 제102조] 위반이고, 둘째는 비례의 원칙 위반이다. 첫 번째 항변은 집행위원회가 Microsoft가 Windows Media Player의 동시 취득을 조건으로 Windows 클라이언트 PC 운영 체제를 제공한 행위가 남용적 끼워팔기(abusive tied sale)에 해당한다는 판단과 관련이 있다. 두 번째 항변은 집행위 결정에 규정된 시정조치와 관련 있다.

Microsoft 주장은 남용적 끼워팔기(abusive tying)를 증명하기 위해 충족해야 하는 다른 네 가지 조건과 함께 검토된다. 법원은 다음과 같이 검토한다. 첫째, Microsoft가 제시한 주장에 비추어 두 개의 별도 제품의 존재와 관련된 조건을 검토한다. 둘째, 계약 체결이 보충적 의무(부수적 의무, supplementary obligations)의 적용을 받는다는 효과에 대한 조건을 검토한다. 셋째, 법원은 Microsoft가 제출한 자료에 비추어 시장에서의 경쟁제한과 관련된 조건을 분석한다. 넷째, 원고가 근거로 주장하는 객관적 정당화 사유(objective justification)를 검토한다.

두 개의 별도 제품의 존재

Microsoft는 본질적으로 미디어 기능이 Windows 클라이언트 PC 운영 체제와 별개의 제품이 아니라 해당 시스템의 통합된 부분을 형성한다고 주장한다. 결과적으로 쟁점은 단일 제품, 즉 Windows 클라이언트 PC 운영 체제이며, 이는 끊임없이 진화하고 있다. Microsoft는 고객은 모든 클라이언트 PC 운영 체제가 오디오 및 비디오 기능을 포함해 필수적이라고 생각하는 기능을 갖추고 이러한 기능이 지속적으로 업데이트될 것을 기대한다고 주장한다.

우선, 위원회 결정에서 올바르게 지적했듯이, [TFEU 제102조]에 따른 분석의 목적을 위한 제품의 구별성(distinctness)은 고객 수요를 참조해 평가해야 한다. 더욱이 Microsoft는 분명히 그러한 의견을 공유한다. 위원회가 부상품(tied product)이라 주장되는 제품의 독립적인 수요가 없는 한, 별개 제품 문제와 남용적인 끼워팔기는 가능하지 않다고 언급한 것은 타당했다.

Microsoft가 위원회는 잘못된 기준을 적용했으며 주상품(tying product)이라 주장되는 상품이 부상품(tied product) 없이 정기적으로 제공되었는지 또는 고객이 '미디어 기능이 없는 Windows를 원했는지'를 실제로 확인해야 했다는 주장은 받아들일 수 없다.

첫째, 위원회 주장은 판례에서 뒷받침된다(이와 관련하여 *Tetra Pak* 판결).

둘째, 위원회가 소송에서 올바르게 주장했듯이, Microsoft의 주장은 스트리밍 미디어 플레이어가 없는 Windows 클라이언트 PC 운영 체제에 대한 수요가 없다는 개념에 근거한 것이다. 이러한 주장은 보완 제품이 [TFEU 제102조]의 목적상 별개 제품에 해당할 수 없다고 주장하는 것으로 이는 번들링(결합판매)에 대한 공동체 판례에 위배된다. 예를 들어 *Hilti* 판결에서 못(nail) 없이는 못총(nail gun) 탄창에 대한 수요가 없다고 가정할 수 있다. 못이 없는 탄창은 쓸모가 없기 때문이다. 그러나 법원이 이 두 제품이 별도의 시장에 속한다고 결론 내리는 것을 막지는 못했다. 클라이언트 PC 운영 체제와 애플리케이션 소프트웨어와 같은 보완재의 경우, 고객이 제품을 함께 구입하기를 원하지만 다른 출처에서 얻기를 희망할 가능성이 충분히 있다. 예를 들어, 대부분의 클라이언트 PC 사용자가 클라이언트 PC 운영 체제에 워드프로세싱 소프트웨어가 함께 제공되기를 원한다고 해서 이러한 별개 제품이 [TFEU 제102조]의 목적상 단일 제품으로 바뀌는 것은 아니다.

Microsoft의 주장은 OEM이 수행하는 중개 역할을 무시하는 것으로, OEM은 바로 사용할 수 있는(ready-to-use) PC를 최종 사용자에게 제공하기 위해 다양한 출처의 하드웨어와 소프트웨어를 결합한다. 위원회가 매우 정확하게 지적했듯이, OEM과 소비자가 Windows Media Player 없는 Windows를 얻을 수 있다고 해서, 스트리밍 미디어 플레이어 없이 Windows만 얻기로 선택한다는 의미는 아니다. OEM은 운영 체제에 사전 설치된 미디어 플레이어에 대한 소비자 수요에 따라 Windows와 작동하는 스트리밍 미디어 플레이어가 포함된 소프트웨어 패키지를 제공한다. 차이점은 그 플레이어가 반드시 Windows Media Player일 필요는 없다는 점이다.

셋째, 어떤 경우이건 Microsoft의 주장은 성공할 수 없는데, 위원회가 지적했듯이, 예를 들어 회사들은 직원들이 업무와 무관한 목적으로 사용할 것을 염려해 스트리밍 미디어 플레이어가 없는 클라이언트 PC 운영 체제를 원하는 그런 수요가 있기 때문이다. Microsoft는 이 사실을 부인하지 않는다. 다음으로, 법원은 관련 제품의 특성 및 기술적 특징, 시장에서 관찰된 사실, 관련 제품 개발의 역사, 그리고 Microsoft의 거래 관행을 기반으로 한 일련의 요인을 종합해 보면, 스트리밍 미디어 플레이어에 대한 별도의 소비자 수요가 존재함을 증명한다고 판단했다.

넷째, Windows Media Player는 Windows 클라이언트 PC 운영 체제와 별도로 Microsoft의 인터넷 사이트에서 다운로드할 수 있다. 마찬가지로 Microsoft는 Windows 클라이언트 PC 운영 체제의 출시 또는 업그레이드와 별도로 Windows Media Player의 업그레이드를 제공한다.

다섯째, Microsoft는 Windows Media Player 전용 프로모션을 진행한다. 여섯째, 위원회 결정에서 적절하게 지적했듯이, Microsoft는 Windows 클라이언트 PC 운영 체제와 관련이 있는지 아니면 Windows Media 기술과 관련이 있는지에 따라 다른 SDK(Software Development Kit) 라이선스를 제공한다. 따라서 Windows Media Player에 대한 특정 SDK 라이선스가 있다. 마지막으로, 일곱째, Microsoft가 채택한 번들링에도 불구하고 상당수의 고객이 Microsoft의 경쟁사로부터 클라이언트 PC 운영 체제와 별도로 미디어 플레이어를 계속 구매하고 있으며, 이는 고객들이 두 제품을 별개 제품으로 간주한다는 것을 보여준다.

앞서 언급한 사실은 위원회가 클라이언트 PC 운영 체제와 스트리밍 미디어 플레이어가 [TFEU 제102조]의 목적상 서로 다른 두 가지 제품에 해당한다는 결론을 내린 것이 타당했다는 점을 증명한다.

소비자는 부상품 없는 주상품 획득을 선택할 수 없다

Microsoft는 본질적으로 Windows Media Player를 Windows 클라이언트 PC 운영 체제에 통합했다는 사실이 [TFEU 제102조 (d)항] 해석상 어떠한 강제성(coercion)이나 부수적인 의무(supplementary obligation)도 수반하지 않는다고 주장한다. 이를 뒷받침하기 위해, 첫째로, 고객은 Windows의 미디어 기능에 대해 추가 비용을 지불하지 않으며, 둘째로, 해당 기능을 사용할 의무가 없고, 셋째로, 경쟁사의 미디어 플레이어를 설치하고 사용하는 것을 금지하지 않는다고 강조한다.

법원은 Microsoft의 문제된 행위 때문에 소비자가 Windows Media Player를 동시에 구매하지 않고는 Windows 클라이언트 PC 운영 체제를 구매할 수 없다는 사실은 부인할 수 없다고 지적하는데, 이는 계약 체결이 부수(보충)적인 의무를 수용해야 이루어진다는 조건이 충족된 것으로 보아야만 한다는 점을 의미한다.

위원회가 정확히 언급했듯이, 대부분의 경우 강제성(coercion)은 주로 OEM에 적용되고, 이후 소비자에게 전가된다. 클라이언트 PC를 조립하는 OEM은 소프트웨어 생산자가 제공하거나 스스로 개발한 클라이언트 PC 운영 체제를 해당 PC에 설치한다. 조립한 클라이언트 PC에 Windows 운영 체제를 설치하려는 OEM은 그렇게 하기 위해 Microsoft에서 라이선스를 취득해야 한다. Microsoft의 라이선스 시스템에 따라 Windows Media Player 없이는 Windows 운영 체제에 대한 라이선스를 취득할 수 없다. 법원은 이와 관련하여 Windows 클라이언트 PC 운영 체제 판매의 대부분이 OEM을 통해, 달리 말해 클라이언트 PC 구입할 때 구매한 라이선스를 통해 이루어지는 반면, 해당 시스템 판매의 10%만이 개별 Windows 라이선스 판매에서 발생한다는 점에 다툼이 없다고 지적한다.

OEM에 적용되는 강제는 계약적 성격일 뿐만 아니라 기술적 성격도 있다. 실제로 Windows Media Player를 제거하는 것은 기술적으로 불가능하다는 것은 다툼 없는 사실이다. OEM은 소프트웨어 제작자와의 관계에서 최종 사용자를 대신하는 중개자로서 역할을 하며, 최종 사용자에게 '사용 준비 완료(out-of-the-box)' 상태의 PC를 제공한다. 따라서 Windows Media Player를 동시에 획득하지 않고는 Windows 클라이언트 PC 운영 체제를 획득할 수 없는 상황은 궁극적으로 최종 사용자에게도 적용된다. 최종 사용자가 소매업체로부터 직접 Windows 클라이언트 PC 운영 체제를 획득하는 경우와 같이 덜 일반적인 상황에서는, 앞서 언급된 계약적 및 기술적 강제성이 해당 최종 사용자에게 직접 적용된다.

따라서 Microsoft는 고객이 Windows Media Player에 대해 추가로 지불할 필요가 없다는 사실에 기댈 수 없다. 첫째, Microsoft가 Windows Media Player에 대해 별도의 가격을 청구하지 않는 것은 사실이지만, 미디어 플레이어가 무료로 제공된다고 추론할 수 없다. Microsoft의 청구에서 알 수 있듯이 Windows Media Player의 가격은 Windows 클라이언트 PC 운영 체제의 총 가격에 포함된다.

둘째, 어떤 경우든 [TFEU 제102조 (d)항] 또는 번들링에 대한 판례 해석상 소비자가 부수적인 의무(supplementary obligation)가 있다고 인정받기 위해서 반드시 부상품에 대해 특정 가격을 지불해야만 한다고 한 바 없다.

다음으로 Microsoft가 소비자가 클라이언트 PC에 사전 설치된 Windows Media Player를 사용할 의무가 없고 다른 사업자의 미디어 플레이어를 PC에 설치하여 사용할 수 있다고 주장하는 것은 현 상황을 검토하는 데 적절하지 않다. 다시 말해 [TFEU 제102조 (d)항]이나 번들링에 대한 판례 어느 것도, 계약 체결이 부수의무 수락을 전제로 한다는 요건 충족을 위해, 소비자가 부상품을 사용하도록 강제되거나 지배적 사업자의 경쟁자가 공급한 동일 제품을 사용하지 못할 것을 요구하지 않는다. 예를 들어, 위원회가 정확하게 언급한 것처럼, *Hilti* 판결에서 사용자는 Hilti 브랜드 못 총으로 얻은 Hilti 브랜드 못을 사용할 것을 강요받지 않았다.

앞서 언급한 모든 사항을 고려하면 위원회가 이 사건에서 부수적 의무의 부과와 관련된 조건이 충족되었다고 판단한 것은 타당했다는 점을 알 수 있다.

경쟁 저해

Microsoft는 본질적으로 위원회가 Windows 클라이언트 PC 운영 체제에 Windows Media Player를 통합한 것이 경쟁 배제를 초래했다는 점을 증명하지 못했기 때문에 위원회 결정에서 명시된 대로 남용적 끼워팔기의 네 번째 성립요건이 충족되지 않았다고 주장한다. 특히 Microsoft는 위원회가 전통적인 끼워팔기 사례가 문제된 것이 아니라는 점을 인식했다면, 문제된 끼워팔기가 경쟁을 배제할 가능성이 있다는 결론에 도달하기 위해서는 새로운 고도의 추측 이론(speculative theory)을 적용해야 했는데 여기에는 제3자의 가능한 반응에 대한 전망 분석(prospective analysis)이 포함되었어야 했다고 주장한다.

법원은 Microsoft의 주장이 근거가 없으며 위원회 결정에 대한 선택적이고 부정확한 해석에 근거하고 있다고 판단한다.

위원회의 경쟁배제 요건에 대한 분석 관련, 위원회는 현재 사건에서 Windows와 Windows Media Player를 번들로 제공하는 것이 본질적으로 경쟁을 배제할 수 있는 행위라고 추가 분석 없이 추정(assume)할 만한 충분한 이유가 있다고 언급한다. 실질적으로 위원회가 내린 결론은, 클라이언트 PC 운영 체제(전 세계에 판매되는 대다수의 클라이언트 PC에 사전 설치된 운영 체제)와 결합함으로써 해당 미디어 플레이어를 운영 체제에서 제거할 수 없는 상태로 제공함으로써, 클라이언트 PC에서 Windows Media Player는 Windows가 어디에나 깔린 이점을 누릴 수 있다는 사실에 근거한다. 이는 다른 미디어 플레이어 배포 방법들로는 상쇄될 수 없다.

법원은 위원회의 이러한 결정이 전적으로 타당하다고 생각한다. 우선, 번들링 덕분에 Windows Media Player는 전 세계 클라이언트 PC에 비교할 수 없는 수준의 존재감을 갖게 되었으며, 이는 경쟁 제품들과 역량에 기반한 경쟁 없이 자동으로 Windows 클라이언트 PC 운영 체제와 동일한 시장 침투율을 달성했음을 분명히 알 수 있다. Microsoft의 클라이언트 PC 운영 체제 시장에서 시장점유율이 90%가 넘고 Windows 클라이언트 PC 운영 체제 판매의 대부분(약 75%)이 OEM을 통해 이루어지고, OEM은 클라이언트 PC에 Windows를 사전 설치하여 조립하고 배포한다는 것은 다툼이 없다는 점을 유념해야만 한다. 따라서 위원회 결정에서 인용된 수치는 2002년에 Microsoft가 클라이언트 PC 운영 체제 시장에서 출하된 단위 기준으로 93.8%의 시장점유율을 기록했다는 것을 보여준다. 또한 2001년 10월부터 2003년 3월 사이에 전 세계에 출하된 2억 700만 대의 클라이언트 PC 중 1억 9,600만 대에 Windows(결과적으로 Windows Media Player)가 사전 설치되어 있었다는 것을 보여준다.

아래에서 더 자세히 설명하겠지만, 어떤 타사 미디어 플레이어도 Microsoft가 Windows 클라이언트 PC 운영 체제를 사용한 결과 Windows Media Player가 누리는 배포 측면에서 이점이 없이는 이러한 수준의 시장 보급률을 달성할 수 없었다. 추가로 주목할 필요가 있는 점은, 1998년 6월부터 Microsoft가 Windows 운영 체제와 NetShow 2.0 플레이어를 결합해서 제공한 것은 NetShow 2.0이 클라이언트 PC에서와 같은 동일한 수준의 존재감을 보장하지 못했다는 것이다. 이미 설명했듯이 NetShow 2.0은 Windows 98 설치 CD에 포함되어 있었지만 해당 시스템의 4가지 기본 설치(default installations) 어느 것에도 설치되지 않았다. 즉, 사용자는 NetShow 2.0을 별도로 설치하는 노력을 해야 했고 따라서 설치하지 않기로 결정할 수 있었다.

둘째, 위원회가 올바르게 언급했듯이, '클라이언트 PC에 [Windows Media

Player]가 사전 설치되어 있는 사용자는 미디어 스트리밍 및 재생 기능을 제공하는 애플리케이션이 이미 있으므로 대체 미디어 플레이어를 사용할 가능성이 일반적으로 낮다.'는 점은 분명하다. 따라서 법원은 끼워팔기가 없었더라면 스트리밍 미디어 플레이어를 사용하고자 하는 소비자들이 시장에서 이용 가능한 제품들 중 하나를 선택하도록 유도되었을 것이라고 판단한다.

셋째, 법원은 위원회가 Microsoft의 문제된 행위가 OEM이 클라이언트 PC에 타사 미디어 플레이어를 장착하는데 부정적인 영향을 미쳤다고 결정한 것이 타당하다고 판단한다. 한편, 위원회도 지적한 바대로 OEM들은 소비자에게 제공하는 패키지에 두 번째 미디어 플레이어를 추가하는 것을 꺼린다. 이는 두 번째 미디어 플레이어가 클라이언트 PC의 하드디스크 용량을 차지하면서도 본질적으로 Windows Media Player와 유사한 기능을 제공하며, 소비자들이 이러한 번들에 대해 더 높은 가격을 지불할 가능성이 낮기 때문이다.

넷째, 법원은 위원회가 OEM이 사전 설치 외에 미디어 플레이어를 배포하는 방법이 Windows Media Player의 편재성(ubiquity)을 상쇄할 수 없다고 인정한 것도 타당하다고 판단한다. 우선, 인터넷을 통한 다운로드를 통해 공급업체가 많은 수의 사용자에게 도달할 수 있는 것은 사실이지만 OEM이 사전 설치하는 것보다 효과가 떨어진다. 첫째, 다운로드는 Windows Media Player와 동등한 경쟁 미디어 플레이어 배포를 보장하지 않는다. 둘째, 사전 설치된 제품을 사용하는 것과 달리 다운로드는 상당수의 사용자에게 복잡하다고 여겨진다. 셋째, 2003년 RealNetworks에서 수행한 테스트에 따르면 50%가 넘는 상당수의 다운로드 시도가 성공적으로 완료되지 않았다. 광대역 인터넷이 다운로드를 더 빠르고 덜 복잡하게 만드는 것은 사실이지만, 2002년에 유럽에서 인터넷 접속이 가능한 가구 중 6가구 중 1가구만이 광대역 연결을 가지고 있었다는 점을 염두에 두어야 한다. 넷째, 사용자는 아마도 구입한 클라이언트 PC에 통합된 미디어 플레이어가 직접 설치하는 제품보다 더 잘 작동할 것이라고 생각하는 경향이 있을 것이다. 다섯째, 마지막으로 대부분의 기업에서는 네트워크 관리자의 작업을 복잡하게 만들기 때문에 직원들이 인터넷에서 소프트웨어를 다운로드하는 것이 허용되지 않는다.

앞서 설명한 대로 위원회는 1999년 5월부터 Windows와 Windows Media Player

의 결합이 경쟁 구조에 필연적으로 중대한 결과를 초래했다는 것을 법적 기준에 따라 증명했다. 이 관행을 통해 Microsoft는 자사 제품의 유통과 관련하여 비할 수 없는 이점을 얻고, 전 세계 클라이언트 PC에서 Windows Media Player의 편재성을 보장하도록 했다. 이로써 사용자가 타사 미디어 플레이어를 사용하고 OEM이 타사 미디어 플레이어를 클라이언트 PC에 사전 설치하려는 행위를 방해했다.

앞서 제시된 모든 고려 사항에 비추어, 법원은 위원회의 결정이 이 사건에서 남용적 끼워팔기의 네 번째 성립요건이 충족된다는 것을 증명하기에 충분하다고 결론 내린다. 그 결정은 새로운 또는 추측 이론(speculative theory)에 근거한 것이 아니라, 문제된 행위의 본질, 시장 조건 및 관련 제품의 근본적 특징에 근거한 것이다. 이는 정확하고 신뢰할 수 있으며 일관된 증거에 기반한 것으로, Microsoft는 단순히 그것이 단순한 추측이라고 주장함으로써 그 판단이 틀렸다는 점을 증명하지 못했다. 위에서 언급된 바를 종합하면, Microsoft가 위원회가 내린 조사 결과에 반대하여 제시한 주장을 검토할 필요는 없다. 그럼에도 불구하고 법원은 이를 간략하게 검토해야 한다고 생각한다.

위원회는 이유제시의 두 번째 단계에서 Windows Media Player가 Windows와 끼워팔기로 널리 보급됨에 따라 콘텐츠 제공자와 소프트웨어 설계자에게 상당한 영향을 미칠 수 있다는 것을 증명하려고 한다. 위원회의 이론은 스트리밍 미디어 플레이어 시장이 상당한 간접적 네트워크 효과로 특징지어진다는 사실, 즉 Bill Gates가 사용한 표현을 빌리면 '긍정적 피드백 루프(positive feedback loop)'가 존재한다는 사실에 근거한다. 이 표현은 특정 소프트웨어 플랫폼의 사용자 수가 많을수록 해당 플랫폼과 호환되는 제품을 개발하는 데 더 많은 투자가 이루어지고, 결과적으로 사용자에게 해당 플랫폼의 인기가 강화되는 현상을 설명한다. 법원은 위원회가 이 사건에서 그러한 현상이 존재한다고 판단한 것은 옳았고, 콘텐츠 제공자와 소프트웨어 개발자가 자체 제품을 개발할 기술을 선택할 때 미디어 플레이어의 설치 및 사용 비율을 근거로 했다고 판단한 것도 타당했다고 본다. 위원회는 첫째, 해당 운영자가 주로 Windows Media Player를 사용하는 경향을 보여준다고 정확히 지적했다. 이를 통해 전 세계 대다수의 클라이언트 PC 사용자에게 도달할 수 있었기 때문이다. 둘째, 특정 미디어 플레이어와 호환되는 콘텐츠 및 애플리케이션의 전송은 그 자체로 상당한 경쟁 요인이라는 점도 지적했다. 이러한 호환성은 해당 미디어 플레이어의 인기를 높였고, 결과적으로 코덱, 포맷(DRM 포함) 및 서버 소프트웨어를 포함한 기본 미디어 기술의 사용을 촉진하는 효과를 가져왔기 때문이다.

먼저 콘텐츠 제공자에 대한 끼워팔기의 영향에 대해, 법원은 위원회의 해당 문제에 대한 평가가 타당하다고 생각한다. 특히, 위원회가 여러 서로 다른 기술을 제공하면 콘텐츠 제공자에게 추가 개발, 인프라 및 관리 비용이 발생하기 때문에, 콘텐츠 제공자로서는 광범위한 청중에게 다가가려면 제품에 단 하나의 기술만 사용하려는 경향이 있다는 점을 인정한 것은 매우 타당했다. 둘째, 법원은 위원회가 소프트웨어 개발자들에 대한 끼워팔기 효과를 올바르게 평가했다고 생각한다. 특히, 위원회는 소프트웨어 개발자들이 제품의 거의 모든 잠재적 사용자들에게 접근할 수 있는 경우 단일 플랫폼을 위한 애플리케이션을 만드는 경향이 있는 반면, 다른 플랫폼으로의 이식, 마케팅 및 지원은 추가 비용을 발생시킨다는 것을 관찰한 것은 옳았다. 셋째, 법원은 위원회가 끼워팔기로 Windows Media Player가 누리는 편재성이 무선 정보 장치의 미디어 플레이어, 셋톱 박스, DRM(Digital Rights Management) 솔루션 및 온라인 음악 서비스와 같은 인접 시장에도 영향을 미친다고 언급한 점을 상기한다. 이 점에 대해서는 Microsoft가 이런 판단을 무력화할 주장을 제시하지 못했다는 점을 언급하는 것으로 충분하다. 상술한 고려 사항에 비추어 법원은 위원회 이유제시의 두 번째 단계가 타당하다고 결론 내린다.

앞서 제시된 사항을 종합하면, 위원회가 끼워팔기의 반경쟁적 효과에 관해 내린 최종 결론은 타당하다. 위원회는 다음과 같은 타당한 결정을 하였다.

- Microsoft는 미디어 플레이어 시장에서 상당한 경쟁 우위를 확보하기 위해 Windows를 유통 채널로 사용한다.
- 끼워팔기 때문에 Microsoft의 경쟁자는 제품이 본질적으로 Windows Media Player보다 우수하더라도 선천적으로(a priori) 불리한 입장에 있다.
- 역량에 기반한 제한 없는 경쟁 결과로 더 빠른 혁신 주기를 보장함으로써 사용자에 이익인 정상적인 경쟁 프로세스를 Microsoft는 방해한다.
- 끼워팔기는 콘텐츠 및 애플리케이션 진입 장벽을 높여 Windows를 보호하고, Windows Media Player를 위한 이러한 장벽을 세우는 것을 용이하게 한다.

- Microsoft는 자사 지위에 도전할 수 있는 잠재적으로 더 효율적인 미디어 플레이어 공급업체와의 효과적인 경쟁으로부터 자신을 보호하고, 그 결과 미디어 플레이어 혁신에 투자된 인재와 자본을 감소시킨다.
- 끼워팔기를 통해 Microsoft는 인접한 미디어 관련 소프트웨어 시장에서 자사의 지위를 확대하고 효과적인 경쟁을 약화시켜 소비자에게 피해를 줄 수 있다.
- 결합판매를 통해 Microsoft는 자신이 관심을 가질 수 있고 미래에 Windows와 연계할 수 있는 모든 기술 혁신을 저해하는 신호를 보낸다.

따라서 위원회는 Windows와 Windows Media Player의 끼워팔기가 경쟁 감소를 초래할 합리적 가능성이 있고, 그래서 가까운 미래에 효과적인 경쟁 구조를 유지할 수 없게 될 것이라고 언급한 것은 근거가 있었다. 위원회는 이러한 끼워팔기가 스트리밍 미디어 플레이어 시장에서 모든 경쟁을 없애는 결과를 낳을 것이라고 언급하지 않았다는 점을 분명히 해야 한다. Microsoft는 문제된 남용행위가 시작된 지 몇 년이 지났지만 많은 제3의 미디어 플레이어가 시장에 여전히 있다고 주장했지만, 이는 위원회의 주장을 무효화하지 못한다.

앞서 언급한 모든 고려 사항에서 Microsoft는 경쟁 배제 상황과 관련한 위원회 결정에서 위원회가 내린 판단의 타당성을 훼손할 수 있는 어떠한 주장도 제시하지 않았다. 따라서 법원은 위원회가 이 사건에서 법적 기준에 따라 해당 요건이 충족되었음을 증명했다고 결론 내려야만 한다.

5. 비가격제한(Non-Price Restraint) - 배타조건부 거래(Exclusive Dealing)

미국 Standard Oil (Standard Stations) 판결

Standard Oil Co. v. United States, 337 U.S. 293 (1949)

Standard Oil Company(Standard)는 캘리포니아에 석유 생산 자원과 정유 공장을 소유하고 있으며 … 석유 제품을 판매한다. 회사는 자체 주유소를 통해 독립 주유소 운영자와 산업 사용자들에게 제품을 판매한다. 회사는 "서부 지역"에서 가장 큰 휘발유 판매업체이다. 이 회사의 1946년 총 판매량은 해당 연도 총 과세 갤런 수의 23%를 달했다. 이 중 회사 소유 주유소에 대한 판매량은 6.8%, 독점거래 계약을 맺은 독립 주유소의 판매량은 6.7%였으며, 나머지는 산업 사용자에게 판매되었다. Standard의 주요 경쟁사 6곳은 소매 주유소 판매는 총 과세 갤런 수의 42.5%를 차지했으며, 나머지 소매 판매는 70개 이상의 소규모 회사들에 분배되었다. Standard의 주요 경쟁사들이 유사한 독점거래 계약을 사용한다는 점은 다툼이 없다. 1948년에 소매점의 1.6%만이 "분할 펌프(split-pump)" 주유소로 알려진 곳으로, 여기서는 두 개 이상의 공급업체의 휘발유를 판매했다.

1947년 3월 12일 기준으로 서부 지역 소매 휘발유 판매점의 16%인 5,937개 독립 주유소 운영자와 Standard 간의 독점 공급계약(배타조건부 거래, exclusive supply contracts)이 체결되었다. 일부 판매점은 두 개 이상의 계약에 포함되어 있어 전체적으로 약 8,000개의 독점 공급계약이 이 사건에서 문제된다. 이러한 계약은 여러 유형이 있지만, 각 계약에 공통적으로 포함된 특징은, 판매업자가 특정 제품 하나 이상에 대해 Standard로부터 모든 필요량을 구매하기로 약정한다는 점이다. … 서면 계약 중 2,712건은 특정 조건이 다양했으며, 나머지는 연 단위로 갱신하되 "계약 연도의 첫 6개월 말 또는 해당 연도 말에 최소 30일 전 서면 통보를 통해 종료" 가능했다.

지방법원은 실제 또는 잠재적 경쟁 감소나 독점 형성 경향을 증명해야 하는 요건은, 계약이 "상대적인 고려를 했는지 여부와 무관하게, 상당한 수의 판매점과 상당한 양의 제품"을 포함한다는 증거로 적절하게 충족되었다고 판결했다. 지방법원은 그러한 양적인 상당성(quantitative substantiality)을 감안할 때, 경쟁의 실질적 감소는 자동적인 결과라고 판단했다. 이러한 계약의 존재 자체가 유통사로 하여금 경쟁 공급업체의 제품을 거래할 기회를 막고, 공급업체가 해당 유통사가 통제하는 판매점에 접근하는 것을 차단하기 때문이다. 법원은 이러한 증명 기준(standard of proof)을 채택하고, "이전 시스템과 비교되는 현 시스템의 상업적 장단점에 관한 증언과 법원이 현 시스템을 무효화할 경우 존속할 시스템과 비교하는 증언"을 관련 없는 것으로 배제했다.

법원은 마찬가지로 증거를 바탕으로 Standard의 경쟁자 수가 배타조건부 계약 시스템 도입 이후 증가했는지 감소했는지, 그들의 판매업자 수가 증가했는지 감소했는지, 그리고 그 시스템 채택 전후로 Standard와 그 경쟁자들의 비교 상태를 밝힐 수 있는 기타 사항에 대한 사실을 확인할 필요가 없다고 판단하였다.

따라서, 이 사건에서 우리가 다루어야 할 쟁점은, 계약의 효과가 [클레이튼법 제3조의] "경쟁을 실질적으로 감소시킬 수 있다(may be to substantially lessen competition)."는 점을 입증하기 위해 단순히 상업의 상당 부분이 영향을 받았다는 증거만으로 충분한지, 아니면 경쟁 활동이 실제로 감소했거나 감소할 가능성이 있다는 점도 추가로 입증해야 하는지 여부이다.

이 사건은 물론, Standard와 배타조건부 계약을 체결한 판매업자는 계약에 따라 Standard 경쟁사의 석유 제품을 판매할 수 없다는 점에서 다르다. 그러나 이 사건은 공급자가 시장을 지배하고 있다는 증거가 없는 상황에서, 계약의 실제 효과에 부여하는 중요성 때문에 의미가 있다. *International Salt* 판결은 적어도 비특허 제품과 특허 제품의 판매를 연계하는 계약에 대해, "영향받는 사업의 규모(the volume of business affected)"가 "사소하거나 중요하지 않은" 정도가 아니며, 계약 효과가 "상당한 정도의 시장(substantial market)에서 경쟁자 배제"가 증명되면, 경제적 결과를 증명할 필요성을 거부하였다. 그러한 기준에 따라, 우리는 소금 사용기계의 임대 조건으로 임차인이 피고가 공급하는 소금만 사용하도록 요구하는 행위에 대해 금지 명령을 허용하는 약식판결을 확정하였다.

피고가 산업용 소금의 최대 생산업체였으며, 임대된 기계에 대한 특허를 보유하고 있었고, 약 900개의 임대 계약이 체결되어 있었고, 1944년에 피고는 기계 사용을 위해 약 500,000달러 상당의 소금을 판매하였다. 동등한 기계를 구할 수 없다는 점이나 피고가 그러한 기계를 공급하는 사업의 어느 정도를 지배했는지는 증명되지 않았고, 끼워팔기 조항이 경쟁에 미친 실제 효과에 대한 증거가 없다는 점도 중요하지 않다고 간주되었다. 따라서 클레이튼법 제3조의 적용 여부 판단을 위해 배타조건부 거래(requirement contract)와 비특허 제품 및 특허 제품의 판매를 끼워파는 계약 간에 구분이 없다면, Standard의 독점 계약이 지역 내 총 5,800만 달러의 매출에 영향을 미치며 이는 전체 거래량의 6.7%를 차지했다는 점을 증명하는 것은 경쟁이 실질적으로 감소했거나 감소할 가능성이 있다는 추론을 크게 뒷받침한다.

International Salts 사건에서 정한 기준을 끼워팔기에 한정하는 것에 찬성하는 입장에는 중요한 경제적 차이점을 지적할 수 있다. 끼워팔기 계약은 경쟁을 억제하는 것 외에는 거의 어떤 목적을 수행하지 않는다. 끼워팔기 계약을 방어하는데 가장 자주 제기되는 정당화 근거는, 주상품 제조사의 영업권 보호인데, 주상품과 관련해 사용될 제품 유형과 품질을 명시하는 것만으로도 충분한 보호가 되기 때문에 일반적인 상황에서는 실패한다. 부상품의 제조사 브랜드가 실제로 경쟁업체 브랜드보다 우수하다면 구매자는 그것을 선택할 것이다. 일반적인 경우, 경쟁 감소에 대한 예상만이 판매자로 하여금 끼워팔기를 채택하도록 설득할 것이고, 특허 독점으로 부여되거나 다른 방법으로 획득된 주상품의 공급 통제만이 구매자가 끼워팔기 계약을 체결하도록 유도할 수 있다. 따라서 주상품 시장을 통제하고 있다는 사실은, 부상품에 대한 경쟁을 제한하는 데 사용되었거나 아마도 사용될 것이라는 추정에 대한 강력한 근거를 제공한다.

반면, 배타조건부 계약(requirements contracts)은 구매자와 판매자 모두에 경제적 이점이 될 수 있으며 따라서 간접적으로 소비 대중에게도 이익이 될 수 있다. 구매자의 경우, 공급을 보장하고, 가격 상승에 대한 보호를 제공하며, 알려진 비용에 기반한 장기 계획을 가능하게 하고, 수요 변동이 있는 상품에 대해 필요한 분량만큼의 보관 비용과 위험을 없앨 수 있다. 판매자의 관점에서는 배타조건부 계약은 판매 비용을 상당히 줄이고, 가격 변동에 대한 보호를 제공하며, 특히 자본 지출이 정당화되는지 아는 것이 중요한 신규 진입자에게 예측 가능한 시장 가능성을 제공한다. 또한 이러한 계약은 확고한 경쟁자의 반격에 맞서 입지를 다지려는 판매자에게 유용할 수 있다. 배타조건부 거래의 이러한 이점이 종종 그 사용을 설명할 만큼 충분할 수 있으므로, 그러한 계약이 상당한 거래량을 포함한다고 해서 경쟁이 감소할 수 있다는 추론의 근거가 끼워팔기 조항에 비해 약해진다. 특히 끼워팔기 조항이 주 기기의 시장 지배(market control)와 결합된 경우에는 더욱 그렇다. 게다가 특허는 실제로 특허 품목에 대한 많은 경쟁 대체품이 있을 수 있지만, 적어도 그러한 통제의 일응의 증거이다. 따라서 우리는 단순히 *International Salt* 판결을 인용함으로써 이 사건을 처리할 수 없었다.

따라서 클레이튼법 제3조의 요건 조항(qualifying clause)이 끼워팔기와 배타조건부 거래 금지를 동일하게 용어 구별 없이 부가되더라도, 관련 고려 사항은 확실히 경제적 추론의 문제로서 해당 조항의 요건을 충족하는데 필요한 증명에 대한 각 조항의 다양한 기준을 뒷받침한다. 만약 이러한 구별이 받아들여진다면, 배타조건부 거래의 경제적 유용성 또는 제한적 효과에 대한 다양한 기준은 적절해질 것이다. 그 중에는 계약 사용에도 불구하고 경쟁이 번창했다는 증거가 포함될 것이며, 그 기준에 따라 이 사건에서 상고인이 제출한 많은 증거가 중요할 것이다. 또한, 해당 계약이 경쟁을 억제하기 위해 사용되었는지 여부를 판단함에 계약 기간이 해당 상업 분야의 합리적인 요구에 부합하는지 여부도 중요한 요소가 될 것이다. 또 다른 판단 기준은 피고가 신생 경쟁자인지 아니면 이미 확고한 경쟁자인지에 대한 지위일 것이다. 그러나 아마도 가장 중요한 것은 피고의 시장 지배(market control) 정도일 것이다. 왜냐하면 그의 시장 지배가 클수록, 배타조건부 거래가 그 지위를 얻고 유지하는데 중요한 요인이, 합법적인 경제적 필요의 충족이라기 보다는 경쟁을 질식시킬 목적에서의 활용이라는 추론이 더 강해지기 때문이다.

그러나 이러한 기준을 적용하려는 시도에는 심각한 어려움이 따를 수 있다. 우리는 하급심이 그랬던 것처럼, 배타조건부 거래 시스템이 시행된 기간 동안 Standard의 경쟁적 지위가 개선되지 않았다고 가정할 수 있다. 또한 계약 기간이 과도하지 않으며, Standard가 단독으로 시장을 지배하지 않는다는 점도 추가로 가정할 수 있다. 그러나 Standard는 현재 시스템이 도입될 당시 주요 경쟁자였으며, 이 시스템을 채택하지 않았다면 그 지위가 악화되었을 가능성이 있다. 모든 다른 주요 공급업체들도 배타조건부 거래를 사용하고 있다는 점을 기억하고, 이러한 계약이 사용된 기간 동안 각 공급업체가 차지한 상대적 시장점유율이 대체로 동일하게 유지되었다는 점을 고려할 때, 이러한 계약의 효과가 기존 공급업체들이 개별적으로 자신의 입지를 유지하고 동시에 비록 담합은 아니나 집단적으로 후발 주자가 시장의 사소한 부분 이상을 차지하는 것을 막는데 기여했음을 추론하는 것은 지나치지 않을 것이다. 만약 이것이 정말로 해당 시스템의 결과라면, 단기적인 안정성이라는 부수적인 결과로 더 큰 효율성과 더 낮은 비용이 발생했을 수도 있다는 점은 중요하지 않을 것이다. 왜냐하면 반독점법 이론에 따르면, 공동체의 장기적 이익은 경쟁 제한의 제거에 달려 있기 때문이다.

또한, 단순한 추론에 더해 실제로 채택된 관행이 없었다면 어떤 결과가 발생했을지를 뒷받침할 증거를 요구하거나, 관행의 폐기를 명령함으로써 경쟁이 증가할 가능성을 확실히 예측할 것을 요구하는 것은, 기준이 사실상 충족 불가능하지 않더라도, 법원이 판단하기에 가장 부적합한 증명 기준이 될 것이다. 배타조건부 거래 시스템이 도입되기 전, Standard는 독립 서비스 주유소 운영자들을 대리인으로 하여 휘발유를 판매하였으며, 하급심 판결이 유지된다면 이 시스템으로 돌아갈 수 있다. 또는 기회가 생길 경우 현재 독립적으로 운영되는 주유소를 자회사인 Standard Stations이 관리하는 주유소 수에 추가할 수 있다. 경쟁 우위를 유지하거나 확장하는 관점에서 보면, 이러한 대안 중 어느 쪽도 배타조건부 거래의 사용만큼 효과적일 것이지만, 물론 이들이 독점으로 이어질 경향(tendency to monopoly)을 초래한다면 셔먼법의 반독점 조항에 저촉될 수 있다(*Alcoa* 판결). 상소인이 지적하듯이, 유통사들은 현재 배타조건부 거래가 유효한 기간 동안 예상되는 수요를 충족시키기에 충분한 양의 석유제품을 주문할 수 있는데, 심지어 이러한 사실도 어느 정도 경쟁을 배제할 수 있다. 따라서 이러한 다양한 경쟁 제한 방법이 열려 있는 한, 배타조건부 거래의 활용이 이를 택하지 않았다면 달성했거나 유지했을 수준 이하로 경쟁을 감소시켰다는 결정적인 증거가 된다고 할 수는 없다.

우리는 여기서 제3조에 의해 명시된 특정 유형의 계약을 다루고 있으며, 경쟁을 감소시킬 수 있는 통합 방식이나 기타 다른 협정을 다루고 있지 않다. 이 조항을 경쟁이 실제로 감소했다는 증명을 요구하는 것으로 해석하는 것은, 해당 조항의 명확함이 그것이 지목한 관행에 면책을 부여하는 수단이 되게 할 것이다. 의회는 이러한 관행이 경쟁을 감소시킬 수 있는 경우 해로운 것으로 공식적으로 결정하였다. 현재 시스템에 대한 대안으로 독립 판매업자를 매수해 이들을 Standard Stations의 직원으로 만드는 것이 시스템의 지속보다 공공의 이익(public interest)에 더 큰 해가 될 수 있지만, 이는 더 큰 효율성과 자유로운 경쟁 간의 선택과 마찬가지로 우리가 판단할 수 있도록 제출된 문제가 아니다. 우리는 일반 정책의 광범위한 표현이 아닌, 다른 방향으로 좁게 설정된 법적 조항에 대한 폭넓은 요건 조항을 마주하고 있을 뿐이다.

이와 관련하여 중요한 점은, 법안의 요건 문언(qualifying language)이 하원과 상원의 법안이 조정위원회(Conference)에 도달한 이후 추가되었다는 사실이다. 해당 문구를 추가한 위원들은 요건 조항이 제3조를 심각하게 약화시킨다는 항의에 대해, 이 문구가 증명 부담을 크게 증가시킬 의도가 없음을 분명히 밝혔다. 의회가 한 손으로는 셔먼법의 적용 범위를 넘어서는 관행에 대해 명시적 금지를 설정하면서, 다른 손으로는 동일한 공공의 이익에 대한 해악 기준을 다시 설정하려 했다고 보기는 어렵다. 그럼에도 불구하고 상고인이 요구하는 경제적 조사는 *Chicago Board of Trade* 판결에 언급된 바와 같이, 부당한 거래 제한에 대한 광범위한 범위와 동일하다. 이러한 조사를 고집하는 것은 배타조건부 거래가 경쟁을 실질적으로 감소시킬 "경향이 있다"는 의회 선언의 힘을 무효화하는 것이 될 것이다. 만약 주유소들이 단일 공급자의 석유 제품만을 판매하는 것이 경제적으로 바람직하다면, 계약에 묶이지 않더라도 계속 그렇게 할 것이며, 만약 소매 유통사들이 단일 공급자를 통해 필요 물량을 보장받는 것이 중요하다면, 유통사들의 후원 경쟁은 그들의 후원을 얻기 위해 그러한 계약을 요구할 수 있게 할 것이며, 이는 유통사들이 다른 곳을 찾지 못하도록 강제하지 않고도 이루어질 수 있을 것이다.

따라서 클레이튼법 제3조의 요건 조항은 영향을 받는 상업 분야의 상당한 비율에서 경쟁이 배제되었다는 증거로 충족된다고 결론 내린다. 유통사가 Standard와의 배타조건부 계약을 준수하는 것이 경쟁 공급업체가 유통사를 유치할 수 있는 모든 기회도 효과적으로 실질적으로 차단한다는 것은 부인할 수 없으며, 영향을 받는 석유 제품 소매 판매의 비중이 상당하다는 것은 명백하다. Standard의 경쟁업체들이 이러한 계약을 광범위하게 채택하고 있고 보장된 시장을 확보할 수 있는 대체 방법이 있다는 점을 고려할 때, 경쟁 활동이 실제로 감소하지 않았다는 증거는 결정적이지 않다. Standard가 해당 계약을 사용하는 것은 경쟁에 대한 잠재적인 방해를 발생시키는데, 왜냐하면 제3조의 목적은 무엇이건, 실제가 될 경우 경쟁 활동의 상당한 부분을 저해할 것이기 때문이다.

하급심 판결이 클레이튼법 제3조 해석에 의해 유지되므로, 우리는 그 판결이 셔먼법 제1조에 의해 유지될 수 있는지 여부를 추가로 고려할 필요는 없다.

미국 Dentsply 판결

United States v. Dentsply International, Inc., 399 F.3d 181 (3d Cir. 2005)

이 반독점 사건에서 우리는 제조업체가 딜러에게 부과한 배타 정책(exclusivity policy)이 셔먼법 제2조를 위반한다고 결론 내린다. 법원은 관련 시장의 특성과 제조업체와 딜러 간에 장기 계약이 없음에도 제한의 확립된 효과 때문에 그렇게 결론 내렸다. 따라서 우리는 피고에게 유리한 지방법원의 판결을 취소하고 정부의 가처분(injunctive relief) 신청을 인용하라는 지시와 함께 환송한다.

미국 정부는 피고 Dentsply International, Inc.(Dentsply)가 셔먼법 제2조를 위반하여 독점을 유지하기 위해 불법적으로 행동했으며, 클레이튼법 제3조로 금지된 불법적인 제한적 거래(illegal restrictive dealing) 계약을 체결했으며, 셔먼법 제1조를 위반하여 주(州) 간 무역을 제한하는 불법적인 계약을 사용했다고 주장했다. 지방법원은 정부가 구한 가처분 신청을 기각하고 피고에게 유리한 판결을 내렸다.

Dentsply는 펜실베이니아주 요크에 본사를 둔 델라웨어 법인이다. 회사는 의치 및 기타 보철 기구에 사용되는 인공 치아를 제조하여 치과 제품 딜러에게 판매한다. 딜러는 차례로 치아와 다양한 기타 재료를 치과 기공소(dental laboratories)에 공급하여 치과의사에게 판매할 의치를 제작한다. 관련 시장은 미국 내 기성 인공치아 판매 시장이다.

치의학의 발전으로 인공치아 제조는 성장 가능성이 낮거나 없는 특징을 보인다. Dentsply는 12~13개 제조업체로 구성된 이 산업을 오랫동안 지배해 왔고, 매출 기준으로 75~80%, 수량 기준으로 67%의 시장점유율을 기록했는데, 이 수치는 2위 사업자 보다 약 15배 더 크다. 딜러는 치과 기공소에 고정성 또는 가철성 보철물을 제작하는 데 필요한 다양한 금속, 도재, 아크릴, 왁스 및 기타 재료를 판매한다. 딜러는 인공 치아의 대량 재고를 유지하고 수백 개의 다른 제조업체에서 만든 치아 이외의 수천 개의 제품을 취급한다. Dentsply는 23개 딜러 네트워크에 치아 이외의 4억 달러 상당의 제품을 공급한다.

수백 개의 딜러가 서로 가격과 서비스를 기준으로 경쟁하고 있으며, 기공소에 직접 판매하는 제조업체도 있다.

15년 이상의 기간 동안, Dentsply는 딜러가 경쟁사 치아를 상품 라인에 추가하는 것을 막는 정책을 운영하였다. 1993년 Dentsply는 "딜러 기준 6(Dealer Criterion 6)"을 채택했다. 이 정책은 Dentsply−York 제품을 효과적으로 홍보하기 위해 공인 딜러는 "공급 제품 외 치아 라인을 추가할 수 없다."고 규정한다. Dentsply는 유통업체와 구매 주문 방식으로 운영되므로, 기본적으로 원할 때 거래를 종료할 수 있다. 딜러 기준 6은 1993년 이전 경쟁 제품을 취급해서 해당 제품 판매에 대해 "기득권"을 인정받은 딜러를 제외한 모든 딜러에 대해 시행되었다. Dentsply는 이러한 특정 유통업체가 기득권을 인정받은 제품 이외의 경쟁 제품 라인을 확장하려는 시도를 거부했다. Dentsply의 상위 5대 딜러는 기득권을 인정받은 경쟁 브랜드의 치아를 판매한다. 2001년 Dentsply의 전체 매출에서 5개 딜러의 비중은 다음과 같다. Zahn 39% Patterson 28% Darby 8% Benco 4% DLDS 4% 미만 등이며 총계는 83%이다.

16,000개의 치과 기공소가 보철물을 제작하고 7,000개의 하위 기공소가 의치를 제공한다. 기공소들은 가격과 서비스를 기준으로 서로 경쟁한다. 환자와 치과의사는 특히 분실되거나 손상된 의치의 경우 빠른 서비스를 중시한다. 기공소의 재고로 필요한 치아를 공급할 수 없는 경우, 딜러는 방문 고객의 주문을 처리하거나 Dentsply처럼 익일 택배를 이용할 수 있다. Dentsply는 딜러 주문 중 약 60%를 직배송했다.

딜러들은 딜러 기준 6에 불만을 품고 있지만, 적어도 최근까지는 누구도 인기 있는 Dentsply 치아를 포기하고 경쟁 라인을 취급한 적은 없다. Dentsply는 한때 기공소에 직접 판매하는 것을 고려했지만, 딜러들이 자사 다른 치과 제품의 구매 거부를 통해 보복할까봐 직접 판매를 포기했다.

지방법원은 Dentsply가 딜러 기준 6에 대한 사업상 정당화 사유는 구실에 불과하며, 경쟁사가 딜러에 접근하지 못하도록 명확히 고안됐다고 판결했다. 그러나 법원은 (경쟁사들이) 다른 딜러와 거래가 가능했고, 기공소에 직접 판매하는 것도 실행 가능한 사업 방식이라고 판단했다. 게다가 Dentsply가 매우 높은 초경쟁적(supra competitive) 가격 책정이 가능한 시장을 창출하지 못했고 딜러는 언제든지 네트워크를 떠날 수 있었으며, 정부가 Dentsply의 행동이 "'신규 혹은 잠재 경쟁자가 시장에서 발판을 마련하는 것'(*Le Page* 판결)을 막는 데 성공했거나 성공할 수 있다."는 점을 증명하지 못했다고 결론지었다. 따라서 법원은 정부가 클레이튼법 제3조 및 셔먼법

제1조 또는 제2조 위반을 증명하지 못했다고 판단했다.

정부는 이에 항소하며, 경쟁사들이 기존 딜러와 거래하는 것을 막는 독점기업이, 약탈적 의도를 가지고 행동함으로써 독점을 유지한 것이기 때문에 셔먼법 제2조를 위반한 것이라고 주장했다. 또한 정부는 경쟁사들이 시장에서 완전히 배제되는 것은 아니며 일부 가격이 더 비싸다는 사실에도 불구하고, 75%－80%의 시장점유율 유지, 가격 우산(price umbrella) 구축, 반복적인 공격적인 가격 인상 및 주요 유통 경로에서 경쟁사 배제는 Dentsply가 독점력을 보유하고 있음을 보여준다고 주장했다. 정부는 셔먼법 제1조나 클레이튼법 제3조에 대한 판결에 대해서는 항소하지 않았다.

셔먼법 제2조 위반은 두 가지 요건으로 구성되어 있다. (1) 독점력(monopoly power)의 보유와 (2) "... 우수한 제품, 사업 수완(business acumen) 또는 역사적 사건의 결과로 인한 성장이나 개발과 구별되는 그 힘의 유지"(*Kodak* 판결). "제2조에 따른 독점력(monopoly power)은 ... 제1조의 시장력(market power)보다 더 큰 무엇을 요구한다"(*Kodak* 판결). 제2조 위반이 되려면 피고는 "경쟁을 배제하거나, 경쟁 우위를 얻거나, 경쟁자를 파괴하기 위한" 불법행위 책임(guilty)이 있어야 한다. 반독점법을 준수했다고 할 수 있는 행위도 독점사업자가 실행할 경우에는 허용될 수 없는 배제행위가 될 수 있다. *LePage* 판결에서 우리가 판결했듯이 … 독점사업자는 경쟁적(또는 과점적) 시장에서 회사가 가능한 특정 행동을 선택할 자유가 없다. 왜냐하면 독점사업자의 행동에 대한 시장 제약이 없기 때문이다."(Areeda & Turner, *Antitrust Law*).

그 자체로는 불법은 아니지만, 배타조건부 거래 약정은 독점을 유지하는 부적절한 수단이 될 수 있다. 이러한 위반의 전제 조건은 독점력(monopoly power) 존재에 대한 판단이다. 여기에 더해, 배타적 행위는 반경쟁적 효과가 있어야 한다. 이러한 요건이 충족되더라도 독점사업자는 여전히 사업적 정당화 사유에 대한 항변을 행사할 수 있다. 독점의 불법적 유지는 피고가 독점력 유지에 상당한 기여를 한 것으로 합리적으로 보이는 경쟁제한 행위에 관여했다는 증거로 증명된다(*Microsoft* 판결). 약탈적 또는 배제적 관행 자체로는 충분하지 않다. 경쟁자뿐만 아니라 경쟁이 손상됐다는 증명이 있어야 한다(*LePage* 판결).

독점(monopoly)의 개념은 "가격을 통제하거나 경쟁을 배제하는 능력"으로 정의되어 온 독점력(monopoly power)과 구별된다. 그러나 이런 증거는 "드물게 이용 가능하므로 법원은 독점력에 대한 정황 증거를 찾기 위해 일반적으로 시장 구조를 조사한다."(*Microsoft* 판결). 따라서 독점력의 존재는 시장의 지배적 점유율로부터 추론할 수 있으며, 그 크기는 독점력 유무를 판단하는 주요 요인이다. 지배적이지 않은 시장점유율이라도 다른 관련 요인들과 결합하여 독점력을 증명하기에 충분할 수 있다. 다른 관련 요인들이 없는 경우, 시장력(market power)에 대해 일응의 추정(prima facie)을 인정받으려면 55%보다 상당히 큰 점유율이 요구되었다. 다른 관련 요인에는 경쟁 기업의 규모와 강점, 진입의 자유, 업계의 가격 추세와 관행, 소비자의 비슷한 상품으로 대체 능력, 소비자 수요가 포함된다.

기공소가 종국적인 소비자라는 데는 이의가 없다. 왜냐하면 치아가 다른 제품에 통합되는 과정에서 치아를 구매하기 때문이다. 구두 변론에서 Dentsply의 변호인은 "딜러는 시장이 아니라... 시장은 제품을 소비하는 치과 기공소다."라고 말했다. 지방법원은 여러 가지 다른 맥락에서 "시장"이라는 단어를 사용했지만, 조사 결과는 관련 시장이 Dentsply가 원하는 만큼 좁지 않다는 것을 보여준다. 법원은 Dentsply가 "인공치아 시장에서 매출 기준으로 75%에서 80% 사이의 지속적으로 높은 시장점유율을 유지해 왔다."고 말했다. Dentsply는 딜러에게만 판매하며, Dentsply가 주장하는 좁은 시장 획정은 지방법원의 이러한 판결과 완전히 일치하지 않을 것이다. 이러한 조사 결과는 지방법원이 우리와 마찬가지로 관련시장을 기공소와 딜러에 대한 인공 치아의 총판매로 이해했다는 것을 설득력 있게 보여준다.

Dentsply의 시장점유율은 시장력의 일응의 추정(prima facie case)을 인정하기에 충분하다. 게다가 Dentsply는 10년 이상 지배적인 점유율을 유지해 왔으며 그 불균형을 유지하기 위해 적극적으로 싸웠다. 연방제9항소법원은 "독점력을 평가할 때 중요한 것은 시장점유율이 아니라 시장점유율을 유지할 수 있는 능력이다."라고 판시한 바 있다. 지방법원은 우세한 시장점유율로 인해 독점력을 추론할 수 있다고 판단했지만, 그 요인에도 불구하고 Dentsply의 전략이 경쟁사가 치과 기공소에 직접 제품을 판매하는 것을 방해하지 않는다고 결론지었다. "Dentsply는 경쟁사들을 최종 소비자로부터 배제할 힘을 가지고 있지 않다."

연방대법원은 여러 차례에 걸쳐 반독점법에서 형식적 접근보다는 경제적 현실에 따라 반독점 활동의 검토를 관리해야 한다고 강조했다. "실제 시장 현실보다는 형식적 구분에 근거한 법적 추정은 반독점법에서 일반적으로 선호되지 않는다... 시장력(market power)의 존재를 판단할 때 ... 이 법원은 문제된 시장의 경제적 현실을 면밀히 조사했다"(*Kodak* 판결). "형식보다는 실질을 보면 논쟁의 여지가 거의 없다"(*Sealy* 판결).

Dentsply의 두 전직 관리자가 그들의 시장 참여 규칙을 설명하면서 인공치아 시장의 현실을 솔직하게 표현했다. 한 관리자는 딜러 기준 6이 "경쟁 유통 포인트를 차단"하도록 설계되었다고 증언했다. 그는 계속해서 "딜러가 경쟁을 수단으로 발판을 마련할 수 있게 허용하지 마라. 딜러를 묶어라. 주요 참여자를 풀어 놓지 마라."라고 증언했다. 다른 전직 관리자는 이렇게 말했다. "당신은 딜러와의 경쟁을 원하지 않으며, 딜러에게 경쟁력 있는 제품을 판매할 기회를 주고 싶지 않다. 당신은 최종 사용자, 즉 기공사 및(또는) 치과 의사에게 선택권을 주고 싶지 않다. 그(들)은 Dentsply 치아를 구매해야 한다. 그것만이 유일하게 가능한 것이다. 당신이 Dentsply 치아를 얻을 수 있는 유일한 장소는 딜러를 통해서고, 딜러가 판매하는 유일한 제품은 Dentsply 치아다. 그것이 당신의 목표다."

이러한 점들은 독점력을 유지하려는 계획의 명확한 표현이다. 지방법원은 Dentsply가 새로운 딜러와 기존 딜러 모두에게 경쟁업체의 치아를 취급하지 않겠다는 동의를 요구한 십여 개의 사례들을 상세히 기술했다. 예를 들어, DLDS 회사가 고객의 수요로 인해 두 개의 다른 치아 라인을 추가하려고 할 때, Dentsply는 자사의 치아뿐만 아니라 다른 치과 제품에 대한 접근도 차단하겠다고 위협했다. DLDS는 그 압박에 굴복했다. Dentsply 제품 외에 다른 제품을 판매하던 Trinity Dental의 종료도 유사한 사례였다. Trinity가 처음으로 치아 라인을 추가하고 경쟁업체를 선택했을 때, Dentsply는 다른 치과 제품 공급을 거부했다.

증거는 Dentsply가 딜러 네트워크에 대한 우위를 점하고 있음을 보여 주었고, 인공치아 시장에 대한 독점력이 확립된 것은 유통망의 중요 포인트였다는 점을 확실히 보여주었다. 이 사건에서 현실은 핵심 딜러를 묶어 두는 회사가 시장을 지배한다는 것이다.

지방법원은 Dentsply가 "최종 소비자"인 기공소에서 경쟁자를 배제할 힘이 없다고 결론내리면서, 관련 시장이 딜러와 기공소 모두에 인공치아를 "판매"한다는 점을 간과했다. 제조업체가 기공소에 판매한 것도 일부 있었지만, 압도적으로 많은 판매가 딜러에게 이루어졌다. 따라서 법원의 조사는 치아를 사용한 "최종 소비자"가 아니라 치아를 구매한 "고객"에게 적용되어야 했는데, 여기에는 딜러와 기공소가 모두 포함되었다. 이러한 잘못된 초점 때문에 지방법원은 명백한 오류를 범했다.

이 사건의 사실관계는 *LePage* 사건에서 사실관계와 매우 유사하다. 이 사건에서 투명 테이프 제조업체는 다른 제품에 대한 상당한 할인을 통해 대량 유통 채널을 확보했다. 법원은 경쟁 제조업체에 해를 끼치는 배타조건부 거래 및 번들 리베이트의 사용이 제2조를 위반했다고 판단했다. 마찬가지로 Microsoft 사건에서 연방D.C.항소법원은 주요 딜러와의 배타조건부 거래를 통해 제조업체가 제품 유통에 대한 이용 가능한 기회의 상당 부분에서 경쟁업체를 배제시켰다고 결론지었다. 이 사건의 증거는 Dentsply가 딜러 기준 6을 통해 상당 기간 동안 경쟁자를 딜러 네트워크에서 배제할 수 있었고, (딜러 채널은) 치과 기공소로 가는 좁지만 주로 활용되는 채널이었음을 보여준다.

가격 인상은 시장력의 존재를 평가하는 데 사용되는 또 다른 요소이다. 이 사건에서 배제의 증거는 Dentsply의 가격 통제보다 강력하지만, 의심스러운 가격에 대한 증언도 있다. 지방법원은 Dentsply가 시장에서 공격적인 가격 인상으로 이름나 있다고 판결했다. 양 당사자의 전문가가 딜러 기준 6이 폐지되면 가격이 떨어질 것이라고 증언한 것은 주목할 만하다. Dentsply의 전 영업 관리자는 딜러 기준 6이 없으면 회사의 시장점유율이 감소할 것이라는 데 동의했다. 대규모 유통업체는 Dentsply의 정책이 고가의 가격 우산을 만들었다고 지적했다. 장기간에 걸친 배타적 전략과 그 효과에 대한 사례 증거(anecdotal evidence)는 시장력(market power)이 존재했고 효과적으로 사용되었다는 점을 분명히 보여준다. 지방법원이 Dentsply에 시장력이 없다고 결론 내린 것은 오류였다.

정부는 Dentsply가 시장력을 보유하고 있다는 것을 증명한 후, 제2조 청구의 두 번째 요건인 그 지배력이 "경쟁을 배제하기 위해" 사용되었다는 것을 증명해야 한다. 제2조를 위반 주장의 검토에는 반경쟁적 효과를 평가하는 것이 중요하다. 셔먼법 제2조에 따르면 모든 경쟁이 시장에서 제거될 것을 요구하지는 않는다. 테스트는 완전한 봉쇄(total foreclosure)가 아니라, 문제된 거래가 상당수의 경쟁자를 방해하는지 또는 시장의 범위를 심각하게 제한하는지 여부이다.

전략적으로 계획된 일련의 배타조건부 거래는, 경쟁사가 자사 제품에 대한 대체 판로를 개발하도록 하거나, 적어도 일시적으로 열등하거나 더 비싼 판매점에 의존하도록 요구함으로써 경쟁사의 확장을 지연시킬 수 있다. 소비자 피해는 지배적인 기업이 소규모 경쟁사가 늦게 성장하도록 하는 것에서 발생한다(Hovenkamp, Antitrust Law).

주요 딜러가 Dentsply 치아를 유일하거나 지배적인 선택으로 제공하도록 함으로써, 딜러 기준 6은 Dentsply의 독점을 유지하는 데 상당한 효과가 있다. 이는 경쟁 치아의 판매를 Dentsply의 시장점유율에 실질적인 위협을 가할 수 있는 임계 수준 이하로 유지하는 데 도움을 준다. 따라서 딜러 기준 6은 경쟁에 해를 끼치는 견고한 기둥이다.

Dentsply는 항상 딜러를 통해 치아를 판매했다. Vita는 독점 유통업체이자 국내 계열사인 Vident를 통해 판매하지만 시장점유율은 3%에 불과하다. Ivoclar는 과거에 딜러와 어느 정도 관계가 있었지만, 기공소와의 직접적인 관계는 5%에 불과하다. 여기에는 여러 요인이 작용한다. 많은 치과 기공소에게, 딜러는 인공치아의 선호되는 공급원이다. 지방법원은 "기공소는 딜러 중개인이 없어져 비용 절감이 가능하기 때문에 직접 구매하는 것을 선호한다."고 지적했지만, 사실 기공소는 시장의 현실에 의해 제조업체보다 딜러로부터 훨씬 더 많이 구매할 수밖에 없게 된다. 이는 주로 딜러가 기공소에 제공하는 유익한 서비스, 신용 기능, 규모의 경제성 및 편의성에 기인할 수 있으며, 기공소가 제조업체로부터 직접 구매할 때는 이러한 혜택을 누릴 수 없다.

딜러가 수행하는 또 다른 서비스는 치아 반품을 회수하는 것이다. 치과 분야에서 인공치아와 의치 반품은 꽤 흔하다. 모든 기공소의 치아 구매의 약 30%가 교환 또는 환불을 위해 반품된다. 지방법원은 Vita를 제외한 모든 제조업체가 치아 반품을 허용한다는 이유로 이 혜택을 무시했다. 그러나 딜러의 반품과 제조업체 반품을 동일시함으로써, 지방법원은 제조업체가 아닌 딜러를 사용하면 기공소가 반품을 통합할 수 있다는 사실을 간과했다. 기공소는 딜러에게 한 번 배송하면 여러 제조업체의 제품을 반품할 수 있으므로 배송, 시간 및 거래 비용을 절약할 수 있다.

딜러는 제조업체에도 이점을 제공하는데, 아마도 가장 분명한 것은 규모의 효율성이다. 수백 개, 아니 수천 개의 기공소에 직접 판매하는 것과 달리, 일부 대량 딜러를 사용하면 제조업체의 유통 비용과 신용 위험이 크게 줄어든다. 예컨대, Dentsply는 현재 23개 딜러에게 판매하고 있다. 딜러를 통하지 않고 개별 기공소에 직접 판매한다면 Dentsply는 상당히 높은 거래 비용, 신용 부담 확대 및 신용 위험을 부담하게 될 것이다. 또한 딜러는 제조업체가 스스로 창출할 수 있는 것보다 더 많은 시장 노출과 영업 담당자 범위를 제조업체에 제공한다. 노출과 판매 범위가 증가하면 전통적으로 더 많은 판매로 이어진다.

딜러가 제조업체에 제공하는 이점은 딜러를 인공치아 시장에 대한 선호하는 유통 채널, 실제로는 "관문(gateway)"으로 만드는 데 기여한다. 그럼에도 불구하고 지방법원은 직접 판매하는 것이 인공 치아를 유통하는 "실행 가능한(viable)" 방법이라고 판결했다. 그러나 우리는 그것이 "가능하다"는 의미에서만 "실행 가능하다"고 확신하며, 그것이 존재하고 기능하는 시장에서 실용적 혹은 실현 가능하다(feasible)는 의미는 아니다. 지방법원의 "실행 가능성(viability)"에 대한 결론은 사실과 상치되며 분명히 오류가 있다. Dentsply의 경쟁업체가 치과 기공소에 직접 판매할 수 있고, 소수의 업체가 그렇게 하는 것은 사실이다. 그러나 부인할 수 없는 현실은, 딜러가 기공소를 통제할 수준으로 접근성을 가지고 있다는 것이다. 기공소와 긴밀한 관계를 맺고 있는 Dentsply 딜러 네트워크로 인해, 제조업체가 상당한 양을 기공소에 대한 직접 유통에 의존하는 것은 비현실적이다. 판매 거래 당사자는 배타조건부 거래를 계약으로 간주하지만 기술적으로는 일련의 독립적인 판매에 불과하다. Dentsply는 개별 거래 기준으로 딜러에게 치아를 판매하며 본질적으로 약정은 "임의적"이다. 그럼에도 불구하고, 관련된 경제적 요인들, 즉 Dentsply가 차지하는 시장점유율이 크고 경쟁 제조업체를 배제하는 행위 때문에 이러한 약정은 현실적으로 서면 계약과 마찬가지로 실효적이다.

이 사건에 존재하는 상황을 감안할 때, 배타조건부 거래의 실효성을 의심할 근거는 없다. LePage 사건에서, 우리는 3M의 공격적인 리베이트 프로그램이 LePage의 경쟁 능력을 손상시키고, 그로 인해 경쟁 자체를 해쳤다고 결론지었다. LePage는 3M이 제공한 할인에 맞설 수 없었다. 마찬가지로, 이 사건에서, 관계를 종료할 수 있는 법적 용이성에도 불구하고, 딜러는 Dentsply의 치아를 계속 취급할 강력한 경제적 유인을 가지고 있다. 딜러 기준 6은 이가 없는 것(edentulous)이 아니다.

추가적인 경쟁제한 효과는 최종 사용자인 치과 기공소에게 열려 있는 제품 선택을 제한하는 이러한 배타적 행위에서 볼 수 있다. Dentsply 제품군에 고착된 딜러는 다른 제조업체의 제품에 대한 요청에 응할 수 없고, 편의성 측면에서 볼 때 딜러의 이런 무능력은 어느 정도 시장에서 기공소의 선택을 저해한다. 경쟁사가 딜러를 유혹하기 위해 예상할 수 있는 매출 수준은 Dentsply에 비하면 미미했다. Dentsply는 이러한 딜러와 오랜 관계를 유지해 왔으며 다른 치과 제품 판매도 포함했다. 예를 들어, Dentsply는 Zahn이 Ivoclar 치아를 판매하면 거래를 종료하겠다고 위협했다. 당시 Ivoclar의 예상 매출 120만 달러는 Zahn의 Dentsply 매출 800만 달러보다 85% 낮았다. 잠재적인 시장 진입업체는 Dentsply 딜러가 실험실로 가는 관문(gateway)으로서의 우월적 지위가 있다고 확인했다. Ivoclar의 사장은 회사가 두 개의 대형 국내 딜러와 기타 지역 딜러에 접근하는 데 실패했다고 증언했다. 그는 딜러를 통해 판매하는 것이 더 효율적이며, 또한 치과 대학에서 홍보를 통해 미래 고객들에게 진입할 수 있는 기회를 제공했다고 지적했다.

딜러 기준 6은 딜러가 Dentsply의 치아를 선호해서 경쟁 라인을 거부하게 하는 강력한 경제적 유인을 만들었다. *LePage*의 경우와 마찬가지로 경쟁사는 딜러에게 전환할 만한 경제적 유인을 제공할 수 없었다. 게다가 기록에 따르면, Dentsply는 Darby를 딜러로 추가하여 "주요 경쟁 유통 지점으로부터 Vita를 차단"했다. Dentsply 임원에 따르면, "핵심 이슈"는 "Vita의 잠재적 유통 시스템"이었다. 그는 Vita가 "고객에게 치아를 내놓는 데 어려움을 겪고 있다. 그들의 주요 약점 중 하나는 유통 시스템"이라고 설명했다.

치아는 의치의 중요한 부분이지만, 그것은 단지 한 구성 요소일 뿐이다. 딜러는 모든 기공소의 요구를 충족해야 하며 실행 가능한 한 많은 구성 요소를 취급해야 한다. 인공치아 사업은 치과 제작 산업의 나머지 부분과 분리하여 현실적으로 평가할 수 없다. 한 주요 논문은 이 상황에 대한 유용한 비유를 제공한다. 남성 넥타이는 나비 넥타이 전문점 혹은 심지어 넥타이 종합 전문점에서 효율적으로 판매될 수 없고, 오히려 점원이 다양한 제품에 노력을 분산할 수 있고 넥타이를 셔츠와 정장과 함께 판매할 수 있는 백화점에서 판매해야만 한다고 가정해 보자. 나아가 지배적인 나비 넥타이 제조업체가 마을의 유일한 3개 백화점에 배타조건부 거래를 강요한다고 가정해 보자. 이 경우 경쟁 나비 넥타이 제조업체는 쉽게 진입할 수 없다. 또 다른 백화점을 세우는 것은 불필요하고 자체 생산량에 비해 매우 큰 투자다. 우리는 나비 넥타이만 가정하지만, 선택지가 작은 제품군을 제공하는 매장은 비효율적이며 나비 넥타이 판매 관점에서도 비용이 많이 드는 판매자가 될 것이다. 결과적으로, 이러한 배타조건부 거래는 비지배적인 나비 넥타이 제조업체를 배제하거나 혹은 지배적 기업과 비교하여 그 비용을 증가시킬 수 있다. 백화점은 여러 제조업체의 넥타이 판매를 선호할 수 있지만, "전부 아니면 전무(all or nothing)" 선택에 직면하면 지배적 기업의 배타조건부 거래 요청을 수용할 수도 있다(Hovenkamp, Antitrust Law). 기준 6은 딜러에게 "전부 아니면 전무" 선택을 강요한다. 딜러가 경쟁사의 브랜드로 바꾸는 대신 Dentsply 치아를 포기하지 않기로 선택한 사실은, 그들이 엄청난 경제적 압력에 굴복했음을 보여준다.

이 사례는 *Microsoft* 사건과 같은 역동적이고 변동성이 큰 시장이나 입증된 대체 유통 채널과 관련이 없다. 다른 유통 경로가 시장에 미치는 전반적인 중요성을 평가하지 않고는 다른 유통 경로가 단순히 존재한다는 것만으로는 충분하지 않다. 배타조건부 거래의 경제적 영향은 인공치아 분야의 정체되고 성장이 없는 상황에서 증폭된다.

Dentsply가 23개의 공인 딜러들을 장악한 것은 사실상 인공치아 시장을 질식시켰고, 경쟁업체들에게는 작은 틈만을 남겼다. 지방법원은 이러한 상황을 과소평가하고 치과 기공소에 대한 직접 접근을 통한 성공의 이론적 가능성에 초점을 맞춘 것은 오류였다. Dentsply가 공정한 경쟁을 통해 우월한(preeminent) 지위를 얻었다고 가정할 수 있지만, 그 사실이 불공정한 행위를 통한 독점 유지를 허용하지는 않는다. 우리는 이 기록을 바탕으로 정부가 Dentsply의 배타적 정책, 특히 딜러 기준 6이 제2조를 위반했음을 증명했다고 결론 내린다.

앞서 언급했듯이, 회사가 독점력을 행사하더라도 사업적 정당화 사유를 증명함으로써 방어할 수 있다. 정부가 경쟁에 대한 피해를 증명했기에, 딜러 기준 6이 충분히 친경쟁적 목표를 촉진한다는 것을 보여줄 책임이 Dentsply에게 넘어갔다. 지방법원은 "Dentsply가 배제 정책에 대해 주장한 정당화 사유들이 배제 정책의 공표 이유, 정책을 집행하는 행위, 경쟁 공급업체의 행동 및 시장에서의 딜러의 행동과 일치하지 않는다."고 판단했다. 딜러 중 일부는 Dentsply의 정책이 자신들이 판매 가능한 제품을 너무 많이 통제한다고 반대했지만, 기득권을 가진 딜러들이 전속 딜러보다 효율성이 떨어지지도 않았고, 판촉 지원에도 차이가 없었다. 또한 전속 딜러와 기득권을 가진 딜러가 기공소에 제공하는 서비스 수준에 실질적 차이가 있다는 증거도 없었다. 기록은 Dentsply의 정당성 주장은 핑계에 불과하며 이러한 주장이 문제된 배제적 행위를 면책시키지도 않는다는 지방법원의 결론을 충분히 뒷받침한다.

EU Van den Bergh Foods 판결

Case T-65/98, Van den Bergh Foods Ltd v Commission, [2003] ECR II-4653, ECLI:EU:T:2003:281

Unilever plc의 완전 자회사인 Van den Bergh Foods Ltd(HB)는 아일랜드에서 아이스크림 주요 제조업체로, 특히 즉시 소비용 개별 포장 아이스크림(충동구매용 아이스크림)을 생산한다. HB는 수년간 아이스크림 소매업체에 냉동고를 공급해 왔으며, 이 냉동고의 소유권은 HB가 보유하고 있으며, HB 아이스크림만을 위해 사용된다는 조건[배타 조항(exclusivity clause)]으로 무료 또는 명목상의 임대료로 제공된다. 냉동고 계약의 표준 조건에 따라, 양측 모두 2개월 전에 통지하면 언제든지 계약을 해지할 수 있다. HB는 소매업자의 과실이 있는 경우를 제외하고 소매업체에 비용을 청구하지 않고 냉동고를 유지·관리한다.

미국 기업 Mars Inc.의 자회사인 Masterfoods Ltd(Mars)는 1989년 아일랜드 아이스크림 시장에 진출했다. 1989년 여름, HB에서 공급한 냉동고를 갖춘 많은 소매업체가 Mars 제품을 재고로 확보하고 진열하기 시작했다. 이로 인해 HB는 배타 조항을 준수할 것을 요구했다. 1990년 3월, Mars는 아일랜드 고등법원에 소를 제기하여 배타 조항이 국내법과 [TFEU 제101조, 제102조]에 따라 무효라는 선언을 구했다. 별도의 반소에서 HB는 Mars가 배타 조항 위반을 유도하거나 조장하는 것을 제한하는 금지명령(injunctions)을 신청했다.

법원은 예비 쟁점으로, 배타 조항이 소매업체가 HB 제품만 판매하도록 요구하지 않는다고 지적한다. 결과적으로 해당 조항은 형식적으로 관련 시장에서 경쟁을 제한하는 것을 목적으로 하는 배타적 구매 의무가 아니다. 따라서 법원은 먼저 위원회가 관련 시장의 특정 상황에서 냉동고에 관한 배타 조항이 실제로 일부 판매점에 배타적 구매 의무를 부과하는지, 그리고 위원회가 시장봉쇄 정도를 정확하게 정량화했는지 여부를 적절히 증명했는지 검토해야 한다. 그런 다음 법원은 적절하게 봉쇄 정도가 [TFEU 제101조 (1)항]을 위반에 해당할 만큼 충분히 높은지 확인해야 한다. 복잡한 경제 문제에 대한 평가와 관련된 위원회 조치에 대한 사법적 검토는 절차 및 이유 설시에 대한 관련 규칙이 준수되었는지, 사실이 정확하게 명시되었는지, 평가에 명백한 오류나 권한 남용이 있었는지 확인하는 것에 국한되어야 한다.

HB의 배타적 유통 계약이 [TFEU 제101조 (1)항]에 포함된 금지에 해당하는지 여부를 판단하기 위해서는, 판례에 따라 관련 시장에서 체결된 모든 유사한 계약과 문제가 되는 계약의 경제적, 법적 맥락의 다른 특징을 통해, 해당 계약들이 누적적으로 새로운 경쟁자의 해당 시장 접근을 거부하는 효과가 있는지 여부를 검토하는 것이 적절하다. 검토 결과 그렇지 않은 것으로 판명되면 계약 묶음을 구성하는 개별 계약은 [TFEU 제101조 (1)항]의 의미 내에서 경쟁을 저해할 수 없다. 반면, 그러한 검토에서 시장 접근이 어렵다는 것이 밝혀진다면, 문제의 계약들이 누적 효과에 어느 정도 기여하는지 평가할 필요가 있는데, 시장 분할에 상당한 기여를 하는 계약만 금지되기 때문이다. 따라서 HB의 주장과 달리, 소매업체에 대한 계약적 제한은 법적 관점에서 순전히 형식적인 방식뿐만 아니라, 해당 계약이 운영되는 특정 경제적 맥락, 특히 관련 시장의 특수한 특징을 고려하여 검토되어야 한다. 이는 실제로 그러한 제한을 강화하고 [TFEU 제101조 (1)항]에 반하여 해당 시장에서 경쟁을 왜곡할 수 있다.

따라서 위원회가 HB 아이스크림의 인기와 관련 시장에서의 지위를 고려한 것은 합법적인 사업적 성공에 대해 처벌하는 것은 아니다. 위원회는 단지 HB가 공급한 냉동고가 판매점에 존재함으로써 발생하는 소매업자들의 실질적 의존성, 관련 시장에서 HB의 지배적 지위, HB 제품군의 인기, 일반적인 매장 특징인 공간 부족과 관련된 제약, 두 번째 아이스크림 제품군을 재고로 보유하는 것과 관련된 불이익 및 위험을 모두 이 사건의 경제적 맥락의 일부로 구성하는 특징으로 식별했을 따름이다.

법원은 또한 위원회가 문제의 제품의 특정한 특징과 이 사건의 경제적 맥락을 고려하여, HB의 유통 계약 네트워크와 배타 조건에 따라 무료로 냉동고를 공급하는 것이, 소매업체가 자체 냉동고 혹은 다른 제조업체의 냉동고를 설치하는 데 상당한 억제 효과를 미치고, HB 냉동고만 보유한 판매점, 즉 관련 시장 판매점의 40%에게 사실상 끼워팔기로 작용한다고 올바르게 결정했다고 판단했다. HB 냉동고만 있는 소매업체가 다른 제조업체의 아이스크림을 판매하는 것이 이론적으로 가능하다는 사실에도 불구하고, 실제로 배타 조항의 효과는 소매업체가 판매점에서 판매하고자 하는 제품을 선택할 상업적 자유를 제한한다.

그러나 HB는 법원이 배타 조항이 판매점과 관련하여 사실상의 끼워팔기로 작용한다고 결론지을 경우 유통 계약으로 인한 봉쇄 정도는 관련 시장의 전체 판매처의

6% 이하이며 해당 시장에서 상당한 경쟁 제한으로 이어지지 않는다고 주장한다. 따라서 HB는 관련 시장의 판매점의 40%가 실제로 봉쇄되었다는 위원회의 판단은 명백히 잘못된 것이라고 주장한다. HB는 이 비율이 너무 높다고 말하는데, 특히 여기에는 봉쇄로 간주할 수 없는 3가지 판매점 범주가 포함되기 때문이다. 이와 관련하여 HB는 관련 시장의 봉쇄 정도를 계산하려면 소매업체가 아이스크림 공급업체를 변경하고자 하나 그렇게 할 수 없는 판매점만 고려해야 한다고 주장한다.

이 주장은 기각되어야 한다. HB 주장과 달리, HB 냉동고가 1개 이상 있는(따라서 냉동고를 1개 이상 설치할 공간이 있는) 6%의 판매점에서, 소매업체는 HB 냉동고 교체 및 다른 브랜드 아이스크림 판매를 통해 이전에 HB 아이스크림으로 달성한 것과 적어도 같은 매출을 얻을 수 있다고 판단하지 않는 한, HB 냉동고를 교체할 가능성이 낮다. 기록을 보면, 실제로 관련 시장에서 HB의 지위와 인기 때문에 소매업체는 HB가 공급한 냉동고 중 하나를 자체 냉동고나 다른 제조업체의 냉동고로 교체하는 경우가 매우 드물다.

HB는 소매업체가 HB와의 유통 계약을 언제든지 해지할 수 있는 선택권이 있기 때문에, 배타 조항에 의해 부과된 냉동고 배타성을 판매점 배타성(outlet exclusivity)으로 간주할 수 없다고 주장한다. 법원은 이에 대해 이러한 가능성이 해당 선택권이 사용되지 않는 기간 동안 문제된 계약의 효과적인 집행을 결코 막지 못한다고 판단한다. 따라서 유통 계약이 관련 시장에 미치는 영향을 평가할 때 법원은 실제 지속기간을 고려해야 한다. 배타 조항이 몇 개월 또는 몇 년에 걸친 계약 의무와 결합되어 있는 다른 회원국 상황과 달리, HB는 위원회가 인정하는 현재 상황은, 소매업체가 매우 짧은 통지 기간 또는 심지어 즉시 해당 조항을 해지할 수 있는 가능성을 제공한다고 주장한다. 이러한 주장은 그 선택권이 실제로 행사되고, 관련 시장의 신규 진입자가 정기적으로 판매점에 접근 가능할 경우 설득력이 있을 수 있다. 그러나 위원회가 보여준 바와 같이, HB의 유통 계약은 평균 8년마다 해지되기 때문에 그렇지 않다. 따라서 HB 유통 계약을 해지할 수 있다는 주장은 타당하지 않은데, 이는 그렇게 할 수 있는 가능성이 실제로 관련 시장의 봉쇄 정도를 줄이는 데 작용하지 않기 때문이다.

이 사건에서 합리의 원칙 적용에 관한 HB의 주장과 관련하여, 법원은 공동체 경쟁법에 그러한 규칙의 존재가 인정되지 않는다고 지적할 것이다. 더욱이 HB가 제안한 것과 같은 [TFEU 제101조 (1)항]에 대한 해석은 [제101조]에 규정된 규칙의 구조와 조화되기 어렵다. [TFEU 제101조]는 제3항에서 경쟁제한 합의가 여러 조건을 충족하는 경우, 특히 특정 목적 달성에 필수불가결(indispensable)하며 사업자에게 해당 상품의 상당 부분과 관련해 경쟁을 제거할 가능성을 제공하지 않는 경우, 명시적으로 면제를 규정한다. 해당 조항의 구체적인 틀 내에서만 친경쟁적 측면과 경쟁제한적 측면을 비교 형량할 수 있다. [TFEU 제101조 (3)항]에 따른 심사가 이미 [제101조 (1)항]에 따라 수행되어야 한다면 그 실효성의 상당 부분을 상실할 것이다.

[TFEU 제101조 (3)항]의 첫 번째 조건에 관해서, 면제될 수 있는 합의는 상품의 생산 또는 유통을 개선시키거나 기술적 또는 경제적 진보를 촉진하는 데 기여하는 합의이다. 법원은 이와 관련하여 EU대법원과 1심법원의 확립된 판례에 따르면, 개선은 당사자가 생산 또는 유통 활동 관련 합의에 따른 모든 이점과 같을 수 없다. 개선은 특히 경쟁 분야에서 야기되는 불이익을 상쇄할 상당한 객관적 이점을 보여야 한다. 위원회는 특히 냉동고 이용계약이, HB와 계약상대방인 소매업체를 위해 Regulation 1984/83의 다섯 번째 전문(recital)에서 설명된 이익의 일부 또는 전부를 보장할 수 있으며, 현재 HB가 사용하는 유통 방식이 계획, 조직 및 유통의 효율성 측면에서 HB와 소매업체에 일정한 이점을 제공할 수 있다고 인정했다. 그럼에도 불구하고 위원회는 이러한 협정들이 경쟁에 초래된 불이익을 상쇄할 만큼의 상당한 객관적 이점을 제공하지 않는다고 판결했다. 이 주장을 뒷받침하기 위해, 위원회는 문제의 냉동고 계약이 관련 시장, 특히 잠재적 경쟁사와의 경쟁에서 HB의 입지를 상당히 강화했다고 지적했다. 이와 관련하여, 위원회는 HB만큼 시장에서 중요한 사업자의 강화는 더 많은 경쟁이 아닌 더 적은 경쟁으로 이어진다고 정당하게 보았는데, 그 이유는 해당 사업자의 계약 네트워크가 다른 사업자의 시장 진입과 기존 경쟁자의 시장 내 확장에 주요 장벽이 되기 때문이다. 또한 관련 시장의 봉쇄 수준이 40% 수준이며 HB가 주장하는 6%가 아니라는 점도 지적해야 한다.

매우 큰 시장점유율은 그 자체로, 예외적인 상황을 제외하고는 지배적 지위의 존재에 대한 증거라는 것이 확립된 판례다. 훨씬 작은 시장점유율을 가진 사업자가 1위 업체로부터 벗어나려는 사람들의 수요를 신속하게 충족할 수 없다. 때문에 시장점유율이 매우 크고, 생산량과 공급 규모를 통해 얼마 동안 시장점유율을 유지하는 사업자는, 이런 점유율 덕분에 불가피한 거래 파트너가 되는 강력한 위치에 있다. 단지 이 점 때문에도 적어도 비교적 긴 기간 동안 지배적 지위의 특별한 특징인 행동의 자유(freedom of action)를 확보한다(*Hoffman–La Roche* 판결). 더 나아가, 지배적 지위란, 사업자가 관련 시장에서 유효 경쟁(effective competition)이 유지되는 것을 저지할 수 있는 경제적 힘을 가진 지위(a position of economic strength)로, 경쟁자와 고객, 그리고 궁극적으로 소비자로부터 상당한 정도로 독립적으로 행동할 수 있는 힘을 부여한다(*United Brands* 판결).

법원은 먼저 문제된 결정이 관련 시장을 아일랜드의 개별 포장된 충동구매용 아이스크림 시장으로 획정했다는 점에 주목하고 HB도 이의를 제기하지 않고 있다. HB는 위원회가 주장한 바와 같이 관련 시장에서 자사 점유율이 판매량 및 매출액 기준 75%를 초과하고 수년간 그 점유율을 유지해 왔다는 점을 다투지 않으면서도, 해당 시장에서 지배적 지위를 보유하고 있지 않다고 주장한다. 문제된 결정이 채택되었을 때 관련 시장에서 HB의 점유율은 89%였다. 또한 Mars와 Nestlé와 같은 관련 시장에 존재하는 다른 충동구매용 아이스크림 공급업체들이 매우 작은 시장점유율을 가지고 있다는 점을 지적해야 한다. 따라서 HB는 관련 시장에서 극히 큰 점유율을 보유하고 있을 뿐만 아니라 자사의 시장점유율과 직접적인 경쟁자들의 점유율 사이에 상당한 격차가 존재한다. 나아가 기록에 따르면 HB가 관련 시장에서 가장 광범위하고 가장 인기 있는 제품군을 보유하고 있으며, 관련 시장의 판매점 약 40%에서 충동구매용 아이스크림의 유일한 공급업체이고, 다국적 Unilever 그룹의 일원으로서 수년간 모든 회원국과 많은 다른 국가들에서 아이스크림을 생산 및 판매해 왔으며, 이 그룹의 기업들이 각자의 시장에서 주요 공급업체의 위치에 있고, HB 브랜드가 매우 잘 알려져 있다는 점이 명확하다. 따라서 법원은 위원회가 HB가 관련 시장의 많은 소매업자들에게 불가피한 거래 파트너이며 해당 시장에서 지배적 지위를 가지고 있다고 정확히 판단했다고 인정한다.

다음으로, 위원회가 다툼이 있는 결정에서 HB가 관련 시장에서 지배적 지위를 남용했다고 결론 내린 것이 올바른지 확인할 필요가 있다. 확립된 판례에 따르면, 남용의 개념은 지배적 지위에 있는 사업자의 행동과 관련된 객관적인 개념으로, 해당 사업자의 존재 자체로 경쟁 정도가 약화된 시장 구조에 영향을 미치고, 상거래에서 상품 혹은 서비스의 정상적인 경쟁 조건과 다른 방법을 통해 시장에 여전히 존재하는 경쟁 정도를 유지하거나 그 경쟁의 성장을 방해하는 효과를 가진다(*Hoffman-La Roche* 판결 및 *AKZO* 판결). 따라서 [TFEU 제102조]는 지배적 사업자가 경쟁자를 제거하고 역량 경쟁(competition on the merits)이 아닌 다른 수단을 통해 지위를 강화하는 것을 금지한다. 해당 조항에 규정된 금지는 소비자에게 피해를 입히지 않으려는 우려에 의해서도 정당화된다(*Suiker Unie* 판결 등). 따라서 사업자가 지배적 지위를 가지고 있다는 사실 그 자체가 비난의 대상이 되는 것은 아니지만, 그러한 지배적 지위를 가진 이유와 관계없이, 해당 사업자는 공동 시장에서 진정한 왜곡되지 않은 경쟁을 저해하지 않을 특별한 책임이 있음을 의미한다(*Michelin* 판결).

법원은 예비적 쟁점으로, HB가 배타조건부로 냉동고를 제공하는 것이 관련 시장에서 표준 관행에 해당한다고 주장하는 것이 정당하다고 판단한다. 경쟁 시장의 보통 상황에서 이러한 계약은 두 당사자의 이익을 위해 체결되며 원칙적으로 금지될 수 없다. 그러나 경쟁 시장의 일반적인 상황에서 적용되는 이러한 고려 사항은 거래자 중 한 명이 지배적 지위를 차지하고 있기 때문에 이미 경쟁이 제한된 시장에서는 무조건 받아들일 수는 없다. 상품의 생산 또는 유통 개선에 기여하고 균형 잡힌 시장에서 경쟁에 유익한 영향을 미치는 사업 행위는, 관련 시장에서 지배적 지위를 차지하고 있는 사업자가 관여하는 경우 이러한 경쟁을 제한할 수 있다. 배타 조항의 성격과 관련하여, 법원은 위원회 결정에서 HB가 즉석 아이스크림 저장용 자체 냉동고가 없거나 HB 아닌 다른 아이스크림 공급업체의 냉동고가 없는 소매업체가 배타조건부 냉동고 제공계약을 수락하도록 유도함으로써 관련 시장에서 지배적 지위를 남용했다고 올바르게 판단했다. 이 사건의 경우 [TFEU 제102조] 위반은, 소매업체에 냉동고를 공급하면서 직접적인 비용을 청구하지 않고 무료로 냉동고를 유지 보수하겠다는 제안의 형태를 취한다.

시장에서 지배적 지위에 있는 사업자가 사실상 관련시장의 판매점 40%를, 심지어 판매점들이 요청한 것이라고 하더라도, 배타 조항으로 묶어 실제로 판매점 배타성을 창출한 것은, [TFEU 제102조]에서 지배적 지위의 남용에 해당한다. 배타 조항은 해당 브랜드에 대한 수요가 있음에도 불구하고 관련 소매업체가 다른 브랜드의 아이스크림을 판매하는 것을 방지하는(또는 그렇게 할 수 있는 기회를 줄이는) 효과가 있으며, 경쟁 제조사가 관련 시장에 접근하지 못하게 한다. 따라서 냉동고 제공으로 인해 잠재적으로 접근 불가능한 판매점 비율이 6%를 넘지 않는다는 HB 주장은 부정확하며 기각되어야 한다.

재산권은 공동체법의 일반 원칙의 일부를 형성하지만, 절대적인 권리는 아니며 사회적 기능과 관련하여 고려해야 한다는 것이 확립된 판례이다. 따라서 재산권의 행사는 제한될 수 있지만, 그러한 제한이 실제로 공동체가 추구하는 일반이익(general interest)의 목적에 부합하고, 보장된 권리의 본질을 손상시키는 불균형하고 용납할 수 없는 간섭을 구성하지 않는 경우에 한한다. [TFEU 제3조 제(1)항 (g)]는 공동체의 목적을 달성하기 위해 그 활동에 역내 시장에서의 경쟁이 왜곡되지 않도록 보장하는 시스템을 포함해야 한다고 규정하고 있다. 따라서 [TFEU 제101조 및 제102조]의 적용은 공동체의 공익 측면 중 하나를 구성한다. 결과적으로 해당 조항에 따라 재산권 행사에 대한 제한이 적용될 수 있지만, 이는 불균형하지 않고 해당 권리의 본질에 영향을 미치지 않는 조건 하에 그러하다.

이 사건에서 문제가 되는 재산권은 HB의 냉동고 네트워크와 이를 상업적으로 활용할 권리에 관한 것이다. 다툼이 된 결정은 HB의 재산 소유권에 어떠한 영향도 미치지 않지만, 예를 들어 많은 회원국의 입법부가 세입자를 보호하기 위해 개입하는 것과 같은 방식으로 공익을 위해 특정 활용 방식을 규제할 뿐이다. 문제된 결정은 HB가 냉동고 보관함 재고에 대한 재산권을 박탈하거나 상업적 조건으로 임대하여 해당 자산을 활용하는 것을 막지 않는다. 다만 HB가 소매업체에 무상으로 제공하여 이를 활용하기로 결정한 경우, 관련시장에서 지배적 지위를 유지하는 한 배타 조항에 근거하여 그렇게 할 수는 없다고 규정할 뿐이다. 따라서 위원회는 다툼의 대상이 되는 결정에서 배타 조항(exclusivity clause)은, HB가 즉석 아이스크림을 저장하기 위해 공급한 냉동고만 보유했을 뿐 자체 냉동고나 다른 제조사가 제공한 냉동고가 없는 판매점에서, [TFEU 제101조 제(1)항 및 제102조]를 침해한다고 올바르게 판결했다. 위원회는 배타 조항과 관련해 제출한 [TFEU 제101조 제(3)항]에 따른 면제 요청을 정당하게 기각했다. 그런 다음 HB에 해당 침해를 즉시 중단하고 동일한 목적이나 효과를 갖는 조치를 취하지 말라고 공식적으로 통지했다. 따라서 문제된 결정에는 HB의 냉동고에 대한 재산권 행사에 대한 어떤 부당한 제한도 포함하고 있지 않다.

6. 리베이트(Rebate)

미국 LePage 판결

LePage Inc. v. 3M, 324 F.3d 141 (3d Cir. 2003)

Minnesota Mining and Manufacturing Company(3M)는 LePage가 셔먼법 제2조에 따라 3M을 상대로 한 소송에서 배심원의 평결을 번복하지 않은 지방법원의 명령에 대해 항소한다. 3M은 지방법원 판결에 다양한 이의를 제기하지만 본질적으로 그 주장은 법리에 관한 것이다. 즉, 3M은 원고가 독점 사업자가 원가 이하로 제품을 판매했다는 것을 증명하지 않는 한 셔먼법 제2조의 독점화 사건에서 승소할 수 없다고 주장한다. 우리는 배타조건부 거래(exclusive dealing) 및 번들 리베이트(bundled rebates)와 같은 배제적 행위가 증명되었고, 달리 이를 번복할 오류를 찾을 수 없기 때문에 원심 판결을 유지한다.

3M은 가정 및 사무실용 스카치 테이프를 제조하며, 1990년대 초까지 90%가 넘는 시장점유율로 미국 투명 테이프 시장을 지배했다. 3M은 이 시장을 독점했다고 인정했다. 1876년에 설립된 LePage는 다양한 사무용품을 판매했고, 1980년경에 "세컨드 브랜드" 및 자체 상표로 투명 테이프, 즉 제조업체 이름이 아닌 소매업체 이름으로 판매되는 테이프를 판매하기로 결정했다. 1992년까지 LePage는 미국에서 자체 브랜드(private label) 테이프 판매의 88%를 판매했는데, 이는 투명 테이프 시장의 작은 부분에 불과했다. 자체 브랜드(상표) 테이프는 브랜드 테이프보다 소매업체와 고객에게 낮은 가격으로 판매되었다.

유통 패턴과 소비자 수용도의 변화로 인해 일부 테이프 판매가 브랜드 테이프에서 자체 브랜드 테이프로 이동했다. Staples와 Office Depot 같은 대형 사무용품 판매점과 Wal-Mart와 Kmart 같은 대형 할인점의 급속한 성장으로, 많은 대형 소매업체들이 투명 테이프를 포함한 문구류 제품을 자신들의 "브랜드 이름"으로 판매하고자 함에 따라 세컨드 브랜드와 자체 브랜드 테이프의 유통 패턴이 변화했다. 3M 또한 1990년대 초 자체 브랜드 사업에 진출하여 "Highland"라는 이름으로 자사의 세컨드 브랜드를 판매했다.

LePage는 이러한 경쟁 시장의 성장에 대응하여 3M이 저렴한 투명 테이프의 소비자 공급을 제한하는 것을 목표로 일련의 경쟁제한적 행위에 관여했다고 주장한다. 또한 LePage는 3M은 LePage와 다른 국내 기업인 Tesa Tuck, Inc.가 대량 매출을 얻거나 유지하는 것을 막는 프로그램을 고안했으며, 3M은 자체 브랜드 테이프의 성장을 억제하고 대형 유통업체를 목표로 각종 조정을 통해 스카치 테이프의 소매 가격을 높게 유지함으로써 독점을 유지했다고 주장한다. LePage는 재판 당시 간신히 살아남은 상태였고, 1996년부터 1999년까지 큰 영업 손실을 입었다고 주장한다.

LePage는 이 반독점 소송을 제기하면서, 3M이 스카치 테이프 브랜드에 대한 독점을 이용해 미국 투명 테이프 시장의 자체 브랜드 부문에서 경쟁 우위를 확보했으며, 3M의 다단계 "번들 리베이트" 구조를 통해 고객이 여러 3M 제품군의 제품을 구매할 때 더 높은 리베이트를 제공했다고 주장했다. LePage는 또한 3M이 LePage의 일부 고객에게 대규모 일시불 현금 지급, 판촉 수당 및 기타 현금 인센티브를 제공해서 3M과 배타조건부 거래를 하도록 유도했다고 주장한다.

독점화(MONOPOLIZATION) – 적용 가능한 법 원칙

이 사건에서 당사자들은 관련 상품시장이 투명 테이프이고, 관련 지리적 시장은 미국이라는 데 동의했다. 또한 독점력(monopoly power) 문제에 관해서 앞서 언급한 바와 같이, 3M은 미국 투명 테이프 시장에서 90%의 시장점유율로 독점력을 보유하고 있음을 인정한다. 남은 유일한 문제이자 이 항소심의 초점은, 3M이 셔먼법 제2조를 위반하는 방식으로 독점력을 유지하기 위한 조치를 취했는지 여부이다. 독점사업자가 역량(merits) 아닌 다른 방식으로 경쟁할 때 고의로 독점력을 획득 혹은 유지하는 것이다(*Aspen Skiing* 판결).

LePage는 3M이 주로 번들 리베이트를 제공하고 3M과 사실상 배타적으로 거래하도록 명시적 혹은 실질적으로 요구하는 계약을 체결함으로써, 투명 테이프 시장에서 독점을 고의로 유지했다고 주장한다. 3M은 이러한 행위에 관여하지 않았다고 주장하지 않는다. 3M은 번들 리베이트를 제공하고 몇몇 배타조건부 거래 계약을 체결한 것에 동의한다. 대신 3M은 투명 테이프 가격을 원가보다 낮게 책정한 적이 없기 때문에 그 행위가 합법적인 행위라고 주장한다. 따라서 우리는 먼저 3M의 법적 이론, 즉 *Brooke Group* 판결(1993) 이후, 독점 사업자가 자사 제품을 원가 이상으로 판매한다면, 그 행위의 배타성이 아무리 강하더라도 셔먼법 제2조 위반에 해당하는 독점화에 해당할 수 없다는 주장을 인정할지 여부를 처음부터 검토할 필요가 있다. 셔먼법 제2조의 해석 역사는 3M의 전제가 근거가 없다는 점을 보여준다.

더욱이 LePage는 *Brooke Group* 판결에서 원고와 달리 약탈적 가격설정 주장을 하지 않는다. 3M은 독점 기업이다. 독점 기업의 행동에는 시장 제약이 없기 때문에, 경쟁 시장(혹은 심지어 과점 시장)에 있는 회사가 취할 수 있는 특정 조치를 자유롭게 취할 수 없다(*Aspen Skiing* 판결). *Brook Group* 판결 이후 10년 동안 어떤 연방대법원 판결도 독점사업자의 배제적, 즉 약탈적 행위를 검토해 셔먼법 제2조에 따른 책임을 평가한 수십 년간의 대법원 선례를 뒤집었다고 시사한 바는 없다. 따라서 *Brook Group* 판결 이후 대법원이 작성한 어떤 내용도 독점 사업자가 타당한 사업적 정당화 사유 없이 배제적(exclusionary) 또는 약탈적(predatory) 행위에 관여할 경우, 셔먼법 제2조 위반이라는 법원의 일관된 판결을 약화시키지 못한다.

독점화(monopolization) – 배제적 행위(Exclusionary conduct)

[번들 리베이트]

3M은 Executive Growth Fund(EGF)와 그 후속 프로그램인 Partnership Growth Fund(PGF)라는 프로그램을 통해 LePage의 주요 고객 다수에게 상당한 리베이트를 제공하여 이들이 LePage로부터 테이프를 구매하지 않거나 줄이도록 유도했다. 3M의 리베이트 프로그램은, 합법적으로 인정되고 비용 절감을 반영하는 물량 할인(volume discount)을 제공해, 경쟁하는 대신 3M의 다양한 제품군 중 6개에 걸친 구매를 조건으로 특정 고객에게 할인을 제공했다. 리베이트 프로그램이 적용되는 제품군은 다음과 같다. 의료 제품, 가정용 제품, 주거 개량 제품, 문구 제품(투명 테이프 포함), 소매 자동차 제품 및 여가 시간제품이 여기에 해당한다. 리베이트를 연계하는 것 외에도 3M의 2개의 리베이트 프로그램은, 모두 각 제품군에서 고객별 목표 성장률을 설정했다. 리베이트 규모는 목표를 달성한 제품군 수와 연계되었으며, 구매자가 충족한 목표 수에 따라 모든 구매에 대한 리베이트가 결정되었다. 고객이 어떤 한

제품에 대한 목표를 달성하지 못하면, 그로 인해 전체 제품군에 걸친 리베이트를 잃게 된다. 이는 각 고객이 모든 제품군에서 목표를 달성해 리베이트를 극대화하려는 상당한 유인을 만들어냈다.

리베이트는 3M이 주장하는 것처럼 "적당하지" 않고 상당했다. 예컨대, LePage 사업의 10%를 차지했던 Kmart는 1997년에 926,287달러를 받았고, 1996년에 Wal-Mart가 1,500,000달러 이상을 받았고, Sam's Club은 666,620달러를 받았으며, Target은 482,001달러를 받았다. 받은 금액만큼이나 중요한 것은, 3M이 제공한 최대 리베이트를 잃지 않기 위해 LePage 테이프 대신 3M 테이프를 구매하도록 고객에게 제공한 강력한 인센티브를 제공했다는 것이다. 이러한 리베이트 손실(penalty)은 Sam's Club의 경우 264,000달러, Kmart의 경우 450,000달러, American Stores의 경우 200,000~310,000달러에 달했을 것이다.

3M은 각 고객에 대한 할인 이유는 다르게 제시하지만 이러한 프로그램을 제공했다는 사실을 부인하지 않는다. 대신 3M은 친경쟁적인 적법한 할인 프로그램보다도 더 배타적이지 않았다고 주장한다. 그리고 LePage의 각 주장에 답변하며, "가격이 비용보다 높은 한 가격을 낮추는 것은 불법이 아니다."라는 핵심 전제(central premise)로 돌아간다. 그러나 번들 리베이트의 내재적인 반경쟁적 효과를 논의하는 주요 저서 중 하나는, 비록 가격이 원가보다 높더라도, "번들 리베이트 프로그램의 대부분은 원가보다 높은 총가격을 산출한다. 이를 약탈적 가격에 비유하기보다는, 봉쇄효과가 유사한 끼워팔기와 비교하는 것이 가장 좋다. 실제로, '패키지 할인(package discount)'은 종종 밀접한 유사성을 지닌다."라고 설명한다.(Areeda & Hovenkamp, Antitrust Law). 이어서 이 저서는 반경쟁적 효과를 다음과 같이 설명한다. 패키지 할인의 반경쟁적 특징은 구매자에게 여러 제품에 걸쳐 집계된 할인을 받기 위해 점점 더 많은 양 또는 심지어 모든 제품을 구매하도록 하는 강력한 유인을 제공한다는 것이다. 우리가 소수라고 가정하는 반경쟁적 사건에서, 피고는 원고의 B가 아닌 자사 제품 B를 구매하는 고객에게 보상을 제공하는데, 피고의 B가 더 좋거나 더 저렴하기 때문이 아니다. 오히려 고객은 원고가 생산하지 않는 A에 대한 더 큰 할인을 받기 위해 피고의 B를 구매한다. 이 경우 경쟁자는 고객이 포기한 A 할인을 보상하는 가격을 그 고객에게 제공함으로써만 B 제품 시장에서 경쟁할 수 있다. 그래서 저자들은 다음과 같은 결

론을 내린다. "전체 제품 수와 각 제품에 대한 고객의 상대적 구매에 따라, 심지어 동등하게 효율적인 경쟁자조차도 자신들이 생산하지 않는 제품에 대한 할인 손실(lost discounts)을 보상하는 것이 불가능할 수 있다." 3M이 제공하는 번들 리베이트의 주요 경쟁제한적 효과는, 독점기업이 이러한 리베이트를 제공할 경우 독점기업처럼 동일하게 다양한 제품군을 제조하지 않아 비슷한 제안을 할 수 없는 잠재적 경쟁자를 상대로 시장의 일부를 봉쇄할 수 있다는 것이다.

LePage의 자체 브랜드 및 세컨드 테이프는 스카치 브랜드 테이프보다 저렴하지만 품질은 비슷하다. 실제로 3M이 리베이트 프로그램을 도입하기 전에 LePage는 투명 테이프 시장에서 작지만 빠르게 확장되는 입지를 확보하기 시작했다. 따라서 3M의 동기는 LePage가 생산한 저렴하지만 실질적으로 유사한 테이프의 광범위한 수용을 억제하여 스카치 브랜드 테이프의 시장 지위를 유지하는 것이었다.

3M은 스카치 브랜드 테이프에 대한 리베이트를 자사가 판매하는 다른 제품과 함께 묶어 제공했는데, 판매자의 독점력(monopoly power)을 이용한 것이다. 이 사건의 증거는 스카치 브랜드 테이프가 투명 테이프 시장의 모든 소매업체에게 없어서는 안 되는 필수품임을 보여준다.

3M의 리베이트는 3M의 광범위한 제품군에 걸쳐 구매를 요구했다. 어떤 경우에는 특정 고객에게 확대된 리베이트가 LePage가 해당 고객에 대한 이전 전체 매출의 절반에 달할 정도로 증가했다. 예컨대, LePage가 1993년에 Sam's Club에 판매한 총액은 1,078,484달러였지만 3M이 1996년에 Sam's Club에 지급한 리베이트는 666,620달러였다. 마찬가지로 LePage가 1992년에 Kmart에 판매한 금액은 $2,482,756이었고 3M이 1997년에 Kmart에 준 리베이트는 926,287달러였다. 배심원단은 3M이 상당한 제품 카탈로그를 바탕으로 투명 테이프 시장에서의 독점력을 이용하여 LePage를 압박했다고 합리적으로 판단할 수 있었다.

배타조건부 거래

3M의 배제 행위에 대한 LePage의 주장의 두 번째 요지는, 대형 고객과 배타조건부 거래 계약을 체결한 행위였다. 3M은 Venture와 Pamida와의 명시적인 배타조건부 거래 계약만을 인정하는데, 해당 계약은 배타성에 따른 할인을 조건으로 했다.

3M은 배타조건부 거래가 단지 시장의 작은 부분에서만 나타나기 때문에 해당 계약들의 중요성을 최소화한다. 그러나 LePage는 3M이 많은 대형 고객에게 단독 공급업체 지위를 얻기 위해 고안된 금액을 지불했다고 주장한다.

3M은 또한 명시적인 배타성 요건이 없는 모든 약정을 배타조건부 거래임을 부인한다. 다시 한번, 법은 그 반대이다. 미국 연방대법원도 그렇게 판시했다. 셔먼법 제2항이 아닌 클레이튼 법 제3항을 다룬 *Tampa Electric* 판결(1961)에서 연방대법원은 명시적으로 배타적이지는 않지만 경쟁자의 사업을 실질적으로 배제하는 약정을 인정했다.

LePage는 Kmart, Staples, Sam's Club, National Office Buyers 및 UDI(Unified Data Industries)에 대한 할인 및 리베이트가 LePage를 배제하고 3M이 사업을 수주하도록 유도하기 위해 고안된 것으로 배심원들이 믿을 수 있는 강력한 증거를 제시했다. LePage의 이전 고객 중 다수는 LePage의 영업 대표를 만나는 것조차 거부했다. LePage의 가장 큰 고객으로 사업의 10%를 차지하는 Kmart의 구매자는, LePage에 "앞으로 3년 동안 테이프 제품에 대해 이야기할 수 없다."라고 말했고, "3M이 만드는 것이라면 어떤 것도 가져오지 말라."고 했다. Kmart는 3M이 100만 달러의 "성장" 보상을 제안한 후 3M으로 전환했는데, 배심원은 이를 3M이 단독 공급업체가 되어야 한다고 요구한 것으로 이해할 수 있었다. 마찬가지로 Staples도 LePage의 사업을 3M에 주면 1%의 추가 보너스 리베이트를 제안받았다.

배타조건부 거래를 통한 시장 봉쇄는 반독점법상 우려 사항이다. 배타조건부 할인은 "피고가 제조업체에 전부 아니면 전무(all or nothing)의 선택을 강요할 수 있는 위치에 있는 지배적 기업일 때", "문제가 된다." 미국 연방D.C.항소법원은 *Microsoft* 판결에서 시장 봉쇄에 관한 증거를 근거로 행위 책임을 판단했다. 법원은 운영 체제(OS) 시장의 독점 사업자인 Microsoft가 주요 유통업체와의 배타조건부 거래계약을 활용해 브라우저 시장에서 경쟁사를 "브라우저 배포를 위한 이용 가능한 기회의 상당 부분"으로부터 봉쇄했다고 결론지었다. 이러한 행위는 Microsoft가 경쟁사의 브라우저 사용을 "[경쟁사]가 Microsoft의 독점에 실제 위협을 가하는 데 필요한 임계 수준(critical level)" 이하로 유지한 것으로 평가되었다. *Microsoft* 판결에서 Microsoft가 브라우저 시장의 몇 퍼센트를 봉쇄했는지 구체적으로 명시하지 않았다. 단지 브라우저들의 두 곳의 주요 유통 채널 중 하나에서 Microsoft가 대부분의 상위 유통업체와 배타조건부 거래계약을 맺었다는 사실만 명시했다. 중요한 점은 *Microsoft* 판결에서 법원은 Microsoft의 배제적 행위는 "문제된 계약들이 셔먼법 제1조 위반을 증명하는데 일반적으로 필요한 약 40% 또는 50%의 미만의 시장을 봉쇄하고 있음에도 불구하고" 셔먼법 제2조 위반을 인정한 것이다.

LePage는 배타조건부 거래 관행으로 인한 시장 봉쇄가 3M의 할인 행위로 확대되었다는 증거를 제시했다. 3M의 일부 리베이트는 "전부 아니면 전무(all or nothing)" 할인이었고, 이로 인해 고객들은 단일 제품군에서 할당량을 충족하지 못함으로써 심각한 재정적 제재(penalty)를 받는 것을 피하기 위해 지배적인 시장 참여자인 3M과 배타조건부 거래를 통해 할인을 극대화했다. 고객은 가능한 한 많은 제품군에서 3M과 배타적으로 거래해야만 상당한 할인을 누릴 수 있었다. 따라서 배심원단은 3M의 배제적 행위가 셔먼법 제2조를 위반했다고 합리적으로 판단할 수 있었다.

경쟁제한 효과

LePage는 제2조 위반을 주장하면서 3M의 배타적 "전략은 경쟁자들이 시장에서 입지를 확보(또는 유지)하기 위해 경쟁하는 것을 방해함으로써 경쟁 과정을 차단했다."는 입장을 취했다. 독점 사업자의 행동이 배제적, 즉 약탈적 행위를 통해 하나 이상의 신규 혹은 잠재적 경쟁자가 시장에서 발판을 마련하는 것을 방지하기 위해 설계된 경우, 그 목표의 달성은 잠재적 경쟁자뿐만 아니라 경쟁 일반에도 해롭다. 다소 다른 맥락이기는 하지만, 시장에서 "하나의 중요한 경쟁자"를 배제하는 것조차 가격 인상과 생산량 감소로 이어질 수 있다는 점이 인정되어 왔다.

Microsoft 사건에서 법원은 독점기업의 배제적 행위를 일반적인 제1조 배제적 행위보다 반경쟁적일 가능성이 더 높다고 판단했다. *Microsoft* 사건에서의 검토는 독점기업의 행위가 독점을 위협하는 데 필요한 규모의 효율성을 달성할 수 있는 필수 시설로부터 경쟁자(Netscape)를 배제했는지 여부였다. *Microsoft* 사건에서 항소법원은 Microsoft가 Netscape의 생존 가능성을 저해할 만큼 충분한 유통 경로를 차단했다고 판단했다.

유사하게 이 사건에서 배심원단은 3M의 배제행위가 LePage가 수익성 있게 경쟁할 수 있는데 필요한 주요 소매 파이프라인으로부터 LePage를 배제했다고 합리적으로 판단할 수 있었다. LePage가 시장에 진입한 후에야 비로소 3M이 번들 리베이트 프로그램을 도입했다. 3M이 LePage의 세컨드 브랜드 또는 자체 브랜드 테이프에서 경쟁을 제거하는 데 성공했다면, Tesa Tuck이 더 이상 시장에 없었기 때문에 3M은 도전받지 않고 독점력을 행사할 수 있었을 것이다.

원고는 스카치가 독점 제품이며 3M의 번들 리베이트 프로그램으로 인해 유통업체가 Le Page를 완전히 대체하거나 어떤 경우에는 Le Page로부터 구매를 크게 줄였다는 증거를 제시했다. 게다가 원고는 3M 제품에 대한 리베이트를 받으려면 Le Page에서 구매를 포기해야 하는 맞춤형 리베이트 프로그램의 증거를 제출했다. 지방법원은 "[LePage]가 3M의 리베이트 프로그램의 반경쟁적 효과가 LePage의 손실을 초래했다는 상당한 증거를 제시했다."고 판결했다. 배심원은 증거를 통해 3M의 고객이 묶음 제품 중 하나라도 3M의 판매 할당량을 충족하지 못할 경우 잃게 될 리베이트 금액을 계산할 수 있었다. LePage가 번들 리베이트를 통해 3M이 제공한 할인과 맞추기 위해 제공해야 했던 할인은, 3M이 제공하거나 제안한 할인으로 측정할 수 있다. 예컨대, LePage는 1993년에 Sam's Club이 단일 제품군에서 3M의 성장 목표 중 하나를 충족하지 못해 264,900달러, Kmart는 450,000달러 손실을 보았을 것이라 지적한다. 게다가 3M의 리베이트가 LePage의 수익에 미치는 영향은, 그 리베이트 금액과 LePage가 3M의 할인에 맞추려 시도했다면 LePage가 제공해야 했을 할인을 비교함으로써 계산 가능하다. 그 금액은 3M의 번들 리베이트가 LePage의 경쟁능력에 미치는 영향을 나타내며, 이는 셔먼법 제2조와 관련 있다.

3M 할인의 영향은 LePage가 제시한 도표에서 명백히 드러났는데, 이에 따르면 LePage의 매출 대비 수익은 3M의 리베이트 프로그램 기간 동안 −10%로 급락했다 (LePage는 1990년에서 1993년까지는 건전한 영업이익, 1993년부터 1995년까지는 급격한 영업 이익 감소, 1996년에서 1999년까지의 큰 영업 손실을 기록). LePage 테이프, 특히 자체 브랜드 테이프에 대한 수요는 3M의 리베이트가 도입된 후 상당히 감소했다. 3M은 리베이트 프로그램에 참여한 고객이 LePage로부터 테이프를 계속 구매했다고 주장하지만 증거는 이를 뒷받침하지 않는다. 많은 유통업체가 LePage와 거래를 완전히 중단했다.

3M의 리베이트 프로그램이 도입되기 전에 LePage의 매출은 급증하고 있었다. 1990년에서 1993년 사이에 Staples에 대한 매출은 440% 증가했다. 3M의 리베이트 프로그램이 도입되어 자체 브랜드 테이프를 다른 제품과 함께 제공한 후, 3M의 자체 브랜드 매출은 1992년에서 1997년까지 478% 증가했다. 그 결과로 LePage는 이에 비례해 매출을 잃었다. Kmart, Staples, American Drugstores, Office Max, Sam's Club과 같은 주요 대량 고객을 잃었다. Wal-Mart와 같은 다른 대규모 고객은 구매를 크게 줄였다.

결과적으로 LePage의 제조 공정은 덜 효율적이 되었고 이익률이 감소했다. 투명 테이프 제조에서 대량 고객은 규모의 효율성을 달성하는 데 필수적이다. 3M이 인정했듯이, "'[LePage]와 모든 사업자에게 대규모 고객은 매우 중요했다.' ... 대량 생산으로 '장기 생산'이 가능해져 제조 공정이 더 경제적이고 예측 가능하게 되었다."

LePage의 투명 테이프 시장점유율에도 유사한 효과가 있었다. 합의된 미국 투명 테이프 관련 시장에서 LePage의 시장점유율은 1992년에서 1997년 사이에 35% 하락했다. 1992년 LePage의 순매출은 전체 투명 테이프 시장의 14.44%를 차지했다. 1997년까지 LePage의 매출은 9.35%로 하락했다. 마침내 1997년 3월 LePage는 두 공장 중 하나를 폐쇄해야 했다. 같은 해에 유일한 국내 투명 테이프 제조업체인 Tesa Tuck은 미국에서 투명 테이프 사업에서 완전히 철수했다. 만약 3M이 리베이트 프로그램을 계속했다면 결국 LePage를 시장에서 퇴출시킬 수 있었을 것이다.

관련 질문은 3M의 배제적 관행들을 함께 고려한 반경쟁적 효과이다. 연방대법원이 인정했듯이, 법원은 각 측면을 개별적으로 고려하는 것보다는 독점사업자의 행위를 전체적으로 살펴봐야 한다. 법원은 "이 사건과 같은 사건(제1조 및 제2조 위반 주장)에서 배심원의 의무는 그 안의 개별 수치만이 아니라 전체적인 그림을 보는 것이다."라고 판시했다. 본 법원은 셔먼법에 따른 피고 행위의 반경쟁적 효과를 고려할 때, 피고의 시장점유율 증가, 시장에 대한 봉쇄 효과, 고객과 피고에 미치는 혜택, 고객들이 다른 제조사와 거래하는 것이 제한되었다고 느낀 정도를 살펴보았다.

3M의 행위가 세컨드 테이프에서 LePage의 경쟁을 파괴하여 독점적 지위를 강화한 효과는 3M의 다양한 활동을 전체적으로 고려할 때 가장 명확하게 드러난다. 3M의 배타조건부 거래 약정의 반경쟁적 효과는 명시적이든 암시적이건 번들 리베이트

의 효과와 분리될 수 없다. 3M이 자사 제품을 리베이트 프로그램을 통해 묶어 제공한 것은 해당 프로그램의 배제적 효과를 강화시켰다.

3M의 배제적 행위는 LePage의 경쟁 능력을 방해했을 뿐만 아니라, 셔먼법 제2조 위반의 필수 조건인 경쟁 그 자체를 해쳤다. LePage는 3M의 행위로 인해 경쟁 자체가 해를 입었다는 강력한 증거를 제시했다. 지방법원은 판결에서 다음과 같이 말하면서 이를 인정했다. "배심원단은 3M이 저가의 자체 브랜드 테이프와 저가의 Highland 브랜드를 계획적으로 제거하면, 소비자 선택이 고가의 스카치 브랜드로 전환되어 3M 수익이 증가할 것이라고 합리적으로 추론 가능하다." 실제로 피고는 "3M은 … 3M이 그 시장의 일부를 포기하고 고가의 스카치 테이프만 판매할 때 자체 브랜드 테이프 부문에서 다른 경쟁자가 없다면 … 이후 스카치 테이프와 자체 브랜드 테이프에서 포기한 수익을 고가의 스카치 테이프를 더 많이 판매함으로써 회수할 수 있을 것"이라고 인정한다. 시장 진입이 쉽지 않았기 때문에 3M은 이러한 계획을 실행할 수 있었다(Snyder & Kauper, Misuses of the Antitrust Laws: The Competitor Plaintiff)("진입장벽(barriers to entry)"이 배제적 행위의 두 가지 필수 조건 중 하나이며, 다른 하나는 "시장력(market power)"이라 주장).

지방법원은 "심리과정에서 주요한 진입 장벽이 경쟁자의 미국 테이프 시장 진입을 막고 있다는 상당한 증거가 있었다"고 판결했다. 따라서 이 사건은 독점사업자가 시장에서 견제받지 않는 상태에 있다는 점을 보여준다. 이 사건에서 문제된 기간 동안 3M의 독점에 진정으로 도전한 경쟁자는 한 번도 없었고, 외국 경쟁자로부터 상당한 분량의 투명 테이프 거래를 뺏긴 적도 없었다.

배심원단이 3M이 LePage를 시장에서 몰아낸 후, 자체 브랜드 및 세컨드 테이프 라인을 중단하거나 심각하게 축소할 의도가 있었다고 판단할 수 있는 증거가 있었다. 예컨대, 3M은 1996년까지 일부 고객에게 자체 세컨드 브랜드보다 가격이 더 비싼 스카치 브랜드 테이프 구매를 늘리도록 인센티브를 제공하기 시작했다. 대법원은 의도가 독점화(*Aspen Skiing* 판결) 및 독점화 시도(*Lorain Journal* 판결) 증명에 관련 있다고 분명히 했다.

3M의 가격 인상에 대한 관심은 기록에 잘 문서화되어 있다. LePage가 증거로 제출한 내부 메모에서, 3M 임원진은 Office Max와 Staples와 같은 대형 소매업체가 3M

의 요구를 따를 수밖에 없다고 자랑했다("그들이 [가격] 인상을 수용하거나 ... 아니면 우리가 주문을 보류하거나 둘 중 하나다." Staples가 가격 인상에 반대했을 때 3M의 지시는 "가격이 98. 1. 1.자로 업데이트된 것이 아니면 주문이 보류된다."). LePage의 전문가는 3M이 리베이트 프로그램을 시작한 후인 1994년 이후로 스카치 브랜드 테이프 가격이 상승했다고 증언했다. 지방법원은 판결에서 3M 직원의 증언을 인용하여 연말 이후에 리베이트를 지급한 것이 최종 고객에게 리베이트가 전달되는 것을 막았다고 인정했다. 이에 지방법원은 "기록은 3M의 리베이트 프로그램이 최종 소비자에게 이롭지 않았다는 것을 충분히 반영한다"고 지적했다.

앞서 증거 검토에서 명확히 알 수 있듯이, 배심원이 3M 행위의 장기적인 효과가 반경쟁적이라는 결론을 내릴 만한 충분한 증거가 있었다. 따라서 3M이 자신의 관행에 대한 적절한 사업상 정당화 사유를 보여주지 않는 한 배심원단의 평결을 지지해야 한다.

사업상 정당화 사유

피고의 행동이 독점화에 대해 유일하게 인정된 정당화 사유인 "타당한 사업적 이유(valid business reasons)"로 수행되었는지를 고려하는 문제가 남았다. 그러나 피고가 자신의 경제적 이익을 위해 행동했다는 주장은 제2조 독점화에 대한 허용되는 항변 수단인 사업상 정당화 유형에 해당하지 않는다. 한 기업 임원의 널리 알려진 발언을 바꿔 말하면, 3M에 좋은 것이 무엇이든 셔먼법 제2조에서 반드시 허용되는 것은 아니다.

독점사업자는 자신의 경제적 이익을 증진하고자 하며, 배제적 행위에 관여할 때 그렇게 한다고 가정할 수 있다. 따라서 예를 들어 배제적 관행은 "기업이 다른 판매자가 자신과 경쟁하는 것을 수익성 없게 함으로써, 독점 이익의 일부를 적어도 일시적으로 더 큰 시장점유율과 거래하는 방법"으로 정의되었다(Posner, Antitrust Law: An Economic Perspective 28). 독점 사업자가 잠재적 경쟁자를 배제하여 목표를 달성하면 제품 가격을 이익 극대화 지점까지 인상할 수 있다. 이 가격은 경쟁 시장에서 결정된 가격보다 항상 높다. 이것이 독점화가 반독점법을 위반하는 주요 이유 중 하나이다. 3M이 자신의 경제적 이익을 위해 행동했다는 사실은, 배심원이 셔먼법 제2조를 위반했다는 판단을 번복할 이유가 되지 못한다.

피고는 "배심원에게 자신의 행위가 정상적인 사업 목적에 의해 정당화된다고 설득할" 책임을 지고 있다(*Aspen Skiing* 판결). 비록 3M이 번들 리베이트를 변호하기 위해 고객이 단일 송장과 단일 배송을 원했다고 암시하지만, 3M은 단일 송장 및(또는) 단일 배송에 따른 실제 경제적 효율성을 뒷받침하는 증언이나 증거를 인용하지 못했다. 3M이 Staples와 같은 고객에게 소매 자동차 제품이나 가정 용품과 함께 투명 테이프를 배송했을 가능성은 매우 낮으며, 배송했다고 하더라도 공동 배송으로 인한 절감액이 3M이 번들 리베이트로 고객에게 돌려준 수백만 달러에 근접했을 가능성도 매우 낮다.

기록에는 3M이 자체 브랜드 시장에 진출한 것은 "이를 죽이기 위해서"였다는 상당한 증거가 있다(예를 들어, 3M 임원이 내부 메모에서 "사무용품 사업, 유통 또는 소비자/최종 사용자에서 자체 브랜드 라벨 3M 제품이 성공하기를 원하지 않는다."고 진술했다). 이것이 독점을 유지하는 행위를 다루는 셔먼법 제2조가 정확히 금지하는 바이다. 독점을 유지하는 것은 배제적 행위를 면책할 수 있는 타당한 사업적 이유가 아니다. 3M의 사업적 정당화 항변이 배심원에게 제시되었고, 배심원단은 이 주장을 기각했다. 배심원 평결은 LePage가 역량 경쟁(competition on the merits)을 하기 어렵게 만든 3M의 배제적 행위는 합법적인 사업상 정당화 사유가 없다는 그들의 의견을 반영한다.

결론

셔먼법 제2조는 독점사업자와 준독점 사업자의 과도한 행위를 억제하기 위해 고안된 반독점법 조항으로, 우리의 경제 영역에서 정치 영역의 자유롭고 방해받지 않는 선거 보장과 동등한 것이다. 민주주의가 외부 세력의 방해 없는 자유로운 정치 체제에서만 번성할 수 있듯이, 시장 자본주의 또한 시장력을 가진 자들이 견제될 때에만 생존할 수 있다. 이것이 반독점법의 목표이다.

배심원은 당사자들의 증거와 주장을 듣고, 일부는 수용하고 일부는 기각했다. 3M이 상당한 제품 카탈로그를 바탕으로, 투명 테이프에 대한 시장력을 이용해, 유일한 주요 경쟁자인 LePage에 해를 입혀 독점을 견고히 함으로써 셔먼법 제2조를 위반했다는 충분한 증거가 있었다. 우리는 번복할 오류를 찾지 못했다. 지방법원의 판결을 유지한다.

EU Hoffmann-La Roche 판결

Case 85/76, Hoffmann-La Roche & Co. AG v Commission, [1979] ECR 461, ECLI:EU:C:1979:36

이의 제기된 집행위원회의 결정에 따르면, 원고 Hoffmann-La Roche(Roche)는 비타민의 22개 대규모 구매자들과 약 30건의 판매 계약을 체결함으로써 자신의 지배적 지위를 남용하였다. 이 계약들에 따르면 이들 구매자들은 자신들의 비타민, 또는 계약서에 명시적으로 언급된 특정 비타민에 대한 모든 또는 대부분의 필요량을 Roche로부터 배타적으로 구매하기로 약정하거나, 위원회가 충성 리베이트로 분류한 할인 약속을 포함함으로써 그렇게 하도록 유인되었다.

위원회에 따르면, 문제가 된 배타조건부 거래계약과 충성 리베이트는 조약 [TFEU 제102조]의 의미 내에서 남용에 해당한다. 한편으로는 지배적 지위에 있는 사업자의 고객들이 공급원을 선택할 기회를 박탈함으로써 생산자들 간의 경쟁을 왜곡하기 때문이며, 다른 한편으로는 다른 거래 상대방들과의 동등한 거래에 상이한 조건을 적용하여 그들을 경쟁상 불리한 위치에 놓이게 하는 효과가 있기 때문이다. 즉, Roche는 두 구매자가 Roche의 경쟁자들로부터 공급을 받는 것을 포기하는 데 동의하는지 여부에 따라 동일한 제품의 동일한 수량에 대해 두 가지 다른 가격을 제시한다.

제2절: 문제의 계약 분석

이 계약들이 서로 다른 시기에 작성되었고 항상 동일한 용어로 표현되지는 않았지만, 구매자의 공급 획득 약정의 범위에 관해서는 세 가지 범주로 나눌 수 있다. 문제된 계약들 중 일부는 명시적으로 언급된 특정 비타민에 대한 모든 필요량에 기반하거나, 혹은 계약에 규정된 총 필요량의 비율, 혹은 비타민 또는 특정 비타민 필요량의 "주요 부분"에 따라, 구매자가 Roche로부터만 Roche가 제조한 벌크 비타민에 대한 모든 또는 거의 모든 필요량을 공급받는 구체적인 약정을 포함하고 있었다.

제3절: [TFEU 제102조]상 Roche와 리베이트 시스템에게서 배타적 공급받는 사업의 법적 성격 결정

시장지배적지위 사업자가 구매자를 구속하는 경우, 설사 구매자의 요청에 따라 그렇게 하는 경우라 하더라도, 구체적으로 구매자가 해당 사업자에게서만 전부 또는 대부분의 필요 물품을 배타적으로 획득하도록 의무를 부담하거나, 또는 약속하는 경우, 해당 의무가 추가적인 자격 조건이 있건, 리베이트 제공을 대가로 하는지와 무관하게, [TFEU 제102조]의 의미 내에서 지배적 지위를 남용하는 것이다. 동일한 원칙은 시장지배적 사업자가 구매자를 공식적인 의무로 묶지 않고, 구매자와 체결한 계약 조건에 기하거나 혹은 일방적인 충성 리베이트(fidelity rebate) 시스템으로 고객이 구매 수량이 많거나 적거나 불문하고, 지배적 지위에 있는 사업자로부터 필요 물량의 전부 또는 대부분을 사는 것을 조건으로 할인하는 경우에도 적용된다.

특정 사업자에게서만 전속적으로 공급을 확보해야 하는 이런 종류의 의무는, 리베이트 대가이건 혹은 구매자에게 시장지배적지위 사업자로부터 배타적 구매에 따른 인센티브를 제공할 의도인 충성도 리베이트 제공의 대가이건, 공동 시장(common market) 내에서 왜곡되지 않은 경쟁이라는 목표와 양립할 수 없다. 왜냐하면 사업자간 계약이 [TFEU 제101조] 특히 해당 조항의 제(3)항의 맥락과 같이 사업자 간 합의를 허용할 수 있는 예외적인 상황이 없는 한, 배타적 구매의무는 이러한 부담이나 이익을 정당화하는 경제적 거래에 기반한 것이 아니라, 구매자의 가능한 공급원 선택을 박탈하거나 제한하고 다른 생산자가 시장에 접근하는 것을 거부하도록 설계되었기 때문이다.

문제된 생산자로부터의 구매 물량과 연관된 수량 리베이트와 달리, 충성 리베이트는 금전적 이익 제공을 통해 고객이 경쟁 생산자로부터 공급받는 것을 방해하기 위해 설계되었다. 또한 충성 리베이트의 효과는 다른 거래 당사자와의 동등한 거래에 서로 다른 조건을 적용하는 것이다. 즉, 두 구매자가 동일한 제품의 동일한 양에 대해 서로 다른 가격을 지불하는 것으로 이는 그들이 시장지배적지위 사업자로부터만 공급받는지 또는 여러 공급원이 있는지에 따라 다르다. 마지막으로 시장지배적지위 사업자의 특히 팽창하는 시장에서의 이러한 관행은, 실제 거래에 기반하지 않고 따라서 왜곡된 형태의 경쟁을 통해 이러한 지위를 공고히 하는 경향이 있다.

제4절: 문제된 리베이트의 성격

그럼에도 불구하고 원고는 합의된 리베이트는 충성 리베이트가 아닌 수량 리베이트이거나, 또는 이러한 종류의 대가를 정당화하는 고객과의 경제적 거래에 해당한다고 주장한다. 이러한 주장을 고려함에, 정률 리베이트 계약과 누진율 리베이트 계약을 구별할 필요가 있다.

(a) 정률 리베이트(Rebates at a Fixed Rate) 계약

첫째, 정률 리베이트를 규정하는 계약의 경우 원고 주장은 수용될 수 없다. 사실, 배타성이 공식적으로 수락된 경우 리베이트를 제공했는지 여부는 최종 분석에 영향이 없지만, 해당 계약 중 어느 것도 고정 또는 추정 수량 혹은 구매량과 연계된 약정을 포함하고 있지 않으며, 모두 "필요량(requirements)" 또는 해당 필요량의 비율을 언급한다. 게다가 이들 계약 대부분에서 당사자들은 해당 조항을 충성 리베이트 조항으로 기술하거나, 배타성과 허용된 리베이트 간의 연관성을 강조하는 용어를 사용했다.

(b) 누진율 리베이트(Rebates at Progressive Rates) 계약

문제된 많은 계약들은 한편으로는 구매자 요건의 "주요 부분(major part)"과 관련된 약정을 포함하고, 다른 한편으로는 할인을 제공하는 리베이트 조항을 포함하고 있으며, 할인 비율이 일반적으로 1%에서 2%로, 그 다음에는 3%로 증가하는데, 이는 1년 동안 구매자의 추정 필요량의 크고 작은 비율을 충족했는지 여부에 따라 달라진다. 각 계약에는 총 필요량의 금액 추정치(영국 파운드화 기준)가 포함되고, 추가로 두 계약의 경우 계약에 언급된 각 유형의 비타민에 대한 수량 추정치도 포함된다.

예를 들어 Beecham 계약(1972년 4월 1일~1973년 3월 31일)을 참조할 수 있다. 연간 필요량이 최대 300,000파운드로 추산되었기 때문에, 규정된 리베이트는 매출액이 60%인 180,000파운드에 도달하면 1%, 70%인 210,000파운드에 도달하면 1.5%, 80%인 240,000파운드에 도달하면 2%였다. 다른 계약에도 유사한 공식이 있으며, 필요량 추정치는 계약과 연도마다 다른데, 이는 분명히 고객의 흡수능력을 고려하기 위해서이다.

문제의 계약은 겉보기에는 총구매에 대한 리베이트 제공과 관련해 수량적 성격을 지닌 것처럼 보이는 요소가 포함되어 있지만 이를 조사하면 실제로는 특별히 고안된 충성 리베이트의 한 형태임을 알 수 있다. 우선 주목할 점은 이러한 특정 형태의 리베이트가 구매자의 공급 획득 약정이 가장 작은 구속력을 가진 형태로 작성된 바로 그 계약들에 포함되어 있다는 것이다. 즉, 구매자가 '자신의 필요량의 대부분'을 획득해야 한다는 형태로, 해당 구매자에게 상당한 행동의 자유를 남겨두었다. 이렇게 표현된 약정의 불확정적 성격은 연간 필요량 추정치와 충족된 필요량 비율에 따라 증가하는 리베이트 부여에 의해 상당 부분 상쇄되며, 이러한 누진율은 분명히 상기 필요량의 최대 비율을 Roche로부터 획득하도록 하는 강력한 인센티브이다.

이러한 리베이트 계산 방식은 구매량에만 연계된 수량 리베이트 부여와는 다르다. 문제된 리베이트는 모든 잠재 구매자에게 적용 가능한 객관적으로 고정된 수량에 따른 것이 아니라, 각 고객의 추정 흡수능력에 따라 사례별로 이루어진 추정치에 의존하며, 달성하고자 하는 목표는 최대 수량이 아니라 최대 필요량이다. 결과적으로 위원회가 충성 리베이트를 포함하는 해당 계약을 시장지배적 지위의 남용으로 간주한 것은 정당했다.

EU Intel 판결

Case C-413/14 P, Intel Corp. v Commission, [2017] ECR I-755, ECLI:EU:C:2017:632

Intel은 중앙처리장치(CPU), 칩셋 및 기타 반도체 부품, 그리고 데이터 처리 및 통신 기기를 위한 플랫폼 솔루션을 설계, 개발, 제조 및 판매하는 미국 기반 회사이다. 이 사건은 프로세서 시장, 특히 x86 CPU에 관한 것이다. x86 아키텍처는 Intel이 자사의 CPU를 위해 설계한 표준으로, Windows와 Linux 운영 체제를 모두 실행할 수 있다.

2000년 10월 18일 Advanced Micro Devices Inc.(AMD)가 제출하고 2003년 11월 26일 보완한 신고에 따라, 위원회는 2004년 5월 조사를 시작했고, 2005년 7월 독일, 스페인, 이탈리아, 영국 등의 여러 Intel 사업장과 독일, 스페인, 프랑스, 이탈리아, 영국의 여러 Intel 고객사 사업장에서 조사를 실시했다. 2007년 7월 26일, 위원회는 Intel에게 Dell Inc.(Dell), Hewlett-Packard Company(HP), Acer Inc., NEC Corp., International Business Machines Corp.(IBM) 등 5대 주요 OEM 업체에 대한 행위와 관련한 이의제기서(심사보고서, Statement of Objections)를 발송했다. Intel은 2008년 1월 7일 이 심사보고서에 답변했고, 2008년 3월 11일과 12일에 구두 심리(oral hearing)가 열렸다. 2008년 7월 17일, 위원회는 Intel에게 유럽 최대의 데스크톱 컴퓨터 유통업체인 전자기기 소매업체 Media-Saturn-Holding GmbH(MSH)와 또 다른 OEM 업체인 Lenovo Group Ltd.(Lenovo)에 대한 행위와 관련한 추가된 심사보고서를 발송했다. 이 추가 심사보고서에는 2007년 7월 26일 심사보고서에서 다룬 일부 OEM 업체들에 대한 Intel의 행위에 관한 새로운 증거가 포함되었다. Intel은 규정된 기간 내에 답변하지 않았다.

위원회는 문제된 결정에서 Intel이 거래 파트너들에 대해 취한 두 가지 유형의 행위를 기술했다. 이는 경쟁사인 AMD를 x86 CPU 시장에서 배제하기 위한 조건부 리베이트와 이른바 '노골적 제한(naked restrictions)'이다. 첫 번째 유형의 행위는 Dell, Lenovo, HP, NEC 등 4개 OEM 업체에 리베이트를 제공하는 것으로, 이들 OEM 업체가 x86 CPU를 전부 또는 거의 전부 Intel로부터 구매하는 조건이었다. 두 번째 유형의 행위는 OEM 업체들이 AMD CPU를 탑재한 특정 제품의 출시를 지연, 취소 또는 제한하도록 대금을 지불하는 것으로 구성되었다. 이러한 점들을 고려해, 위원회는 Intel이 2002년 10월부터 2007년 12월까지 TFEU 제102조와 1992년 5월 2일자 유럽경제지역협정(the Agreement on the European Economic Area) 제54조를 단일하고 지속적으로 위반했다고 판단하였고, 이에 따라 10억 6천만 유로의 벌금을 부과했다.

Intel은 특히 위원회가 이 사건에 적용한 AEC(As Efficient Competitor, 동등효율경쟁자) 테스트의 관련성에 대한 일반법원(General Court)의 평가에 이의를 제기한다. 특히 Intel은 위원회가 해당 테스트를 적용했기 때문에, 일반법원의 이 테스트의 적용에 심각한 결함이 있었고 올바르게 적용되었다면 위원회가 도달한 결론과 반대되는 결론, 즉 문제의 리베이트가 경쟁을 제한할 수 없다는 결론에 이르렀을 것이라는 Intel의 주장을 일반법원이 검토했어야 한다고 주장한다.

이와 관련하여, TFEU 제102조의 목적이 결코 기업이 자체 역량(실력)으로 시장에서 지배적 지위를 획득하는 것을 막는 것이 아니라는 점을 유념해야 한다. 또한 이 조항은 지배적 지위에 있는 기업보다 덜 효율적인 경쟁자들이 시장에 남아있도록 보장하려는 것도 아니다(*Post Danmark* 판결). 따라서 모든 배제적 효과가 반드시 경쟁에 해로운 것은 아니다. 역량 경쟁(competition on the merits)은, 그 정의상 덜 효율적이고 그래서 가격, 선택, 품질 또는 혁신 등의 측면에서 소비자에게 덜 매력적인 경쟁사들의 시장 퇴출이나 주변화 결과를 초래할 수 있다(*Post Danmark* 판결).

그러나 시장지배적 사업자는 자신의 행위가 EU 역내 시장에서의 진정하고 왜곡되지 않은 경쟁을 저해하지 않도록 할 특별 책임이 있다(*Post Danmark* 판결). 이것이 TFEU 제102조가 시장지배적 사업자가 자신만큼 동등하게 효율적이라고 여겨지는 경쟁사에 대한 배제적 효과를 가진 가격 정책을 채택하거나, 역량 경쟁의 일환이 아닌 다른 방법을 사용하여 지배적 지위를 강화하는 것을 금지하는 이유이다. 따라서 그러한 관점에서 가격을 통한 모든 경쟁이 적법하다고 간주될 수는 없다(*Post Danmark* 판결).

이와 관련하여, 법원은 시장지배적 지위에 있는 회사가 구매자로 하여금, 심지어 구매자들의 요청에 의한 것이라고 하더라도, 그들의 필요량 전부 또는 대부분을 해당 기업으로부터 독점적으로 구매하도록 의무화하거나 또는 약속하게 하는 경우, 이는 TFEU 제102조의 의미 내에서 지배적 지위를 남용하는 것이라고 이미 판시한 바 있다. 이는 그런 의무가 추가적인 조건 없이 규정되었건 혹은 리베이트 제공을 대가로 약속된 것인지 무관하게 적용된다. 해당 기업이 구매자들을 공식적인 의무로 구속하지 않고, 이들 구매자와 체결한 계약 조건에 따라 또는 일방적으로 충성 리베이트 시스템, 즉, 고객이 구매 수량이 많고 적음을 불문하고 지배적 지위 사업자로부터 필요량의 전부 또는 대부분을 구매한다는 조건 하에 할인해 주는 경우에도 적용된다(*Hoffmann–La Roche* 판결).

그러나 해당 기업이 행정 절차 중에 증거에 기반해 자신의 행위가 경쟁을 제한할 수 없었으며, 특히 주장된 봉쇄 효과를 야기할 수 없었다고 주장하는 경우 해당 판례는 보다 명확해져야 한다. 이 경우 위원회는 먼저 관련 시장에서 회사의 지배적 지위의 정도, 둘째, 문제의 관행이 적용되는 시장점유율, 그리고 문제된 리베이트를 부여하는 조건과 방식, 그 기간 및 금액을 분석해야 할 뿐만 아니라, 지배적 기업만큼 효율적이거나 그 이상의 효율성을 가진 경쟁사를 시장에서 배제하려는 전략이 존재할 가능성을 평가해야 한다(유사하게 *Post Danmark* 판결).

봉쇄 능력에 대한 분석은 원칙적으로 TFEU 제102조에 규정된 금지 범위에 해당하는 리베이트 시스템이 객관적으로 정당화될 수 있는지 평가하는 것에도 관련 있다. 또한 이러한 시스템에서 발생하는 경쟁에 불리한 배제 효과는 소비자에게도 이로운 효율성 측면에서의 이점에 의해 상쇄되거나 압도될 수 있다(*British Airways* 판결). 문제된 관행의 경쟁에 대한 유리한 효과와 불리한 효과에 대한 그러한 비교 형량은, 해당 관행이 최소한 지배적 사업자만큼 효율적인 경쟁자들을 배제할 내재적 능력에 대한 분석 이후에나 위원회의 결정에서 수행될 수 있다. 만약, 리베이트 시스템이 남용적이라고 판단한 결정에서 위원회가 그러한 분석을 수행하는 경우, 일반법원은 해당 리베이트의 봉쇄 능력에 관한 위원회의 판단의 타당성에 의문을 제기하려는 원고의 모든 주장을 검토해야 한다.

이 사건에서 위원회는 문제의 결정에서 해당 리베이트가 본질적으로 경쟁을 제한할 수 있으므로 모든 상황에 대한 분석, 특히 AEC 테스트가 지배적 지위의 남용을 결정하는 데 불필요하다고 판결에서 강조했지만, 그럼에도 불구하고 위원회는 이러한 상황에 대해 심층적인 검토를 수행하여 AEC 테스트에 대한 매우 자세한 분석을 제시했다. 그 결과 위원회는 동등하게 효율적인 경쟁자라고 하더라도 실행 불가능한 가격을 제공해야 했으며, 따라서 문제된 리베이트 시스템은 그러한 경쟁자에 대해 배제 효과를 초래할 수 있다는 결론을 내렸다. 따라서 위원회 결정에서, AEC 테스트는 문제된 리베이트 시스템이 동등하게 효율적인 경쟁자들에 대해 배제 효과를 야기할 수 있는지에 대한 위원회 평가에 중요한 역할을 했다. 이러한 상황에서 일반법원은 해당 테스트와 관련된 Intel의 모든 주장을 검토해야 했다.

그러나 일반법원은 판결에서 위원회가 적용 가능한 규칙에 따라, 어떠한 오류도 없이 AEC 테스트를 수행했는지 여부를 고려할 필요가 없고, Intel이 제안한 대안적 계산이 정확하게 수행되었는지 여부를 검토할 필요도 없다고 판단했다. 완전성을 위해 수행된 사건의 상황 검토에서, 일반법원은 위원회가 실시한 AEC 테스트에 중요성을 부여하지 않았고, 그에 따라 해당 테스트에 대한 Intel의 비판을 다루지 않았다.

결과적으로 일반법원의 판결은 파기되어야 한다. 문제된 리베이트의 경쟁제한 가능성 분석에서 일반법원이 AEC 테스트에서 위원회가 범했다고 주장되는 오류를 드러내려는 Intel의 주장을 고려하지 않은 잘못이 있기 때문이다.

EU대법원 규정 제61조 제1항에 따라, 법원이 일반법원의 판결을 파기하는 경우, 소송 상태가 허락하는 한 법원이 직접 사안에 대한 최종 판결을 내릴 수 있다. 그러나 이 사건의 경우 그렇지 않다. Intel이 제시한 주장에 따라 일반법원이 문제된 리베이트가 경쟁을 제한할 수 있는지 여부에 대한 검토는 해당 법원이 수행할 사실관계 및 경제적 증거 검토가 수반된다. 따라서 사건은 일반법원으로 환송되어야 한다.

III

단독행위(지배적 사업자 일방행위) 규제

1. 관련 규정

📖 **미국** 셔먼법(Sherman Act) 제2조

Section 2. "Every person who shall monopolize, or attempt to monopolize, or combine or conspire with any other person or persons, to monopolize any part of the trade or commerce among the several States, or with foreign nations, shall be deemed guilty of a felony, and, on conviction thereof, shall be punished by fine not exceeding $100,000,000 if a corporation, or, if any other person, $1,000,000, or by imprisonment not exceeding 10 years, or by both said punishments, in the discretion of the court."
"여러 주(州) 간 또는 외국과의 거래나 통상의 어떤 부분이라도 독점화하거나, 독점화를 시도하거나, 또는 독점화를 위해 다른 사람이나 사람들과 결합하거나 공모하는 모든 사람은 중죄로 간주되며, 유죄 판결 시 법인의 경우 1억 달러 이하의 벌금, 그 외의 자의 경우 100만 달러 이하의 벌금이나 10년 이하의 징역, 또는 법원의 재량으로 이 두 가지 처벌을 병과한다."

EU 유럽연합 기능조약 (Treaty on the Functioning of the European Union, TFEU) 제102조

Article 102 Any abuse by one or more undertakings of a dominant position within the internal market or in a substantial part of it shall be prohibited as incompatible with the internal market in so far as it may affect trade between Member States. Such abuse may, in particular, consist in: (a) directly or indirectly imposing unfair purchase or selling prices or other unfair trading conditions; (b) limiting production, markets or technical development to the prejudice of consumers; (c) applying dissimilar conditions to equivalent transactions with other trading parties, thereby placing them at a competitive disadvantage; (d) making the conclusion of contracts subject to acceptance by the other parties of supplementary obligations which, by their nature or according to commercial usage, have no connection with the subject of such contracts.
하나 또는 그 이상의 사업자가 역내 시장 또는 그 상당 부분에서의 지배적 지위를 남용하는 행위는, 회원국 간 거래에 영향을 미칠 수 있는 한, 역내 시장과 양립할 수 없으므로 금지된다. 이러한 남용행위는 특히 다음과 같은 행위가 있다. (a) 직접 또는 간접적으로 불공정한 구매가격이나 판매가격 또는 기타 불공정한 거래조건을 부과하는 행위 (b) 소비자에게 불이익이 되도록 생산, 판매 또는 기술개발을 제한하는 행위 (c) 다른 거래 상대방과 동등한 거래에 대해 서로 다른 조건을 적용함으로써 상대방을 경쟁상 불리한 위치에 두는 행위 (d) 상대방이 그 성질상 또는 상관습상 해당 계약 대상과 관련 없는 부수적인 의무를 수락하는 것을 조건으로 계약을 체결하는 행위

미국 클레이튼법(Clayton Act) 제2조 (a)항

Section 2. Discrimination in price, services, or facilities As amended by The Robinson-Patman Act (a) Price; selection of customers It shall be unlawful for any person engaged in commerce, in the course of such commerce, either directly or indirectly, to discriminate in price between different purchasers of commodities of like grade and quality, where either or any of the purchases involved in such discrimination are in commerce, where such commodities are sold for use, consumption, or resale within the United States or any Territory thereof or the District of Columbia or any insular possession or other place under the jurisdiction of the United States, and where the effect of such discrimination may be substantially to lessen competition or tend to create a monopoly in any line of commerce, or to injure, destroy, or prevent competition with any person who either grants or knowingly receives the benefit of such discrimination, or with customers of either of them: Provided, That nothing herein contained shall prevent differentials which make only due allowance for differences in the cost of manufacture, sale, or delivery resulting from the differing methods or quantities in which such commodities are to such purchasers sold or delivered: (하략)
제2조. 가격, 서비스 또는 시설에 대한 차별 로빈슨-패트먼법에 의해 개정 (a) 가격; 고객의 선택 거래에 종사하는 자가 그 거래 과정에서 직접 또는 간접적으로 동일한 등급 및 품질의 상품에 대해 서로 다른 구매자 간에 가격을 차별하는 것은, 해당 차별과 관련된 구매 중 어느 하나라도 거래에 해당하고, 해당 상품이 미국 또는 그 영토, 콜롬비아 특별구, 또는 미국 관할 하의 섬 지역이나 기타 지역 내에서 사용, 소비 또는 재판매를 위해 판매되고 그러한 차별의 효과가 일정한 거래 분야에서 실질적으로 경쟁을 감소시킬 수 있거나 독점을 창출할 경향이 있거나, 혹은

그러한 차별의 이익을 제공하거나 이를 알면서 받는 자 또는 그들의 고객과의 경쟁을 저해, 파괴, 방해하는 경우 이는 불법이다.
다만, 본 조항의 어떠한 내용도 해당 상품이 구매자들에게 판매되거나 배송되는 방식이나 수량의 차이로 인해 발생하는 제조, 판매 또는 배송 비용의 차이에 대해 적절한 고려만을 반영하는 차등을 금지하지 않는다.

2. 시장력(Market Power)

미국 Aluminum Co. of America (Alcoa) 판결

United States v. Aluminum Co. of America, 148 F.2d 416 (2d Cir. 1945)

1902년부터 1928년까지 Aluminum Company of America(Alcoa)는 완전 자회사를 통해 캐나다에서 잉곳(주괴, ingot)을 생산했다. 이 중 미국으로 수입된 양은 미국 내 생산량에 포함해 계산하는 것이 적절하다. 1912년에 이 두 품목의 합계는 미국 내 판매 가능한 전체 "신재(virgin)" 잉곳(주괴) 총량의 약 91%를 차지했다. 이 비율은 1938년까지 매년 변동했다. 1913년 약 72%, 1921년 약 68%, 1922년에는 약 72%였다. 이러한 예외를 제외하면 항상 전체의 80%를 넘었고, 1934년부터 1938년까지 지난 5년 동안은 평균 90%를 넘었다. 우선 "재생(2차, secondary)" 잉곳의 성질과 용도를 고려할 필요가 있다. 이는 업계에서 알루미늄 스크랩으로 만든 잉곳을 일컫는 용어이다.

Alcoa의 알루미늄 시장의 통제를 산정하는 방식은, 그 시장에서 경쟁하는 것으로 간주되는 것에 따라 생산과 별개로 다양한 방법들이 있다. 판사는 1929-1938년 동안의 Alcoa의 점유율을 약 33%로 계산했다. 이는 "재생(2차)" 알루미늄을 포함시키고 Alcoa가 자체 가공해서 잉곳으로 판매하지 않은 부분은 제외한 수치다. 반면 Alcoa의 총 생산량, 즉 가공 및 판매를 포함하고 수입 "신재(virgin)"와 "재생" 알루미늄의 합계와 비교할 경우, 해당 기간 동안 시장점유율은 약 64%였다. 이미 언급한 90%가 넘는 점유율은 Alcoa의 모든 생산량을 포함하고, "재생" 알루미늄을 제외할 때에만 나타난다.

90%를 넘는 점유율은 독점을 구성하기에 충분하나, 60% 또는 64%가 충분한지는 의문이며 33%는 확실히 충분하지 않다. 따라서 잉곳 시장에서 경쟁하는 것이 무엇인지 결정할 필요가 있다. Alcoa 자체적으로 가공하는 생산량 일부는 물론 잉곳으로 시장에 도달하지 않는다. 생산 제한이 불가피하게 가격에 영향을 미치거나 그렇게 하려는 의도가 있을 때에만 셔먼법 제1조를 위반한다. 그러나 독점이 가격을 통

제할 때만 제2조에 따라 불법이라고 가정하더라도, Alcoa가 제조한 잉곳은 필연적으로 잉곳 시장에 직접적인 영향을 미쳤다. 사소한 예외를 제외하고 모든 잉곳은 중간 제품 또는 최종 제품을 만드는데 사용되므로, Alcoa가 제조해 판매하는 모든 중간 제품 또는 최종 제품은 그만큼 잉곳 자체에 대한 수요를 감소시킨다. 따라서 잉곳 시장에 대한 Alcoa의 지배율 계산에 전체 잉곳 생산량을 포함해서는 안 된다는 점에 동의할 수 없다.

"재생" 알루미늄에 관해서는, 앞서 말했듯이, 업계에서 일부 쓰임새에서는 전혀 받아들이지 않는다. 하지만 수용 가능한 경우, 가격 차이는 보통 그렇게 크지 않다. 판사는 그 차이가 파운드당 1센트에서 2센트 사이로, 독점의 근거로 주장하기에 충분하지 않은 차이라고 판결했다. 실제로 때때로 이런 가격 차이가 사라지고, "재생" 알루미늄이 더 높은 가격에 판매되는 경우도 있다. 즉, 제조사가 만들려고 하는 제품에 딱 필요한 합금만 포함된 공급이 가능할 때이다. 산업 전체를 보면, "재생" 알루미늄이 어떤 용도에서는 전혀 경쟁하지 않지만(단순한 "판매 저항" 때문인지, 실제 금속학적 열등함 때문인지는 불분명), 대부분의 용도에서는 "신재(virgin)" 알루미늄과 실질적으로 동등하게 경쟁한다고 명확히 말할 수 있다. 이러한 사실에 근거해 판사는 "상업적으로 판매되는 모든 재생 또는 스크랩 알루미늄 1파운드는, 그렇지 않았다면 판매되었거나 판매되었을 수 있는 신재(virgin) 알루미늄 1 파운드를 대체한다"고 판단했다. 우리는 이에 동의한다. "재생" 알루미늄이 이를 수용하는 제조업체 수요를 충족시키는 한, 이는 다른 곳에서 판매를 찾아야만 하는 "신재" 알루미늄의 양을 증가시킨다. 따라서 "재생" 알루미늄이 "재생"을 수용하는 수요로부터 "신재" 알루미늄을 밀어내는 비율만큼, "신재"만 수용하는 수요 부분에 대한 공급은 더 커진다. (이것은 우리가 잠시 전에 Alcoa가 제조하는 "신재" 부분을 공급에 포함하기 위해 사용한 것과 같은 논리이다. 판사가 여기서도 같은 논리를 적용하지 않았는지는 분명하지는 않다.) 따라서 어느 시점에서든 "재생" 알루미늄은 잉곳 시장에서 "신재" 알루미늄과 경쟁한다. 나아가 "재생"은 "신재" 가격이 인상할 수 없는 한계 또는 "상한"을 설정할 수 있고, 아마도 그럴 것이다. 왜냐하면 "재생" 알루미늄의 생산 비용은 종국적으로 수집과 재처리 비용에만 달려 있기 때문이다. 이런 이유로 잉곳 시장에 대한 Alcoa의 통제력을 추정할 때, 판사가 한 것처럼 "재생" 알루미늄의 공급을 포함해야 할 것 같다. 사실,

누군가가 항상 자신의 가격을 제한하는 경쟁에 직면해야만 하는 시장을 독점한다고 말하는 것은 역설로 여겨질 수 있다. 우리는 그렇지 않음을 보여줄 것이다.

사용 중 사라지지 않고 재생 가능한 상품을 독점하는 경우, 특정 시점에 판매를 위한 공급은 두 가지 요소로 구성된다. (1) 가상의 독점사업자가 즉시 생산하여 판매할 수 있는 부분과 (2) 과거에 생산하여 판매한 것에서 회수되었거나 회수될 수 있는 부분이다. 가설에 따르면, 가상의 독점사업자는 현재 구성 요소 중 첫 번째 요소를 통제하고 있고, 두 번째 요소는 과거에는 통제했지만 더 이상 통제하지 않는다. 두 번째 요소를 통제했던 기간 동안, 만약 자신의 이해관계를 알고 있었다면, 그는 그 당시 시장에 미친 영향뿐만 아니라 그 중 일부가 재활용되어 미래 시장에서 진입할 가능성이 있다고 알게 되었다. 이러한 고려 사항은 독점사업자가 사업을 포기하거나 다른 이유로 미래 시장에 관심을 갖지 않기로 결정할 때까지 항상 어느 정도는 생산에 영향을 미칠 것이다.

따라서, 이 사건에서 Alcoa가 항상 미래의 잉곳 공급이 당시 생산한 것의 일부로 구성될 것이라는 사실을 알고 있었고, 스스로 주장하는 만큼 선견지명이 있었다면, 이러한 고려가 생산량 결정에 일정 부분 작용했을 것임에 틀림없다. 현재 생산이 미래 시장에 미치는 영향을 얼마나 정확하게 예측할 수 있었는지는 또 다른 문제다. 의심할 여지없이 경험이 도움되었을 것이나, 추측해야 했다는 사실에는 아무런 차이가 없다. 최선의 추측을 할 유인이 있었고, 추측이 옳았다고 판명되는 한 미래 공급의 해당 부분을 통제했을 것이라는 점만으로 충분하다. 따라서 Alcoa의 수년간의 지위를 고려할 경우 "재생" 알루미늄의 경쟁은 즉시 무시되어야 하는데, "재생" 알루미늄은 "신재" 생산과 마찬가지로 Alcoa의 통제 하에 있었기 때문이다. 이는 합법적인 독점의 경우로 잘 설명될 수 있다. 예를 들어, 특허나 저작권의 경우로서, 독점사업자는 자신이 판매한 상품을 구매자가 원하는 가격에 재판매하는 것을 막을 수 없다. 또한 독점사업자는 구매자가 실제로 새로운 제품을 만들지 않는 한, 사용으로 닳은 제품을 수리 재생하는 것을 막을 수 없다. 따라서 시장에 대한 독점사업자의 통제는 언제든지 과거 그가 판매했던 것 중 현재 책정한 가격 때문에 중고품이나 재생품으로 시장에 나올 수 있는 부분에 의해 제한될 것이다. 그러나 누구도 이런 이유로 특허나 저작권이 독점을 부여하지 않는다고 말할 생각은 하지 않을 것이다. 돌아와서 다시 철광석과 같은 일부 원자재의 유일한 공급원 소유자의 상황을 고려해 보자. 고철은 철강 시장에서 상수다. 수거되어 선철로 재용해되고, 새로 제련된 선철과 경쟁해 판매된다. 유일한 광석 공급원의 소유자는 항상 이런 경쟁에 직면해야 하며, 그것이 충분한 한, 독점사업자의 가격에 "상한선" 역할을 할 것이다. 그럼에도 불구하고, 누구도 독점사업자가 과거에 판매한 선철이 시장에 다시 돌아올 수 있는 기간 동안에도 그가 자연 독점을 갖고 있지 않다고 말하지는 않을 것이다.

마지막으로, Alcoa가 옳다면, 정확히 같은 논리가 가공업체가 직접 저장해서 다시 사용하는 절단 및 트리밍(공정 스크랩)도 포함시켜야 한다. 왜냐하면 이 또한 "신재" 알루미늄에 대한 시장을 그만큼 줄이기 때문이다. 원 구매자가 재생하건 전문 수거업자건 차이가 없다. 그러나 Alcoa 자체는 이러한 "공정 스크랩"이 경쟁한다고 주장하지 않는다. 실제 Alcoa는 이 스크랩이 "재생" 알루미늄 계산에 포함되지 않았다는 점을 증명하기 위해 노력했다.

따라서 우리는 Alcoa의 잉곳 시장에 대한 지배력이 90% 초과로 산정되어야 한다고 결론내린다. 이는 Alcoa 생산량이 수입된 "신재" 잉곳 대비 차지하는 비율이다. Alcoa가 공급하지 않은 부분이 국내 제조업체의 생산품이었다면, 이 비율이 합법적이든 불법적이든 간에 독점이라는 점에 의문의 여지는 없었을 것이다. 공급에서 그렇게 큰 부분을 차지하는 생산자는 특정 한계 내에서 완전한 통제력을 갖는다. 가격을 인상해 항상 그렇듯이 또는 거의 항상 그렇듯이 판매 가능한 양을 줄이면, 빈 자리를 채우려는 소규모 생산자의 확장을 초래할 수 있다는 것은 사실이다. 그러나 여기에는 불가피한 지연이 있을 뿐만 아니라, 대규모 생산자는 그러한 경쟁을 억제할 수 있는 강력한 위치에 있다. 실제로 기존 공장과 인력을 유지했다면 반드시 그렇게 할 수 있다. 실제 대규모 생산자의 힘에는 제한이 있다. 거의 모든 상품에 대체품이 있으며, 가격을 충분히 올릴 경우 대체재 등장을 초래한다. 게다가, 공장이나 인력의 특정 부분을 유휴 상태도 두는 것은 어렵고 비용이 많이 들며, 시장이 급격히 위축되면 소규모 생산자들이 사업을 확장하려는 유혹도 커질 것이다. 그러나 이러한 제한은 단일 생산자가 전체 시장을 차지하고 있을 때에도 존재한다. 그런 때조차 그의 지배력이 즉각적인 힘을 행사하는 것은 그의 절제에 달려 있을 것이다.

그러나 이 사건은 다르다. 왜냐하면 잉곳 가격이 상승함에 따라 수입 공급이 사실상 무제한이었을 가능성이 있기 때문이다. Alcoa와 외국 생산자 간에 수입하지 않기로 하는 합의가 없었다고 가정하면, 그들은 관세와 운송 비용이라는 장애를 감당할 수 있는 만큼 판매했다. 1920년에서 1937년까지 18년 동안 그들은 때로는 Alcoa 가격보다 약간 더 높게, 때로는 약간 더 낮게 판매했다. 하지만 그들이 받은 총액과 Alcoa 가격으로 일률적으로 팔았다면 받았을 금액 간 실질적인 차이가 없었다. 기록에는 없지만, 우리는 증명책임을 부담하는 원고가 Alcoa가 가격을 인상했다면 더 많은 잉곳을 수입했을 것이라고 가정할 수 있다. 따라서 국내 경쟁과 해외 경쟁에는 차이가 있다. 전자는 수량 측면에서 제한적이어서, 공장과 인력을 늘려야만 증가할 수 있다. 후자는 우리가 가정해야 하는 바와 같이, 수입보다 훨씬 더 많이 생산하는 생산자들로 인해, 가격 상승은 아마도 다른 곳에서 판매하던 것을 미국 시장으로 즉시 전환하도록 유도할 것이다. 이는 외국 수입의 위협이 Alcoa의 가격을 현재 가격에 유지시키고 유일한 국내 생산자로서의 이점을 활용하지 못하게 했다는 증거와 완전히 일치한다. 실제로 잠재적 수입이 이러한 가격에 "상한선"을 설정했다는 결론을 거부하기 어렵다. 그럼에도 불구하고, 관세와 운송 비용이 허용하는 한도 내에서, 다른 금속을 대체품으로 시장에 끌어들인 경우를 제외하면, Alcoa는 국내 경쟁에서 자유로웠기 때문에 그가 정하는 대로 자유롭게 가격을 인상했다.

이것이 셔먼법 제2조의 의미 내에서 독점이었을까? 판사는 Alcoa가 존재한 반세기 동안 소득세 납부 후 투자 자본(profits upon capital invested)에 대한 이익이 약 10%에 불과하며, 원고가 이 수치를 약간 더 높게 제시했지만 그 차이는 무시할 만하다고 판단했다. 원고는 과거의 이익을 사업에 남겨둔 것을 자본에 포함시켜 수익을 계산한 것은 적절하지 않다고 이의를 제기했지만, 이는 명백히 잘못된 것이다. 실제로 공공 서비스의 경우 요금 산정기준으로, 그 시점에 실제로 투자된 자본에 비해 과다한 이익으로부터 재투자된 수익을 포함해서는 안 된다는 주장이 종종 제기된다. 그러나 이 주장은 보통법상 "합리적인" 요금을 집행할 권한이 있는 위원회나 기타 당국이 없는 경우에도 공공 서비스는 그러한 요금 이상을 청구하지 않아야 할 의무가 있고, 초과분은 불법적으로 징수된다는 전제에 기반한다. 아마도 독점사업자의 경우에도 같은 주장을 사용할 수 있을 것이다. 그러나 그 주장은 과거 수입의 어느 부분이 과도한 것이었는지 입증되어야 한다는 전제가 있을 것이다. 왜냐하면 독점사업자조차도 벌어들일 수 있는 모든 것이 법의 보호를 받지 못하는 것(caput lupinum)은 아니기 때문이다. 원고는 그런 시도를 하지 않았고, "소비자가 기여한" 자본과 "주주가 기여한" 자본을 구분하는 것은 법적 근거가 없다. Alcoa의 수입은 주주들의 것이고, 그들은 수입을 자유롭게 인출하여 사용하거나 사업에 남겨둘 수 있었다. 만약 주주가 그대로 두기로 선택했다면, 그것은 개인 자금으로 새로운 자본을 출자하는 것과 다름이 없었다. 이를 전제로 전체 사업의 이익을 모든 제품(잉곳과 잉곳에서 제조된 제품)에 비례적으로 할당하는 것이 적절하다면, Alcoa가 잉곳에서 과도한 이익을 얻었다고 말하기는 어려울 것이다. 이런 산업에서 10%의 이익은, 적어도 부분적으로는 관세 보호의 지속에 달려 있고, 새로운 수요 변화, 사전에 정확히 예측할 수 없는 설비 및 공정의 노후화, 언제든 수요를 감소시킬 대체품 발견의 가능성, 그리고 모든 산업에 따르는 기타 위험에 따라 달라질 수 있다. 이런 조건 하에서 10%의 이익은 결코 과도하다고 보기 어려울 것이다.

EU United Brands 판결

Case 27/76, United Brands Company and United Brands Continentaal BV v Commission, [1978] ECR 207, ECLI:EU:C:1978:22

상품 시장과 관련하여, 우선 원고(United Brands Company, UBC)가 주장하는 대로, 소비자들이 바나나를 사과, 오렌지, 포도, 복숭아, 딸기 등 다른 종류의 신선 과일과 합리적으로 대체 가능하기 때문에 바나나가 신선 과일 시장의 불가분한 일부인지 확인할 필요가 있다. 아니면 관련 시장이 브랜드 바나나와 비브랜드 바나나를 모두 포함하는 바나나 시장만으로 구성되어 있고, 이 시장은 다른 신선 과일 시장과 충분히 동질적이고 구별되는지를 확인할 필요가 있다.

원고는 자신의 주장을 뒷받침하기 위해 바나나가 다른 신선 과일과 같은 상점, 같은 선반에서 비교 가능한 가격으로 경쟁하며, 디저트나 간식으로 소비되는 동일한 필요를 충족시킨다고 주장한다. 제시된 통계에 따르면, 바나나 구매에 대한 소비자 지출은 국내 신선 과일의 공급이 풍부한 6월에서 12월 사이에 가장 낮다. 식량농업기구(FAO)가 수행한 연구(특히 1975년)는 바나나 가격이 여름철에 상대적으로 약세이며, 예를 들어 사과 가격이 독일의 바나나 소비에 통계적으로 상당한 영향을 미친다는 것을 확인해 준다. 이 연구에 따르면, '오렌지 시즌' 동안 연말에 가격이 다소 완화되는 것이 눈에 띈다. 다른 신선 과일의 공급이 풍부한 계절적 성수기는 바나나 가격뿐만 아니라 판매량과 그에 따른 수입량에도 영향을 미친다. 원고는 이러한 조사를 바탕으로 바나나와 다른 신선 과일이 단일 시장을 형성하며, [TFEU 제102조]의 적용을 위해서는 이러한 맥락에서 UBC 운영을 검토했어야 한다고 결론 내린다.

위원회는 바나나 수요가 다른 신선 과일 수요와 구별되며, 특히 바나나가 특정 지역사회의 식단에서 매우 중요한 부분을 차지한다고 주장한다. 바나나의 특정한 품질은 고객 선호도에 영향을 미치며, 이 때문에 고객은 다른 과일을 쉽게 대체품으로 수용하지 않는다. 위원회는 원고가 인용한 연구로부터, 관련 시장에서 다른 종류의 과일 가격과 구매 가능성(availability)이 바나나 가격과 구매 가능성에 미치는 영향이 매우 미미하며, 이러한 효과는 너무 짧고 산발적이어서 다른 과일을 바나나와 같은 시장의 일부로 간주하거나 대체품으로 볼 수 없다는 결론을 내린다.

바나나가 다른 과일 시장과 충분히 차별화된 시장을 형성한다고 간주되려면, 다른 과일과 구별되는 특별한 특징 때문에 바나나가 다른 과일들과 제한적으로만 대체 가능하고, 다른 과일과의 경쟁에 거의 감지할 수 없을 정도로만 노출되었다는 점을 보여줄 수 있어야 한다. 바나나의 숙성은 특정 계절을 고려할 필요 없이 연중 내내 이루어진다. 연중 내내 생산이 수요를 초과하며 언제든지 수요를 충족시킬 수 있다. 이러한 특별한 특징 때문에 바나나는 특별한 과일이며, 그 생산과 판매는 예측 가능한 다른 신선 과일의 계절적 변동에 맞춰 조정될 수 있다. 소비자가 연중 내내 이 과일을 구할 수 있기 때문에 불가피한 계절적 대체는 없다. 바나나는 항상 충분한 양으로 구매 가능하므로, 바나나와 다른 신선 과일 간의 경쟁 정도를 확인하기 위해서는 바나나가 다른 과일로 대체 가능한지 여부를 연중 전체에 걸쳐 판단해야 한다.

바나나 시장 연구들은 해당 시장에서 장기적으로 유의미한 교차 탄력성이 없음을 보여준다. 또한 앞서 언급된 바와 같이, 바나나와 모든 계절 과일 사이에 일반적인 계절적 대체 가능성도 없다. 이는 관련 지리적 시장의 국가들 중 하나(서독)에서 바나나와 두 가지 과일(복숭아와 포도) 사이에만 존재한다. 연중 내내 구할 수 있는 두 가지 과일(오렌지와 사과)에 관해서는, 오렌지는 대체 불가능하고 사과는 상대적으로 제한된 정도의 대체 가능성만 있다. 이러한 낮은 수준의 대체 가능성은 바나나의 특징과 소비자 선택에 영향을 미치는 모든 요인들로 설명된다. 바나나는 특성, 외관, 맛, 부드러움, 씨 없음, 쉬운 취급, 일정한 생산 수준 등의 특징이 있기 때문에, 어린이, 노인, 환자를 포함한 중요한 인구 집단의 지속적인 요구를 충족시킬 수 있다.

가격과 관련하여, 두 건의 FAO 연구는 바나나가 다른 과일(복숭아와 포도에 한정)의 가격(하락하는 가격)에 영향을 받는 것은 여름 달, 주로 7월에 제한되고, 그 영향도 20%를 초과하지 않음을 보여준다. 이 제품이 이 달들과 연말의 몇 주 동안 다른 과일과의 경쟁에 노출된다는 점을 부인할 수는 없지만, 관련 지리적 시장에서의 수입량과 마케팅이 유연하게 조정되기 때문에 경쟁 조건이 매우 제한적이다. 그리고 바나나 가격은 과일 공급이 풍부한 이러한 상황에 큰 어려움 없이 적응한다.

이러한 모든 고려사항으로부터, 바나나에 대한 지속적 수요가 있는 매우 많은 소비자들은 다른 신선 과일이 출시되더라도 바나나 소비에서 눈에 띄게 또는 심지어 감지할 수 있을 정도로 이탈하지 않고, 심지어 개별적 성수기조차도 대체가능성의 관점에서 볼 때 매우 제한된 기간 동안 그리고 매우 제한된 정도로만 영향을 미친다는 결론을 내릴 수 있다. 따라서 바나나 시장은 다른 신선 과일 시장과 충분히 구별되는 시장이다.

[TFEU 제102조]에서 언급된 지배적 지위는 기업이 누리는 경제적 강점을 갖는 지위와 관련 있고, 이 지위는 기업에게 경쟁자, 고객 그리고 궁극적으로는 소비자로부터 상당한 정도로 독립적으로 행동할 수 있는 힘을 줌으로써 관련 시장에서 유지된 실질적인 경쟁을 방해하는 것을 가능하게 한다. 일반적으로 지배적 지위는 여러 요인의 조합에서 비롯되며, 이러한 요인은 개별적으로 고려하면 반드시 결정적이지는 않다. UBC가 관련시장에서 지배적 지위가 있는지를 확인하려면 먼저 그 구조를 검토하고, 다음으로 해당 시장의 경쟁 상황을 살펴보는 것이 필요하다. 이 과정에서 반드시 남용으로 인정할 필요 없이, 필요하다면 남용 행위로 제시된 사실을 고려하는 것이 바람직할 수 있다.

UBC는 고도로 수직 통합된 기업이다. 이러한 통합은 재배에서 배송 항구에서의 철도 또는 트럭 적재에 이르는 모든 단계에서 분명하게 나타난다. 이후 단계에서도 숙성 및 판매 가격과 관련하여 UBC는 완전한 대리점 네트워크를 구축함으로써 숙성업자/유통업체 및 도매업체까지 통제를 확대한다. 생산 단계에서 UBC는 중남미에 대규모 농장을 소유하고 있다. UBC 자체 생산이 수요량을 충족시키지 못하는 경우, 예외적인 상황이 아닌 한 생산 과잉이 일반적이기 때문에 독립 농장주로부터 어려움 없이 공급을 받을 수 있다. 또한 여러 독립 생산자는 바나나 재배 계약을 통해 UBC와 연결되어 있으며, 이로 인해 이들은 UBC가 택하도록 권장한 바나나 품종을 재배하게 되었다. 공급을 위협할 수 있는 자연 재해의 영향은 농장이 넓은 지리적 영역에 걸쳐 분포되어 있고, 질병에 거의 영향을 받지 않는 품종을 선택함으로써 크게 줄어든다. 이러한 상황은 UBC가 1974년 허리케인 '피피'의 결과에 대응할 수 있었던 방식에서 입증되었다. 따라서 생산 단계에서 UBC는 자신이 받는 모든 요청을 충족시킬 수 있다는 것을 안다.

자사 사업장에서의 포장 및 자사 구내 진열 단계에서 UBC는 독립적으로 상품을 처리할 수 있는 공장, 인력, 설비 및 자재를 보유하고 있다. 바나나는 UBC의 철도를 포함한 자체 운송 수단을 통해 생산지에서 선적항까지 운송된다. 해상 운송 단계에서 UBC는 자체 바나나 선단을 통해 수출량의 3분의 2를 운송할 수 있는 유일한 기업으로 인정받고 있다. 따라서 UBC는 자체 선박의 유휴 위험 없이 정기적으로 운송할 수 있으며, 시장 상황이 어떻든 평균 판매량의 3분의 2를 운송할 수 있으며, 매주 3회 정기적으로 위탁화물의 유럽 도착을 보장할 수 있는 유일한 회사이며, 이 모든 것이 UBC에 상업적 안정성과 번영을 보장한다.

기술 지식 분야에서 그리고 지속적인 연구의 결과로 UBC는 배수 시스템을 개선하고, 토양 결핍을 보완하고, 식물 질병을 효과적으로 퇴치함으로써 농장의 생산성과 수확량을 지속적으로 개선하고 있다. UBC는 새로운 숙성 방법을 개발했으며, 이 기술을 Chiquita 바나나의 유통업자/숙성업자들에게 교육하고 있다. 이는 UBC의 지위를 고려할 때 염두에 두어야 할 또 다른 요인인데, 경쟁 기업이 비교할 만한 수준의 연구를 수행할 수 없고 이 점에서 UBC에 비해 불리한 위치에 있기 때문이다.

UBC는 대규모의 반복 광고 및 판촉 캠페인을 통해 제품을 차별화했고, 이로 인해 소비자들은 상표가 붙은 바나나와 상표가 붙지 않은 바나나의 가격 차이(약 30~40%)와 Chiquita 바나나와 다른 브랜드 바나나의 가격 차이(약 7~10%)에도 불구하고 해당 바나나를 선호하게 되었다. UBC는 대규모 광고를 위해 열대 지방에서 브랜딩의 기회를 충분히 활용한 최초의 기업이었다. UBC의 말을 빌리자면, 이는 "바나나의 상업적 이용을 혁명화했다." 이를 통해 UBC는 Chiquita를 관련 시장에서 최고의 바나나 브랜드로 만들어 특권적인 지위를 차지했고, 그 결과 유통업체는 소비자에게 Chiquita 해당 바나나를 제공하지 않을 수 없었다. 판매 단계에서 이러한 차별화 요소는 정기적인 고객을 확보하고 경제적 강점을 공고히 하는 것을 보장한다.

UBC는 1974년 전 세계 바나나 수출의 35%를 차지한 최대 바나나 그룹이다. 그러나 이 사건에서는 관련 시장에서의 UBC 운영만을 고려해야만 한다. 이 관련 시장에서 당사자들이 독일 연방공화국에서 UBC의 시장점유율과 관련 시장 전체에서 원고의 전체 점유율에 대해 의견이 일치하지 않는다.

우선 UBC는 중앙아메리카에서 FOB 조건으로 바나나를 구매하는 Scipio 기업에 귀속되는 비율을 전체 관련 시장에서의 자사의 전체 점유율에 포함시키지 않고 있다. 그러나 이는 반드시 포함되어야 한다. 왜냐하면 Scipio가 숙성시키는 바나나는 거의 모두 'Chiquita' 바나나이고, 이의 유럽 선적은 Sven Salene 회사가 조정하며, Scipio가 UBC의 기술 감독을 받고, 이 두 그룹이 서로 공급 및 가격 협정을 맺었고, Scipio가 'Chiquita 바나나'를 아직 녹색인 동안 재판매하지 않을 의무를 준수하며, 지난 30년 동안 UBC로부터 독립적으로 행동하려 시도한 적이 없기 때문이다. Scipio와 UBC 사이에는 업무 협약이 있고, 가격에 대한 공동 행동뿐만 아니라 판매점을 매력적으로 만들고 광고 캠페인과 관련해서도 공동 행동이 있다. 또한 Scipio가 청구하는 판매 가격이 UBC가 공급하는 다른 공급업체의 판매 가격과 동일하다는 점을 기록해야 한다. 따라서 UBC와 Scipio는 서로 경쟁 관계에 있지 않다.

둘째, 위원회는 UBC의 시장점유율을 45%로 추정한다고 말한다. 그러나 UBC는 이 점유율이 1975년에 41%로 떨어졌다고 지적한다. 거래자가 해당 시장의 대부분을 차지하는 데 성공한 경우에만 제품 시장에서 지배적인 위치에 있을 수 있다. 고정될 경우 어느 정도 근사치일 수밖에 없는 백분율에 대한 논의를 하지 않더라도, UBC의 관련 시장점유율은 항상 40%를 넘고 거의 45%에 달한다는 것은 확립된 사실로 간주 가능하다. 그러나 이 비율만으로 UBC가 자동으로 시장을 지배한다고 결론 내릴 수는 없다. 이는 경쟁자의 강점과 수를 고려하여 결정해야 한다.

먼저 관련 시장 전체에서 해당 점유율이 경쟁자 Castle and Cooke보다 몇 배 더 큰 점유율을 나타내며, Castle and Cooke는 모든 경쟁자 중에서 가장 좋은 위치에 있고 다른 경쟁자들은 훨씬 뒤처져 있다는 점을 확인할 필요가 있다. 이 사실은 이미 주목받은 다른 사실과 함께 UBC의 우월한 강점을 입증하는 요인으로 간주될 수 있다. 그러나 회사가 지배적인 위치에 있기 위해 모든 경쟁 기회를 제거할 필요는 없다. 이 사건의 경우 실제로 1973년에 여러 차례 매우 활발한 경쟁이 있었는데, Castle and Cooke가 덴마크와 독일 시장에서 가격 할인과 함께 대규모 광고 및 판촉 캠페인을 벌였기 때문이다. 동시에 Alba는 가격을 인하하고 판촉 자료를 제공했다. 최근 네덜란드 시장에서 Villeman et Tas의 경쟁이 매우 치열해져 가격이 전통적으로 가장 낮은 독일 시장보다 낮아졌다. 그러나 이러한 회사들이 노력에도 불구하고 공격을 시작한 국가 시장에서 자신들의 시장점유율을 크게 높이는데 성공하지 못했다는 점을 기록해야 한다. 시간과 공간이 제한된 이러한 경쟁 기간이 관련 시장 전체를 포괄하지 않았다는 점에 유의해야 한다. 일부 경쟁사의 지역적 공격을 '격렬한' 것으로 표현할 수 있다 하더라도, UBC가 일시적으로 가격을 조정하거나(Villeman et Tas의 도전에 대응한 네덜란드의 경우) 중개인들에게 간접적인 압력을 가함으로써 성공적으로 대응했다는 점만을 기록할 수 있다.

이에 더해 각 국가 시장에서 UBC의 지위를 고려한다면, 아일랜드를 제외하고 UBC가 직접 판매하고 있으며, 독일은 Scipio를 통해 간접적으로 판매하고 있는데, 가장 유리한 위치에 있는 경쟁자보다 거의 두 배나 많은 바나나를 판매하고 있으며, 이들 시장에 새로운 경쟁자가 등장하더라도 판매량 수치에 눈에 띄는 감소가 없다. UBC의 경제적 강점으로 인해 관련시장 전체에 신규 경쟁자가 자리 잡는 것에 대항하여 유연한 전반적인 전략을 채택할 수 있었다.

경쟁자들이 시장에 진입하는 것을 막는 특별한 장벽은, 바나나 농장의 조성과 운영에 필요한 예외적으로 큰 자본 투자, 과일 질병과 악천후(허리케인, 홍수)의 영향을 피하기 위해 공급원 확대 필요성, 부패하기 매우 쉬운 제품의 유통에 필요한 필수적인 물류 시스템의 도입, 신규 시장 진입자가 즉각적인 이익을 얻을 수 없는 규모의 경제, 그리고 적절한 상업 네트워크 구축, 대규모 광고 캠페인 전개 등 시장 진입에 소요되는 모든 일반 비용으로 구성된 실제 진입 비용 등으로, 이러한 모든 재정적 위험은 실패 시 회수 불가능하다. 따라서 UBC가 지적했듯이 경쟁자가 동일 생산 및 유통 방법을 사용할 수 있는 것은 사실이지만, 거의 극복할 수 없는 실질적, 재정적 장애물에 부딪힌다. 이는 지배적 지위에 또 다른 특징적 요인이다.

그러나 UBC는 1971년부터 1976년까지 바나나 부문이 입은 손실을 고려하는데, 이 기간 동안 경쟁사는 수익을 냈지만, 지배력은 본질적으로 가격을 고정하는 힘이기 때문에 손실을 내는 것은 지배적 지위의 존재와 부합하지 않는다는 것을 추론하기 위함이다. 사업자의 경제적 강점은 수익성으로 측정되지 않는다. 큰 이익이 효과적인 경쟁이 있는 상황과 양립할 수 있는 것과 마찬가지로 이익 마진 감소나 심지어 일정 기간의 손실도 지배적 지위와 양립 불가능한 것이 아니다. UBC의 수익성이 일시적으로 적당하거나 없다는 사실은 UBC의 전체 운영 관점에서 고려해야 한다. UBC가 어떤 손실을 입었든, 고객이 가장 사랑하는 공급업체인 UBC로부터 더 많은 상품을 계속 구매한다는 점이 더욱 중요하며, 이 사실은 지배적 지위의 특별한 특징이며, 이에 대한 확인은 이 사건에서 결정적이다.

따라서 UBC가 누리는 모든 이점의 누적 효과는 UBC가 관련 시장에서 지배적 지위를 가진다는 점은 명확하다.

3. 거래거절(Refusal to deal)

미국 Aspen Skiing 판결

Aspen Skiing Co. v. Aspen Highlands Skiing Corp., 472 U.S. 585 (1985)

민사 3배 손해배상 소송에서 배심원단은 상고인 Aspen Skiing Company(Ski Co.)가 Colorado주 Aspen에서 다운힐 스키 서비스 시장을 독점했다고 판단했다. 제기된 쟁점은, 독점력을 가진 회사가 셔먼법 제2조 위반을 피하기 위해서는 판매 협약(marketing arrangement)에서 소규모 경쟁사와 협력할 의무가 있다는 전제에 근거해 내려진 판단이, 법리적으로 오류가 있는지 여부이다.

I

Aspen은 "수퍼 파우더(super powder)", "다양한 코스", "활기찬 나이트라이프" 및 "북미 최고의 레스토랑"으로 명성을 얻은 특별한 스키 리조트이다. 1945년과 1960년 사이에 민간 투자자들은 3개의 주요 시설을 독립적으로 개발했는데, Aspen Mountain(Ajax), Aspen Highlands(Highlands), 및 Buttermilk이며, 4번째 산 Snowmass는 1967년 개장했다.

1958년과 1964년 사이에 세 개의 독립 회사가 Ajax, Highlands, Buttermilk를 운영했다. 초기에는 각 회사가 자체 산을 이용할 수 있는 하루 또는 반일 티켓을 제공했다. 그러나 1962년에 세 경쟁사는 상호 교환 티켓을 도입했다. 6일 동안 모든 Aspen 지역을 이용할 수 있는 티켓은 주 단위로 리조트를 방문하는 대다수의 스키어에게 편의성을 제공했지만, 방문 기간 동안 매일 어떤 산에서 스키를 탈지에 대해 유연성을 유지하는 것을 선호했다. 또한 Aspen에서 이용 가능한 스키 산의 특별한 다양성을 강조하였다. all-Aspen 티켓 프로그램은 6장의 쿠폰이 들어 있는 책자로 구성되었으며, 각각 Ajax, Highlands 또는 Buttermilk에서 일일 리프트 티켓으로 교환할 수 있다.

1964년에 Ski Co.가 Buttermilk를 인수했지만, 교환권 프로그램은 계속되었다. Highlands가 1973－1974년에는 티켓 판매 수익에서 차지하는 비중은 17.5%였고, 1974－1975년에는 18.5%, 1975－1976년에는 16.8%, 1976－1977년에는 13.2%였다. 1962년과 1977년 사이에 Ski Co.와 Highlands는 자체 산에서 1일권, 3일권, 6일권을 다양하게 섞어 독립적으로 제공했다. 그러나 한 시즌을 제외한 모든 시즌에서 어떤 형태로든 all－Aspen 6일권을 제공했고, 해당 판매에서 발생한 수익을 이용량에 따라 나누었다. 그럼에도 불구하고 1977－1978년 시즌에 Ski Co.는 Highlands가 티켓 수익의 13.2% 고정 몫을 수락하는 경우에만 all－Aspen 티켓을 계속 제공하겠다고 제안했다.

1976－1977년 티켓 수익에서 Highlands가 차지한 비중은 이 정도였지만, Highlands는 그 시즌이 악천후와 비정상적으로 스키어 방문이 적었기 때문이라며 시장 성과를 측정하는 데 부정확한 방법이라고 주장했다. 게다가 Highlands는 티켓을 구매한 스키어들이 매일 어느 스키장을 이용할지에 대한 충성도를 확보하기 위하여 경쟁할 수 있도록 수익을 실제 이용량에 따라 계속 분배하기를 원했다.

1978년 3월, Ski Co. 경영진은 이사회에 1978－1979 시즌 동안 4개 구역 티켓을 중단할 것을 권고했다. 이사회는 Highlands가 수익의 12.5% 고정 비율을 받는 데 동의하는 조건으로 Highlands에 4개 구역 티켓을 제공하기로 결정했는데, 이는 이용량 기준 Highlands의 과거 평균보다 상당히 낮은 수치였다. 시즌 후반에 Ski Co. 이사회의 한 임원이 Highlands 관계자에게 "[Highlands]가 수락할 수 없는 제안"을 했다고 솔직하게 말했다.

Ski Co.는 Highlands가 공동 상품을 대체할 자체 다지역(multiarea) 패키지를 판매하는 것을 극도로 어렵게 만드는 추가 조치를 취했다. Ski Co.는 1978－1979 시즌에 3일, 3－지역(area) 패스를 중단하고 여행사 할인 또는 소매점에서 Highlands 리프트 티켓 판매도 거부했다. 이에 Highlands는 마침내 대체 상품인 'Adventure Pack'을 개발했으며, 이 상품은 Highlands 3일 이용권과 Ski Co. 산의 일일 리프트 티켓 가격과 같은 바우처 3장으로 구성되었다. 해당 바우처는 Aspen 은행에 예치된 자금으로 보증되었으며 Aspen 판매자가 이를 전액 상환했다. 그러나 Ski Co.는 바우처를 받지 않았다.

나중에 Highlands는 바우처 대신 American Express 여행자 수표나 환전 수표를 포함하도록 Adventure Pack을 재설계했다. Ski Co.는 결국 일일 리프트 티켓과 교환하여 이러한 양도성 증권을 수락했다. 제품의 몇 가지 장점에도 불구하고 Adventure Pack은 all-Aspen 티켓이 제공하는 편의성과 유연성에 익숙해진 여행사와 소비자의 상당한 저항에 부딪혔다.

편리한 all-Aspen 티켓이 없다면 Highlands는 기본적으로 "목적지 리조트의 일일 스키장이 된다." 1977년 사용에 따른 4개 구역 티켓이 폐지된 후 Aspen에서 Highlands의 시장점유율은 꾸준히 감소해서, 1976-1977년 20.5%, 1977-1978년 15.7%, 1978-1979년 13.1%, 1979-1980년 12.5%, 1980-1981년에는 11%까지 떨어졌다. 스키 학교, 스키 대여, 아마추어 레이싱 이벤트, 레스토랑 시설과 같은 스키 관련 서비스에서 얻은 Highlands의 수익도 급격히 감소했다.

II

1979년, Highlands는 Colorado 지방 법원에 Ski Co.를 피고로 소를 제기했다. 다양한 청구 중 Ski Co.가 셔먼법 제2조를 위반하여 Aspen 스키 서비스 시장을 독점했다고 주장하면서, 3배 손해배상을 청구했다. 이 사건은 배심원 재판에 회부되었고, 배심원단은 Ski Co.가 제2조 위반의 책임이 있고 Highlands의 실제 손해배상금을 250만 달러로 산정하는 평결을 내렸다.

지방법원 판사는 배심원단에게 내린 지시에서 셔먼법 제2조에 따른 독점화 위반행위를 구성하는 2가지 요건, 즉 (1) 관련 시장에서 독점력을 보유하는 것, (2) 반경쟁적 또는 배제적 수단이나 반경쟁적 또는 배제적 목적을 통해 그 힘을 의도적으로 취득, 유지 또는 사용하는 것이라고 설명했다. 첫 번째 요건은 1심 재판 및 항소법원에서 격렬하게 다투었지만, 이 법원에서 Ski Co.는 독점력을 보유했다는 배심원단의 특별 평결(special verdict)에 이의를 제기하지 않는다. Ski Co.는 또한 제2조 위반의 두 번째 요건에 관한 지방법원의 배심원단 지시를 다투지 않는다. 두 번째 요건에 대해 배심원은 "Ski Co.가 반경쟁적 또는 배제적 수단에 의해, 또는 반경쟁적 또는 배제적 목적을 위해 독점력을 의도적으로 취득, 유지 또는 사용했는지"를 심리해야 한다는 지시를 받았다.

항소법원은 모든 면에서 1심 판단을 유지했다. 법원은 Ski Co.의 주장을 기각한 두 가지 이유를 제시했다. 첫째 항소법원은 복수일(multiday), 다지역(multiarea) 티켓이 Ski Co.가 Highlands와 공동 판매할 의무가 있는 "필수 설비(essential facility)"로 특징지을 수 있다고 판결했다. 둘째, Ski Co.가 4지역 티켓 마케팅을 거부한 의도가 "다른 행위와 함께 고려할 때" 독점을 창출하거나 유지하기 위한 것이라는 판결을 뒷받침할 충분한 증거가 있다고 판결했다. 항소법원은 의도 문제에 대한 증거를 검토하면서 기록을 "전체적으로" 고려했고, Highlands가 주장하는 각각의 반경쟁적 행위가 독점력 남용을 증명하기에 충분하다는 것을 증명할 필요가 없다고 결론지었다. 법원은 Highlands와 "협조를 거부함으로써" Ski Co.가 "Aspen에서 복수일 및 복수산(multi-mountain) 스키 경험을 제공할 수 있는 유일한 사업체가 되었다"고 지적했다. Highlands의 Adventure Pack 쿠폰을 거부하는 데는 타당한 사업적 이유가 없는 것으로 보인다고 판단했다.

III

Ski Co.는 독점력(monopoly power)을 가진 사업자라 하더라도 경쟁사와의 공동판매의무는 없고, 셔먼법 제2조 위반은 실질적인 배제행위에 대한 증거가 없다면 성립할 수 없는데, 자신의 행위 중 어떤 것도 배제적인 것으로 특징지을 수 없다고 주장한다. 또한 항소법원이 "필수 설비(essential facilities)" 이론에 잘못 의존했으며, "반경쟁적 의도"가 배제적이지 않은 행위를 독점화(monopolization)로 전환시키지 않는다고 주장한다. 이에 대해 Highlands는 기록상 증거를 감안할 때 판결을 확정하기 위해 "필수 설비" 이론에 의존할 필요가 없다고 주장한다. Ski Co.가 독점력을 가진 기업조차도 경쟁사와 공동 마케팅 프로그램을 수행할 일반적인 의무는 없다고 주장하는 것은 분명 적절하다. 그러나 Ski Co.가 이 사건의 판결이 그러한 법적 명제에 근거한다고 주장하는 것은 완전히 잘못된 것이다. 왜냐하면 1심법원은 배심원단에게 독점력 있는 회사라도 사업 경쟁자와 협력할 의무는 없다고 분명히 지시했기 때문이다.

무조건적인 협력 의무는 없다는 것이 기업이 특정 협력 사업에 참여를 거부할 때마다 그 결정이 증거상 중요하지 않거나 특정 상황에서 책임을 발생시키지 않을 수 있다는 것을 의미하지 않는다. 다른 사업자와 거래할 의무가 없다는 것은, 어떤 점에서는 독립적인 사업자가 자신의 고객과 협력자(associates)를 선택할 수 있는 소중한 권리가 있다는 대응 개념(counterpart)에 불과하다. 다른 사업자와 거래를 거절할 권리에 높은 가치를 둔다고 해서 그 권리가 무조건적이라는 것을 의미하는 것은 아니다.

Lorain Journal 판결(1951)에서 그러한 권리가 제한 없이 인정되는 것은 아니라고 이미 명확하게 판시한 바 있다. *Lorain Journal* 사건에서 제2조 위반은 독점화(monopolization)가 아닌 "독점화 시도(attempt to monopolize)"였지만, 의도 문제는 두 위반 모두에 관련이 있다. 전자의 경우, Hand 판사가 설명한 대로 금지된 목적을 달성하려는 "특정 의도(specific intent)", 즉 "단순히 행위를 하려는 의도를 넘어서는 의도"를 증명해야 한다(*Alcoa* 판결). 후자의 경우, 의도 증거는 문제된 행위가 1심법원(trial court) 지시에 사용된 단어인 "배제적(exclusionary)" 또는 "경쟁제한적(anticom-petitive)"으로 적절하게 유형화되는지 또는 학자들이 선호하는 것 같은 단어인 "약탈적"인지에 대한 문제와 관련 있을 뿐이다. 어떤 명칭을 사용하든 "어떤 독점사업자도 자신이 무엇을 하고 있는지 의식하지 않고 독점하지 않는다"는 명제에 동의가 있다. Bork 판사가 최근에 언급한 것처럼, "부적절한 배제(뛰어난 효율의 결과가 아닌 배제)는 항상 신중하게 의도된다."

독점사업자가 자신이 원하는 사람과 거래할 수 있는 권리에 대한 제한은, *Lorain Journal* 사건의 상황 이상을 포괄하지 못할 만큼 좁지 않다. 우리가 결정해야 할 실제 사례에서 독점사업자는 경쟁자가 제안한 협력 사업에 참여하겠다는 새로운 제안을 단순히 거부한 것이 아니다. 오히려 독점사업자는 과거 경쟁적인 시장에서 유래해 수년 동안 지속된 유통 방식에 중요한 변화를 선택했다. 이용량에 따라 수익이 배분되는 all-Aspen 6일권은, 세 개의 독립된 회사가 Aspen 지역에서 세 개의 다른 스키 산을 운영했을 때 처음 개발되었다. 시장이 네 개의 산을 포함하도록 확대되고 Ski Co.가 독점력을 획득하면서 시장의 특성이 바뀌었을 때에도 스키어에게 바람직한 선택지를 계속 제공했다. 게다가 기록에 따르면, 상호 교환 티켓은 경쟁이 치열한 다른 복수 산간 지역에서 사용되고 있는 것으로 나타나므로, 이러한 티켓은 자유 경쟁 시장에서 소비자 수요를 충족시킨다고 추론하는 것이 적절해 보인다.

따라서 Ski Co.가 all−Aspen 티켓을 종료하기로 한 결정은 독점사업자가 시장의 특성을 크게 변경하기 위해 내린 결정이었다. 그러한 결정이 반드시 경쟁제한적인 것은 아니며, Ski Co.는 그 결정이나 해당 결정을 이행하기 위한 행위가 이 사건에서 배제적인 것으로 공정하게 특징지어질 수 없다고 주장한다. 그러나 이 사건이 우리에게 제시된 대로 전체 기록을 Highlands에 가장 유리한 관점에서 해석해야 하며, 설사 반대 추론이 합리적으로 도출될 수 있더라도 증거가 공정하게 뒷받침하는 모든 추론의 이점을 Highlands에 제공해야 한다는 것을 인정한다.

게다가 배심원단은 법원의 지시를 따랐다고 가정해야 한다. 따라서 배심원단은 "한편으로는 경쟁을 배제하거나 제한하는 관행과 다른 한편으로는 우수한 제품, 잘 운영되는 사업 또는 행운만을 반영하는 사업 성공"을 구분해야 한다. 배심원단은 Ski Co.가 Highlands와 거래하기를 거절한 것이 "거절에 타당한 사업적 이유가 있는 경우 제2조를 위반하지 않는다."는 명확한 지시를 받았으므로, 배심원단은 거절에 대한 타당한 사업적 이유가 없다고 결론 내렸다고 가정해야 한다. 그러면 문제는 그 결론이 기록에서 뒷받침되는지 여부이다.

Ⅳ

Ski Co.의 행위가 배제적이라고 적절하게 특징지을 수 있는지 여부는, 단순히 Highlands에 끼친 영향을 고려하는 것으로는 답할 수는 없다. 거기에 더해 소비자에게 미치는 영향과 불필요하게 제한적인 방식으로 경쟁을 저해(impair)했는지 여부도 고려하는 것이 중요하다. 회사가 "효율성 아닌 다른 근거로 경쟁사를 배제하려고 시도"했다면, 그 행동을 약탈적이라고 특징짓는 것이 타당하다. 따라서 문제된 행위가 소비자들에게, Ski Co.의 소규모 경쟁자들에게, 그리고 Ski Co. 자신에게 어떤 영향을 미쳤는지 조사하는 것이 적절하다.

All Aspen 티켓의 우수한 품질

수년에 걸쳐 Aspen 재방문객들은 다양한 개량형으로 6일 Aspen 티켓에 대한 강력한 수요를 발전시켜 왔다. 대부분의 숙련된 스키어는 리조트에서 보내는 전체 기간 동안 티켓을 한 번에 구매하는 것을 논리적으로 선호한다. 그렇게 하면 슬로프에서 더 많은 시간을 보내고 스키 후 편의 시설을 즐길 수 있으며 티켓 줄에서 기다리는 시간을 줄일 수 있다. 티켓의 4개 지역 속성 덕분에 스키어는 6일 티켓을 미리 구매하는 동시에 매일 어느 산에서 스키를 탈지 자신의 시간과 이유로 결정할 권리를 가질 수 있다. 이 코스는 편리성과 유연성을 제공했고, 일주일 휴가 동안 스키어가 볼 수 있는 경치와 도전적인 코스의 수를 늘려주었다.

3개 지역 6일권 티켓이 Ski Co.에 의해 제공되었고 이는 일부 특성을 지녔지만, 증거는 4개 지역에서 모두 이용할 수 있는 티켓의 소멸로 소비자들이 불이익을 입었다는 결론을 뒷받침한다. 우선 문제된 1976년 이래로 3개 지역 티켓과 all Aspen 티켓 간 경쟁에 대한 실제 기록을 보면, 스키어들이 명백하게 4개 지역 티켓을 선호했다는 점이 드러났다. Highlands의 전문 마케팅 증인은 Aspen에 오는 많은 스키어들이 4개 산에서 스키를 타고 싶어하며, 4개 지역 패스의 폐지로 그러한 수요를 충족시키기가 더 어려워졌다고 증언했다. 1979－1980 시즌에 실시한 소비자 설문 조사에 따르면, 응답자의 53.7%가 Highlands에서 스키를 타고 싶어했지만 그렇게 하지 않았고, 39.9%는 자신의 티켓이 허용하지 않아 자신이 선택한 산에서 스키를 타지 못할 것이라고 답했다. 주요 도매 여행사는 4개 지역 티켓이 이용 가능하다면 3개 지역 티켓은 마케팅하는 것 자체를 고려하지 않을 것이라고 진술했다. Atlanta 스키 클럽의 활동 임원은 4개 구역 패스의 폐지가 자신을 "격분시켰다"고 증언했다.

Highland의 경쟁력

Ski Co.의 행위 방식이 Highland에 미친 부정적 영향은 이 법원에서 다투어지지 않는다. 스키어들이 Aspen에서 기대하는 경험을 제공하기 위한 새로운 유통 시스템 개발은 엄청나게 비싼 것으로 판명되었다. 그 결과, 4개 지역 티켓이 종료된 후 Highlands의 관련 시장점유율은 꾸준히 감소했다.

Ski Co.의 사업상 정당화 사유

그러나 아마도 가장 중요한 것은 Ski Co. 자체에 관한 증거이다. 왜냐하면 Ski

Co.는 문제된 행위가 어떤 정상적인 사업목적에 의해 정당화되었는지 배심원을 전혀 설득하지 못했다. Ski Co.는 Highlands Adventure Pack에 포함된 쿠폰을 교환하려는 스키어와 Highlands에서 대량으로 구매할 수 있었다면 Highlands에서 Ski Co. 일일 리프트 티켓을 구매했을 스키어 모두에게 일일 티켓 판매를 포기할 의향이 있었던 것으로 보인다. 배심원단은 Ski Co.가 이러한 단기적 이익을 포기하기로 결정한 것은 장기적으로 소규모 경쟁자에게 피해를 줌으로써 Aspen 시장에서 경쟁을 줄이는 데 더 관심이 있었기 때문이라고 결론 내렸을 것이다.

이러한 결론은 Ski Co.가 자신의 행동 양식에 대한 효율성 정당화 사유를 전혀 제시하지 못한 것에서 강력하게 뒷받침된다. 공동으로 제공되던 티켓을 종료하기로 한 결정을 변호하면서, Ski Co.는 이용량을 적절하게 모니터링할 수 없다고 주장했다. 그러나 증거는 Ski Co.는 리프트 운영자가 계산한 수를 기준으로 3개 지역 패스의 사용을 모니터링하고 그 기준에 따라 수익을 분배했음을 증명한다. Highlands가 자체 비용으로 평판이 좋은 회계 법인을 고용하여 Highlands 산에서 4개 지역 티켓의 이용량을 감사하겠다는 제안을 거부한 것에 대한 Ski Co.의 설명은 감사를 "통제"할 방법이 없다는 것이었다.

결국, Ski Co.는 Highlands가 제공하는 열등한 스키 서비스를 자사 서비스와 분리시키려는 갈망으로 자신의 행동 패턴을 정당화해야 했다. 그러나 이용량에 기반한 all-Aspen 티켓은 소비자들이 이러한 품질 문제에 근거해 스스로 선택할 수 있도록 했다. Ski Co.가 Highlands 상품의 상대적 품질에 대해 우려를 표명한 것은, 기록상 모호한 암시 이상의 것이 거의 없었고, 수많은 증인이 날카롭게 반박했다. 게다가 Ski Co.는 다른 시장에서는 열등하다고 생각되는 제품과도 연계될 의향이 있다고 인정했다. 증거는 Ski Co.는 그와 같은 효율성에 근거한 의도로 행동하지 않았고, 소규모 경쟁사에 장기적 영향을 미칠 목적으로 단기 이익과 소비자의 호감을 희생하려 했다는 추론을 뒷받침한다. 항소법원의 판결을 확정한다.

미국 Trinko 판결

Verizon Communications, Inc. v. Law Offices of Curtis V. Trinko, LLP, 540 US 398 (2003)

I

상고인 Verizon Communications Inc.(Verizon)는 뉴욕주를 담당하는 기존 지역교환 사업자(local exchange carrier, LEC)이다. Verizon은 1996년 통신법(The Tele-communications Act of 1996) 이전에는 뉴욕주에서 독점사업권을 누렸다. 1996년 법은 기존 LEC의 독점을 "근절"하고 그 자리에 경쟁을 도입하고자 하였다. 이 법의 핵심은 기존 LEC의 의무로, 경쟁사들과 자신의 네트워크를 공유해야만 했고, 여기에는 네트워크의 개별 요소에 대한 "분리(unbundled)" 기반의 접근 제공이 포함된다. 신규 진입자인 이른바 경쟁 LEC들은 이러한 분리된 네트워크 요소(unbundled network elements, UNEs)를 재판매하며, 이를 서로 결합하거나 LEC에 속한 요소들과 결합한다. 이러한 Verizon의 UNE 의무(네트워크 개방의무)는 운영지원시스템(OSS, operations support systems)에 접근 보장이 필요했고, OSS 접근이 없을 경우 AT&T와 같은 경쟁사는 고객 수요를 충족시킬 수 없었다. 1999년 말, 경쟁 LLC들은 Veriozn이 OSS 기능에 대한 접근 제공의무를 위반했다고 주장했고, 연방통신위원회(FCC) 동의판결(consent decree)에 따라 Verizon은 미국 재무부에 300만 달러의 "자발적 기여금(Voluntary contribution)"을 납부하기로 하였다.

피상고인 Law Offices of Curtis V. Trinko, LLP(Trinko)는 뉴욕시의 법률 사무소로 AT&T의 지역 전화서비스 고객이었다. 피상고인은 Verizon이 반경쟁적 계획의 일환으로 경쟁사의 주문을 차별적으로 처리함으로써, 고객들이 경쟁 LEC의 고객이 되거나 유지되는 것을 저지하여 경쟁 LEC의 시장 진입과 경쟁 능력을 저해했다고 주장하였다. Trinko는 셔먼법 제2조 위반을 이유로 클레이튼법 제4조 및 제16조의 구제 조항에 따른 손해배상 및 금지명령(injuctive relief)을 청구하였다.

지방법원은 청구를 전부 기각하였다. 반독점 청구에 관해, 법원은 경쟁사에 대한 불충분한 지원 주장이 제2조의 요건을 충족하지 못한다고 판단하였다. 연방제2항소법원은 반독점 청구를 포함하여 소 일부를 재개(reinstate)했다. 이 법원은 항소법원이 피상고인의 반독점 청구에 대한 지방법원의 기각판결을 취소한 것에 오류가 있는지로 제한하여 상고를 허가하였다.

II

이 사건의 판단을 위해서는, 먼저 1996년 통신법이 전통적인 반독점법 원칙에 어떤 영향을 끼치는지(있다면) 결정해야 한다. 이 법은 번호이동(number portability)의 보장 및 선로설치권(rights−of−way)에 대한 접근 제공과 같은 모든 통신사에 부과되는 기본적인 책임 외에도 많은 의무를 기존 LEC에 부과한다. 통신법이 부과한 의무 중 기존 LEC에게 가장 껄끄러운 것은 "공정하고, 합리적이며, 비차별적"(just, reasonable, and nondiscriminatory) 조건으로 UNEs에 접근을 제공할 의무를 부과한 것이다. 경쟁사는 자체 설비를 기존 LEC의 설비와 상호접속할 수도 있고, 단순히 기존 LEC 사업자로부터 도매로 서비스를 구매하여 소비자에게 재판매할 수도 있다. 또한 이 법은 또한 기존 사업자에게 물리적 "병설(collocation)"을 허용할 의무를 부과하는데, 이는 경쟁사가 기존 사업자의 시설에 자사 장비를 배치하여 설치할 수 있도록 허용하는 것으로, 이를 통해 상호접속과 UNE 접근이 가능해진다.

그러나 의회가 입법을 통해 이런 의무를 만들었다고 해서 반독점 청구를 통해 해당 의무를 집행할 수 있다는 결론에 자동으로 이르는 것은 아니다. 실제로 1996년 통신법 같은 세부적인 규제 체계는 규제 대상이 묵시적 면제 원칙(the doctrine of implied immunity)에 의해 반독점 조사로부터 완전히 보호되는지에 대한 의문을 제기한다. 어떤 면에서는 1996년 법으로 설정된 집행 체계는, "반독점법에 따라 관할권을 행사하는 법원이 표명할 수 있는" 판결이 관련 당국의 규제 체계와 상충될 실제 가능성을 피하기 위해, 반독점 면제를 묵시적으로 인정할 수 있는 좋은 사례이다.

그러나 의회는 그러한 해석을 배제했다. 1996년 법 제601조 제(b)항 (1)호는 "이 법 또는 이 법에 의해 이루어진 개정 사항의 어떤 내용도 반독점법의 적용 가능성을 수정, 훼손 또는 대체하는 것으로 해석되어서는 안 된다."는 반독점 보장조항(anti−trust−specific saving clause)이다. 이는 묵시적 면책의 인정을 금지한다. FCC가 지적했듯이, 이 보장조항은 "확립된 반독점 기준을 충족하는 청구"를 보호한다.

하지만 1996년 법이 기존 반독점 기준을 충족하는 청구를 보존하는 것처럼, 기존 반독점 기준을 넘어서는 새로운 청구를 창설하지는 않는다. 이는 해당 법의 어떤 내용도 반독점법의 "적용 가능성을 변경, 손상 또는 대체"하지 않는다는 보장조항의 명령(mandate)에도 똑같이 부합하지 않는다. 따라서 우리는 피상고인 Trinko의 소제기가 기존 반독점 기준을 위반하는지를 살핀다.

III

Trinko는 Verizon이 시장진입을 제한하기 위해 경쟁사에게 상호접속 서비스를 거부했다고 주장한다. 만약 이러한 주장이 반독점 청구라면 셔먼법 제2조에 따른 것인데, 동 조항은 사업자가 "독점화" 혹은 "독점화 시도" 금지를 규정하고 있다. 단순히 독점력을 보유하고 있고 그에 수반되는 독점가격을 부과할 수 있다는 것만으로 불법은 아니며, 그것은 자유시장 체제의 중요한 요소이다. 적어도 단기간 동안 독점가격을 부과할 수 있는 기회는 애초에 "사업 수완(business acumen)"을 유인하는 것으로 이는 혁신과 경제 성장을 낳는 위험 감수를 유도한다. 혁신의 유인을 보호하기 위해, 독점력의 보유는 경쟁제한적 행위의 요인이 수반되지 않는 한 불법으로 판단되지 않는다.

기업은 고객들에게 서비스하는데 최적화된 인프라를 구축함으로써 독점력을 획득할 수 있다. 이런 기업들에게 자신의 우위의 원천을 공유하게끔 강제하는 것은 반독점법의 내재된 목적과 어느 정도 긴장 관계가 있다. 왜냐하면 독점사업자, 경쟁사 혹은 양자 모두 이러한 경제적으로 이익이 되는 설비에 투자할 유인을 감소시킬 수 있기 때문이다. 강제 공유(enforced sharing)는 또한 법원으로 하여금 중앙 계획자(central planners)의 역할을 하게 해서, 적정 가격, 수량 및 기타 거래 조건을 파악할 것을 요구하는데, 이는 법원의 역할이 아니다. 더구나 경쟁사 간 강제되는 협상은 반독점의 가장 큰 악인 담합을 촉진시킬 수도 있다. 그래서 일반적으로 셔먼법은 "전적으로 사적인 거래영역에서 거래자나 제조업자가 거래상대방을 선택할 독점적인 재량을 자유롭게 행사하는 오랫동안 인정된 권리를 제한하지 않는다."(*Colgate* 판결)

그러나 “우리가 다른 사업자와의 거래를 거절할 권리에 부여한 높은 가치가 있다고 해서 그 권리가 무제한적이라는 의미는 아니다.”(*Aspen Skiing* 판결) 일정한 상황에서는 경쟁사와 협력을 거절하는 것은 반경쟁적 행위로서 셔먼법 제2조 위반에 해당할 수 있다. 강제 공유의 불확실한 장점과 단일 기업의 반경쟁적 행위를 식별해 시정하는 어려움 때문에 그런 예외를 인정하는데 법원은 매우 신중했다. 오늘 직면한 문제는 Trinko의 주장이 이러한 예외에 해당하는 것인지 혹은 전통적인 반독점 원칙하에 새로운 예외를 인정하는 근거를 제공하는지 여부이다.

경쟁사와의 협력 거절에 근거한 제2조 책임에 관한 주요 사례이면서 Verizon이 가장 크게 근거하는 사례는 *Aspen Skiing* 판결이다. 이 사건에서 주장되는 거래거절은 *Aspen Skiing* 판결에서 인정된 제한적인 예외(limited exception)에 해당하지 않는다. Aspen 스키 지역은 네 개의 산악 지역으로 구성되어 있다. 그 지역 중 세 개를 소유한 피고와 4번째 지역을 소유한 원고는 수년간 공동으로, 복수일(multiday), 모든 지역을 아우르는 스키 티켓 발급에 협력했다. 그러나 피고는 반복적으로 수익 분배 비율의 증가를 요구한 끝에 공동 티켓 발행을 중단했다. 원고는 스키어들이 4개 슬로프를 모두 탈 수 없는 자신의 산을 건너뛸 것을 우려하여, 공동 티켓을 복원하기 위해 점점 더 절박해지는 다양한 조치를 시도했고, 심지어 피고의 티켓을 소매가로 구매하겠다고 제안하기까지 했다. 피고는 심지어 그런 제안조차 거부했다. 우리는 원고에게 유리한 배심원 판결을 유지하면서, “배심원단은 피고가 장기적으로 소규모 경쟁자에게 피해를 줌으로써 경쟁을 줄이는 데 더 관심이 있었기 때문에 이러한 단기적 혜택을 포기하기로 선택했을 가능성이 높다.”고 판단했다.

Aspen Skiing 판결은 제2조 책임의 외부 경계에 있거나 경계 근처에 있다. 법원은 피고가 공동 사업에 참여를 중단하기로 한 결정에 의미가 있다고 판단했다. 자발적(*따라서 아마도 수익성 있는*) 거래 과정을 일방적으로 종료한 것은 반경쟁적 목적을 달성하기 위해 단기 이익을 포기하려는 의향을 시사했다. 마찬가지로 피고가 심지어 소매가격으로 보상받더라도 티켓 갱신을 거절한 것은 분명히 반경쟁적 성향을 드러냈다.

이 사건에서 주장되는 거래 거절은 *Aspen Skiing* 판결에서 인정된 제한적 예외에 해당하지 않는다. 이 소송에서 Trinko는 Verizon이 자발적으로 경쟁사들과 거래에 관여했다거나, 혹은 통신법의 강제가 없었더라도 거래했을 것이라고 주장하지 않는다. 때문에 Verizon의 이전 행위가 거래거절의 동기, 즉 규제 위반이 경쟁적 열의(competitive zeal)가 아닌 반경쟁적 악의(anticompetitive malice)에서 비롯되었는지를 설명하지 못한다. 두 사건의 대조는 가격설정의 차이에 의해 두드러진다. *Aspen Skiing* 판결에서 Aspen Ski Co.는 자신의 리프트권을 소매가로 사겠다는 경쟁사 제안도 거절하는데 이는 미래 독점 소매가는 그 이상일 것이라는 계산을 시사한다. Verizon의 통신법에 따라 비용 기반 보상률로 상호 접속을 꺼리는 것은 독점을 꿈꾸는 것과는 관련이 없다.

1996년 통신법이 강제하는 구체적인 특성 때문에 이 사건은 *Aspen Skiing* 판결과 보다 근본적으로 차이가 있다. 그 사건에서 피고가 경쟁자에게 제공하기를 거절했던 것은 이미 소매 단계에서 소비자들에게 팔리고 있던 상품, 즉 약간 단순화하면 리프트 티켓으로 스키어들에 제공되는 묶음 서비스였다. 반면 이 사건의 경우 보류되었다고 주장되는 서비스는 다른 방식으로 시장에서 판매되거나 대중에게 제공된 것이 아니다. 통신법이 부과한 공유 의무는 "새로운 것", 즉 "네트워크 요소 임대를 위한 도매시장"을 창출했다. 통신법에 따라 제공된 묶음 아닌 개별 네트워크 요소는 오로지 Verizon의 수중에만 있었다. 이는 통신법 규정에 따라 강제적으로 소비자 아닌 경쟁사에게 상당한 비용과 노력을 들여 제공된다. 새로운 시스템은 그러한 접근을 가능하게 하기 위해 설계되고 구현되어야 하는데, 실제로 그러한 시스템 중 하나의 실패가 이 사건 소송을 촉발했다.

우리는 Verizon이 경쟁사에게 서비스를 제공하는데 불충분한 지원을 했다는 주장은, 본 법원의 기존 거래 거절 선례에 따른 인정된 반독점 청구가 아니라고 결론 내린다. 이런 결론은, 심지어 일부 하급 법원에서 만들어낸 "필수설비" 이론을 확립된 법으로 간주하더라도 변경되지 않을 것이며, 항소법원은 이 이론에 따라 피고의 주장이 청구를 구성할 수 있다고 결론지었다. 우리는 이러한 이론을 인정한 바 없으며(*Aspen Skiing* 판결), 이 사건에서 이를 인정하거나 부인할 필요는 없다고 생각한다. 해당 이론을 주장하기 위한 불가결한 조건은 "필수설비" 접근이 애초에 불가능하다는 것을 지적하는 것으로 충분한데, 접근할 수 있다면 이 이론이 적용될 여지는 없다. 따라서 "필수설비를 주장하는 것은, 주 또는 연방 기관이 공유를 강제하고 범위와 조건을 규제할 수 있는 실효적 권한이 있는 경우 기각되어야 한다."(Areeda & Hovenkamp, Antitrust Law). 피상고인은 1996년 법에 따른 공유 의무의 존재가 자신의 주장을 뒷받침한다고 믿는다. 우리는 그 반대로 생각한다. 통신법의 광범위한 접근 규정 때문에, 강제 접근에 대한 사법적 이론을 요구할 필요가 없다. 피상고인의 "필수설비" 주장이 일반적인 제2조 주장과 구별되는 한, 우리는 이를 기각한다.

Ⅳ

마지막으로, 우리는 전통적인 반독점 원칙이, 경쟁자를 도울 의무가 없다는 명제의 몇 가지 기존 예외에 현 사례를 추가하는 것을, 정당화한다고 생각하지 않는다. 반독점 분석은 항상 문제되는 산업의 특정 구조와 상황에 맞춰야 한다. 이렇게 경제적 맥락을 유의하는 것 중 하나가 규제 중요성에 대한 인식이다. 앞서 언급했듯이, 우리는 "산업의 특징인, 만연한 연방 및 주 규제를 신중하게 고려해야 한다."고 언급한 바 있다. "반독점 분석은 적용되는 규제 산업의 독특한 경제적 및 법적 환경을 민감하게 인식하고 반영해야 한다."

특히 중요한 한 가지 요소는 반경쟁적 피해(harm)를 억제하고 시정하도록 설계된 규제 구조의 존재이다. 그러한 구조가 존재하는 경우 반독점법 집행으로 인해 경쟁에 제공되는 추가적 혜택은 작을 소지가 있으며, 반독점법이 그러한 추가적 고려를 할 가능성이 보다 낮아진다. 반면에 "규제 체계 내에 반독점 기능을 수행하는 것이 없는 경우" 반독점법의 이점은 때때로 상당한 단점을 감수할 만한 가치가 있다. 규제적 맥락이 다른 경우에 묵시적 면책(implied immunity)의 근거가 될 수 있는 것처럼, 제2조의 영역의 확장을 인정할지 여부를 결정할 때 고려사항일 수도 있다.

이 사건에서 존재하는 규제 프레임워크는 특정 상황에서 "규제가 주요 반독점 피해의 가능성을 상당히 줄이는 방법"을 보여준다. 예를 들어, Verizon이 잠재적으로 수익성이 높은 장거리 서비스 시장 진입에 대한 법적 제한을 고려할 수 있다. 우선 장거리 시장에 진입하려면 현재 활동하는 LEC가 해당 지역 시장에서 좋은 행동을 취해야 한다. FCC의 승인을 받으려면 주 별로 제271조의 경쟁 체크리스트를 충족해야 하며, 앞서 언급했듯이 여기에는 UNEs(분리된 네트워크 요소)에 대한 비차별적 접근 제공이 포함된다. 장거리 서비스를 제공하기 위한 제271조 신청은 현재 47개 주와 D.C. 특별구의 기존 LEC에 대해 승인되었다.

FCC의 Verizon이 뉴욕에서 장거리 서비스를 제공하도록 하는 제271조 승인 명령은, OSS 제공을 포함하여 UNEs에 대한 접근을 제공하려는 Verizon의 확약을 자세히 논의했다. 이러한 확약은 FCC가 지속적인 감독을 통해 시행할 수 있다. 승인 조건을 충족하지 못하면 결함 시정 명령, 벌금 부과 또는 장거리 승인의 정지 또는 취소가 내려질 수 있다. FCC 승인 시 조건에 따라 구속력이 생긴 PAP(성과 보장 계획, Performance Assurance Plan)는 Verizon이 자세한 성과 요구사항을 달성하지 못할 경우 구체적인 재정적 제재를 규정한다. FCC는 Verizon이 PAP에 가입한 것을 제271조 승인의 중요한 요소로 설명했다. 그 이유는 "제271조 체크리스트를 준수하는 데 있어 가입 후 강력한 재정적 인센티브"를 제공하고 "'이전의 나쁜 행실로 돌아가는 것'을 방지"하기 때문이다.

Trinko의 소송에서 제기된 OSS 실패에 대한 규제 대응은 규제 체제가 어떻게 운영되는지에 대한 생생한 예를 보여준다. 여러 경쟁 LEC가 Verizon의 주문 처리의 결함에 대해 불만을 제기했을 때 FCC와 PSC(New York's Public Service Commission)가 대응했다. FCC는 곧 Verizon이 제251조 제(c)항에 따라 공유 의무를 위반했다는 결론을 내리고 상당한 벌금을 부과했으며, 주간 보고 의무와 실패에 대한 구체적인 처벌을 포함해 개선 사항을 확인하기 위한 정교한 측정을 설정했었다. PSC는 Verizon이 PAP를 훨씬 더 일찍 위반했다고 판단하고 추가적인 재정적 제재와 일일 보고의무와 함께 측정을 부과했다. 요컨대, 이 체제는 반독점 기능의 효과적인 관리인이었다.

여기서 반독점 개입의 미미한 이점에 반해, 반독점 개입의 비용에 대한 현실적인 평가를 내려야 한다. 최상의 상황에서도 셔먼법 제2조의 요건을 적용하는 것은 "불법적 배제의 수단은 합법적 경쟁의 수단과 마찬가지로 무수히 많기 때문에" "어려울 수 있다." 잘못된 추론과 그로 인한 잘못된 제재는 "반독점법이 보호하고자 하는 행위 자체를 위축시키기 때문에 특히 비용이 크다." 과대 집행(false positive)의 비용은 제2조 책임의 부당한 확대에 반대한다. 과대 집행의 위험 중 기존 LEC가 충분한 신속성으로 서비스를 제공하지 못한 것이 배제와 아무런 관련이 없을 수 있다는 것이다. 제251조 제(c)항 (3)호 의무 위반 혐의는, 이는 매우 기술적일 뿐만 아니라, 경쟁

LEC와 기존 LEC 간의 끊임없고 복잡하며 지속적으로 변하는 상호 작용을 고려할 때 매우 많을 가능성이 있기 때문에 반독점 법원이 평가하기 어렵다. 셔먼법에 따른 사법적 감독은 투자를 왜곡하고 경쟁 LEC들이 이미 이용 가능하고 적극적으로 추구하는 다양한 소송 경로 위에 새로운 끝없는 소송을 초래할 운명처럼 보인다.

과대 집행(false positive) 문제가 존재하지 않더라도, 제251조의 경쟁제한적 위반으로 구성된 행위는 우리가 비용 이상의 약탈적 가격설정 계획에 대해 결론지었듯이, "법원이 통제할 수 있는 실질적인 능력을 넘는 것일 수 있다"(*Brooke Group* 판결). 규제적 공유 의무 위반을 효과적으로 시정하려면 일반적으로 매우 상세한 명령에 대한 지속적인 감독이 필요하다. 우리는 Areeda 교수가 정확히 옳았다고 생각한다. "어떤 법원도 설명할 수 없거나 혹은 적절하고 합리적으로 감독할 수 없는 거래 의무를 부과해서는 안 된다. 강제 접근이 법원으로 하여금 규제 기관(regulatory agency)의 특징인 일상적인 통제를 수행하도록 요구할 때, 그 문제는 반독점법에 따라 시정 불가능(irremediable)한 것으로 간주되어야 한다." 이 사건에서 Trinko는 "[Verizon]이 [경쟁사들]에게 Verizon이 누리는 것보다 유리하지 않은 조건으로 지역 루프 시장에 대한 접근을 제공하는 것을 예비적으로 그리고 영구적으로 금지하는" 형평법상 명령(equitable decree)을 요청했다. 반독점 법원이 이러한 세부적인 공유 의무의 효과적이고 일상적인 집행자가 될 가능성은 낮다.

1996년 통신법은 중요한 측면에서 반독점법보다 훨씬 더 야심차다. 해당 법은 "AT&T의 지역 독점 사업권(franchise)을 승계한 자들이 누려온 독점을 없애려고" 한다. 반면 셔먼법 제2조는 단지 불법적인 독점화만을 방지하려고 한다. 두 가지 목표를 혼동하는 것은 심각한 실수일 것이다. 셔먼법은 그야말로 "자유 기업의 마그나 카르타(대헌장)"이지만(*Topco* 판결), 그렇다고 그것이 판사들에게 더 많은 경쟁을 창출할 수 있는 다른 방법이 있는 경우 언제나 독점사업자에게 사업방식을 변경하도록 요구할 수 있는 백지수표를 준 것은 아니다. 우리는 Trinko의 소 제기가 셔먼법에 따른 청구원인을 명시하지 못했다고 결론 내린다.

따라서 항소법원의 판결은 파기하고 이 판결에 부합하는 추가 절차를 위해 사건을 환송한다.

EU Magill 판결

Joined Cases C-241/91 P and C-242/91 P, Radio Telefis Eireann (RTE) and Independent Television Publications Ltd (ITP) v Commission, [1995] ECR I-743 , ECLI:EU:C:1995:98

영국과 아일랜드의 텔레비전 방송사들은 자신들의 프로그램만 정리된 주간 편성표를 출판하고 있었다. Magill TV Guide Ltd(Magill)는 아일랜드에서 모든 TV 채널의 주간 프로그램이 기재된 가이드를 출판하려고 했다. 이를 위해 모든 텔레비전 방송국의 동의가 필요했는데 그 중 RTE(Radio Telefis Eireann)와 ITP(Independent Television Publications Ltd) 방송사는 관련 정보에 대한 저작권을 갖고 있었다. 당시, 방송사들은 매일 정보를 제3자에게 제공하고 있었지만, Magill에게는 주간 프로그램 방송목록을 제공하는 것을 거절했다.

당시 아일랜드 또는 북아일랜드 시장에서는 종합적인 주간 텔레비전 가이드가 제공되지 않고 있었다. 각 텔레비전 방송국은 자사 프로그램만을 다루는 텔레비전 가이드를 발행했고, 아일랜드 및 영국 법률에 따라 자사의 주간 프로그램 목록에 대한 저작권 보호를 주장하여 제3자에 의한 복제를 방지하고자 하였다. RTE는 자체적으로 주간 텔레비전 가이드를 발행했고, ITV는 이를 위해 설립된 회사인 ITP를 통해 발행했다.

ITP, RTE 및 BBC는 프로그램 목록의 배포와 관련하여 다음과 같은 정책을 시행하였다. 이들은 일간지 및 정기간행물의 요청 시 프로그램 일정을 무상으로 제공했으며, 해당 정보의 복제 조건을 명시한 무상 라이선스를 함께 제공했다. 이에 따라 일간 목록과, 다음날이 공휴일인 경우 2일 분의 목록을 출판 형식에 관한 특정 조건에 따라 언론에 게재할 수 있었다. 또한 주간 "하이라이트"의 게재도 허용되었다. ITP, RTE 및 BBC는 필요한 경우 이러한 조건을 준수하지 않는 출판물에 대해 법적 조치를 취함으로써 라이선스 조건의 엄격한 준수를 보장했다. Magill은 종합적인 주간 텔레비전 가이드를 발행하고자 했으나, ITP 및 RTE와 BBC가 주간 텔레비전 목록의 게재를 금지하는 금지명령을 획득함으로써 이를 저지당했다.

Magill은 1986년 4월 4일 집행위원회에 신고하면서 상소인들과 BBC가 각자의 주간 프로그램 목록 출판에 대한 라이선스 부여를 거부함으로써 시장지배적 지위를 남용하고 있다는 판결을 구하였다. 집행위원회는 절차를 개시하기로 결정했고, 그 결과 1988년 12월 21일 [TFEU 제102조]에 따른 절차와 관련된 결정을 채택했고, 1심법원에서의 소송 대상이 되었다. 1심법원은 상소인들의 청구를 기각하고 상소인들에게 소송비용을 부담하도록 명했다.

지배적 지위의 남용 존재 여부

(a) 지배적 지위의 존재

지배적 지위에 관한 한, 단순히 지식재산권을 소유한다는 것만으로는 지배적 지위를 부여할 수 없다는 점을 처음부터 기억해야 한다. 그러나 채널, 일시 및 프로그램 제목에 대한 기본 정보는 텔레비전 방송국의 편성에 필요한 결과여서 Magill처럼 해설이나 사진과 함께 이를 출판하려는 회사에게는 이러한 정보가 유일한 출처이다. 불가피한 상황 때문에 RTE와 ITV의 대리인 ITP는 BBC와 함께 아일랜드의 대부분 가구와 북아일랜드의 30~40% 가구에서 수신되는 텔레비전 프로그램 목록을 작성하는데 사용되는 정보에 대한 사실상의 독점을 누리고 있다. 따라서 상소인들은 주간 텔레비전 잡지 시장에서 효과적인 경쟁을 방해할 수 있는 위치에 있다. 1심법원이 상소인들이 지배적 지위를 차지했다는 집행위원회의 결정을 확인한 것은 타당했다.

(b) 남용의 존재

남용 문제와 관련하여 상소인 RTE와 IPO(Intellectual Property Owners Inc.)의 주장은, 지배적 지위에 있는 사업자의 행위가 회원국 법에 따라 "저작권"으로 분류된 권리의 행사로 구성되는 경우, 그러한 행위는 [TFEU 제102조]와 관련하여 검토될 수 없다는 잘못된 전제에 기반한다. 물론, 공동체 표준화나 법률의 통일(harmonisation)이 없는 상황에서 지식재산권 보호를 위한 조건과 절차를 결정하는 것은 회원국 규정의 문제이다. 또한, 복제에 대한 배타적 권리는 저작자 권리의 일부이므로, 지배적 지위를 보유한 사업자의 행위라 하더라도 라이선스(사용원) 부여를 거부하는 것 그 자체로는 지배적 지위의 남용을 구성할 수 없다. 그러나 소유자가 배타적 권리를 행사하는 것이, 예외적인 상황에서는, 남용행위를 수반할 수 있다는 점은 분명하다.

이 사건에서 문제된 행위는, 상소인들이 회원국 법률에 의해 부여된 저작권을 근거로 Magill 또는 동일한 의도를 가진 다른 사업자가 주간 단위로 채널, 일시 및 프로그램 제목과 함께 독립적으로 얻은 해설 및 사진 출판을 막은 것이다. 1심법원이 이러한 행위가 남용이라고 결론 내리는 데 고려한 상황 중 하나는 첫째, 앞으로 일주일 동안의 프로그램에 대한 정보를 제공하는 주간 텔레비전 가이드를 대체할 수 있는 실제적 또는 잠재적 대체물이 없다는 사실이다. 이 점에 대해, 1심법원은 특정 일간지와 일요신문에 게재된 24시간 및 주말과 공휴일 전 48시간 동안의 프로그램 전체 목록과 주간 프로그램의 "하이라이트"를 추가로 다루는 특정 잡지의 텔레비전 섹션이, 시청자에게 한 주의 모든 프로그램에 대한 사전 정보를 제공하는 것과 제한적으로만 대체 가능하다는 집행위원회의 결정을 확인했다. 다음 주의 포괄적 목록이 포함된 주간 텔레비전 가이드만이 사용자가 미리 시청하고 싶은 프로그램을 결정하고 그에 따라 주간 여가 활동을 계획할 수 있도록 한다. 1심법원은 또한 소비자들에게 구체적이고 지속적이며 정기적인 잠재 수요가 있다는 것을 확인했다.

따라서 상소인들은 주간 텔레비전 가이드를 작성하는데 필수적인 원재료인 프로그램 편성에 대한 기본 정보의 유일한 출처였으므로, 내주에 방영될 프로그램 선택에 대한 정보를 얻고자 하는 시청자로서는 각 방송국의 주간 가이드를 구매하여 비교에 필요한 정보를 각 방송국으로부터 얻을 수밖에 없었다.

그래서 RTE 등의 회원국 저작권 조항에 근거한 기본 정보의 제공 거절은 텔레비전 프로그램에 대한, 상소인들이 제공하지 않아서 그래서 잠재적인 소비자 수요가 있었던, 포괄적 주간 가이드라는 새로운 상품의 출현을 막았다. 이러한 거절은 [TFEU 제102조] 제2항 제(b)호에 따른 남용에 해당한다.

둘째, 이러한 거절은 텔레비전 방송행위 혹은 텔레비전 잡지 출판의 관점에서도 정당화 사유가 없었다. 마지막으로 셋째는 1심법원도 판결했듯이, 상소인들은 그들의 행위를 통해 주간 텔레비전 가이드의 2차 시장에서의 모든 경쟁을 배제함으로써 해당 시장을 확보했다. 이는 그러한 가이드를 만드는데 필수적인 원재료인 기본 정보에 대한 접근을 거부했기 때문이다.

이러한 모든 상황에 비추어, 1심법원은 상소인들의 행위가 [TFEU 제102조]의 의미 내에서 지배적 지위의 남용에 해당한다고 판단한 것은 법리적으로 오류가 없었다. 따라서 1심법원이 지배적 지위의 남용이라는 개념을 잘못 적용했다고 주장하는 법적 주장은 근거가 없으므로 기각되어야 한다.

EU Bronner 판결

Case C-7/97, Oscar Bronner GmbH & Co. KG v Mediaprint Zeitungs-und Zeitschriftenverlag GmbH & Co. KG, [1998] ECR I-7791, ECLI:EU:C:1998:569

Oscar Bronner GmbH & Co. KG(Bronner)는 오스트리아 일간신문 Der Standard의 발행사였다. Bronner의 목표는 일간지 Der Standard의 편집, 출판, 제작 및 배포이다. 1994년, 이 신문이 오스트리아 일간지 시장에서 차지하는 점유율은 발행 부수 기준 3.6%, 광고 수익 기준 6%였다. Mediaprint는 주요 일간지 Neue Kronen Zeitung과 Kurier를 발행한다. 이 회사는 두 개의 완전 자회사를 통해 해당 신문의 마케팅 및 광고 사업을 수행한다. 1994년 Neue Kronen Zeitung과 Kurier의 오스트리아 일간지 시장점유율 합계는 발행부수 기준 46.8%, 광고 수입 기준 42%였다. 이들 신문의 점유율은 14세 이상 개인 가구 인구의 53.3%와 전체 신문 독자의 71%에 달했다. Mediaprint는 신문을 배포하기 위해 전국적인 가정배달 체계를 구축했다. 이 체계는 이른 아침에 신문을 구독자에게 직접 배달한다.

Bronner는 [오스트리아 경쟁법]에 따른 소송에서, Mediaprint가 합리적인 보수를 받고 가정배달 서비스에 Der Standard를 포함시킴으로써 시장지배적 지위를 남용하는 것을 중단하라는 명령을 구한다. Bronner는 이 주장을 뒷받침하기 위해, 일반적으로 늦은 오전까지 이루어지지 않는 우편 배달은 가정배달의 동등한 대안이 아니며, 구독자 수가 적기 때문에 자체 가정배달 서비스를 조직하는 것은 전혀 수익성이 없을 것이라고 주장한다. Bronner는 Mediaprint가 Mediaprint에서 발행하지 않는 또 다른 일간지인 Wirtschaftsblatt를 가정배달 체계에 포함시킴으로써 Bronner를 불리하게 차별했다고 주장한다.

이 주장에 대한 답변으로 Mediaprint는 가정배달 서비스를 설립하려면 막대한 행정 및 재정 투자가 필요했으며, 모든 오스트리아 신문 발행사가 시스템을 이용할 수 있도록 하는 것은 시스템의 자연적 용량을 초과할 것이라고 반박한다. 또한 시장지배적 지위가 있다고 해서, 경쟁 회사를 지원하여 경쟁을 보조할 의무는 없다고 주장한다. Wirtschaftsblatt의 경우는 Der Standard의 상황과 비교할 수 없다며, 전자는 발행인이 Mediaprint 그룹에 인쇄 및 키오스크 판매를 포함한 전체 유통을 위탁했고 가정배달은 이러한 서비스 패키지의 일부에 불과하기 때문이라고 덧붙였다.

오스트리아 법원은 시장 참여자의 행위가 [TFEU 제102조]에 해당할 경우, 이는 내용상 유사한 [오스트리아 경쟁법] 의미 내에서 논리적으로 시장 남용을 구성해야 한다는 견해를 취하면서, 공동체법의 우선 원칙(the principle of the primacy of Community law)에 따라 공동체법과 양립할 수 없는 행위는 개별 회원국 법에 따라서도 용인될 수 없기 때문에, 먼저 Mediaprint의 행위가 [TFEU 제102조]를 위반했는지 여부를 해결해야 한다고 결정했다. 이후 [TFEU 제102조]는 법 위반 거래자들의 행위로 회원국 간 무역에 영향을 미칠 수 있는 경우에만 적용된다는 점을 언급하면서, 오스트리아 법원은 소송에서 가정배달 제도에 대한 접근 거절은 일간지 시장에서 Bronner를 완전히 배제하는 효과가 있을 수 있고, Bronner가 해외에서도 판매되는 오스트리아 일간지의 발행사로서 국제 무역에 참여하고 있기 때문에, 해당 조건이 충족되었다고 판단했다.

오스트리아 법원은 회원국 내 일간지 시장에서 매우 큰 점유율을 차지하고 해당 회원국에서 유일한 전국적 신문 가정배달 시스템을 운영하는 언론사가, 유통량이 작아서 단독으로 또는 다른 발행인들과 협력하여 경제적으로 합리적인 조건으로 자체 가정배달 제도를 세워 운영할 수 없는 경쟁 신문의 발행인이, 적절한 보수를 지불하고 해당 시스템에 접근하는 것을 허용하는 것을 거절하는 것이 [TFEU 제102조]의 의미에서 지배적 지위의 남용에 해당하는지 여부를 묻는다.

[TFEU 제102조] 의미에서 사업자가 지배적 지위를 보유하고 있는지 여부를 검토할 때, 법원이 여러 번 강조했듯이 문제된 시장을 획정하고 사업자가 효과적인 경쟁을 저해하는 남용에 관여할 수 있는 공동 시장의 실질적 부분을 획정하는 것이 근본적으로 중요하다. 이 소송에서 문제된 시장의 획정과 관련해서, 특히 가정배달 체계가 별도의 시장을 구성하는지 또는 상점이나 키오스크에서 판매하거나 우편 배달하는 것과 같은 일간지를 배포하는 다른 방법이 가정배달과 대체가능(interchangeable)해서 고려되어야 하는지를 판단하는 것은 회원국 법원의 몫이다. 지배적 지위 유무를 판단할 때, 회원국 법원은 집행위원회가 강조했듯 지역 가정배달 시스템의 존재 가능성도 고려해야 한다.

해당 검토를 통해 회원국 법원이, 가정배달 시스템에서 별도 시장이 존재하고

Mediaprint의 전국적인 체계와 다른 지역 체계 간에 상호대체성(interchangeability) 정도가 불충분하다고 결론 내릴 경우, 오스트리아에서 유일한 전국 가정배달 서비스를 운영하는 Mediaprint가 이렇게 획정된 시장에서 사실상 독점 상황에 있으며, 따라서 그 시장에서 지배적 지위를 가지고 있다고 판단해야 한다.

회원국 영토 내 유일하게 전국적 가정배달 조직을 보유하고 이를 통해 자사의 일간지를 배포하는 회사가, 경쟁 일간지 발행사를 상대로 이 배달 체계에의 접근 허용을 거절하는 행위가, 해당 경쟁자가 신문 판매에 필수적이라 판단한 배포 수단을 박탈한다는 이유로, [TFEU 제102조]의 의미 내에서 지배적 지위 남용에 해당하는지 여부를 판단해야 한다.

Commercial Solvents 판결에서, EU대법원은 특정 시장에서 지배적 지위를 가진 기업이 인접 시장에서 경쟁 관계에 있는 사업자에게 사업 수행에 필수적인 원자재 및 서비스 공급을 거부한 것은 남용에 해당한다고 판단했다. 그러나 우선 EU대법원은 문제된 행위가 해당 사업자의 모든 경쟁을 제거할 가능성이 있는 범위에서 그렇게 판단했다는 점에 유의해야 한다. 둘째, *Magill* 사건에서 법원은 지식재산권 소유자가 라이선스 부여를 거부하는 것은 비록 그것이 지배적 지위를 보유한 사업자의 행위일지라도 그 자체로 지배적 지위의 남용에 해당할 수 없지만, 그러한 배타적 권리 행사가 예외적인 상황에서 남용이 수반될 수 있다고 판결했다. *Magill* 사건에서 대법원은 문제된 거절이 해당 사업(일반적인 텔레비전 가이드 출판) 수행에 공급이 필수적인 제품(특정 텔레비전 채널의 주간 일정에 대한 정보)과 관련 있다는 점, 해당 정보 없이는 그러한 가이드를 제작하려는 자가 이를 발행하고 판매 제안하는 것이 불가능하다는 점, 그러한 거절이 잠재적 소비자 수요가 있는 신제품 출시를 방해했다는 점, 객관적 정당화 사유로 정당화되지 않았다는 점, 텔레비전 가이드의 2차 시장에서 모든 경쟁을 배제할 가능성이 있다는 점을 예외적 상황으로 판단했다.

따라서 지식재산권 행사에 관한 판례가 어떠한 재산권 행사의 경우에도 적용될 수 있다고 하더라도, [TFEU 제102조]의 의미 내에서 남용의 존재를 주장하기 위해서는, *Magill* 판결을 효과적으로 인용하는 것이 필요할 것이다. 즉, 가정배달 서비스의 거부가 해당 서비스 요청자의 일간 신문지에서 모든 경쟁을 제거할 가능성이 있고, 그러한 거부가 객관적으로 정당화될 수 없으며, 가정배달 체계에 대한 실제 또는 잠재적인 대체물이 존재하지 않는 한 서비스 자체가 당사자의 사업 수행에 필수적이라는 점을 증명해야 한다.

첫째, 일간지를 배포하는 다른 방법들, 예를 들어 우편 배달, 상점 및 키오스크에서의 판매가 존재하며, 이러한 방법들이 특정 신문 배포에 덜 유리할 수 있으나 일간지 발행사들이 사용하고 있다는 점은 다툼이 없다. 또한 다른 일간지 발행사가 단독으로 또는 다른 발행사와 협력하여 자체 전국 가정배달 체계를 구축하고 이를 통해 자사 일간지를 배포하는 것이 불가능하거나 심지어 불합리하게 어렵게 할 수 있는 기술적, 법적 또는 경제적 장애물이 있는 것으로 보이지 않는다. 이와 관련하여 이러한 체계 구축이 현실적인 잠재적 대안이 아니기 때문에 기존 체계에 접근이 필수적이라는 점을 증명하기 위해서는, 배포될 일간지 또는 신문의 유통량이 적기 때문에 경제적으로 실행 가능(economically viable)하지 않다고 주장하는 것만으로는 충분하지 않다는 점을 강조해야 한다. 그러한 접근이 필수적인 것으로 간주되려면, 법률총괄연구관(Advocate General)이 의견서에서 지적했듯이, 최소한 기존 체계에 의해 배포되는 일간지와 유사한 발행 부수인 일간지 배포를 위한 두 번째 가정배달 체계를 창출하는 것이 경제적으로 실행 가능하지 않다는 점을 증명해야 한다.

앞서 고려한 사항에 비추어 볼 때, 회원국 내 일간지 시장에서 매우 큰 점유율을 차지하고 해당 회원국에서 유일한 전국적 신문 가정배달 체계를 운영하는 언론사가, 유통량이 작아서 단독으로 또는 다른 발행사와 협력하여 경제적으로 합리적인 조건으로 자체 가정배달 계획을 구축해서 운영할 수 없는 경쟁지 발행사를 상대로 적절한 보수를 받고 그 배달 시스템에 접근하는 것을 허용하지 않는 것은, [TFEU 제102조]의 의미 내에서 지배적 지위의 남용에 해당하지 않는다.

EU IMS 판결

Case C-418/01, IMS Health GmbH & Co. OHG v NDC Health GmbH & Co. KG, [2004] ECR I-5039, ECLI:EU:C:2004:257

IMS와 NDC는 의약품 및 헬스케어 제품의 판매 추적에 종사하고 있다. IMS은 1,860개의 구역(bricks)으로 구성된 체계 또는 2,847개의 구역으로 구성된 파생체계를 기반으로 하는 독일 내 의약품 판매 데이터를 제공하고 있었다. IMS는 이러한 구역 정보를 팔고 또한 무료로 약국과 의사 진료소에 배포했다. IMS의 영업으로 그러한 구역 체계가 일반적인 업계 표준이 되었고 이런 표준에 따라 고객들은 자신들이 운영하는 정보 및 유통 시스템을 개조했다.

IMS의 전 직원이 설립한 Pharma Intranet Information(PII, 이후 NDC가 인수)도 구역 체계에 따른 독일 내 의약품 판매 지역 데이터를 판매하고 있었고 이는 IMS의 구역 체계와 매우 유사했다. PII는 처음에는 2,201 구역으로 정리된 구조를 판매하려고 했는데, IMS의 1,860 및 2,847 구역으로 구성된 구조에 익숙한 고객들 때문에 IMS의 정보 체계와 매우 유사한 1,860 혹은 3,000 구역 구조를 활용하기로 결정했다.

IMS의 신청에 따라 프랑크푸르트 지방법원은 2000년 10월 27일 중간명령(interlocutory order)을 통해 PII가 3,000개의 구역 구조 또는 IMS의 1,860개 구역 구조에서 파생된 기타 모든 구역 구조(1,860개 구역 구조)를 사용하는 것을 금지했다. PII가 NDC에 인수된 후 동일한 금지명령이 2000년 12월 28일 NDC에 대해 내려졌다. 이들 명령은 모두 프랑크푸르트 지방법원의 2000년 11월 16일 판결과 프랑크푸르트 고등법원의 2001년 7월 12일 판결에서 유지되었다. 후자의 판결은 IMS가 사용하는 구역 구조가 독일 저작권법 제4조의 의미 내에서 데이터베이스로 간주될 수 있으며 저작권 보호를 받을 수 있다는 판단에 근거했다.

NDC는 2000년 12월 19일 집행위원회에 IMS가 1,860개 구역 구조 사용을 위한 라이선스 부여를 거부한 것이 [TFEU 제102조]를 위반했다고 주장했다. 집행위원회는 [TFEU 제102조]에 따른 절차와 관련하여 임시조치(interim measure) 형태로서 독일 지역 판매 데이터 제공 시장에 존재하는 모든 사업자에게 IMS가 1,860개 구역 구조 사용 라이선스를 부여하도록 명령했다. 이 조치는 '예외적인 상황'이 존재한다는 점을 근거로 정당화되었다. 집행위원회는 IMS가 만든 1,860개 구역 구조가 관련 시장에서 산업 표준이 되었으며, 객관적인 정당성 없이 해당 구조에 대한 접근을 거부하는 것은 관련 시장에서 모든 경쟁을 제거할 가능성이 있다고 판단했다. 1심법원장은 위 임시명령의 효력을 본안 판결이 내려질 때까지 정지시켰다. 이에 대한 항소는 대법원장에 의해 기각되었다.

법률총괄연구관(Advocate General)이 자신의 의견서에서 언급한 바와 같이, 해당 문제는 회원국 법원이 (그 타당성을) 확인해야 하는 다음 전제에 기반한다. 즉 지식재산권으로 보호되는 1,860개의 구역 구조의 사용이, 잠재적 경쟁자가 해당 권리를 소유한 기업이 지배적 지위를 차지하고 있는 시장에 접근할 수 있도록 하는 데 필수불가결(indispensable)하다는 것이다.

Bronner 판결에 따르면, 어떤 상품이나 서비스가 특정 시장에서 사업자가 영업을 영위하는 데 필수불가결한지 여부를 판단하기 위해서는 다음 사항들을 결정해야 한다. 첫째, 비록 덜 유리하더라도 대체 상품이나 서비스가 존재하는지, 둘째, 시장에서 영업하려는 사업자가 다른 운영자들과 협력하여 대안 상품 또는 서비스를 창출하는 것을 불가능하게 하거나 적어도 비합리적으로 어렵게 만드는 기술적, 법적, 또는 경제적 장애물이 있는지를 판단해야 한다. *Bronner* 판결에 따르면, 경제적 장애물의 존재를 인정하기 위해서는, 최소한 그러한 상품이나 서비스를 기존 상품이 또는 서비스를 통제하는 사업자와 유사한 규모로 생산하는 것이 경제적으로 실행 가능하지 않다는 점이 증명되어야 한다.

이 소송이 그러한 경우에 해당하는지 여부를 판단하는 것은 회원국 국내 법원의 몫이며, 이는 제출된 증거를 고려하여 이루어져야 한다. 이와 관련하여, 법률총괄연구관이 의견서에서 언급한 바와 같이, 제약 연구소가 저작권으로 보호되는 1,860개 구역 구조의 개선에 높은 수준으로 참여했다는 사실이 증명된다면, 이러한 사실 때문에 사용자들이 특히 기술적 측면에서 해당 구조에 의존하게 되는 상황이 초래되었음을 고려해야 한다. 이러한 상황에서, 해당 연구소들이 지식재산권으로 보호되는 구조가 아닌 다른 구조에 기반한 구역별 의약품 판매 연구를 획득하기 위해서는 예외적인 조직적, 재정적 노력을 기울여야 할 가능성이 높다. 따라서 이러한 대안적 구조의 공급자는 기존 보호되는 구조를 통제하는 사업자의 규모와 유사한 규모로 사업하기 위해서는, 경제적으로 실행 불가능한 조건을 제시할 수밖에 없을 수도 있다.

따라서 지배적 지위를 보유한 기업이 자신이 소유한 지식재산권으로 보호되는 구역 구조의 사용 라이선스 부여를 거절하는 것이 남용인지 검토하기 위해서는, 사용자들의 해당 구조 개발 참여 정도와 잠재적 사용자들이 대안적 구조를 기반으로 의약품의 지역별 판매 연구를 구매하기 위해 지출해야 하는 비용 등이 고려되어야 한다. 이는 보호되는 구조가 그러한 종류의 연구 마케팅에 필수적인지 여부를 결정하는 데 중요한 요소이다.

IMS는 *Magill* 판결이 3가지 조건이 충족되어야 한다는 의미로 해석되어야 한다고 주장한다. 즉, 라이선스 부여 거부가 새로운 제품의 출현을 막아야 하고, 정당화되지 않아야 하며, 지배적 기업을 위해 2차 시장을 유보하는 효과가 있어야 한다고 주장한다. 이 소송에서는 NDC가 2차 시장에 새로운 제품을 도입하려는 것이 아니라 IMS가 완성한 1,860개 구역 구조를 사용하여 동일한 시장에서 거의 동일한 제품을 공급하려고 하기 때문에 첫번째와 세번째 조건이 충족되지 않는다고 주장한다. NDC는 새로운 제품을 공급하고자 한다고 주장하고, 집행위원회도 *Magill* 판결에 따르면 라이선스 거부가 남용적인 것으로 간주되기 위해 두 개의 구별되는 시장이 존재할 필요는 없다는 입장을 취한다. NDC는 특정 시장에서 지배적 지위에 있는 사업자가 그 시장에서 경쟁하는 데 필수적인 인프라에 대한 독점권을 가지고 있으면 충분하다고 주장한다. 마찬가지로 위원회는 해당 인프라가 별도의 시장에 있을 필요는 없으며, 상류 생산(upstream production) 단계에 있는 것으로 충분하다고 주장한다.

확립된 판례에 따르면, 복제에 대한 배타적 권리는 지식재산권 소유자의 권리 중 일부를 구성한다. 따라서 라이선스 부여를 거부하는 행위는, 그것이 시장지배적지위 사업자의 행위일지라도, 그 자체로는 지배적 지위의 남용에 해당할 수 없다(*Magill* 판결). 그럼에도 불구하고 이 판례에서 명확히 드러나듯이, 소유자의 배타적 권리 행사는 예외적인 상황에서 남용행위를 수반할 수 있다(*Magill* 판결). 법원은 *Magill* 판결에서 이러한 예외적 상황이 존재했다고 판단했다. 이 사건에서 지배적 지위에 있는 TV 채널들의 행위는 주간 프로그램 목록에 대해 국내법이 부여한 저작권을 근거로, 다른 사업자가 이 프로그램 정보를 주간 단위로 해설과 함께 발행하는 것을 막는 것이었다. *Bronner* 판결에서 요약된 *Magill* 판결에 따르면, 예외적 상황은 다음과 사실로 구성되었다. 즉, 해당 거절이 특정 사업(종합 TV 가이드 출판)을 수행하는 데 필수적인 제품(특정 TV 채널의 주간 편성표 정보)과 관련되었다는 점, 이 정보 없이는 해당 가이드를 제작하고 판매하는 것이 불가능하다는 점, 이러한 거절이 잠재적 소비자 수요가 있는 새로운 제품의 출현을 막았다는 점, 객관적 합리화 사유로 정당화되지 않았다는 점, 그리고 2차 시장에서 모든 경쟁을 배제할 가능성이 있었다는 점이다.

이 판례에 따르면, 저작권을 가진 기업이 특정 사업 수행에 필수적인 제품이나 서비스에 대한 접근을 거절하는 행위가 남용적인 것으로 간주되기 위해서는 다음 세 가지 누적 조건이 충족되어야 한다. 즉, 그러한 거절이 잠재적 소비자 수요가 있는 새로운 제품의 출현을 방해하고, 정당화되지 않으며, 그리고 2차 시장에서의 모든 경쟁을 배제할 수 있다는 것이다. 선결적 판결 요청(the order for reference) 및 법원에 제출된 의견들을 고려할 때, 세 번째 조건의 해석에 관해 주요 논쟁이 있음이 드러났으므로, 이 문제를 먼저 검토하는 것이 적절하다.

3번째 조건, 2차 시장에서의 모든 경쟁을 배제할 가능성과의 관련성

이와 관련하여, *Bronner* 판결에서 법원이 따라간 방식을 상기하는 것이 적절하다. 이 사건에서는 한 회원국의 일간 신문 시장에서 매우 큰 점유율을 가진 언론사가 유일한 전국적 신문 가정배달 체계를 운영하면서, 발행부수가 적어 경제적으로 합리적인 조건하에서 단독으로 또는 다른 발행사들과 협력하여 자체 가정배달 체계를 구축하고 운영할 수 없는 경쟁 신문사를 상대로, 유일한 배달 체계에의 유료 접근을 거부하는 것이 지배적 지위의 남용에 해당하는지 여부가 문제되었다.

법원은 우선 회원국 국내 법원에 가정배달 체계가 별도의 시장을 구성하는지, 그리고 사건의 상황에 비추어 해당 언론사가 사실상 독점적 지위를 가지고 있으며, 따라서 지배적 지위가 있는지 판단하도록 요청했다. 그 다음, 회원국 법원에 회원국 내 유일한 전국적 가정배달 체계의 소유자가 자사 일간지 배포에 그 체계를 사용하면서 경쟁 일간지 발행인의 접근을 거부하는 것이 그 경쟁자로부터 신문 판매에 필수적이라고 판단되는 유통 수단을 박탈하는 것인지를 판단하도록 요청했다.

따라서 법원은 특정 사업 활동 수행에 필수적인 제품이나 서비스에 대한 접근 거부가 남용인지 평가하기 위해, 상류 시장(일간지 가정배달 시장)과 해당 제품이나 서비스가 다른 제품 생산이나 다른 서비스 제공에 사용되는 (2차) 하류 시장(일간지 시장 자체)을 구분하는 것이 중요하다고 판단했다. 가정배달 서비스가 별도로 마케팅되지 않았다는 사실은 처음부터 별도 시장을 식별할 가능성을 배제하는 것으로 간주되지 않았다. 따라서 법률총괄연구관이 의견서에서 제시한 바와 같이, 이전 판례의 적용을 위해서는 잠재적 시장이나 심지어 가상의 시장을 식별할 수 있는 것으로 충분하다. 이는 제품이나 서비스가 특정 사업을 수행하는 데 필수적이고, 그 사업을 수행하고자 하는 사업자들 사이에 실제 수요가 있는 경우에 해당한다. 따라서 두 가지 다른 생산 단계를 식별할 수 있고, 상류 제품이 하류 제품 공급에 필수적이라는 점에서 이들이 상호 연결되어 있다는 점이 결정적이다.

이 소송의 사실관계에 이 접근법을 적용하면, 1,860개 구역 구조가 상류에 해당하여 독일 지역 의약품 판매 데이터의 하류 공급에 필수적인 요소인지 고려해야 한다. 이것이 실제로 그러한지 확인하는 것은 회원국 국내 법원의 역할이며, 만약 그렇다면 IMS가 문제된 구조 사용권 부여를 거절하는 것이 독일 지역 의약품 판매 데이터 공급 시장에서 모든 경쟁을 배제할 수 있는지 검토해야 한다.

새로운 제품의 출현과 관련된 첫 번째 조건

법률총괄연구관이 의견서에서 언급한 바와 같이, 이 조건은 지식재산권 보호 및 그 소유자의 경제적 자유라는 이익을 자유 경쟁 보호에서의 이익과 비교 형량할 때, 사용권 부여 거부(Refusal to grant a license)가 소비자에게 피해를 입히면서 2차 시장의 발전을 방해하는 경우에만 후자가 우선할 수 있다는 고려와 관련이 있다. 따라서 지배적 지위에 있는 기업이 2차 시장에서 운영하는 데 필수적인 지식재산권으로 보호되는 제품에 대한 접근을 허용하지 않는 것은, 라이선스를 요청한 기업이 지식재산권 보유자가 2차 시장에서 이미 제공하는 상품이나 서비스를 본질적으로 복제하는 것이 아니라, 권리 소유자가 제공하지 않으며 잠재적 소비자 수요가 있는 새로운 상품이나 서비스를 생산하려는 의도가 있는 경우에만 남용적인 것으로 간주될 수 있다.

거부가 정당화되지 않는다는 두 번째 조건

이 조건에 대해서는 특별한 의견이 제시되지 않았으므로, 회원국 법원이 적절한 경우 법원에 제시된 사실에 비추어 라이선스 요청 거부가 객관적 고려사항에 의해 정당화되는지 검토해야 한다. 따라서 첫 번째 질문에 대한 답변은 다음과 같다. 회원국 내 의약품의 지역별 판매 데이터 제시에 필수적인 구역 구조에 대한 지식재산권을 소유하고 지배적 지위에 있는 사업자가, 동일한 회원국에서 그러한 데이터를 제공하려는 다른 사업자에게 해당 구조의 사용 라이선스를 부여하기를 거부하는 것은 다음 조건이 충족될 경우 [TFEU 제102조]의 의미 내에서 지배적 지위의 남용에 해당한다.

- 라이선스를 요청한 기업이 해당 데이터 공급 시장에서, 지식재산권 보유자가 제공하지 않지만 잠재적 소비자 수요가 있는 새로운 제품이나 서비스를 제공하고자 할 것
- 거절이 객관적 고려사항에 의해 정당화되지 않을 것
- 거절이 해당 회원국 내 의약품 판매 데이터 공급시장에서 모든 경쟁을 제거함으로써 해당 시장을 지식재산권 보유자에게 유보할 것

미국 Microsoft 판결

U.S. v. Microsoft Corp., 253 F.3d 34 (D.C. Cir. 2001)

I. 서론

마이크로소프트(Microsoft)는 연방지방법원이 회사가 셔먼법 제1조 및 제2조를 위반했다고 판단하고 다양한 시정명령을 내린 판결에 대해 항소하였다. Microsoft에 대한 소송은 미국이 제기한 소송과 개별 주(州)에서 제기한 별도의 소송에 따라 발생했다. 지방법원은 Microsoft가 셔먼법 제2조를 위반하여 Intel 호환 PC 운영 체제 시장에서 독점을 유지했다고 판결했다. 인터넷 브라우저 시장에서 독점을 획득하려 시도해 제2조를 위반했으며, 두 개의 별개 제품인 Windows와 Internet Explorer(IE)를 불법적으로 결합하여 셔먼법 제1조를 위반했다고 판단했다. 셔먼법 위반을 시정하기 위해, 지방법원은 Microsoft가 회사를 운영 체제(OS) 사업과 애플리케이션 사업으로 분할하는 방안을 제출할 것을 요구하는 판결을 내렸다. 지방법원의 시정명령은 Microsoft의 행위에 대한 여러 가지 잠정적 제한조치(interim restrictions)도 포함되어 있다.

우리는 Microsoft가 운영 체제(OS) 시장에서 독점을 유지하기 위해 경쟁제한적 수단을 사용함으로써 셔먼법 제2조를 위반했다는 지방법원의 판결을 일부 유지하고 일부 취소한다. 또한 Microsoft가 인터넷 브라우저 시장을 불법적으로 독점을 시도함으로써 셔먼법 제2조를 위반했다는 지방법원의 판단을 취소한다. 그리고 Microsoft가 브라우저를 운영 체제에 불법적으로 결합함으로써 셔먼법 제1조를 위반했다는 지방법원의 판결은 환송한다.

우리는 또한 지방법원의 시정명령을 포함한 판결에 대한 Microsoft의 이의제기가 타당하다고 판단한다. 이러한 결론을 뒷받침하는 몇 가지 이유가 있다. 첫째, 지방법원의 판결은 항소심 검토를 통과하지 못한 많은 책임 판단(liability determination)에 근거하고 있다. 따라서 지방법원의 시정명령은 유지될 수 없다. 또한, 우리는 지방법원의 책임 판단을 전부 인정하더라도 시정명령을 취소 및 환송할 것인데, 지방법원이 시정명령 판단에 필요한 사실관계 다툼을 해결하기 위한 증거조사를 실시하지 않았기 때문이다.

마지막으로, 우리는 재판장이 언론인들과 비밀 인터뷰를 통해 허용되지 않는 일방 접촉을 했고, 법정 밖에서 공개 성명을 통해 Microsoft 임원에 대한 여러 가지 모욕적인 발언을 하여 편파적인 모습을 보였기 때문에 시정명령에 대한 판결을 취소한다. 우리는 실제적인 편견에 대한 증거는 찾지 못했지만, 재판장의 행동이 지방법원의 소송 절차를 심각하게 오염시켰고 사법 절차의 신뢰성(integrity)에 의문을 제기했다고 판단한다. 따라서 우리는 시정명령에 대한 판결을 취소하고, 시정명령의 재고를 위해 사건을 환송하며, 환송 시 다른 재판장에게 사건을 배정할 것을 요구한다.

1994년 7월, 미국 법무부(DOJ)가 Microsoft를 상대로 소송을 제기하여, Microsoft가 라이선스 및 소프트웨어 개발자 계약(licensing and software developer agreements)에서 반경쟁적 조건을 통해 운영 체제(OS) 시장에서 불법적으로 독점을 유지했다고 주장했다. 이후 당사자들은 동의판결(consent decree)을 통해 본안 심리를 피했다(1995년 MS I 판결). 3년 후, 법무부는 Microsoft가 동의판결 주문 중 하나를 위반했다는 이유로 민사 법정모욕 소송(civil contempt action)을 제기했다. 가처분 명령(pre-liminary injunction) 신청에 대한 항고에서 법원은 Microsoft가 Windows 95와 함께 IE 3.0 및 4.0을 기술적으로 번들링한 것은 동의판결의 관련 주문을 위반하지 않는다고 판결했다(1998년 MS II 판결). 법원은 그러한 번들링이 셔먼법 제1조 혹은 제2조를 독립적으로 위반할 수 있는지에 대한 질문은 명시적으로 유보했다.

1998년 5월 18일, MS II 판결이 내려지기 직전, 미국과 일부 주(州) 원고들은 Microsoft의 반독점법 위반을 주장하고 회사의 불법행위에 대한 가처분 및 금지명령을 구하는 별도(그리고 그 후 곧 통합)의 소를 제기했다. 청구 내용은 "Microsoft의 불법행위로 영향을 받는 시장에서 경쟁 조건을 회복하는 데 필요하고 적절한 기타 예비적 및 영구적 구제책(preliminary and permanent relief)"을 청구하는 것이었다(1999년 소송). 원고들은 Microsoft가 Netscape Navigator를 제치고 최고의 인터넷 브라우저 자리를 차지하려는 다양한 시도를 이유로, 다음 4가지 셔먼법 위반 혐의를 제기했다. (1) 셔먼법 제1조를 위반한 불법적 배타조건부 거래 계약, (2) 셔먼법 제1조를 위반한 Windows 95 및 Windows 98와 IE의 불법적 끼워팔기, (3) 셔먼법 제2조를 위반한 PC 운영 체제 시장에서의 불법적 독점 유지행위, (4) 셔먼법 제2조를 위반한 인터넷 브라우저 시장의 불법적 독점화 시도행위가 그것이다.

지방법원은 이 사건을 신속 처리 절차(fast track)로 재판 일정을 계획했다. 76일간의 단독재판(bench trial) 후, 지방법원은 사실 인정(Finding of Fact)을 발표했다. 이 때문에 두 가지 독립적인 절차가 시작됐다. 먼저 지방법원은 가능한 법적 결론에 대한 서면 제출 일정을 정하고, Lawrence Lessig 교수를 법정조언자(amicus curiae)로 요청했다. 둘째, 지방법원은 당사자들에게 서로의 차이를 해결할 기회를 제공하기 위해 사건을 조정에 회부했다. 미국 연방제7항소법원의 수석 판사인 Richard A. Posner 판사가 조정자로 임명되었다. 당사자들은 조정 회부와 조정자 선정에 동의했다.

당사자들 간 약 4개월에 걸친 화해 협상이 결렬된 후, 2000년 4월 3일 당사자들의 준비서면이 제출되고 검토된 상태에서 지방법원은 법적 결론을 내렸다. 지방법원은 Microsoft가 제1조 끼워팔기와 제2조 독점 유지 및 독점화 시도 청구에 대해 책임이 있다고 판단했으나, 제1조 배타조건부 거래 청구에 대해서는 증거가 불충분하다고 판시했다. Microsoft에 대해 하나를 제외한 모든 청구에서 책임을 인정한 지방법원은 시정방안(remedy)을 제안할 것을 요청했다. 원고 측은 제안에서 특정 행위의 시정과 함께 Microsoft를 응용 프로그램 회사와 운영 체제 회사로 분할하는 구조적 시정(structural relief)을 요구했다. 지방법원은 Microsoft의 추가 증거 절차 요청을 기각하고, 시정방안 문제에 대한 한 번의 심리 후 2000년 6월 7일 판결을 내렸다. 지방법원은 원고 측이 제안한 시정방안을 실질적 변경 없이 채택했다.

Microsoft의 다양한 주장에 대한 본안 판단에 앞서, 우리는 실제적(practical) 문제와 이론적(theoretical) 문제라는 두 가지 주목할 만한 사항에 대해 간략히 고찰하고자 한다. 실제적 문제는 이 사건의 시간적 측면과 관련된다. 이 사건의 소송 일정은 거의 문제되지 않는다. 사실, 이 정도 규모와 복잡성을 가진 사건이 소 제기에서 재판을 거쳐 항소심 판결까지 단 3년 만에 진행되었다는 점은 주목할 만하다.

그러나 다소 문제인 것은, Microsoft가 원고들이 반경쟁적이라고 주장하는 첫 번째 행위에 관여한 지 6년이나 지났다는 점이다. 사건 기록이 보여주듯이, 컴퓨터 산업에서 6년은 영원처럼 보인다. 법원이 책임을 평가할 때까지 기업, 제품 및 시장은 극적으로 변했을 가능성이 있다. 이는 결국 1심에서 금지명령 시정방안(injunctive remedies)을 만들고 2심에서 해당 시정방안을 검토하는 데 있어 법원이 형평법적 집행조치에서 적절한 시정방안을 고려하는 것을 실질적으로 매우 어렵게 한다. 이러한 사례에서 행위 구제책은 소용이 없을 수 있는데, 혁신으로 인해 경쟁제한적 행위가 이미 상당 부분 시대에 뒤떨어진 것이 되었기 때문이다(물론 무해하지는 않다). 그리고 더 광범위한 구조적 시정조치들은 극적으로 변화하고 끊임없이 변화하는 시장에서 법원이 어떻게 경쟁을 회복시킬 것인지를 포함해서 그 자체의 일련의 문제를 제기한다. 이는 우리가 이 사건에서 지방법원이 극적인 구조적 시정조치의 가능성을 진지하게 고려하기 전에 이용 가능한 정보를 업데이트하고 구체화하기 위한, 시정방안에 대한 증거 심리를 하지 않은 것을 매우 문제있다고 판단한 이유 중 하나이다.

우리는 집행 조치가 기술적으로 역동적인 시장에서 반독점법 위반을 억제하는 데 더 이상 중요한 역할을 하지 않을 것이라고 말하려는 것이 아니다. 또한 이 사건의 본안을 심리할 때 이렇게 가정하지도 않는다. 미래지향적인 시정조치가 제한적일 것 같아 보이더라도 정부는 법을 준수하는 회사가 무엇이 허용되고 허용되지 않는지를 명확히 알 수 있도록 반독점법의 범위를 정의하는 데 지속적인 이익을 가질 것이다. 그리고 사적 손해배상 소송의 위협도 법의 한계를 시험하려는 소지가 있는 회사를 계속해서 억제할 것이다.

두 번째 주목할 사항은 본질적으로 더 이론적이다. 우리는 네트워크 효과가 특징인 역동적인 기술 시장에서 경쟁하는 기업들에 "구 경제(old economy)" 셔먼법 제2조의 두 가지 독점화 원칙(monopolization doctrines)을 어느 정도로 적용해야 하는지에 대해 학계와 실무자 간의 상당한 논쟁이 있는 상황에서 이 사건을 판단한다. 네트워크 효과가 특징인 시장에서는 한 제품이나 표준이 지배력을 갖는 경향이 있는데, 그 이유는 "사용자가 재화를 소비함으로써 얻는 효용이 재화를 소비하는 다른 사용자 수에 따라 증가하기 때문"이다(Katz & Shapiro, Network Externalities, Competition, and Compatibility). 예를 들어, "개별 소비자가 전화망 사용(따라서 그로부터 얻는 혜택)으로부터 얻는 수요는 네트워크에서 전화를 걸거나 전화를 받을 수 있는 다른 사용자의 수에 따라 증가한다."(Shelanski & Sidak, Antitrust Divestiture in Network Industries). 일단 제품이나 표준이 널리 받아들여지면, 이는 어느정도 고착된다. 이러한 산업에서의 경쟁은 "분야 안에서(within the field)"가 아니라 "분야를 얻기 위한(for the field)" 경쟁이다(Demsetz, Why Regulate Utilities?).

그러나 기술적으로 역동적인 시장에서는 혁신이 분야를 완전히 바꿀 수 있기 때문에 이러한 고착은 일시적일 수 있다(Schumpeter, Capitalism, Socialism and Democracy). 급속한 기술 변화는 "기업이 혁신을 통해 일시적인 시장 지배를 놓고 경쟁하는 시장으로 이어지며, 이는 다음 단계의 상품 발전 물결에 의해 대체될 수 있는" 시장을 형성한다."(Shelanski & Sidak, "시장 전반에 동시에 진행되는 것이 아니라 시간에 따라 순차적으로 진행되는" 슘페터식 경쟁에 대해 논의). Microsoft는 운영 체제 시장이 바로 그러한 시장이라고 주장한다.

Microsoft가 운영 체제 시장을 정의한 방식이 정확한지 여부는 이 사건에서 주장된 반독점법 위반을 평가하는 우리의 임무에 큰 변화를 주지 않는다. 우선, 네트워크 효과가 특징인 기술적으로 역동적인 시장에서의 경쟁을 설명하기 위해 현재의 독점화 원칙을 수정해야 하는지 여부와 어느 정도까지 수정해야 하는지에 대한 학자들 사이에서 합의가 없다는 점을 유의할 필요가 있다(Salop & Romaine, Preserving Monopoly: Economic Analysis, Legal Standards, and Microsoft, 첨단 네트워크 산업에서의 배제적 행위는 혁신을 저해할 수 있기 때문에 부분적으로 반독점법 조사를 강화할 만하다는 주장과 Cass & Hylton, Preserving Competition: Economic Analysis, Legal Standards and Microsoft, 네트워크 효과의 반독점적 함의를 얼버무리고, 네트워크 외부성의 존재는 혁신하는 승자가 더 오랜 기간 지속되는 독점을 보장하는 방식으로 혁신을 촉진할 수 있다는 점을 지적). 실제로 네트워크 효과와 기술적 역동성의 경제적 결과가 서로를 상쇄해서, 그 결과 문제된 시장에 대한 개별적인 분석 없이는 유형별 반독점 규칙을 형성하기 어렵다는 제안도 있다(Shelanski & Sidak, "높은 이익 마진은 슘페터적 틀에서 합법적인 투자 수익의 온건하고 필요한 회수일 수도 있지만, 네트워크 경제학의 관점에서는 고객 고착(lock-in)과 독점력의 부당한 착취를 나타내는 것일 수도 있다. 이 문제는 특히 복잡한데, 빠른 혁신이 특징인 네트워크 산업에서 두 가지 힘이 모두 작동하고 분리하기 어려울 수 있기 때문이다.").

게다가 Microsoft가 기술적으로 역동적인 시장에서 반경쟁적 행위를 다르게 평가해야 한다고 주장하지는 않는다는 점을 분명히 해야 한다. 단지 독점력의 측정방식이 달라야 한다고 주장한다. 아래에서 자세히 논의하겠지만, 우리는 Microsoft의 독점력 주장을 배척한다(II. A. 참조).

셔먼법 제2조는 기업이 "독점화"하는 것을 불법으로 규정한다. 독점화 위반은 두 가지 요건이 있다. "(1) 관련 시장에서 독점력을 보유하는 것, (2) 우수한 제품, 사업적 통찰력 또는 역사적 사건의 결과로 성장 또는 개발되는 것과 구별되는 방식으로 독점력을 의도적으로 취득하거나 유지하는 것."(*Grinnell* 판결) 지방법원은 이 기준을 적용하여 Microsoft가 Intel 호환 PC 운영 체제 시장에서 독점력을 보유하고 있다고 판결했다. 주로 Netscape Navigator가 자사의 운영 체제 독점에 가하는 위협을 억제하려는 Microsoft의 노력에 초점을 맞추어, 지방법원은 Microsoft가 경쟁을 통해 독점력을 유지한 것이 아니라 불법적인 수단을 통해 유지했다고 판결했다. Microsoft는 두 결론에 모두 이의를 제기한다. 우리는 지방법원의 사실 인정을 존중하며, 명백히 잘못된 경우에만 이를 배제한다. 우리는 법률적 쟁점을 새로 검토한다.

II. 독점화(Monopolization)

우리는 Microsoft의 독점력 보유 여부를 고려하는 것으로 시작한다(II.A 참조). 그리고 Microsoft가 독점력을 가지고 있다고 판단한 후, Microsoft가 경쟁제한적 수단을 통해 이 힘을 유지했는지 여부에 대한 질문으로 넘어간다. 회사가 경쟁제한적으로 행동했으며(II.B 참조) 이러한 행동이 독점력 유지에 기여했다(II.C 참조)는 지방법원의 판단에 동의하며, 우리는 지방법원의 독점화 책임 판단을 유지한다.

B. 경쟁제한적 행위(Anticompetitive Conduct)

위에서 논의한 대로, 독점한다는 것 그 자체로 제2조를 위반한 것은 아니다. 기업은 "우수한 제품, 사업적 통찰력 또는 역사적 사건의 결과로 성장 또는 개발하는 것과는 구별된" 배제적 행위에 참여하여 독점을 취득하거나 유지하거나, 취득하거나 유지하려고 시도할 때만 제2조를 위반한 것이다(*Grinnell* 판결, *Alcoa* 판결 "성공한 경쟁자는 경쟁하라고 독려를 받은 후 이겼을 때 공격받아서는 안 된다.").

이 사건에서 지방법원은 Microsoft가 독점력을 보유하고 있다고 결론내린 후, Microsoft가 독점을 위협할 수 있는 제품의 효과적인 배포와 사용을 방해함으로써 독점을 유지하기 위해 다양한 배제 행위(약탈적 가격설정은 제외)에 관여함으로써 제2조를 위반했다고 판결했다. 구체적으로 지방법원은 Microsoft가 다음에 대해 책임이 있다고 판결했다. (1) Windows에 IE를 통합한 방식, (2) OEM(주문자 부착상표 제조업체, Original Equipment Manufacturers), IAP(인터넷 접속 제공업체, Internet Access Provider), ICP(인터넷 컨텐츠 제공업체, Internet Content Provider), ISV(독립 소프트웨어 제공업체, Independent Software Vendor), Apple Computer와의 다양한 거래, (3) Java 기술을 억제하고 파괴하려는 노력, (4) 전체적인 행위 과정(혹은 행위전반). 항소심에서 Microsoft는 자신은 배제적 행위에 관여하지 않았다고 주장한다.

독점사업자의 특정 행위가 단순히 격렬한 경쟁의 한 형태가 아니라 배제적인지 여부를 분별하는 것은 어려울 수 있다. 합법적 경쟁 수단과 마찬가지로 불법적인 배제 수단은 무수히 많다. 반독점 법원의 과제는 사회적 후생을 감소시키는 배제 행위와 이를 증가시키는 경쟁 행위를 구별하기 위한 일반 규칙을 제시하는 것이다.

그러나 제2조에 따른 독점화에 관한 100년의 판례에서 몇 가지 원칙이 나타난다. 첫째, 배제적이라고 비난받으려면 독점사업자의 행위에 "반경쟁적 효과"가 있어야 한다. 즉, 경쟁 과정을 해치고 그로 인해 소비자에게 해를 끼쳐야 한다. 반면, 하나 이상의 경쟁자에게 해를 끼치는 것은 충분하지 않다. 둘째, 물론 증명 책임이 있는 원고는 독점사업자의 행위가 실제로 필요한 반경쟁적 효과가 있다는 점을 증명해야 한다. 셋째, 원고가 반경쟁적 효과를 입증하여 제2조에 따라 일응 소명(establish a prima facie case)에 성공하면, 독점사업자는 그 행위에 대한 "친경쟁적 정당화 사유(procompetitive justification)"를 제시할 수 있다(*Kodak* 판결). 독점사업자가 친경쟁적 정당성(예를 들어, 더 큰 효율성 혹은 향상된 소비자 관심을 수반하기 때문에 그 행위가 실제로는 본질적으로 경쟁의 한 형태라는 핑계 아닌 주장)을 주장하면, 그 주장을 반박할 부담은 다시 원고에게 돌아간다. 넷째, 독점사업자의 친경쟁적 정당성이 반박되지 않으면, 원고는 행위의 반경쟁적 해악이 친경쟁적 이익보다 크다는 것을 증명해야 한다. 셔먼법 제1조에 따른 사건에서 법원은 "합리의 원칙"이라는 규칙에 따라 유사한 형량 접근 방식을 정례적으로 적용한다. 마지막으로, 독점사업자의 행위가 전반적으로 경쟁에 해를 끼치고 따라서 제2조의 목적상 배제적이라고 제재받을지 여부를 고려할 때, 초점은 그 행위의 의도가 아닌 그 행위의 효과에 맞춰져 있다. 독점사업자 행위 의도에 대한 증거는 독점사업자 행위의 가능한 효과를 이해하는 데 도움이 되는 범위 내에서만 관련이 있다("의도에 대한 지식은 법원이 사실을 해석하고 결과를 예측하는 데 도움이 될 수 있다." *Chicago Board of Trade* 판결).

1. OEM에 발급된 라이선스

지방법원은 Microsoft가 OEM에 Windows를 라이선스하는 계약의 여러 조항을 위법하다 판단했는데, Microsoft의 이런 조항들(이 사건에서 문제가 된 Microsoft의 다른 많은 행위들과 마찬가지로)이 Netscape 브라우저의 사용 점유율을 줄이고, Microsoft의 운영 체제 독점을 보호하는 역할을 한다고 판단했기 때문이다. 브라우저 시장에서의 시장점유율이 운영 체제 시장에서의 시장력에 영향을 미치는 이유는 복잡하며, 약간의 설명이 필요하다.

브라우저 사용점유율이 중요한 이유는 다음과 같다. 위에서 설명했듯이 브라우저(또는 미들웨어 제품)가 소프트웨어 개발자들로 하여금 Windows가 노출하는 API 대신 해당 브라우저가 노출하는 API에 의존하는 응용 프로그램(애플리케이션)을 작성하도록 유인하기 위해서는 임계 사용자(a critical mass of users)를 확보해야 한다. 그러나 특정 브라우저의 API를 기반으로 작성된 애플리케이션은 기본 운영 체제에 관계없이 해당 브라우저가 설치된 모든 컴퓨터에서 실행된다.

만약 소비자가 사용하는 운영 체제에 관계없이 컴퓨터에 특정 브라우저를 설치하는 것만으로 원하는 애플리케이션에 접근할 수 있다면, 소비자는 더 이상 해당 애플리케이션에 접근하기 위해 Windows를 선택하길 강요당한다고 느끼지 않을 것이다. 바꿔 말해 품질과 가격만을 기준으로 Windows 아닌 다른 운영 체제를 선택할 수 있을 것이다. 즉, 운영 체제 시장은 경쟁적이 될 것이다.

따라서 Microsoft가 한 시장(브라우저)에서 점유율을 확보하려고 노력한 것은 다른 시장(운영 체제)에서의 Microsoft의 독점에 대한 위협에 대응하는 데 기여했다. 이는 소프트웨어 개발의 플랫폼로서의 Window로부터 벗어나도록 개발자들의 관심을 끄는데 필요한 임계 사용자 수를 경쟁 브라우저가 확보하지 못하게 함으로써 이루어졌다.

Windows를 OEM 업체에 라이선스하는 Microsoft 계약의 제한 사항들을 평가할 때, 먼저 원고가 그러한 제한 사항들이 반경쟁적인 효과가 있다는 점을 증명함으로써 원고가 일응 소명했는지를 고려한다. 다음 항에서는 원고가 모든 제한 사항에 대해 이러한 증명책임을 충족했다고 결론을 내린다. 그 다음 Microsoft가 제기한 제한 사항에 대한 정당화 사유를 고려하고, 대부분의 경우 이러한 정당화가 불충분하다고 판단한다.

a. 라이선스 제한의 경쟁제한 효과

Microsoft가 OEM 업체에 가한 제한은, 브라우저 사용 점유율을 결정하는 데 있어 특히 중요하다. 왜냐하면 OEM이 컴퓨터에 브라우저를 사전 설치하는 것이 브라우징 소프트웨어를 배포하는 가장 비용적으로 효율적인 2가지 방법 중 하나이기 때문이다(다른 하나는 IAP가 배포하는 인터넷 접속 소프트웨어와 브라우저를 번들링하는 것이다). 지방법원은 Microsoft가 OEM 제조업체에 Windows 라이선스를 부여할 때 부과한 제한으로 인해 많은 OEM 제조업체가 IE 이외의 브라우저를 배포할 수 없다고 판결했다. 특히, 지방법원은 OEM 업체들을 상대로, (1) 데스크톱 아이콘, 폴더 또는 "시작" 메뉴 항목의 제거, (2) 초기 부팅 순서 변경, (3) Windows 데스크톱 외관 변경을 각 금지시킨 라이선스 조항을 위법하다고 판단했다.

지방법원은 첫 번째 라이선스 제한(바탕화면 아이콘, 폴더 및 시작 메뉴 항목 제거 금지)이 OEM이 IE에 대한 사용자 접근의 가시적 수단을 없애지 못하게 해서 경쟁 브라우저의 배포를 방해한다고 결론내렸다. 법원은 OEM이 IE 외에 두 번째 브라우저를 실제로 설치할 수 없다고 판결했다. 그 이유는 부분적으로 "[둘 이상의 제품을 사전 설치할 경우... OEM의 비용이 상당히 증가할 수 있는데, 이러한 중복 때문에 초보 사용자의 경우 혼란이 생길 수 있기 때문이다." 즉, 두 개의 브라우저 아이콘을 보고 어느 것을 사용해야 할지 고민하고 OEM의 지원 센터에 전화할 초보 컴퓨터 사용자들이 있다. 지원 전화는 엄청나게 비싸며, 경쟁이 치열한 OEM 시장에서 기업은 비용을 최소화하려는 강한 유인을 가지고 있다. OEM에 대한 프레젠테이션에서 Microsoft가 특정 범주에 하나의 아이콘만 있으면 "최종 사용자는 덜 혼란스러울 것"이라고 직접 언급했다. 따라서 소비자 혼란과 관련하여 지방법원의 사실 인정을 취소해야 한다는 Microsoft의 주장은 기각한다.

위에서 언급했듯이, OEM 채널은 브라우저 배포를 위한 2가지 주요 채널 중 하나이다. OEM이 IE에 대한 사용자 접근의 가시적 수단을 제거하지 못하도록 함으로써, 라이선스 제한은 많은 OEM이 경쟁 브라우저를 사전 설치하지 못하게 했고, 그 결과 문제된 제한이 없었다면 미들웨어가 가져올 수 있었던 경쟁에서 Microsoft의 독점을 보호한다. 따라서 우리는 문제의 라이선스 제한은 경쟁제한적이라고 결론 내린다. 우리는 Microsoft가 제시한 정당화 사유가 이러한 반경쟁적 효과를 능가하는지 여부에 대한 문제는 잠시 유보한다.

문제의 두 번째 라이선스 조항은 OEM이 초기 부팅 순서(소비자가 컴퓨터를 처음 켤 때 발생하는 프로세스)를 수정하는 것을 금지하는 조항이다. 이 제한이 부과되기 전에는 "많은 OEM이 부팅 순서에 삽입한 프로그램 중에는 OEM이 조립한 IAP 목록에서 사용자들이 선택하도록 권장하는 인터넷 가입 절차가 있었다." 따라서 Microsoft가 부팅 순서를 변경하는 것을 금지함으로써 OEM은 해당 프로세스를 사용하여 IAP 서비스를 홍보할 수 없었으며, 적어도 Microsoft가 제한을 가했을 당시에는 많은 IAP가 인터넷 액세스 소프트웨어에서 IE가 아닌 Navigator를 사용했다(부팅 순서 수정을 포함한 OEM 관행을 알게 된 후, Microsoft 회장 Bill Gates는 "많은 OEM이 Microsoft가 아닌 브라우저를 번들로 제공하고 [IAP]와 함께 제품을 내놓고 있는데, 이러한 방식은 MSN이나 우리 인터넷 브라우저보다 훨씬 더 눈에 띄는 방식으로 해당 기기에 표시된다."라고 썼다.). Microsoft는 부팅 시퀀스 수정 금지가 OEM이 경쟁사의 브라우저를 홍보하는 것을 방지하여 IE에 대한 경쟁을 감소시키는 효과가 있다는 것을 부인하지 않는다. 이러한 금지는 Microsoft의 시장력을 보호하는 데 상당한 효과가 있으며, 역량 경쟁(competition on the merits)이 아닌 다른 수단을 통해 그렇게 하기 때문에 반경쟁적이다. 다시 말하지만, 이 조항이 그럼에도 불구하고 정당화되는지 여부에 대한 문제는 뒤에서 검토한다.

마지막으로 Microsoft는 아이콘 제거 금지와 같이 OEM이 데스크톱을 다양하게 변경하는 것을 막는 몇 가지 추가 조항을 부과한다. Microsoft는 OEM이 Windows 데스크톱 이외의 사용자 인터페이스를 자동으로 시작하거나, Microsoft에서 제공한 것과 크기나 모양이 다른 아이콘이나 폴더를 추가하거나, "Active Desktop" 기능을 사용하여 타사 브랜드를 홍보하는 것을 모두 금지한다. 이러한 제한은 OEM에 상당한 비용을 부과하는데, Microsoft가 이러한 관행을 금지하기 전에는 많은 OEM이 유익하다고 생각되는 방식으로 데스크톱의 모양을 변경했다.

물론 OEM 고객에 불만이 있다는 점이 해당 제한이 반경쟁적이라는 것을 의미하지는 않는다. 라이선스 제한의 반경쟁적 효과는 Microsoft 스스로 인정하듯이, OEM이 경쟁 브라우저를 홍보할 수 없기 때문에 개발자가 Windows의 API에 계속 집중하게 되는 것이다(Microsoft의 Gates가 "[인터넷 브라우저 점유율을] 높이는 것은 우리에게 매우 매우 중요한 목표"라고 쓴 것을 인용하고 OEM이 경쟁 브라우저와 경쟁사의 브라우저를 사용할 수 있는 IAP를 모두 홍보하는 것을 방지해야 할 필요성을 강조). 이런 종류의 홍보는 제로섬 게임이 아니다. Windows 사용 라이선스 제한이 없다면 OEM은 여러 IAP와 브라우저를 홍보할 수 있었다. OEM이 그렇게 하는 것을 막음으로써, 이러한 유형의 라이선스 제한은 처음 두 가지 제한과 마찬가지로 반경쟁적이다. Microsoft는 자사 제품을 개선함으로써가 아니라, OEM이 경쟁자의 사용점유율을 높일 수 있는 조치를 취하는 것을 막음으로써 경쟁 브라우저의 시장점유율을 줄였다.

b. 라이선스 제한에 대한 Microsoft의 정당화

Microsoft는 라이선스 제한이 합법적으로 정당화된다며, 그 이유는 Microsoft가 이러한 제한을 부과함으로써 단순히 "유효한 저작권 보유자로서의 권리를 행사"하고 있기 때문이라고 주장한다. Microsoft는 또한 라이선스가 "어떤 경우에도 Nets-cape가 Navigator를 배포할 수 있는 기회를 부당하게 제한하지 않는다."고 주장한다.

Microsoft의 주요 저작권 주장은 전혀 타당하지 않다. 이 회사는 자사의 지식재산을 원하는 대로 사용할 수 있는 절대적이고 무제한적인 권리를 주장한다. "지식재산권이 합법적으로 취득되었다면, 그 후속 행사가 반독점법 위반의 책임을 야기할 수 없다."고 한다. 연방순회항소법원이 간결하게 언급했듯이 "지식재산권은 반독점법을 위반할 특권을 부여하지 않는다."

Microsoft는 법률에 대한 과감하고 잘못된 입장을 공개적으로 철회한 적은 없지만, 위에서 논의한 라이선스 제한의 반경쟁적 결과에도 불구하고 저작권을 부당하게 행사하고 있지 않다는 두 가지 주장을 한다. 무조건적인 저작권 항변에 대한 첫 번째 변형에서, Microsoft는 저작권 보유자가 라이선스 사용자의 저작물에 대한 중대하고 해로운 변경에 참여하는 능력을 제한할 수 있다는 것을 나타내는 두 가지 사례를 인용한다. 그러나 이 두 사례의 현재 사례와의 관련성은 제한적이다. 두 사례 모두 저작물의 실질적인 변경과 관련이 있었고, 어떤 사례도 저작권자가 자신의 권리를 주장하면서 반독점법을 위반했다는 주장은 없었기 때문이다.

저작권 외에도 Microsoft는 OEM 라이선스 계약에 대한 또 다른 항변을 제기한다. Microsoft는 OEM 라이선스에 포함된 제한에도 불구하고 Netscape가 자사 제품을 배포하는 것이 완전히 차단된 것은 아니라고 주장한다. 이 주장은 Microsoft가 이러한 제한에 대한 책임을 면하는 데 불충분한데, Microsoft가 경쟁사를 모든 배포 수단으로부터 차단하지는 않았지만, 비용 효율적인 배포 수단을 차단했기 때문이다.

요약하면, 자동 실행되는 대체 인터페이스를 금지하는 하나의 제한을 제외하고, 문제되는 모든 OEM 라이선스 제한은 Microsoft의 시장력을 사용하여 독점을 보호한 것이며, 어떠한 합법적인 정당화 사유로도 정당화되지 않는다고 판단한다. 따라서 이러한 제한은 셔먼법 제2조를 위반한다.

2. IE와 Window의 통합

Microsoft의 라이선스 제한은 경쟁 브라우저를 두 가지 주요 유통 채널 중 하나로부터 차단하는 데 상당한 영향을 미치지만, 지방법원은 "Microsoft 임원진은 ... OEM에 대한 계약상 제한만으로는 Navigator의 사용 점유율 방향을 역전시키기에 충분하지 않다고 생각했다. 결과적으로 1995년 말 또는 1996년 초에 Microsoft는 기술적으로 [IE]를 Windows 95에 더욱 강력히 결합하기 시작했다."고 판단했다.

지방법원은 IE를 Windows에 기술적으로 결합함으로써 OEM이 다른 브라우저를 사전 설치하는 것을 막고, 소비자가 이를 사용하지 못하게 했다고 판결했다. 특히 IE 소프트웨어 코드를 Windows의 제거할 수 없는 부분으로 두는 것은, 두 번째 브라우저를 사전 설치하면 "OEM의 제품 테스트 비용이 증가"한다는 것을 의미했다. OEM은 시스템에 사전 설치된 모든 소프트웨어 제품과 관련된 전화에 응답하기 위해 지원 직원을 시험하고 교육해야 하기 때문이다. 게다가 IE에 더해서 다른 브라우저를 사전 설치하는 것은 많은 OEM에게 "PC 하드 드라이브의 희소하고 귀중한 공간을 미심쩍게 사용하는 것"일 것이다.

지방법원은 Microsoft가 "기술적 족쇄로 Internet Explorer를 Windows에 결합"하는 결정을 광범위하게 위법하다 보았으나, … 그 결론을 뒷받침하는 사실 인정은 Microsoft가 IE를 Windows에 결합하기 위해 취한 세 가지 구체적인 조치에 집중되어 있다. 즉, "프로그램 추가/제거" 유틸리티에서 IE를 제외하는 것과, 특정 상황에서 사용자가 IE가 아닌 기본 브라우저를 선택한 것을 무시하도록 Windows를 설계하는 것, 그리고 마지막으로 동일한 파일에 탐색과 관련된 코드와 다른 코드를 혼합하여, IE가 포함된 파일을 삭제하려고 시도하면 동시에 운영 체제를 마비시키는 것이다.

라이선스 제한과 마찬가지로 먼저 의심스러운 행위가 반경쟁적 효과를 가졌는지, 그 다음 Microsoft가 이에 대한 친경쟁적 정당화 사유를 제시했는지를 살핀다.

a. 통합의 경쟁제한적 효과

일반적으로 법원은 지배적 기업의 제품 설계 변경으로 인해 경쟁이 침해됐다는 주장에 대해 매우 회의적이다. 경쟁 시장에서 기업은 소비자에게 어필하고자 혁신을 일상적으로 시도하며, 때로는 그 과정에서 자사 제품이 경쟁사의 제품과 호환되지 않게 만들기도 한다. 독점사업자가 동일한 행동을 할 때 책임을 부과하면 반드시 일정 정도는 혁신을 억제할 것이다. 이는 제품 자체가 빠르게 변화하는 시장의 경우 더욱 그렇다. 그러나 제품 혁신에 대한 사법적 존중은 독점사업자의 제품 설계 결정이 당연 합법(per se lawful)이라는 것을 의미하지 않는다.

지방법원은 먼저 Microsoft가 Windows 98의 "프로그램 추가/제거" 유틸리티에서 IE를 제외한 결정을 반경쟁적으로 위법하다 판단했다. Microsoft는 Windows 95의 프로그램 추가/제거 유틸리티에 IE를 포함했지만, Windows 95를 수정하여 Windows 98을 만들었을 때 프로그램 추가/제거 유틸리티에서 IE를 제외했다. 이러한 변경은 Microsoft 자체 브라우저를 소비자에게 더 매력적으로 만들어서가 아니라 OEM이 경쟁 제품을 배포하는 것을 억제시켜 경쟁 브라우저의 사용률을 감소시킨다. Microsoft의 행위는 역량 경쟁이 아닌 다른 것을 통해 경쟁사 제품의 사용을 크게 줄이고 자체 운영 체제 독점을 보호하는 효과가 있기 때문에 경쟁제한적이다. 그럼에도 불구하고 그것이 정당화되는지 여부에 대한 질문은 일단 보류한다.

둘째, 지방법원은 Microsoft가 Windows 98을 "Windows 98에서 Navigator를 사용하면 사용자에게 불편한 결과를 초래할 수 있도록" 설계했으며, 어떤 경우에는 사용자가 기본 브라우저로 IE가 아닌 다른 브라우저를 선택한 것을 무효화(override)했다고 판결했다. 원고들은 이러한 무효화가 소비자들이 IE가 아닌 다른 브라우저를 사용하는 것을 선호할지라도 이를 사용하지 못하게 함으로써 경쟁 과정에 해를 끼친다고 주장하며, 이로써 경쟁 브라우저의 사용률을 감소시키고, 이로 인해 경쟁 브라우저가 Windows에 노출된 API로부터 개발자의 관심을 돌릴 수 있는 능력을 감소시킨다고 주장한다. 물론 Microsoft는 사용자의 선호도 무효화가 일부 사람들의 다른 브라우저 사용을 방해한다는 점을 부인하지 않는다. 이러한 무효화는 경쟁사의 사용률을 줄여 Microsoft의 독점을 보호하기 때문에 이 역시 반경쟁적이다.

마지막으로, 지방법원은 Microsoft가 "운영 체제 기능을 제공하는 코드와 동일한 파일에 웹 브라우징에 특화된 코드를 배치함으로써" IE를 Windows 98에 결합한 결정을 위법하다 판결했다. 운영 체제 기능을 제공하는 코드가 있는 파일에 브라우징 기능을 제공하는 코드를 붙이면 "브라우징 관련 루틴(browsing-specific routines)이 포함된 파일을 삭제할 경우, 중요한 운영 체제 루틴도 함께 삭제되어 Windows가 마비되는 것이 확실하다." 상술했듯이, OEM이 IE를 제거하지 못하도록 하면 두 번째 브라우저 설치가 억제되며, 이는 OEM의 제품 테스트 및 지원 비용을 증가시키기 때문이다. 반면, OEM이 IE를 제거할 수 있었다면 Navigator만 사전 설치하기로 선택했을 수도 있다.

Microsoft는 사실 관계에서 브라우징 코드와 비브라우징 코드를 혼합했다는 것을 부인하며, 이와 반대되는 지방법원의 판결은 명백히 잘못되었다고 주장한다. Microsoft에 따르면, Microsoft측 전문가가 웹 브라우징 기능을 제공하는 Window 98에서 동일 코드가 필수적인 운영 체제 기능도 수행한다고 이의 없이 증언했고, 이는 동일 파일에 있는 코드가 아니라, 바로 정확히 동일한 소프트웨어 코드라는 의미다.

그러나 Microsoft의 전문가는 "이의 없이" 그런 증언을 하지 않았다. 정부 전문가인 Glenn Weadock은 Microsoft가 "[IE를] 일부 코드가 Windows에 필요한 다른 코드와 동일한 라이브러리 파일에 함께 위치하도록 설계했다."라고 증언했다. 또 다른 정부 전문가도 마찬가지로 라이브러리 파일인 SHDOCVW.DLL이 "실제로는 별개의 기능의 묶음이다. 웹 브라우징과 특별히 관련된 일부 기능이 포함되어 있으며 일부 일반적인 사용자 인터페이스 기능도 포함되어 있다."라고 증언했다.

기록에 따르면 모순된 증언이 있고, 그 중 일부는 Microsoft가 브라우징 코드와 비브라우징 코드를 혼합했다는 지방법원의 판결을 뒷받침하므로, 우리는 판결이 명백히 잘못되었다고 결론 내릴 수 없다. … 따라서 코드 혼합과 관련된 사실인정을 취소해야 한다는 Microsoft의 주장을 기각하고, 이러한 혼합(commingling)은 반경쟁적 효과가 있다고 결론 내린다. 위에서 언급했듯이 코드 혼합은 OEM이 경쟁 브라우저를 사전 설치하는 것을 막아 경쟁사의 사용률을 줄이고, 그로 인해 개발자가 Microsoft 운영 체제에 노출된 API 세트의 대안으로 경쟁사 API에 관심을 두는 것을 감소시킨다.

b. Microsoft의 통합 정당화 주장

Microsoft는 IE를 Windows에 통합하면서 택한 세 가지 문제된 행위 중 두 가지, 즉 프로그램 추가/제거 유틸리티에서 IE를 제외하는 것과 브라우저와 운영 체제 코드를 혼합한 것에 대해 정당화 사유를 제시하지 않는다. Microsoft는 브라우저와 운영 체제를 통합한 이점에 관해 몇 가지 일반적인 주장을 하지만("더 깊은 수준의 기술 통합에 대한 당사의 비전은 매우 효율적이며 고객과 개발자에게 상당한 이점을 제공한다."), 주장을 구체적으로 명시하지도 증명하지도 않는다. 또한 프로그램 추가/제거 유틸리티에서 IE를 제외하거나 코드를 혼합하는 것이 통합 이점(integrative benefit)을 얻는다고 주장하지도 않는다. 원고들은 Microsoft의 행위가 브라우저 사용률을 증가시켜 미들웨어 위협으로부터 운영 체제 독점을 지키는 데 기여한다는 점을 보여줌으로써 운영 체제 시장에서의 경쟁에 해가 된다는 일응 증명했다. 그리고 Microsoft는 자신의 행동이 운영 체제 독점을 보호하는 것 외에 다른 목적을 충족한다는 점을 증명하는 책임을 다하지 못했다. 따라서 우리는 Microsoft가 IE를 프로그램 추가/제거 유틸리티에서 제외하고 브라우저와 운영체제 코드를 혼합한 것은 셔먼법 제2조를 위반한 배제 행위에 해당한다고 판단한다.

Microsoft가 IE를 Windows에 통합해 특정 상황에서 Windows가 사용자의 기본 브라우저 선택을 무효화시킨 문제된 다른 행위에 대해, Microsoft는 "타당한 기술적 이유"가 있다고 주장한다. 구체적으로 Microsoft는 사용자가 "거의 30가지 인터넷 접속 수단" 가운데 "몇 가지" 중 하나를 호출할 때 Windows가 사용자의 선호도를 무효화하도록 설계할 필요가 있었다고 주장한다. Microsoft에 따르면, Windows 98 도움말 시스템과 Windows 업데이트 기능은 Navigator에서 지원하지 않는 ActiveX 컨트롤에 의존하며, 현재 중단된 채널 바는 Navigator에서도 지원하지 않는 Microsoft의 채널 정의 포맷을 활용했다. 마지막으로 Windows 98은 사용자가 "내 컴퓨터" 또는 "Windows 탐색기"를 통해 인터넷에 접근할 때 Navigator를 호출하지 않는다. 그렇게 하면 사용자가 동일한 탐색 창에서 로컬 저장 장치에서 웹으로 원활하게 이동할 수 있도록 하는 이러한 기능의 목적을 달성하지 못하게 하기 때문이다.

원고는 Microsoft가 주장한 정당화 사유 주장을 반박할 뿐만 아니라 문제된 행위의 경쟁제한 효과가 정당화 사유보다 더 크다는 것을 증명할 책임을 부담한다. 지방법원에서 원고는 두 가지 모두를 하지 않은 것으로 보인다. 어떤 경우이건 항소하면서 원고는 전혀 반박하지 않았다. 따라서 Microsoft는 이러한 제품 설계의 측면에 대해 책임을 지지 않을 수 있다.

4. 인터넷 콘텐츠 공급자(ISP), 독립 소프트웨어 공급업체(ISV) 및 Apple Computer와의 거래

지방법원은 Microsoft가 웹사이트를 개발하는 ICP, 소프트웨어를 개발하는 ISV, OEM이자 소프트웨어 개발자인 Apple과의 거래에서 배제적 행위에 관여한다고 판결했다. 지방법원은 Microsoft의 ICP 및 ISV와의 거래가 위법하다며 다음과 같이 언급했다. "ICP 및 ISV에 [IE]를 제품과 함께 번들로 제공할 수 있는 무료 라이선스를 부여하고, Navigator가 아닌 [IE]를 배포, 홍보, 의존하기로 하는 데 대한 다른 가치 있는 유인책을 교환함으로써, Microsoft는 개발자가 Navigator가 노출한 API 아닌 자체 API에 집중하도록 직접 유도했다."

ICP 거래에 대해, 지방법원은 Microsoft의 책임을 인정하지 않는다. ICP 계약을 검토한 후 지방법원은 "Microsoft의 프로모션 제한이 실제로 Navigator의 사용률에 실질적이고 해로운 영향을 미쳤다는 판단을 뒷받침할 충분한 증거가 없다."고 명시적으로 판시했다. 원고가 Microsoft와 ICP 간의 거래가 경쟁에 상당한 영향을 미쳤다는 것을 증명하지 못했기 때문에, 셔먼법 위반을 증명하지 못했다.

지방법원은 ISV와의 배타조건부 거래가 브라우저 배포 시장에서의 점유율을 어느 정도 배제하는지 구체적으로 밝히지 않았다. ISV는 브라우저 배포에 있어 비교적 작은 채널이지만, 상술한 것처럼 Microsoft가 경쟁사로의 두 개의 주요 채널을 봉쇄했기 때문에 더 큰 의미가 있다. 이런 관점에서, "수백만" 명의 소비자가 사용하는 응용 프로그램에 영향을 미침으로써 Microsoft와 ISV 간의 배타조건부 거래는 경쟁 브라우저를 시장에서 더욱 배제하는 데 상당한 영향을 미쳤다는 것을 기록으로부터 알 수 있다. 경쟁 브라우저의 광범위한 배포를 막음으로써(그리고 개발자들의 관심이 Windows API에서 멀어지는 것을 잠재적으로 방지함으로써) 이러한 거래는 Microsoft의 독점을 유지하는 데 상당한 효과가 있으므로, 우리는 원고들이 이러한 거래가 경쟁제한적 효과가 있다는 점에 대해 일응의 소명을 했다고 판단한다.

물론, Microsoft의 배타조건부 거래가 Microsoft의 독점을 보존하는 반경쟁적 효과를 가지고 있다는 사실 그 자체로 불법이라는 것은 아니다. 경쟁사와 마찬가지로 독점사업자는 유통업체와 배타조건부 계약을 원하는 완벽하게 정당한 이유가 있을 수 있다. 따라서 Microsoft는 배타성 조항이 그러한 친경쟁적 정당성을 가지고 있다는 것을 증명하는 증거를 지방법원에 제시할 기회가 있었지만 제시하지 않았다. Microsoft는 항소하면서 이 거래가 요구하는 배타성이 어떤 정당한 목적에 부합한다고 주장하지 않았다. 대신, ISV 계약은 "ISV가 Navigator가 아닌 Windows 인터넷 관련 시스템 서비스를 사용하도록 설득하려는" 시도를 반영한다고만 주장한다. Microsoft가 ISV와의 배타조건부 거래에 대해 경쟁을 촉진하는 정당화 사유를 제시하지 않았기 때문에, 우리는 그러한 약정이 셔먼법 제2조를 위반한다고 판결한다.

마지막으로, 지방법원은 Microsoft와 Apple의 거래가 셔먼법을 위반했다고 판단했다. Apple은 수직적으로 통합되어 있는데, 즉, 소프트웨어(운영 체제인 Mac OS 포함)와 하드웨어(Macintosh 컴퓨터 제품군)를 모두 만든다. Microsoft는 주로 소프트웨어를 만드는데, 여기에는 운영 체제 외에도 여러 인기 있는 응용 프로그램이 포함된다. 그 중 하나인 "Office"는 Microsoft가 Mac OS로 이식한 비즈니스(사무) 생산성 응용프로그램 모음이다. 지방법원은 "Mac OS 사용자의 90%가 비즈니스 생산성 응용 프로그램 모음을 사용한다."고 판결했다. 게다가, 지방법원은 다음과 같이 판결했다.

1997년에 Apple의 사업은 급격히 쇠퇴했고 많은 사람들이 회사가 더 오래 살아남을지 의심했다. 많은 ISV는 Mac OS용 애플리케이션을 개발하는 데 시간과 비용을 계속 투자하는 것이 현명한지 의문을 제기했다. 만약 이런 분위기에서 Microsoft가 Mac Office의 새로운 버전 개발을 중단한다고 발표했었다면 수많은 ISV, 고객, 개발자, 투자자들은 그 발표를 Apple의 사망 통지로 받아들였을 것이다.

Microsoft는 Mac Office를 계속 지원하는 것이 Apple에 중요하다는 것을 인식했다. Microsoft 내부 이메일에서는 "[우리는] 이 사람들[Apple]을 밀어붙일 방법이 필요하고 [Mac Office를 취소하겠다고 위협하는 것]이 그들을 움직이게 하는 유일한 방법인 듯하다."라고 언급되었다. "[Microsoft 회장] Bill Gates는 Microsoft가 다음 달에 Apple에 Microsoft가 Mac Office 97 개발을 거의 마쳤다는 사실을 숨길 수 있을지 물었다.". Gates는 "나는 Apple이 모든 곳에서 [IE]를 사용해야 한다고 생각한다. 만약

Apple이 그렇게 하지 않으면, 우리는 Office를 무기로 사용할 수 있다."라고 말했다.

1997년 6월 Microsoft 회장 Bill Gates는 Apple과의 협상이 "전혀 잘 진행되지 않았다.... Apple은 Netscape를 표준 설치로 선택함으로써 우리를 실망시켰다."고 판단했다. Gates는 이미 Apple의 CEO에게 전화를 걸어 "Mac Office의 취소를 어떻게 발표해야 할지" 물어봤다고 했다. 지방법원은 또한 Gates의 전화 후 한 달 내에 Apple과 Microsoft가 다음과 같은 합의에 도달했다고 판결했다. 이 합의에 따르면 Microsoft의 주요 의무는 최소 5년 동안 최신 버전의 Mac Office를 계속 출시하는 것이다.... [그리고] Apple은 ... "[IE]의 최신 버전을 [Mac OS]와 함께 번들로 제공하고"... [그리고] "[IE]를 기본 [브라우저]로 만들기로" 합의했다.... 대부분 사용자가 선택하는 설치 유형인 기본 설치 과정에서 Navigator는 컴퓨터 하드 드라이브에 설치되지 않는다.... [해당] 계약은 또한 ... Apple은 새로운 Macintosh PC 시스템이나 Mac OS 업그레이드의 바탕 화면에 Microsoft 아닌 브라우징 소프트웨어 아이콘을 둘 수 없다. 이 계약은 또한 Apple이 사용자에게 IE를 다른 브라우저로 대체하도록 권장하는 것을 금지하고 Apple이 "[IE]를 사용하도록 권장"한다고 명시한다.

이러한 Microsoft와 Apple 간 배타조건부 거래는 경쟁 브라우저의 배포에 상당한 영향을 미친다. 브라우저 개발자가 Mac OS와 같은 두 번째 운영 체제로 제품을 이식하면 공통 API 세트를 계속 표시할 수 있다. 따라서 기본 운영 체제가 아닌, 사용률이 브라우저가 제기 가능한 플랫폼 과제의 주요 결정 요인이다. 브라우저의 사전 설치(운영 체제와 함께 포함하거나 OEM이 설치하는 방식)는 브라우저 배포의 가장 중요한 두 가지 방법 중 하나이며, Apple은 운영 체제의 전 세계 매출에서 적지 않은 점유율을 차지했다(Microsoft는 Apple을 제외하고 시장의 95%를 차지하고 관련시장에 Apple을 포함해도 80% "훨씬 상회"한다). Microsoft와 Apple의 독점 계약은 경쟁 브라우저의 배포를 제한하는 데 상당한 효과가 있고(위에서 여러 번 설명했듯이) 경쟁 브라우저의 사용률을 줄이는 것이 Microsoft의 독점을 보호하는 역할을 하기 때문에, Apple과의 거래는 반경쟁적이라고 간주된다("Microsoft는 Apple Mac OS에서 Navigator의 사용을 크게 감소시키는 조건을 얻어냄으로써, 개발자가 Navigator를 진정한 크로스 플랫폼 미들웨어(cross-platform middleware)로 보지 않도록 했다.").

Microsoft는 배타조건부 거래 계약에 대한 친경쟁적 정당화 사유를 주장하지 않는다. 해당 거래가 자사와 Apple 간의 다면적인 계약의 일부라는 관련 없는 주장만 한다. 이는 경쟁을 촉진하는 정당성이 있다는 것을 의미하지 않는다. 따라서 법원은 Apple과의 배타조건부 거래가 배제적이며 셔먼법 제2조를 위반한다고 판단한다.

5. JAVA

Sun Microsystem(Sun)이 개발한 기술 세트인 Java는 소프트웨어 개발을 위한 유비쿼터스 플랫폼으로서 Windows 지위에 잠재적 위협을 가하는 또 다른 유형의 미들웨어다. Java 기술은 (1) 프로그래밍 언어, (2) API를 노출하는 "Java 클래스 라이브러리"라고 하는 해당 언어로 작성된 프로그램 세트, (3) 개발자가 작성한 코드를 "바이트코드(bytecode)"로 변환하는 컴파일러(complier), (4) 바이트코드를 운영 체제에 대한 명령어로 변환하는 Java 가상 머신(JVM)을 포함한다. Java API를 호출하는 프로그램은 "Java 런타임 환경", 즉 Java 클래스 라이브러리와 JVM이 있는 모든 기계에서 실행된다.

1995년 5월 Netscape는 Sun과 Navigator의 모든 복사본과 함께 Java 런타임 환경의 복사본을 배포하기로 합의했고, "Navigator는 빠르게 Sun이 Windows 사용자의 PC 시스템에 Java 런타임 환경의 복사본을 배치하는 주요 수단이 되었다." Microsoft도 Java 기술을 홍보하기로 합의했거나 혹은 적어도 그렇게 보였다. 동시에 Microsoft는 "Java로 작성된 애플리케이션을 Windows에서 다른 플랫폼으로, 그리고 그 반대로 이식하는 어려움을 극대화하기 위한" 조치를 취했다. 구체적으로, 지방법원은 Microsoft가 Java가 실행 가능한 크로스 플랫폼(cross platform) 위협으로 개발되는 것을 막기 위해 다음 네 가지 조치를 취했다고 판결했다. (a) Sun이 개발한 것과 호환되지 않는 JVM 설계, (b) 주요 ISV가 Microsoft의 JVM만을 독점적으로 홍보하도록 요구하는, 소위 "First Wave Agreements" 계약 체결, (c) Java 개발자에게 배포한 도구의 Windows 특정 특성에 대해 기망, (d) Intel에게 Sun의 Java 기술 개선 지원을 중단하도록 강요하는 조치를 했다.

a. 비호환 JVM

지방법원은 Microsoft가 자체 JVM을 개발하고 홍보함으로써 배제 행위에 관여했다고 판결했다. Microsoft가 자체 버전 작업을 시작했을 때, Sun은 이미 Windows 운영 체제용 JVM을 개발했다. Microsoft가 개발한 JVM은 Java 응용프로그램이 Sun의 JVM보다 Windows에서 더 빠르게 실행될 수 있도록 한다. 그러나 Microsoft의 JVM과 함께 작동하도록 설계된 Java 응용프로그램은, Sun의 JVM과 함께 작동하지 않으며, 그 반대의 경우도 마찬가지다. 지방법원은 Microsoft가 "고성능 Windows JVM을 개발하기 위해 엔지니어링 리소스에 많은 투자를 했다."고 판결했다. "[IE]의 모든 복사본과 함께 JVM을 번들링함으로써, Microsoft는 Java 런타임 환경에 방대한 Windows 설치 기반에 보장된 지속적인 편재성(ubiquity)이라는 고유한 속성을 부여했다."라고 판결했다. 그러나 위에서 설명한 대로 독점사업자는 단순히 경쟁자의 제품과 호환되지 않는 제품을 개발하는 것만으로는 반독점법을 위반한 것이 아니다. 반독점법 위반은 비호환 제품이 설계의 친경쟁적 정당성을 능가하는 반경쟁적 효과가 있어야 한다. Microsoft의 JVM은 Sun과 호환되지 않을 뿐만 아니라, Java 응용프로그램이 Sun의 JVM보다 Windows에서 더 빠르게 실행될 수 있도록 한다. Microsoft의 더 빠른 JVM은 Java 개발자가 Microsoft의 개발자 도구를 사용하도록 유인했고, Microsoft는 아래에서 논의할 것처럼 이러한 도구를 기만적으로 제공했다. 그러나 JVM은 애플리케이션이 더 빠르게 실행될 수 있도록 하며, 그 자체로는 반경쟁적 효과가 없다. 따라서 Microsoft의 JVM 개발 및 홍보에 대한 책임 부과에 대한 지방법원의 판결은 취소한다.

b. 1차 계약(the first wave agreement)

지방법원은 또한 Microsoft가 수십 개의 ISV와 1차 계약을 체결하여 Microsoft의 JVM을 사용했다고 판결했다. "[Microsoft는] 값비싼 기술 지원 및 기타 유인의 대가로 수십 개의 중요한 ISV가 Java 응용프로그램을 Windows 특정 기술에 의존하게 하고, Windows 사용자에게 Sun 표준을 준수하는 JVM을 배포하지 않도록 유도했다." 다시 말하지만, Microsoft의 낮지만 약탈적이지 않은 가격에 대한 지방법원의 위법 판단을 거부한다.

Microsoft와 ISV 간의 1차 계약은, ISV들이 Windows 기술 정보를 받는 것을 조건으로 Microsoft의 JVM을 배타적으로 홍보하기로 한 합의에 따른 것이지만, 이는 다른 경쟁 우려를 야기한다. 지방법원은, 문자적으로 배타적인 것은 아니었지만, 개발자가 개발한 소프트웨어에서 Microsoft의 JVM을 기본으로 설정해야 했기 때문에 실제로는 배타조건부 거래라고 판결했다.

지방법원은 1차 계약이 경쟁 JVM의 전반적인 배포에 미치는 영향에 대해 정확히 판단하지는 않았지만, 기록에 따르면 Microsoft와 주요 ISV 간의 거래는 JVM 홍보에 상당한 영향을 미쳤다. 위에서 논의한 대로, 1차 ISV의 제품은 수백만 명의 소비자에게 전달되었다. 게다가, 선도적인 ISV와의 Microsoft의 배타조건부 거래는 시장봉쇄(foreclosure)의 배경에서 이루어졌다. 지방법원은 "Netscape가 1995년 5월(Microsoft가 1차 계약을 실행하기 전), Sun 표준을 따르는 Windows JVM의 복사본을 Navigator의 모든 복사본에 포함할 것이라고 발표했을 때, Sun의 Java 구현(implementation)이 Windows에서 필요한 편재성(necessary ubiquity)을 달성할 것으로 보였다." 그러나 위에서 논의한 대로 Microsoft는 Navigator의 배포를 심각하게 감소시키는 여러 가지 반경쟁적 조치를 취했으며, 지방법원은 그러한 조치가 Sun의 JVM 배포를 심각하게 방해했다고 판단했다. Microsoft의 계약은, JVM 배포 분야의 상당 부분을 봉쇄했고, 이를 통해 미들웨어 위협으로부터 Microsoft의 독점을 보호했다는 점에서 경쟁제한적이다.

Microsoft는 1차 계약을 실질적으로 배타조건부 거래로 만든 기본설정(default) 조항에 대해 친경쟁적 정당화 사유를 제기하지 않았다. 이러한 거래들의 누적 효과는 반경쟁적이고 Microsoft는 이에 대해 친경쟁적 정당화 사유가 없기 때문에, 법원은 1차 계약에서 Microsoft의 JVM을 기본으로 사용하도록 요구하는 조항들은 배제적이며 셔먼법을 위반한다고 판단한다.

c. Java 개발자들에 대한 기망

Microsoft의 "Java 구현"에는 JVM 외에도 ISV가 Java 응용프로그램을 설계하는데 도움이 되도록 만든 소프트웨어 개발 도구 세트가 포함되었다. 지방법원은 이러한 도구는 Java를 크로스 플랫폼(cross-platform)으로 만들겠다는 Sun의 열망과 양립되지 않았을 뿐만 아니라, Microsoft가 도구의 Windows에 특유한 특성과 관련하여 Java 개발자를 속였다고 판결했다. Microsoft의 도구에는 특정 '키워드' 및 '컴파일러 지침'이 포함되어 있으며, 이는 Microsoft 버전의 Windows용 Java 런타임 환경에서만 제대로 실행될 수 있다. 그 결과, "성능보다 휴대성을 선택한 Java 개발자조차도... 무의식적으로 Windows에서만 [실행되는] Java 응용프로그램을 작성했다." 즉,

Microsoft가 Sun과 협력하겠다는 공적인 약속을 믿고, Microsoft 도구를 크로스 플랫폼 애플리케이션이라고 믿은 개발자들은 결국 Window 운영 체제에서만 실행되는 응용프로그램을 만들었다.

PC Week 기자로부터 크로스 플랫폼 사용을 방지하기 위해 Java 표준을 파편화(Fragmentation)했다는 구체적인 비난을 받자, Microsoft는 이 비난을 부인하고 크로스 플랫폼 구현에 "풍부한 플랫폼 지원을 추가"하고 있을 뿐이라고 밝혔다. 기자와 대화한 직후 작성된 Microsoft 내부 이메일 메시지에는 이러한 해명과 다른 내용이 나와 있다. "알았어. 방금 후속 통화를 했어.... [기자는] 내가 계속 고객들에게 w3c 표준(일반적으로 관찰되는 인터넷 프로토콜)을 지적한 것을 좋아했어.... [하지만] 그는 우리가 Java 접근 방식과 비교했을 때 우리가 정신이 나갔다고 비난했고, 나는 기자가 [Java와 관련해] 우리가 상호운영성 층위(interop layer)에 풍부한 플랫폼 지원을 추가하려는 것일 뿐이라는 점에 대해 오해했다고 말했어.... 이건 잘 먹혀.... 이 시점에서 win32 java 클래스 주변에 더 많은 노이즈를 만드는 것은 좋지 않아. 대신 우리는 조용히 [Microsoft의 개발 도구] 공유를 늘리고, 사람들이 win32 전용 java 앱을 구축하고 있다는 사실을 깨닫지 못한 채 우리 클래스를 더 많이 활용할 것이라고 가정해야 해."

마지막으로, 다른 Microsoft 문서는 Microsoft가 Java 개발자를 속이려 했으며, 그러한 행동의 효과가 개발자가 크로스 플랫폼이라고 믿는, Windows 종속 Java 응용프로그램을 생성하는 것이라고 예측했음을 확인해 준다. 이러한 문서는 또한 Microsoft의 궁극적인 목표가, 운영 체제 시장에서 Microsoft의 독점에 대한 Java의 위협을 좌절시키는 것이라고 보여준다. 예를 들어, 한 Microsoft 문서는 전략적 목표로 "오염된 Java 시장을 성장시켜 크로스 플랫폼 Java를 죽이자."고 명시하고 있다("크로스 플랫폼 기능은 Java를 선택하거나 사용하는 가장 큰 이유"라고 언급).

Microsoft의 Java 개발자 도구와 관련된 행위는 운영 체제의 우월성이나 제작자의 통찰력에 기인하지 않는 방식으로 운영 체제에 대한 독점을 보호하기 위한 것이었으므로 반경쟁적이었다. 놀랍지 않게도 Microsoft는 개발자를 속이려는 캠페인이 친경쟁적이라는 설명을 제시하지 못했다. 따라서 우리는 이 행위가 배제적이며, 셔먼법 제2조를 위반한다고 결론 내린다.

d. Intel에 대한 위협

지방법원은 Microsoft가 "Intel과 같은 회사가 크로스 플랫폼 인터페이스 생성을 지원하지 못하도록 독점력을 이용함으로써" Java와 관련하여 불법적으로 행동했다고 판결했다. 1995년 Intel은 고성능 Windows 호환 JVM을 개발하는 과정에 있었다. Microsoft는 Intel이 이 노력을 포기하기를 원했는데, 빠른 크로스 플랫폼 JVM이 운영 체제 시장에서 Microsoft의 독점을 위협할 것이기 때문이었다. 1995년 8월 회의에서 Microsoft의 Gates는 Intel에 "Java 런타임 환경을 개발하기 위해 Sun이 Nets-cape와 협력하는 것은 ... Intel과 Microsoft 간의 협력을 훼손시킬 위협적인 문제 중 하나"라고 말했다. 3개월 뒤, "Microsoft의 Paul Maritz는 Intel의 고위 임원에게 Intel이 [멀티미디어 소프트웨어를] Sun의 Java 표준에 맞게 조정하는 것은, Microsoft가 Intel이 아닌 마이크로프로세서를 지원하는 것이 Intel에 해가 되는 것과 마찬가지로 Microsoft에 해가 되었다고 말했다."

그럼에도 불구하고 Intel은 Java와 관련된 계획을 계속 추진했다. 1996년까지 "Intel은 Sun의 크로스 플랫폼 표준을 준수하면서도 잘 실행되도록 설계된 JVM을 개발했다." 그해 4월, Microsoft는 Intel에 빠르게 작동하는 Intel의 Sun 호환 JVM을 배포해 Sun을 돕지 말라고 다시 촉구했다. 그리고 Microsoft는 Intel이 멀티미디어 분야에서 Sun을 지원하는 것을 중단하지 않으면, Microsoft가 Windows와 번들로 Intel 기술을 배포하지 않을 것이라고 위협했다. Microsoft가 최후의 일격을 가한 후, 결국 Intel은 1997년 굴복했다.

Intel의 경쟁사 중 하나인 AMD는 Microsoft에 "3DX" 기술에 대한 지원을 요청했다... Microsoft의 Allchin은 Gates에게 Intel이 반대할 것임에도 불구하고 Microsoft가 3DX를 지원해야 하는지 Gates에게 물었다. Gates는 "Intel이 우리가 이를 지원하는데 실제로 문제가 있다면, 그들은 지금처럼 Java 멀티미디어를 지원하는 것을 중단해야 할 것이다. 그들이 JAVA 작업에서 물러선다면, 나는 기꺼이 이를 지원하는 것을 포기할 것이다."라고 답했다.

Microsoft의 내부 문서와 증언은 그 행동의 반경쟁적 효과와 의도를 모두 확인해준다. 예를 들어, Microsoft 임원인 Eric Engstrom은 Intel에 대한 Microsoft의 목표 중 하나로 "Intel이 Sun의 Java 멀티미디어 API, 특히 Windows에서 잘 실행되는 API 개발을 돕는 것을 중단"하는 것이 포함되어 있고, 그의 증언에서도 "우리는 Intel이 Sun을 돕는 것을 중단하도록 설득하는 데 어느 정도 성공했다."고 말했다.

Microsoft는 지방법원이 인정한 사실을 부인하지 않으며, Intel에게 크로스 플랫폼 Java를 지원하지 않도록 압박한 행위에 대한 친경쟁적 정당화 사유를 제시하지도 않았다. Microsoft는 Intel에 대한 위협을 "조언"이라고 설득력 없이 규정한다. 그러나 지방법원은 Microsoft가 Intel에 크로스 플랫폼 Java 지원을 중단하라는 "조언"이 보복 위협에 의해 뒷받침되었다고 판단했으며, 이러한 결론은 위에 인용된 증거에 의해 뒷받침된다. 따라서 우리는 Microsoft가 Intel에 가한 위협이 배제적이었고, 셔먼법 제2조를 위반했다는 결론을 유지한다.

C. 인과관계(Causation)

마지막으로 Microsoft는 이 법원에 독점 유지(monopoly maintenance) 청구에 대한 판결을 취소할 것을 촉구한다. 왜냐하면 원고가 Microsoft의 반경쟁적 행위, 특히 Netscape와 Java의 유통 채널에 대한 봉쇄와 Microsoft의 운영 체제 독점 유지 사이에 인과관계를 증명하지 못했기 때문이다("Microsoft의 행동이 없었다면 Navigator와 Java가 이미 Intel 호환 PC 운영 체제 시장에서 진정한 경쟁을 촉발했을 것이라는 증거가 충분하지 않다."). 이는 Microsoft가 이전에 주장했던, 지방법원이 관련 시장에 미들웨어를 포함시켜야 했다는 주장의 반대이다. Microsoft에 따르면, 지방법원은 미들웨어가 합리적인 대체물이 아니라는 점과 Microsoft의 배제 행위가 운영 체제 시장에서 독점력 유지에 기여했다는 점을 동시에 인정할 수가 없다. Microsoft는 첫 번째 결론은 미들웨어가 Windows에 심각한 위협을 가하지 않는다는 법원의 견해에 근거했다고 주장한다. 반면 두 번째 결론은 법원이 Navigator와 Java가 응용프로그램 진입 장벽을 침식할 만큼 심각한 크로스 플랫폼 위협으로 발전했을 것이라고 판단해야 했다고 주장한다. 우리는 이에 동의하지 않는다.

Microsoft는 형평법적 집행 조치(equitable enforcement action)에 대한 제2조 책임에 관해서, 원고가 피고의 지속적인 독점력이 경쟁제한적 행위에 기인한다는 직접적인 증거를 제시해야 한다는 주장을 뒷받침하는 어떤 사례도 지적하지 않으며, 우리도 관련된 어떤 사례도 찾을 수 없다. Microsoft는 유일한 권위 있는 근거로 Areeda 교수의 반독점 논문에서 다음 구절을 인용한다. "원고는 변론하고, 증거를 제시하고, 아마도 증거의 우세(preponderance of evidence) 기준으로 비난받을 만한 행동이 독점 유지에 상당히 기여했다는 것을 증명할 책임이 있다."(Areeda & Hovenkamp, Antitrust Law)

그러나 가처분 명령(injunctive relief) 신청과 관련하여, 해당 논문의 저자는 법원이 피고가 "독점력 유지에 상당한 기여를 할 수 있는 것으로 합리적으로 보이는" 경쟁제한 행위에 관여했다는 사실에서 "인과관계"를 추론해야 할 필요성도 인정한다. 제2조 책임의 인정이, 원고가 피고의 경쟁제한 행위가 없는 가상의 시장을 재구성할 수 있을지 없을지 여부에 달려 있다면, 이는 독점사업자들이 보다 많이 그리고 더 일찍 경쟁제한적 조치를 취할 것을 장려할 뿐이다.

우리는 배제적 행위가 신생 경쟁기술 생산자뿐만 아니라 기존 대체품 생산자를 대상으로 할 때 모두 인과관계를 추론할 수 있다. 물론, 전자의 경우 신규 위협(nascent threat)이 잠재적 대체품일 뿐이기 때문에 불확실성이 더해진다. 하지만 근본적인 증명 문제는 동일한데, 원고나 법원 모두 피고의 배제 행위가 없는 세상에서 제품의 가정적인 기술 개발 상황을 확실히 재구성할 수는 없다. 어느 정도 "피고는 자신의 바람직하지 않은 행위의 불확실한 결과를 감수할 수밖에 없다."(Areeda & Hovenkamp, Antitrust Law)

인과관계에 대한 이러한 다소 부족한 인과관계 테스트를 감안할 때, 이 사건의 쟁점은, Java나 Navigator가 실제로 실행 가능한 플랫폼 대체재로 발전했을지 여부가 아니라, (1) 일반적으로 신생 위협을 배제하는 것이 피고의 지속적인 독점력에 상당히 기여할 수 있는 행위 유형인지 여부와 (2) Microsoft가 문제된 경쟁제한 행위에 관여했을 당시, Java와 Navigator가 신규 위협에 합리적으로 해당했는지 여부이다. 첫 번째 물음에 대해, 독점사업자가 증명되지는 않았지만 신규 경쟁자를 마음껏 억압할 수 있도록 허용하는 것은 셔먼법 목적에 반하는 것이라고 말하는 것으로 충분하다. 특히, 급속한 기술 발전과 빈번한 패러다임 전환이 특징인 산업에서 더욱 그렇다. 두 번째 질문에 대해, 지방법원은 Navigator와 Java가 모두 미들웨어 플랫폼 위협으로 잠재력을 보였다는 점에 대해 충분히 판단했다. Microsoft 대리인은 구두 변론에서 이를 인정했다("생산량 제약은 없다. 한계 비용은 본질적으로 0이다. 그리고 어느 정도 네트워크 효과가 있다. 따라서 1994년에 설립된 Netscape와 같은 회사는 1995년 중반까지

분명히 Windows에 치명적인 경쟁자가 될 수 있다. 이러한 시장의 특성으로 인해 시장에서의 지위를 대체할 수 있기 때문이다.").

Microsoft의 인과관계에 대한 우려는 적절한 시정명령 문제, 즉 법원이 구조적 시정명령을 부과해야 하는지 아니면 문제된 위법행위를 금지해야 하는지와 관련하여 더 타당하다. 뒤에서 지적하겠지만, 매각명령(divesture)은, 장기적인 효과가 거의 확실하지 않는다는 이유에서 매우 조심스럽게 부과되어야 할 구제책이다. 경쟁에 대해 실제 손실이 발생해 이를 회복할 필요가 있다는 어느 정도의 확신이 없다면, 지혜는 급진적인 구조적 구제책을 채택하는 것에 반대할 것을 조언한다(Areeda & Hoven-kamp, Antitrust Law)("보다 광범위한 형평법적 구제책, 특히 독점을 완전히 없애기 위해 고안된 매각명령과 같은 시정조치는 더 심각한 의문을 제기하고, 행위와 시장력의 창출 또는 유지 사이에 상당한 인과관계가 있다는 것을 더 명확하게 표시해야 한다."). 하지만 이러한 질문은 책임 판단이 아닌 시정명령에 대한 질문이다. 간단히 말해, 인과관계는 Microsoft가 운영 체제 시장에서 독점을 유지하기 위해 저지른 불법 행위에 대한 책임에 대해 어떠한 항변사유도 될 수 없다.

4. 부당 염매(약탈적 가격설정, Predatory Pricing)

미국 Brooke Group 판결

Brooke Group Ltd. v. Brown & Williamson Tobacco Corp., 509 U.S. 209 (1993)

이 사건은 1980년대 중반 국내 담배 산업에서 발생한 시장 경쟁에서 비롯되었다. 이전 회사명 Liggett인 상고인 Brooke Group Ltd.(Brooke Group)는 자사의 혁신적인 제네릭(저가) 담배 개발에 대응하기 위해, 피상고인 Brown & Williamson Tobacco Corporation(Brown & Williamson)이 자체 제네릭 담배 라인을 도입함으로써 전국 담배 시장의 저가 부문에서 가격 경쟁을 억제하려는 불법적인 시도를 했다고 주장한다. Liggett은 Brown & Williamson이 제네릭 담배의 가격을 비용 이하로 낮추고 도매상에게 차별적인 대량 리베이트를 제공하여 Liggett으로 하여금 제네릭 담배 가격을 인상하고 저가 부문에 과점 가격을 도입하도록 강요했다고 주장한다.

I

1980년 Liggett는 "흑백" 제너릭 담배 라인을 도입하여 국내 담배 시장의 저가 부문의 개발을 선도했다. 시장의 저가 부문은 때때로 제네릭 부문으로 불리며, 저렴한 가격이 특징이고 다양한 제품들로 구성된다. 즉, 흑백 담배(내용물을 설명하는 단순한 검은 글씨가 있는 흰색 포장에 판매되는 진정한 제네릭 제품), 자체 브랜드 제네릭(특정 구매자, 주로 소매 체인의 상표를 달고 있는 제품), 브랜드 제네릭(브랜드 이름을 달고 있지만, 흑백 담배와 자체 브랜드 제네릭처럼 큰 할인가로 판매되며 광고가 거의 또는 전혀 없는 제품), "Value－25s"(일반 20개비 담배 팩보다 약 12.5% 저렴하게 소비자에게 판매되는 25개비 담배 팩)들이 그것이다.

1984년 Brown & Williamson이 제네릭 부문에 진입하고 이 소송의 원인이 된 일련의 사건들을 촉발했을 때, Liggett의 흑백 담배는 제네릭 부문의 97%를 차지했고,

이는 다시 국내 담배 판매의 4% 조금 넘는 비중을 차지했다. Liggett이 1980년에 흑백 담배를 도입하기 전에는 제네릭 담배 판매가 국내 담배 시장의 1% 미만에 불과했다.

이 사건의 절차적 상황으로 인해, 법원은 Liggett에 가장 유리한 관점에서 증거를 검토한다. 그러나 당사자들은 핵심적인 역사적 사실들에 대해 기본적으로 동의하고 있다. 담배 제조업은 오랫동안 미국에서 가장 집중도가 높은 산업 중 하나였으며, 수십 년 동안 6개 기업이 생산을 주도했다. R. J. Reynolds, Philip Morris, American Brands, Lorillard, 그리고 이 소송의 두 당사자인 Liggett과 Brown & Williamson이다. 업계 선두인 R. J. Reynolds와 Philip Morris는 재판 당시 각각 약 28%와 40%의 시장점유율을 차지했다. Brown & Williamson은 이들과 차이가 나는 3위로 이 분쟁과 관련된 어느 시기에도 시장점유율이 12%를 넘지 않았다. Liggett의 시장점유율은 이보다 더 낮아, 1980년 2% 조금 넘는 수준에서, 1984년 5% 조금 넘는 수준 사이를 오갔다.

담배 산업은 오랫동안 미국에서 가장 수익성이 높은 산업 중 하나였다. 이는 부분적으로 오랜 기간 동안 경쟁 기업들 간에 유의미한 가격 경쟁이 없었기 때문이다. 담배 정가는 수년간 인플레이션율, 생산 비용 변화, 소비자 수요 변화와 무관하게 1년에 두 번씩 동일하게 인상되었다. 상당한 증거는 최근 수십 년간 이 산업이 경쟁 수준을 넘어선 가격으로 이익을 얻었음을 시사하지만, 이는 과거 이 산업을 특징지었던 불법적 행위를 통해서가 아니었다.

그러나 1980년까지 광범위한 시장 동향이 이 산업에 불리하게 작용하고 있었다. 미국 내 담배에 대한 전반적인 수요가 감소하고 있었고, 단기간 내 회복 전망도 없었다. 산업 규모가 축소됨에 따라 모든 기업들은 상당한 과잉 생산능력을 갖게 되었다. 이러한 수요 감소와 비가격 경쟁의 영향은 Liggett에 심각한 부정적 영향을 미쳤다. 한때 20%가 넘는 시장점유율로 업계의 주요 세력이었던 Liggett의 시장점유율은 1980년까지 2% 조금 넘는 수준으로 떨어졌다. 이렇게 미미한 시장점유율로 Liggett은 퇴출 직전에 있었다.

유통업체의 권유로 Liggett은 자사의 전망을 회복하기 위해 이례적인 조치를 취했는데, 흑백 제네릭 담배 라인을 개발한 것이다. 1980년에 도입되었을 때, 흑백 담배는 정가의 브랜드 담배 가격보다 약 30% 낮은 가격에 소비자에게 제공되었다. 또한 도매 단계에서는 주문량에 따라 증가하는 리베이트를 통해 판촉되었다. 따라서 흑백 담배는 새로운 마케팅 범주를 대표했으며, 이 범주의 주요 경쟁 특성은 낮은 가격이었다. Liggett의 흑백 담배는 즉각적이고 상당한 성공을 거두어, 도입 당시 시장의 1% 미만에서 1984년 초까지 전체 담배 시장의 4% 이상으로 성장했다.

Liggett의 제네릭 담배 시장이 확대됨에 따라, 다른 담배 회사들은 저가 부문을 무시할 수 없게 되었다. 일반적으로 제네릭 담배의 성장은 다른 기업들의 수익성 높은 브랜드 담배 판매를 잠식하는 형태로 진행됐다. Brown & Williamson이 가장 큰 타격을 받았는데, 이는 Brown & Williamson의 많은 브랜드가 담배 가격 변화에 민감한 소비자들에 의해 선호되었기 때문이다. Brown & Williamson은 브랜드 담배 시장의 11.4%만을 차지했지만, Liggett의 흑백 담배로 전환한 소비자의 20%가 Brown & Williamson 브랜드에서 옮겨온 것이었다. 브랜드 제품의 판매량과 수익이 감소하자, Brown & Williamson은 담배 시장의 제네릭 부문에 진입하기로 결정했다. 1983년 7월, Brown & Williamson은 Value-25s 판매를 시작했고, 1984년 봄에는 자체 흑백 담배를 출시했다.

Brown & Williamson이 Liggett의 흑백 담배가 제기한 위협을 인식하고 저가 부문에서 대응한 첫 번째 또는 유일한 담배 회사는 아니었다. R. J. Reynolds도 1983년에 Value-25를 출시했다. 그리고 Brown & Williamson이 자체 흑백 담배를 출시하기 전에, R. J. Reynolds는 "Doral" 브랜드 담배의 가격을 제네릭 수준으로 조정했다. Liggett의 흑백 담배와 경쟁하기 위해 R. J. Reynolds는 Doral 정가를 약 30% 낮추고 도매상에게 대량 리베이트를 제공하여 주문을 촉진했다. Doral은 Liggett의 가격 수준에서 첫 번째 경쟁 제품이었다.

Brown & Williamson의 진입은 Liggett의 제네릭 부문 지배에 더 큰 위협이었다. R. J. Reynolds의 Doral과 달리, Brown & Williamson의 제품도 흑백 담배여서 도매 수준과 소매 진열대에서 Liggett의 제품과 직접 경쟁하게 되었다. Liggett과 Brown & Williamson의 흑백 담배가 거의 대체가능했기 때문에, 도매상들은 한 종류 이상을 취급할 이유가 거의 없었다. 그리고 R. J. Reynolds와 달리, Brown & Williamson은 Liggett의 가격에 맞추는 것뿐만 아니라 더 낮은 가격을 제시했다. 소매 수준에서 Brown & Williamson의 흑백 담배 권장가는 Liggett와 같았지만, Brown & Williamson의 도매상 물량 할인은 더 컸다. Brown & Williamson의 리베이트 구조는

Liggett보다 더 많은 수의 물량 등급를 포함했고, 가장 높은 등급에는 대량 주문에 대한 특별 리베이트가 있었다. Brown & Williamson은 Liggett의 기존 유통업체뿐만 아니라 자사의 전체 구매자 목록에도 흑백 담배를 마케팅했는데, 여기에는 아직 제네릭 제품을 취급하지 않은 천 개의 도매상이 포함되어 있었다.

Liggett은 Brown & Williamson의 흑백 담배 출시에 두 가지 방식으로 대응했다. 첫째, Liggett은 자사의 도매 리베이트를 증가시켰다. 이로 인해 도매 단계에서 가격 전쟁이 촉발되었고, Liggett은 다섯 차례에 걸쳐 Brown & Williamson이 제공한 리베이트를 능가하려 시도했다. 각 라운드가 끝날 때마다 Brown & Williamson은 Liggett의 가격보다 실질적인 우위를 유지했다. Brown & Williamson의 흑백 담배의 최초 실질판매가(original net price)가 원가 이상이었다는 점은 다툼이 없지만, Liggett은 리베이트 전쟁이 끝날 무렵에는 Brown & Williamson이 흑백 담배를 손해를 보며 판매하고 있었다고 주장한다.

Liggett의 두 번째 대응은 소송을 제기하는 것이었다. Liggett은 Brown & Williamson이 도매상에게 제공한 물량 리베이트가 클레이튼법 제2조 제(a)항을 위반하여 경쟁을 해칠 합리적 가능성(reasonable possibility)이 있는 가격 차별에 해당한다고 주장했다. Brown & Williamson의 차별적인 물량 리베이트가 약탈적 가격설정 계획의 핵심 부분이었다고 주장했는데, 이 계획에서 Brown & Williamson은 제네릭 담배의 순가격을 평균 가변비용 이하로 낮췄다. Liggett에 따르면, 이러한 비용 이하의 가격은 판촉용이 아니라 Liggett으로 하여금 제네릭 담배의 정가를 인상하도록 압박하기 위한 것이었다. 이를 통해 제네릭 담배와 브랜드 담배 간의 가격 차이 비율을 좁히려 했다는 것이다. Liggett은 Brown & Williamson에 상당한 시장점유율을 잃지 않고서는 도매 리베이트를 줄일 수 없었다고 설명했다. 주력 제품 라인에서 장기적인 손실을 피하고자 한다면, Liggett의 유일한 선택은 소매 가격을 인상하는 것이었다. 이로 인한 정가 격차의 감소는 저가 부문의 성장을 억제하고 Brown & Williamson의 브랜드 담배에 대한 경쟁수준을 초과하는 높은 수준의 초경쟁적(Supracompetitive) 이윤을 보존할 것이라고 주장됐다.

재판은 1989년 가을에 시작되었다. 그때까지 6개 담배 회사 모두가 저가 부문에 진출했다. 저가 부문은 담배 시장에서 가장 빠르게 성장하는 부문이었으며, 1984년 제네릭 담배의 리베이트 전쟁이 시작되었을 때 시장의 약 4%에서, 1989년에는 약 15%로 증가했다. 소비자들의 관심이 브랜드 제네릭으로 옮겨지자 흑백 제네릭은 저가 부문에서 영향력이 줄어들었지만, Liggett의 전체 판매량은 꾸준히 증가하여 90억 개의 제네릭 담배를 판매했다. 전체적으로 1981년에 28억 개였던 제네릭 담배 판매량은 1989년에 800억 개로 증가했다.

제네릭 담배의 소비자 가격도 생산량과 함께 상승했다. 리베이트 전쟁이 끝난 후 1년 동안 제네릭 담배의 정가는 안정적으로 유지되었다. 그러나 1985년 6월 Liggett이 정가를 인상했고, 다른 기업들도 몇 달 후 이를 따랐다. 정가 인상의 정확한 효과를 평가하기는 어려운데, 모든 담배 회사들이 제네릭과 브랜드 담배 모두에 대해 다양한 할인, 쿠폰, 기타 프로모션을 소비자에게 직접 제공했기 때문이다. 그럼에도 불구하고 정가 인상의 적어도 일부는 소비자에 대한 순가격 상승으로 반영되었다.

1985년 12월 Brown & Williamson은 정가를 인상하려 했지만, 다른 기업들이 기존 가격을 고수하자 발표한 인상을 철회했다. 따라서 Liggett의 1985년 6월 인상 이후, 제네릭 담배의 정가는 1986년 여름까지 다시 변동이 없었다. 이때부터 정가 브랜드 담배와 함께 연 2회 인상하는 패턴이 확립됐다. 이러한 인상의 금액은 제네릭과 정가 담배 모두 동일했는데, 이는 더 저렴한 제네릭 담배의 가격 인상률이 더 높아지는 결과를 가져왔고, 브랜드와 흑백 담배의 정가 차이 비율이 Brown & Williamson이 이 부문에 진입했을 때 약 38%에서 재판 시점에는 약 27%로 좁혀졌다. 또한 재판 시점까지 Liggett을 포함한 6개 제조업체 중 5개사가 이른바 "서브제네릭"을 도입했는데, 이는 정가 브랜드 담배 가격의 50% 이상 할인된 가격에 판매되는 브랜드 제네릭 담배의 범주였다.

약 3,000개 가까운 증거물과 20명 이상의 증인이 관여한 115일간의 재판 후, 배심원단은 Liggett에 유리한 평결을 내렸다. 배심원은 Brown & Williamson이 국내 담배 시장 전체의 경쟁을 해칠 합리적 가능성(reasonable possibility)이 있는 가격 차별에 관여했다고 판단했다. 배심원단은 Liggett에게 4,960만 달러의 손해배상금을 지급할 것을 평결했고, 지방법원은 이를 3배로 늘려 1억 4,880만 달러로 판결했다. 그러나 기록을 검토한 후, 지방법원은 세 가지 별개 근거로 Brown & Williamson에 법률상 승소 판결을 내렸다. 경쟁 침해 부재, Liggett에 대한 반독점 피해 부재, 차별적 리베이트와 Liggett의 주장된 피해 사이의 인과관계 부재이다. 우리 앞에 있는 유일한 쟁점인 첫 번째 쟁점과 관련하여, 지방법원은 담배 시장의 저가 부문에서 다양한 제조업체들 간의 암묵적 가격 조정(tacit coordination of prices)이 없었다면 제네릭 담배의 성장률 둔화, 그에 따른 경쟁 침해가 불가능했다고 판단했다. 지방법원은 합리적인 배심원이라면 저가 부문의 점유율을 두고 경쟁하는 기업들 간의 그러한 조정의 존재에 대해 한 가지 결론에 이를 수 있다고 판단했다. 즉, 가격조정은 존재하지 않았고, 따라서 Brown & Williamson은 이 부문의 성장을 제한할 합리적 가능성이 없었다는 것이다.

연방제4항소법원은 지방법원의 판결을 유지했다. 항소법원은 과점 기업들 간의 의식적 병행행위의 역학이 약탈적 가격설정 상황에서는 경쟁 침해를 야기할 수 없다고 판단했는데, 약탈적 가격설정은 필연적으로 과점 기업 중 하나의 가격 인하를 수반하기 때문이다. 항소법원의 견해에 따르면, "과점 기업 중 하나가 경쟁적 행동을 한 후 약탈적 가격설정 계획으로 인한 손실을 회수하기 위해 과점의 특성에 의존하는 것은 ... 경제적으로 비합리적이다." 우리는 상고를 허가했고, 이제 원심을 확정한다.

II

A

Liggett는 Brown & Williamson의 도매상에 대한 차별적 물량 리베이트가 담배 시장의 저가 부문에서 경쟁을 제거하기 위한 약탈적 가격설정 전략을 촉진함으로써 상당한 경쟁 침해(competitive injury)의 위험이 있다는 것이다. 이러한 유형의 피해는 차별적 판매자의 직접적인 경쟁사를 해하는 것으로 1선 침해(primary-line injury)로 알려져 있다. 로빈슨-패트만법상 1선 경쟁 침해는 셔먼법 제2조에 따라 소송 가능한 약탈적 가격설정 계획으로 인한 피해와 본질적으로 동일한 성격을 가진다는 점이 명백해졌다. 물론 두 법령 사이에 차이점은 있다. 예컨대, 우리는 셔먼법 제2조를 해석할 때 약탈적 가격설정이 "실제 독점화의 위험한 개연성(a dangerous probability of actual monopolization)"을 초래하는 경우에 이를 제재할 수 있는 것으로 해석한다. 반면에 로빈슨-패트만법은 해당 법의 보호 조항이 적용되기 전에 경쟁에 대한 실질적 침해의 "합리적 가능성(a reasonable possibility)"이 존재하기만을 요구한다. 로빈슨-패트만법 기준이 어떤 추가적인 유연성을 내포하고 있든지 간에, 두 법령 하에서의 주장의 본질은 동일하다. 즉, 경쟁 기업이 경쟁을 제거하거나 지연시키고, 이를 통해 관련 시장에서 가격에 대한 통제력을 얻고 행사하려는 목적으로 자사 제품의 가격을 불공정한 방식으로 책정했다는 것이다.

따라서 셔먼법 제2조에 따른 약탈적 가격설정이나 로빈슨-패트만법에 따른 1선 가격 차별을 주장하는 경우, 두 가지 전제 조건은 동일하다. 첫째, 경쟁사의 낮은 가격으로 인한 경쟁 침해를 입증하려는 원고는, 문제된 가격이 경쟁사의 비용에 대한 적절한 기준보다 낮다는 점을 증명해야 한다. [각주: 이 사건의 당사자들은 관련 비용 기준이 평균 가변비용이라는 데 동의하므로, 우리는 다시 적절한 비용 기준에 대한 하급법원들 간의 충돌을 해결하지 않기로 한다.] *Cargill*과 *Matsushita* 판결에서 '가격이 증분비용(incremental cost)의 일정 수준 이상일 경우에도 배상이 가능해야 하는지'에 대한 문제를 형식적인 문제로 유보했지만, 두 판결의 논리는 비용 이하의 가격만으로 충분하다는 것을 시사한다. 일반적으로, 관련 비용 기준보다 높은 가격의 배제적 효과는, 혐의를 받는 약탈자의 낮은 비용 구조를 반영하여 역량 경쟁(competition on the merits)을 나타내거나, 혹은 정당한 가격 인하를 위축시킬 수 있는 용인할 수 없는 위험을 감수하지 않고는 법원이 통제할 수 있는 실질적인 능력을 넘어선 것이다. "반독점법이 이러한 가격 경쟁으로 인한 이익 손실로부터 경쟁자를 보호한다고 주장하는 것은, 실제로 시장점유율을 높이기 위해 가격을 인하하는 기업의 모든 결정을 불법화하는 것이다. 반독점법은 그러한 왜곡된 결과를 요구하지 않는다."(*Cargill* 판결)

심지어 과점 시장에서도, 한 기업이 독행기업(maverick)에게 집단에서 벗어나는 것이 수익성이 없음을 보여주기 위해 경쟁적 수준으로 가격을 낮출 때, 가격 인하를 제재하는 것은 비논리적일 것이다. 그렇게 되면 반독점법은 과점 가격 책정의 붕괴와 경쟁의 시작으로 이어지는 가장 유리한 사건의 연쇄작용에 장애물이 될 것이다. 가격 인하의 궁극적인 효과가 경쟁수준을 초과하는 매우 높은, 초경쟁적(supracompetitive) 가격 책정을 유도하거나 재확립하는 것이라 하더라도, 가격 인하를 막고 회사가 초경쟁적 가격을 유지하도록 강요함으로써 소비자로부터 그 기간 동안 보다 낮은 가격의 이점을 박탈하는 것은 건전한 반독점 정책이 아니다.

낮은 가격을 부과한 경쟁업체에 반독점 책임을 묻는 2번째 요건은, 경쟁사가 비용 이하 가격에 따른 투자를 만회할, 합리적인 예상 혹은 셔먼법 제2조에 따른 위험한 개연성(dangerous probability)이 있다는 점을 증명하는 것이다. "투자가 합리적이려면 [약탈자]가 나중에 독점 이익의 형태로 입은 손실보다 더 많은 것을 회수할 수 있는 합리적인 기대를 가져야 한다"(*Matsushita* 판결). 회수(recoupment)는 불법적인 약탈적 가격설정 계획의 궁극적인 목표이다. 이는 약탈자가 약탈로부터 이익을 얻는 수단이다. 이것이 없다면 약탈적 가격설정은 시장에서 더 낮은 총 가격을 생성하고 소비자 후생이 향상된다. 비록 약탈적 가격설정이 실패하면 비용보다 낮은 가격으로 판매되는 제품으로의 몇몇 비효율적인 대체가 촉진될 수 있지만, 실패한 약탈은 일반적으로 소비자에게 큰 이익이다.

비용 이하 가격 책정이 목표한 기업에 고통스러운 손실을 입힐 수 있다는 것은 경쟁이 침해되지 않는다면 반독점법 관점에서 중요하지 않다. 반독점법은 "경쟁자를 보호하기 위해서가 아니라 경쟁을 보호하기 위해" 통과되었다는 것은 자명한 사실이다. 일전에 우리는 셔먼법 제2조 맥락에서 "피고가 '불공정한(unfair)' 또는 '약탈적인(predatory)' 전술(tactics)에 관여했는지"를 조사하는 것만으로는 충분하지 않다고 판결했다. 오히려 우리는 원고가 "[피고]가 특정 시장을 독점할 위험한 개연성(dangerous probability)"을 증명해야 한다고 주장했다. 한 사업 경쟁자가 다른 사업 경쟁자에 대해 순수한 악의를 품고 행한 행위조차도, 그 이상의 것이 없다면, 연방 반독점법에 따른 청구를 구성할 수 없다.

회수가 일어나려면 비용 이하 가격이 우선적으로 경쟁사에 의도한 효과를 낼 수 있어야 하는데, 이는 경쟁사를 시장에서 몰아내거나, 여기서 주장된 목표처럼 규율된 과점 내에서 경쟁사가 경쟁수준을 초과하는 높은 가격(초경쟁적 가격)으로 인상하는 것을 의미한다. 이를 위해서는 주장된 약탈의 범위와 기간, 약탈자와 의도된 피해자의 상대적 재정 능력, 그리고 그들 각각의 동기와 의지에 대한 이해가 요구된다. 이 질문은 비용 이하 가격 설정으로 인한 총 손실을 감안할 때, 의도된 대상이 굴복할 가능성이 있는지 여부이다. 상황이 비용 이하 가격 설정이 대상에 의도한 효과를 낼 가능성이 있음을 시사하는 경우, 관련 시장에서 경쟁을 손상시킬 가능성이 있는지에 대한 추가 의문이 여전히 있다. 원고는 주장된 약탈적 계획이 약탈에 사용된 금액, 투자된 돈의 시간 가치를 포함하여 약탈에 사용된 금액을 보상하기에 충분한 경쟁적 수준 이상의 가격 상승을 초래할 가능성이 있음을 증명해야 한다.

비용 이하 가격 책정의 증거만으로는 경쟁에 대한 장래 가능한 회수 및 경쟁 침해를 추론하기에 충분하지 않다. 약탈적 손실의 회수가 가능한지 여부를 판단하려면 주장된 약탈의 비용을 추산하고 원고가 주장하는 계획과 관련 시장의 구조 및 조건을 면밀히 분석해야 한다. 시장 상황이나 증거 부족으로 인해 합리적인 배심원이, 주장된 계획이 지속적인 초경쟁적 가격으로 이어질 가능성이 있다고 판단하지 못하는 경우 원고 소송은 기각된다. 특정 상황(시장이 매우 분산되어 경쟁이 심한 경우, 또는 신규 진입이 쉬운 경우, 또는 피고가 경쟁사의 시장점유율을 흡수할 충분한 초과 생산능력이 부족하여 신속하게 새로운 생산능력을 창출하거나 구매할 수 없는 경우)에서는 사건에 대한 약식처리(summary disposition)가 적절하다.

회수를 위한 이러한 전제 조건은 증명하기 쉽지는 않지만, 회수에 대한 인위적인 장애물은 아니다. 오히려 실제 시장 피해의 필수적인 구성 요소이다. 우리가 셔먼법 맥락에서 말했듯이 "약탈적 가격설정 계획은 거의 시도되지 않으며 성공하는 경우는 더욱 드물다"(*Matsushita* 판결). 그리고 잘못된 책임 판단의 비용은 높다. "사업자가 약탈적 가격설정, 즉 가격 인하에 관여하는 메커니즘은 회사가 경쟁을 유발하는 구조와 같고, 사업을 확장하기 위해 가격을 인하하는 것은 경쟁 그 자체의 본질이기 때문에 이러한 행위에 잘못 관여하는 것은 특별히 비싼 대가를 지불할 수밖에 없는데 그것이 반독점법으로 보호하려고 하는 바로 그 행위를 위축시키기 때문이다." 약탈적 가격설정에 대한 책임 기준이 너무 낮아 반독점 소송 자체가 가격을 높게 유지하는 수단이 된다면 이는 정말로 역설적일 것이다.

B

Liggett은 Brown & Williamson이 시장에서 자신을 몰아내려 했다고 주장하지 않았지만, Brown & Williamson은 다른 담배 회사와의 묵시적 합의를 통해 Liggett에게 제네릭 담배 가격을 올리도록 압박함으로써 브랜드 담배에 대한 초경쟁적 이익을 보존하려 했다고 주장했다. 묵시적 합의, 때로 과점적 가격조정(oligopolistic price coordination)' 또는 '의식적 병행행위'(conscious parallelism)는 집중된 시장에서 기업이 독점력을 공유하고, 가격 및 생산량 결정과 관련한 공유된 경제적 이익과 상호 의존성을 인정함으로써 이익을 극대화하는 초경쟁적(supracompetitive) 수준에서 가격을 설정하는 과정으로, 그 자체로 불법은 아니다.

Matsushita 판결에서 우리는 약탈적 가격설정의 일반적인 비현실성에 대해 언급했다. 해당 판결에서 이러한 계획이 여러 회사 간의 조정된 행동이 필요할 때 더욱 가능성이 낮다고 지적했다. *Matsushita* 사건은 약탈적 가격설정에 관여하기 위한 명시적 공모 혐의를 다뤘다. 대법원은 단일 기업이 약탈적 손실을 회복하려 할 때 직면하는 일반적인 어려움 외에도, 다른 문제들이 공모를 "실행하는 것을 계산할 수 없게 어렵게" 만든다고 지적했다. 성공하려면 공모자들은 관련 회사 간에 현재 손실과 미래 이익을 어떻게 분배할지에 대해 합의해야 하며, 각 회사는 어떤 합의에 도달하건 속이려는 강력한 유인을 극복해야 한다.

그러나 여러 회사가 공모할 때 약탈적 가격설정이 아무리 가능성이 낮더라도, 여기처럼 명시적인 조정이 없는 경우 더욱 가능성이 낮다. 과점의 의식적 병행행위를 통해 약탈적 손실을 만회하려는 회사는, 공동행위(concerted action)를 달성하기 위해 불확실하고 모호한 신호에 의존해야 한다. 신호는 오해의 소지가 있으며, 특히 변화하거나 전례 없는 시장 상황의 맥락에서 원활한 협력을 보장하기에는 거칠고 부정확한 수단이다. 이러한 반경쟁적 미뉴에트(minuet)는 심지어 규율 있는 과점에서도 구성하고 실행하기 가장 어렵다.

어느 관점에서 보면, 과점적 가격 조정을 통한 회수는 독점을 통한 회수보다 더 실현 가능하다고 생각할 수 있다. 과점 상황에서는 피해자 스스로 이 계획에 동조할 경제적 유인을 갖는다. 가격을 낮추고 손실을 감수하거나, 가격을 유지하고 시장점유율을 잃거나, 가격을 올리고 초경쟁적 이익의 일부를 향유하는 것 중에서 선택하도록 강요받는다면, 회사는 마지막 대안을 선택할 수 있다. 그러나 전체적으로 볼 때, 과점 사업자들 간의 암묵적 협력(tacit cooperation)은 약탈적 손실을 회수하는 가장 가능성이 낮은 수단으로 간주되어야 한다. 효과적인 암묵적 조정(tacit coordination)을 달성하는 것이 어렵고, 규율을 유지하려는 시도가 경쟁의 발발을 초래할 가능성이 높다는 것 외에도, 이 건과 같은 경우 약탈자의 현재 손실은 약탈자에게만 부담으로 돌아가는 반면, 이후의 경쟁수준을 초과하는 높은 이익(초경쟁적 이익, supracompetitive profits)은 의도된 피해자를 포함한 다른 모든 과점자와 시장점유율에 비례하여 공유되어야 한다. 예를 들어, 이 사안의 경우 담배 시장점유율이 11~12%인 Brown & Williamson은 약탈에 투자한 1달러당 9달러의 초과 이윤을 창출해야 했을 것이다. 나머지 8달러는 아무런 위험도 감수하지 않은 경쟁사들의 몫이 되었을 것이다.

Liggett은 이러한 고려 사항으로 인해 항소법원이 법률상 회수 이론을 배제했다고 언급한다. 항소법원의 판결문에는 전통적인 사실 검토 과정이 포함되어 있지 않고, 오히려 이론적 및 법적 논거에 초점을 맞추고 있다. 마지막 단락은 판시 사항을 Brown & Williamson이 과점적 가격 책정이 약탈적 손실을 회수하기 위한 "경제적으로 합리적인 근거를 제공"하지 않기 때문에 책임을 지지 않을 수 있다고 기술하는 것으로 보인다.

항소법원이 과점의 상호의존적 가격설정(interdependent pricing)이 결코 손실 회수의 수단을 제공할 수 없으며 따라서 1선 침해 청구(primary-line injury claim)의 근거가 될 수 없다고 판결한 범위 내에서, 우리는 이에 동의하지 않는다. 안정적인 과점을 유지하거나 창출하기 위해 설계된 약탈적 가격설정 계획은, 성공할 경우 독점을 위해 설계된 계획과 동일한 방식과 동일한 정도로 소비자에게 해를 끼칠 수 있다. 일반적으로 그러한 가능성이 낮을 수 있지만, 시장의 현실과 기록된 사실들이 그것이 발생했고 성공할 가능성이 있었음을 나타낼 때, 이론이 책임의 장애물이 되지는 않을 것이다(*Kodak* 판결).

III

비록 Liggett의 책임 이론이, 추상적인 문제로서 법령의 범위 내에 있지만, 우리는 항소법원과 지방법원의 견해에 동의하여 Liggett이 사건을 배심원에게 회부할 자격이 없었다고 판단한다. 이 법원이 증거의 충분성을 검토하는 것은 관례가 아니지만, 문제가 적절하게 제기되고 법적 기준을 적절히 적용하는 것에 대한 지침을 제공하고 추가 절차와 관련된 구조적인 비용을 피하는 이점이 사법 자원의 필요한 지출을 정당화할 때 그렇게 할 것이다. 이 사건의 기록은 Liggett이 주장한 반경쟁적 계획이 시장 현실에 비추어 책임을 인정할 적절한 근거를 제공하지 않는다는 것을 보여준다.

A

Brown & Williamson이 제네릭 시장에 진출한 것은 의도와 효과 면에서 경쟁을 촉진하는 것으로 간주될 수 있지만, 기록에는 합리적인 배심원단이 Brown & Williamson이 이러한 경쟁제한적 사건 전개를 예상하거나 의도했다는 결론을 내릴 수 있는 충분한 증거가 포함되어 있다. 또한 기록에는 합리적인 배심원단이 약 18개월 동안 Brown & Williamson의 제네릭 담배 가격이 비용보다 낮았고, 이 비용 이하 가격 책정으로 인해 Liggett이 손실을 입었으며, Liggett의 모회사가 회사 매각을 시도했다는 점 때문에 Liggett은 손실을 감수하기를 꺼렸다는 결론을 내릴 수 있는 충분한 증거가 있다. 그러나 Liggett은 법적으로 경쟁 침해(competitive injury)를 증명하지 못했다. 그 이유는 그 증거가 중요한 측면에서 결함이 있기 때문이다. Brown & Williamson이 이 계획을 추진하면서 제네릭의 성장을 늦추어 비용 이하 가격으로 인한 손실을 회복할 수 있는 합리적인 전망이 있었다는 것을 보여주기에는 증거가 미흡하다. 앞서 언급했듯이, "약탈적 계획의 성공은 약탈자의 손실을 회수하고 추가 이익을 얻을 수 있을 만큼 충분히 오랫동안 독점력을 유지하는 데 달려 있다."(*Matsushita* 판결)

이 기록에 따르면 회수에 대한 추론은 유지 가능하지 않다. Brown & Williamson이 흑백을 도입한 의도가 무엇이든 간에 제네릭 담배의 가격을 경쟁 수준 이상으로 인상할 힘을 얻을 가능성이 있다는 증거가 없기 때문이다. 담배 시장의 저가 부문에서 초경쟁적 가격을 통한 회수는 Liggett이 제시한 이론의 필수적인 측면이다. 저가 부문의 성장 둔화는 설령 그것이 제네릭 가격 인상으로 인해 발생하더라도, 그 자체로 경쟁제한적이지 않기 때문이다. 이러한 높은 가격이 비시장적 힘의 산물인 경우에만 경쟁이 피해를 입는다. 공급보다 수요가 초과되어 가격이 상승하거나 소비자 선호도 패턴이 안정되면서 부문 성장이 둔화되면, 시장은 경쟁적인 방식으로 기능하고 있는 것이다. 소비자는 가격 인상으로 인해 반독점법의 관점에서 피해를 입지 않는다. 사실 소비자들이 가격 인상을 야기하고 있다. 따라서 Liggett이 주장한 약탈적 계획의 핵심은 Brown & Williamson이 다른 과점업체와 함께 제네릭 시장 부문에서 경쟁 수준 이상으로 가격을 인상할 수 있는 능력이다. 약탈적 가격설정으로 인한 손실을 회수하는 수단으로 과점업체 간의 암묵적 조정에 의존하는 것은 "매우 추측적"이기 때문에(Areeda & Hovenkamp) 경쟁에 대한 진정한 위협을 초래한다는 합리적인 추론이 가능하려면 신뢰할 수 있는 증거가 필요하다. 이 사건의 증거는 Brown & Williamson의 주장된 계획의 위험성을 증명하기에 불충분하다.

B

Liggett의 사건 이론과 그가 작성한 기록을 바탕으로, Brown & Williamson이 제네릭 부문에서 약탈적 손실을 회수하기 적합한, 지속적인 초경쟁적 가격 책정을 일으킨다는 합리적인 전망이 있었다고 추론할 수 있는 두 가지 방법이 있다. 첫째, 제네릭 제품의 생산 또는 가격 정보를 통해 과점적 가격 조정이 실제로 제네릭 부문에서 초경쟁적 가격을 만들어냈다는 것을 보여주는 경우이다. 둘째, 시장과 Brown & Williamson의 행위에 대한 증거가, 주장된 계획이 실제로 그렇지 않았더라도 제네릭 부문에서 암묵적 조정과 과점 가격 책정을 야기할 가능성이 있음을 나타내는 경우이다.

이 사건에서 가격 및 생산량 데이터는 Brown & Williamson 및 다른 담배 회사가 제네릭 담배에 대해 경쟁 수준 이상으로 가격을 올렸다는 합리적인 추론을 뒷받침하지 않는다. 초경쟁적 가격 책정은 생산량 제한을 수반한다(*NCAA*, *BMI* 판결). 현재 Brown & Williamson의 주장된 약탈행위 이후 생산량이 빠른 속도로 증가한 상황에서, 제네릭 부문의 생산량은 Brown & Williamson의 개입이 없었다면 확대되었을 속도보다 더 느린 속도로 확대되었다는 의미에서만 제한되었다고 볼 수 있다. 이러한 반사실적 명제(counterfactual proposition)는 최상의 상황에서도 증명하기 어렵다. 여기서 기록상 증거는 Brown & Williamson이 제네릭 부문에 진입하지 않았다면 생산량이 더 많았을 것이라는 합리적인 추론을 허용하지 않는다.

Brown & Williamson이 시장에 진입한 후, 제네릭 담배가 시장점유율을 차지하는 속도는 느려지지 않았다. 실제로 평균 성장률은 두 배로 증가했다. Liggett가 제네릭 부문에서 홀로 있었던 1980년에서 1984년까지의 4년 동안, 이 부문은 전체 시장의 연평균 1%의 비율로 시장점유율을 확대하여 1980년의 0.4%에서 1984년의 담배 시장의 4%를 약간 넘었다. 그 후 5년 동안, 약탈적 가격설정 협의가 제기된 후, 제네릭 부문은 국내 담배 시장의 4%에서 15% 이상으로 확대되어 연 2% 이상 성장했다.

이러한 증거는 Brown & Williamson의 저가 부문 참여가 생산을 제한하지 않았다는 것을 어느 정도 보여주지만, 결정적이지는 않다. 예를 들어, Brown & Williamson의 주장된 약탈이 없었다면 부문 성장률이 두 배가 아닌 세 배가 되었을 것이라고 추측할 수 있다. 하지만 이에 대한 구체적인 증거는 없다. 실제로는 Brown & Williamson의 진입 없이 부문의 성장률이 어떠했을지를 추정한 기록상 유일한 업계 예측은 반대의 추론을 뒷받침한다. 1984년 Brown & Williamson은 중요한 기획 문서에서 자신이 저가 부문에 진입하지 않으면 1988년까지 전체 담배 시장의 10%를 차지할 것이라고 예측했다. 사실, 1988년 Liggett이 Brown & Williamson을 상대로 지속적이고 위험한 반경쟁 캠페인이라고 주장한 이후, 제네릭 부문은 전체 시장의 12% 이상을 차지했다. 따라서 이 부문의 생산량은 Brown & Williamson이 시장에 진출하지 않았을 경우 예상했던 것보다 훨씬 더 탄탄하게 확대되었다.

Liggett은 Brown & Williamson이 다른 담배 제조업체와의 묵시의 가격 조정을 통해 제네릭 범주에서 시장력을 행사하고 제네릭 가격을 경쟁 수준 이상으로 인상할 수 있었다고 주장하면서, 가격 행동에 대한 직접적인 증거를 근거로 든다. 이 증거는 제네릭과 브랜드 담배를 포함한 모든 담배의 정가(list price)가 1980년대 후반에 상당히 상승했음을 보여준다. 1986년부터 1989년까지 제네릭 담배와 브랜드 담배의 정가는 연 2회 비슷한 금액으로 올랐다. Liggett의 경제 전문가는 이러한 가격 인상이 비용, 세금 및 판촉 지출의 증가를 앞지른다고 증언했다. 게다가 제네릭 담배의 정가는 브랜드 담배의 가격보다 빠른 속도로 상승하여 브랜드 제품과 제네릭 제품 간의 정가 차이가 좁혀졌다. Liggett은 이 때문에 합리적인 배심원단이 Brown & Williamson이 제네릭 범주에서 과점적 가격 조정과 초경쟁적 가격을 이끌어내어 성장을 늦추는데 성공했고, 이로써 브랜드 제품에서 초경쟁적(supracompetitive) 이윤을 보존하고 약탈적 손실을 회수(recoup)했다고 주장한다.

그러나 합리적인 배심원단은 Liggett이 제안한 추론을 도출할 수 없었을 것이다. Liggett의 모든 데이터는 다양한 담배 범주의 정가를 기반으로 한다. 그러나 배심원단은 문제된 기간 동안 정가가 소비자가 지불한 실제 가격이 아니었다는 확실한 증거를 가지고 있었다. 1980년대 중반에 시장이 불안정해지면서 담배 회사는 쿠폰, 스티커, 경품 등의 판촉 계획에 상당한 금액을 투자하여 소비자에게 실제 담배 비용을 정가 이하로 낮췄다. 이러한 판촉 활동은 10년이 지나면서 가속화되었다. 많은 도매업체는 또한 물량 리베이트의 일부를 소비자에게 전달했는데, 이는 소매 정가의 중요성을 더욱 훼손하는 효과가 있었다. 특히 가격 경쟁이 정가보다 덜 관찰 가능하고 덜 규제되는 수단을 통해 이루어질 가능성이 가장 높은 과점 환경에서는 정가만을 반영하는 데이터로부터 묵시적 조정 혹은 초경쟁적 가격 책정의 존재에 대한 결론을 도출하는 것은 비합리적일 것이다.

Liggett가 제네릭 담배와 정가 브랜드 담배의 가격 차이가 좁아졌다는 것을 증명하기 위해 사용한 정가 데이터는 그 자체로만 봐도 초경쟁적인 가격 책정이 제네릭 담배 시장에 도입되었다는 결론을 뒷받침할 수 없었다. Liggett의 가격 차이 데이터는 정상적인 브랜드 담배 정가에서 50% 이상의 할인을 제공하는 "서브 제네릭(subgeneric)" 담배의 영향을 무시한다. Liggett가 불만을 제기하는 행위 이후 소비자들은 Liggett로부터 브랜드 제너릭 담배를 주요 브랜드 정가에서 52% 할인된 가격으로 구할 수 있었다.

합리적인 배심원단은 서브 제네릭과 다양한 소비자 판촉에 기인한 누적 할인이 정가 인상의 모든 효과를 상쇄하지 않았으며 소비자에의 실제 가격은 상승했지만 가격 상승 그 자체는 공모적 시장 역학(collusive market dynamic)을 추론할 수 없다고 결론 내릴 수 있다. 심지어 집중된 시장에서도 가격 인상 그 자체만으로 의식적 병행행위 혹은 초경쟁적 가격 책정을 합리적으로 추론할 수 있는 것은 아니다. 이 사건과 같이, 생산량이 확대되는 동시에 가격도 상승하는 경우, 가격 상승은 제품 수요 증가 사실과 부합한다. 이러한 조건에서 배심원은 생산량이 제한되었거나 가격이 경쟁 수준을 넘었다는 것을 증명하는 증거가 없는 한 가격과 생산량 데이터만으로 경쟁 침해(competitive injury)를 추론할 수 없다.

그런 종류의 증거가 없다는 사실과는 별개로, 이 사건에서 초경쟁적 가격 책정 추론은 특히 이례적이다. 과점적 조정(oligopolistic coordination)을 통해 가격 책정을 강요받았다고 주장하는 당사자가 그러한 조정이 있다는 것을 부인했기 때문이다. Liggett의 임원과 이사는 자신들이나 업계의 다른 회사가 묵시적 담합을 통해 담배 가격을 책정했거나 초경쟁적 이익을 얻었다는 것을 일관되게 부인했다. Liggett은 임원과 이사들은 사업가이기 때문에 "경쟁적" 및 "담합"과 같은 단어에 경제학자와 같은 의미를 부여하지 않는다며 이 증언을 변명하려고 한다. 이런 설명은 설사 인정된다고 하더라도 거의 설득력이 없다.

증거는 제네릭 부문에서 실제로 초경쟁적 가격 책정을 보여주지 못할 뿐만 아니라, 그럴 가능성도 보여주지 못한다. Brown & Williamson이 제네릭 부문에 진출했을 당시, 담배 산업 전체는 수요 감소에 직면해 있었고 상당한 과잉 생산 능력을 보유하고 있었다. 이러한 상황은 과점가격 책정 패턴을 무너뜨리고 가격 경쟁을 유발하는 소지가 있다. Brown & Williamson이 이러한 비정상적인 경쟁 압력에 직면하여 과점가격 책정을 확립했다고 주장되는 유일한 수단은, 다른 담배 회사와의 암묵적 가격 조정을 통해서이다.

그러나 1980년대에 담배 회사가 직면한 상황은 그러한 묵시적 조정(tacit coordination)을 관리할 수 없게 만들었을 것이다. 묵시적 조정은 안정적인 시장 환경, 대체 가능한 제품, 가격 책정을 조정하려는 회사가 집중할 수 있는 소수의 변수에 의해 촉진된다. 불확실성은 과점의 가장 큰 적이다. 그러나 1984년까지 담배 시장은 명백히 변화하는 상태에 있었다. 1980년에 제네릭 담배가 출시되면서 1930년대 이후 담배 시장에서 처음으로 심각한 가격 경쟁이 발생했다. 이러한 변화는 이전의 기대와 시장 행동 패턴을 불안하게 만들고, 담배 회사들이 서로의 행동을 예측하는 능력을 약화시킬 수밖에 없었다.

제품 유형과 가격 변수의 수가 많아지면서 효과적인 병행가격 책정(parallel pricing)의 개연성이 줄어들었다. Brown & Williamson이 1984년에 저가 부문에 진출했을 때, 이 부문에는 Value-25, 흑백, 브랜드 제네릭이 포함되었다. 각 제품과 관련하여, 시장에서의 순 가격은 정가뿐만 아니라 소비자에게 제공하는 다양한 할인 및 판촉활동과 도매업체에 제공하는 리베이트에 의해 결정되었다. 효과적인 방식으로 조정하고 가격 경쟁을 없애기 위해, 담배 회사들은 의사소통 없이도 이러한 변수 각각에 대해 병행 관행을 수립해야 했으며, 소비자 스티커나 쿠폰과 같이 모니터링하기 어려운 변수가 많았다. Liggett은 이러한 다른 변수에 대한 병행 행위를 주장조차 하지 않았고, 묵시적 담합의 내재적 한계는 이러한 다변수 조정(multi variable coordination)이 개연성이 없다는 것을 시사한다.

모든 담배 회사가 제네릭 부문의 성장을 억제하기 위한 계획에 참여할 의향이 있더라도, Brown & Williamson의 부문 진입이 Liggett과 경쟁하려는 진정한 노력이 아니라는 것을 이해하지 못한다면, 그들은 행동을 조정하고 경쟁 수준 이상으로 가격을 인상할 수 없었을 것이다. 다른 회사 중 하나라도 Brown & Williamson의 진입을 점유율 확대를 위한 노력으로 오해했다면, 경쟁적 대응의 연쇄 반응이 거의 확실히 발생했을 것이고, 과점적 규율은 아마도 돌이킬 수 없을 정도로 무너졌을 것이다. "한번 경쟁사 간의 신뢰가 무너지면 Humpty-Dumpty처럼 다시 모으기가 어렵고, 비공모적 행동이 자리를 잡을 가능성이 높다"(Samuelson & Nordhaus, *Economics*, 534쪽).

마지막으로, Brown & Williamson의 기업 기획 문서 중 일부는 해당 부분 성장을 둔화시킬 희망을 언급하지만, 반경쟁적 수단을 통해 실제로 그렇게 할 것으로 실제 전망했다는 합리적인 추론을 허용하지 않는다. Brown & Williamson이 제네릭 담배를 출시했을 때, 이전에 제네릭 담배를 구매한 적이 없는 천 개의 도매상에게 제공했다는 것은 다툼이 없다. 이러한 마케팅 노력의 불가피한 결과는 새로운 도매상이 제네릭 담배를 판매하는 소매점을 모집함에 따라 부문을 확장하는 것이었다. 또한, 이미 언급했듯이, 많은 도매업자들이 Liggett이 문제삼는 리베이트의 일부를 소비자에게 전달함으로써 제네릭의 소매가격을 낮추고 수요를 더욱 자극했다. 이러한 Brown & Williamson의 행동에 대한 논란의 여지가 없는 사실들을 고려할 때, Brown & Williamson이 생산량을 제한하고, 가격을 경쟁 수준 이상으로 올리며, 담배 시장의 저가 부문 성장을 인위적으로 늦추려는 심각한 위협을 가했다고 결론짓는 것은 합리적이지 않다.

확실히 Liggett의 경제 전문가는 약탈적 가격차별 이론을 설명했고, 그것이 Brown & Williamson이 미국 담배 시장 전체에서 경쟁을 침해할 수 있는 합리적인 가능성을 만들었다고 생각한다고 증언했다. 하지만 이는 우리 분석을 변경시키지 못한다. 전문가 의견이 법의 관점에서 타당할 만큼 충분한 사실에 의해 뒷받침되지 않거나, 다툼 없는 기록 사실과 모순되거나 혹은 해당 사실이 전문가 의견을 비합리적으로 만들 경우, 그 의견은 배심원 평결을 뒷받침할 수 없다. 전문가 증언은 시장 사실을 해석하는 지침으로서 유용하지만, 시장 사실을 대체할 수는 없다. *Matsushita* 판결에서 지적했듯이, "전문가 의견 증거는 ... 특정 결론을 좌우할 수 있는 경제적 요인들과 비교할 때 증명력이 거의 없다." Liggett의 전문가는 Brown & Williamson이 약탈적 손실을 회복할 합리적인 전망이 있다는 의견을 세 가지 요인에 근거하여 제시했다. Brown & Williamson의 흑백 가격 구조, 제네릭 담배와 브랜드 담배의 가격 차이를 줄이려는 의도를 보여주는 기업 문서, 비용 이하 가격 책정의 증거가 그것이다. 앞서 설명했듯이 이 증거는 로빈슨–패트만법에 따라 [경쟁사에 대한] 1선 침해(primary–line injury) 사실의 근거로서는 법적으로 불충분하기 때문에 전문가 증언은 배심원의 평결을 뒷받침할 수 없다.

Ⅳ

우리는 Brown & Williamson의 주장된 계획이 전국 담배 시장의 제네릭 부문에서 과점적 가격 조정과 지속적인 초경쟁적 가격 책정으로 이어질 가능성이 있다는 점을 증거가 뒷받침할 수 없다고 판단한다. 이것이 없다면, Brown & Williamson은 약탈적 손실을 회수할 합리적인 전망이 없었고, 따라서 반독점법이 금지하는 경쟁 침해를 가할 수 없었다. 항소법원의 판결을 확정한다.

미국 Linkline 판결

Pacific Bell Telephone Co. v. Linkline Communications, Inc., 555 U.S. 438 (2009)

원고 Linkline은 경쟁사업자가 셔먼법 제2조를 위반하여 "가격 압착(price squeeze)"을 가했다고 주장한다. 그들은 수직 통합기업이 도매로 투입물을 판매하고 완제품이나 서비스를 소매로 판매할 때 이러한 주장이 제기 가능하다고 주장한다. 수직통합 기업이 도매 시장에서 힘을 가지고 있다면, 투입물의 도매 가격을 인상하면서 동시에 완제품의 소매 가격을 인하할 수 있다. 이것은 소매 시장에서 모든 경쟁자의 이익 마진을 "압착"하는 효과가 있을 것이다. 경쟁사업자는 필요한 투입물에 대해 더 많은 비용을 지불해야 하는 동시에, 다른 회사의 가격에 일치하도록 소매 가격을 인하해야 할 것이다. 우리가 다루는 문제는 피고 AT&T(Pacific Bell Telephone Co.)가 애초에 원고 Linkline에게 투입물을 판매할 반독점법상 의무가 없을 때 셔먼법 제2조에 따라 이러한 가격 압착 청구가 제기될 수 있는지 여부이다. 우리는 그러한 청구는 제기할 수 없다고 판결한다.

I

이 사건은 전화선을 통해 고속으로 인터넷에 연결하는 디지털 가입자 회선(DSL, digital subscriber line) 서비스 시장과 관련 있다. AT&T는 캘리포니아에서 DSL 서비스를 제공하는 데 필요한 많은 인프라와 설비를 소유하고 있다. 특히 AT&T는 전화네트워크를 가정과 사업체에 연결하는 회선인 "Last mile"의 대부분을 통제하고 있다. 경쟁 DSL 제공업체들은 일반적으로 고객에게 서비스를 제공하기 위해 AT&T의 설비에 접근을 확보해야 한다.

최근까지 연방통신위원회(FCC)는 AT&T와 같은 기존 전화 회사들에게 독립 DSL 공급업체에 전송 서비스를 판매하도록 요구했는데, 이것이 경쟁을 촉진할 것이라는 이론에 따른 것이다. 2005년에 위원회는 고속 인터넷 서비스에 대한 DSL 이외의 경쟁 시장이 등장함에 따라 이러한 강제 공유 요건(forced sharing requirement)을 대부분

철회했다. DSL은 현재 케이블 회사 및 무선 및 위성 서비스와 치열하게 경쟁 중이다. 그러나 최근 합병 조건으로 AT&T는 의무적 상호접속 요건(mandatory interconnection requirements)을 지켜야 하며, AT&T의 DSL 서비스의 소매 가격 보다 높지 않은 가격으로 독립회사에 도매 "DSL 전송" 서비스를 제공할 의무가 있다.

원고들은 소매 DSL 시장에서 AT&T와 경쟁하는 네 개의 독립 인터넷 서비스 제공업체(Internet Service Providers, ISP)이다. 원고들은 고객에게 이 서비스를 제공하는 데 필요한 모든 설비를 소유하지 않는다. 대신 위에서 설명한 합병 조건에 따라 AT&T로부터 DSL 전송 서비스를 임대한다. 따라서 AT&T는 도매 및 소매 수준에서 DSL 시장에 참여한다. 즉, AT&T는 원고들과 다른 독립 ISP에 도매 DSL 전송 서비스를 제공하고, 소매 단계에서 소비자에게 직접 DSL 서비스 또한 판매한다.

2003년 7월, 원고들은 AT&T가 캘리포니아의 DSL 시장을 독점함으로써 셔먼법 제2조를 위반했다고 주장하며 지방법원에 소를 제기했다. 소장에서 원고들은 AT&T가 원고들과 거래를 거절하고, 원고들이 필수 시설에 접근하는 것을 막아, "가격 압착"에 가담했다고 주장한다. 구체적으로, 원고들는 AT&T가 DSL 전송에 대해 높은 도매 가격을 설정하고, DSL 인터넷 서비스에 대해 낮은 소매 가격을 설정함으로써 이익 마진을 압착했다고 주장한다. 이러한 술책은 "경쟁을 배제하고 부당하게 방해"하여 AT&T가 "DSL 인터넷 접속에서 독점지배를 보존하고 유지할 수 있도록" 했다고 주장한다.

Trinko 판결에서 우리는 경쟁사와 거래할 반독점법상 의무가 전혀 없는 사업자는 경쟁사에게 "충분한" 수준의 서비스를 제공할 의무도 없다고 판결했다. 이 판결을 내린 직후, AT&T는 이 사건의 원고들의 주장은 *Trinko* 판결에 따라 배제됐다고 주장하며 청구기각을 구했다(move for judgement on the pleadings). 지방법원은 AT&T가 원고들과 거래할 반독점법상 의무가 없다고 판결했다. 하지만 가격 압착 주장에 대한 소 각하 신청(the motion to dismiss)은 기각했다. 법원은 AT&T의 주장이 "어느 정도 논리가 있다"는 것을 인정했지만, *Trinko* 판결은 "가격 압착 청구와 관련이 없다"고 판결했다. 지방법원은 또한 가격 압착 주장이 여러 순회법원에서 인정되었으며 "기존 반독점법 기준에 따라 인정할 수 있다"고 언급했다. 연방제9항소법원은 "*Trinko* 판결이 가격 압착 이론을 다루지 않았다"는 점을 강조하면서, 가격 압착 청

구에 대한 AT&T의 주장을 기각한 지방법원의 결정을 유지하였다.

우리는 피고가 원고와 거래할 반독점법상 의무가 없을 경우 원고가 셔먼법 제2조에 따라 가격 압착 청구를 제기할 수 있는지에 대한 법원 간 의견 충돌을 해결하기 위해 상고를 허가했다. [가격압착청구를 인정한 지방법원 판결을 유지한] 항소법원의 판결을 파기한다.

III

A

일반적으로 사업자는 거래할 당사자와 거래 가격과 조건을 자유롭게 선택할 수 있다. 그러나 지배적 기업은 순수한 단독행위에 대해 반독점 책임을 지는 드문 경우가 있다. 예를 들어, 우리는 기업이 "약탈적" 가격, 즉 경쟁사를 시장에서 몰아내고 독점사업자가 나중에 가격을 인상하여 손실을 회복할 수 있도록 하는 원가 이하의 가격을 부과할 수 없다고 판결했다(*Brooke Group* 판결). 그러나 이 사건에서 소장은 이러한 요건들을 충족하는 주장이 포함되어 있지 않다.

기업이 경쟁사와의 거래를 일방적으로 거절하는 경우에도 반독점법 책임을 초래하는 제한적인 상황이 있다(*Aspen Skiing* 판결). 그러나 이 사건에서 지방법원은 AT&T가 경쟁사와 거래할 그러한 반독점법 의무가 없다고 판시했고, 이 판결은 항소심에서 다투어지지 않았다.

여기서 쟁점은 소매 가격(약탈적 가격설정이 없는 경우)과 거래 조건(거래 의무가 없는 경우)에 초점을 맞추고 있다. 원고들의 가격 압착 청구는 기업이 경쟁사의 이익 마진을 "압착"하는 다른 유형의 단독행위에 대해 문제를 제기한다. 이는 피고가 도매("상류") 시장과 소매("하류") 시장, 두 시장에서 운영하고 있을 것을 요구한다. 상류 시장에서 시장력이 있는 기업은 투입물의 도매 가격을 인상하면서 동시에 자체 소매 가격을 인하함으로써 하류 경쟁사들을 압박할 수 있다. 이는 경쟁자의 비용을 증가시키고(투입물에 더 많은 비용을 지불해야 하므로) 수익을 감소시킨다(지배적 기업의 낮은 소매 가격에 맞춰야 하므로). 가격 압착을 주장하는 원고들은 피고가 도매 가격과 소매 가격 사이에 "공정한" 또는 "적정한" 마진을 남겨야 한다고 주장한다. 이 사건에서 우리는 반독점법상 피고가 원고와 도매 거래할 의무가 없는 경우에도 원고가 가격 압착 청구를 제기할 수 있는지 여부를 검토한다.

B

1. *Trinko* 사건에 대한 연방대법원의 최근 판결을 단순 적용하면, AT&T의 도매가격에 대한 어떠한 이의 제기를 배제한다. *Trinko* 사건에서 Verizon은 법령에 따라 경쟁 기업들에게 도매가로 자사의 네트워크 요소를 임대하도록 요구받았다. Verizon의 경쟁사의 고객인 원고는 Verizon이 경쟁사들에게 상호접속 지원 서비스에 대한 접근을 거절하여 그 경쟁사들이 고객 주문을 처리하기 어렵게 만들었다고 주장했다. 소장을 통해 이러한 상류 시장에서의 행위가 독립 통신사업자들의 하류시장인 지역 전화 서비스 시장에서의 경쟁 능력을 저해함으로써 셔먼법 제2조를 위반했다고 주장했다.

우리는 셔먼법 제2조에 따를 때 원고 청구는 소송 가능하지 않다고 판결했다. Verizon이 경쟁사와 거래할 반독점법상 의무가 전혀 없었기 때문에, 우리는 "Verizon이 경쟁사들에게 서비스를 제공할 때 불충분한 지원을 했다는 주장"이 셔먼법을 위반하지 않는다고 결론 내렸다. 따라서 *Trinko* 판결은 기업이 도매단계에서 경쟁사와 거래할 반독점법상 의무가 없다면, 경쟁사들이 상업적으로 유리하다고 판단한 조건으로 거래할 의무도 확실히 없다는 점을 명확히 한다.

이 사건에서도 *Trinko* 판결처럼 피고는 도매 단계에서 경쟁사와 거래할 반독점법상 의무가 없다. 그러한 의무는 셔먼법에 따른 것이 아니라 오로지 FCC 규정에서만 발생한다. *Trinko* 사건에서 우리가 기각한 "불충분한 지원" 청구와 이 사건 원고들의 가격 압착 청구 사이에는 의미 있는 차이가 없다. *Trinko* 사건의 원고들은 Verizon의 상호접속 서비스 품질을 문제 삼았고, 이 사건은 AT&T의 가격설정 구조의 이의 제기를 포함한다. 그러나 반독점법 목적상 거래의 가격 요소와 비가격 요소를 구분할 이유가 없다. *Trinko* 사건과 이 사건 모두의 핵심 주장은 동일하다. 원고들은 피고들(상류 독점 사업자)이 도매 시장에서의 자신의 힘을 남용하여 경쟁 기업들이 소매 시장에서 효과적으로 경쟁하는 것을 방해했다고 주장했다. *Trinko* 판결은 이러한 주장은 반독점법상 거래의무가 없다면 셔먼법상 인정될 수 없다는 것이다.

지방법원과 항소법원은 *Trinko* 판결이 가격 압착 청구를 직접적으로 다루지 않았기 때문에 결정적인 사안으로 보지 않았다. 이는 기술적으로 사실이지만, *Trinko* 판결의 이유는 가격 압착 청구에도 동일한 힘으로 적용된다. AT&T는 Verizon이 *Trinko* 사건에서 했다고 주장된 것처럼, 원고들에게 품질이 낮은 상호접속 서비스를 제공함으로써 경쟁사들의 이익을 똑같이 효과적으로 압박할 수 있었다. 그러나 도매 시장에서 거래할 의무가 없는 기업은 경쟁사들에게 유리한 조건으로 거래할 의무가 없다. AT&T가 단순히 원고들에게 DSL 전송 서비스 제공을 중단했다면, 이는 셔먼법에 저촉되지 않았을 것이다. 이러한 상황에서 AT&T가 원고가 선호했을 도매가격으로 이 서비스를 제공할 의무는 없었다.

2. 가격 압착 청구의 다른 요소는 피고의 소매 가격이 "너무 낮다"는 주장이다. 이 부분도 원고들의 청구는 법원의 기존 반독점법 원칙에 근거를 찾을 수 없다. 공격적인 가격 경쟁을 위축시키는 것을 피하기 위해, 우리는 원고가 가격이 너무 낮다는 주장을 통해 셔먼법 청구를 제기할 수 있는 상황을 신중하게 제한했다. 구체적으로, 약탈적 가격설정 청구에서 승소하려면 원고는 다음을 증명해야 한다. (1) 문제라고 주장하는 가격이 경쟁사 비용의 적정한 기준의 아래이고, (2) 피고가 비용 이하 가격에 대한 "투자(investment)"를 회수할 수 있을 "위험한 개연성(dangerous probability)"이 있다(*Brooke Group* 판결).

이 사건에서 AT&T의 행위가 *Brooke Group*의 두 요건을 모두 충족했다는 주장이 없다. 피고의 소매 가격이 비용보다 높은 상태에서 가격 압착 청구를 인정하면 *Brooke Group* 판결에서 우리가 피하고자 했던 정확한 피해를 초래할 것이다. 기업은 잠재적인 반독점법 책임을 피하기 위해 소매 가격을 인상하거나 공격적인 가격 경쟁을 자제할 수 있다("일반적으로 관련 비용 기준보다 높은 가격의 배제 효과는 약탈자로 주장된 회사의 낮은 비용 구조를 반영하는 것으로 본질적으로 역량 경쟁을 나타내거나, 혹은 정당한 가격 인하를 위축시키는 용인할 수 없는 위험을 초래하지 않고서는 법원이 통제할 수 있는 실질적인 능력을 넘어선 것이다.").

3. 원고들의 가격 압착 청구는 소매가와 도매가의 관계를 살펴보는 것인데, 이는 결국 소매 수준에서의 근거 없는 청구와 도매 수준에서의 근거 없는 청구를 단순히 결합한 것에 불과하다. 도매 수준에서 거래할 의무가 없고 소매 수준에서 약탈적 가격설정이 없다면, 기업은 확실히 이 두 서비스의 가격을 경쟁사들의 이윤 마진을 보

존하는 방식으로 책정할 의무는 없다.

C

1. 제도적 우려 사항 또한 이러한 청구를 인정하는 것을 반대한다. 우리는 반독점법에서 명확한 규칙의 중요성을 반복해서 강조했다. 법원은 "적절한 가격, 수량 및 기타 거래 조건을 파악하는 중앙 계획자 역할을 하는 것"에 적합하지 않다(*Trinko* 판결). "어떤 법원도 설명할 수 없거나 적절하고 합리적으로 감독할 수 없는 거래 의무를 부과해서는 안 된다. 강제적 접근이 규제 기관의 특징인 일상적인 통제를 법원이 맡도록 요구하는 경우, 그 문제는 반독점법으로 해결 불가능한 것으로 간주되어야 한다"(Areeda, Essential Facilities: An Epithet in Need of Limiting Principles).

법원이 소매 시장에서의 약탈적 가격설정 혹은 도매 수준에서의 거래 의무 위반과 같이 하나의 단계에서 주장되는 반경쟁적 관행을 식별하고 시정하는 것도 충분히 어렵다(*Brooke Group* 판결, 약탈 주장은 "주장된 약탈의 범위와 기간, 약탈자와 의도된 피해자의 상대적 재정 능력, 그리고 그들 각자의 유인과 의지에 대한 이해가 필요하다."). 가격 압착 청구를 인정할 경우 법원은 경쟁사가 압박받지 않도록 도매 및 소매 가격을 동시에 감시해야 한다. 그리고 법원은 움직이는 표적을 겨냥하게 될 것인데, 이 두 가격 간의 상호작용이 압박을 초래할 수 있기 때문이다.

아마도 가장 문제가 되는 것은 가격 압착 책임을 피하려는 회사가 자신들의 가격 책정 관행에 대해 안전항이 없다는 것이다. 적어도 약탈적 가격설정 맥락에서, 회사는 자신들의 소매 가격이 비용보다 높은 한 책임지지 않을 것임을 알고 있다(*Brooke Group* 판결). 가격 압착 청구의 경우는 그러한 지침이 없다(예를 들어, Areeda & Hovenkamp, Antitrust Law, "반독점법은 제2조 [가격 압착] 위반을 인정하는 것뿐만 아니라 적절한 시정조치 수립에도 심각한 문제에 직면한다.").

가격 압착에 대해 가장 일반적으로 표현되는 기준은, 피고가 경쟁자에게 도매가격과 소매 가격 사이에 "공정한(fair)" 또는 "적정한(adequate)" 마진을 남겨야 한다는 것이다. 우리 동료 중 한 명이 소크라테스 방식으로 이 테스트의 결함을 다음과 같이 강조했다. "판사나 배심원은 어떻게 '공정한 가격'을 결정할 수 있을까요? 그것이 주요 제품의 다른 공급자들이 청구하는 가격일까요? 그런 공급자는 존재하지 않습니다. 상류 시장이 독점되지 않았다면 경쟁이 '설정했을' 가격일까요? 법원이 비용과 수요를 검토하지 않고, 실제로 요금 설정 규제 기관처럼 행동하지 않고 어떻게 이 가격을 결정할 수 있을까요? 그런 기관의 요금 설정 절차는 종종 몇 년이나 걸립니다. 더 나아가, 법원은 어떻게 가격 '격차'의 적절한 크기를 결정해야 할까요? 그 격차는 독립 경쟁 기업들이 얼마나 비효율적이든 상관없이 모두 '생존 이익(living profit)'을 낼 수 있을 만큼 충분히 커야 할까요? 그리고 비용이나 수요가 시간이 지남에 따라 불가피하게 변할 때마다 법원은 어떻게 대응해야 할까요?"

일부 법정 조언자(amicis)는 이러한 우려에 대해 불법적인 가격 압착을 식별하기 위한 "이전 가격(transfer price) 테스트"를 제안한다. 즉, 상류 독점기업(upstream monopolist)이 자체 도매 가격으로 투입물을 구매했다면 소매 가격으로 판매하여 이익을 낼 수 없었을 경우 가격 압착이 추정되어야 한다는 것이다. 그 테스트가 관리 가능한지 여부와 관계없이, 이는 우리 반독점 법리(antitrust jurisprudence)에 근거가 없다. 거래 의무가 없는 상류 독점기업은 원하는 도매 가격을 자유롭게 부과할 수 있다. 반독점법은 합법적으로 획득한 독점이 독점 가격을 책정하는 것을 금지하지 않는다(*Trinko* 판결, "독점력의 단순한 보유와 그에 수반되는 독점 가격의 부과는 불법이 아닐 뿐만 아니라 자유시장 시스템의 중요한 요소이다."). 마찬가지로 셔먼법은 부과되는 가격이 약탈적이지 않은 한 소매 수준에서 공격적인 가격 경쟁을 금지하지 않고, 오히려 장려한다(*Brooke Group* 판결). 도매 가격과 소매 가격이 모두 독립적으로 합법적인 경우, 수직통합 기업의 도매 가격이 우연히 소매 가격보다 높거나 같다는 이유만으로 반독점 책임을 부과할 근거는 없다.

2. 법정 조언자들은 가격 압착이 경쟁을 해칠 수 있는 상황이 있다고 주장한다. 예를 들어, 가격 압착이 상류 독점기업의 지위를 강화하는 진입 장벽을 높일 수 있다고 주장한다. 또한 가격 압착이 독립기업들을 파산시킴으로써 하류 시장에서의 비가격 경쟁과 혁신을 저해할 수 있다고 주장한다. 그러나 문제는 법정 조언자들이 가격 압착으로 인한 독립적인 경쟁 피해를 도매 수준에서의 거래 의무 위반이나 소매 수준에서의 약탈적 가격설정으로 인한 피해를 넘어서는 것으로 식별하지 못했다는 점이다(Areeda & Hovencamp, Antitrust Law, "수직 통합 그 자체의 결과를 제외하고는 가격 압착의 어떠한 *경쟁적* 중요성을 보기 어렵다."). 독점 기업이 이러한 원칙 중 하나를 위반

하는 한, 원고들은 기존 법률에 따라 구제 수단을 가지고 있다. 우리는 이러한 피해를 방지하기 위해 새로운 책임 이론을 지지할 필요가 없다.

Ⅳ

Trinko 판결은 경쟁사와 거래할 반독점법상 의무가 없는 피고는, 그 경쟁사들이 선호하는 조건으로 거래할 의무가 없다고 판시한다. *Brooke Group* 판결은 셔먼법에 따라 낮은 가격이 문제가 되는 경우는 오직 그 가격이 비용 이하이고 약탈자가 낮은 가격으로 인한 손실을 회수할 위험한 개연성이 있을 때 뿐이라고 설시한다. 이 사건에서 원고들은 *Trinko*에 따른 거래 의무 청구도, *Brooke Group*에 따른 약탈적 가격 설정 청구도 하지 않았다. 그럼에도 불구하고 그들은 성공할 수 없는 도매 주장과 성공할 수 없는 소매 주장을 결합하여, 이 법원이 이전에 인정한 적 없는 새로운 형태의 반독점 책임으로 변형하려 했다. 우리는 이러한 주장을 인정하라는 요청을 거부한다. 두 개의 잘못된 청구들이 하나의 옳은 청구가 되지는 않는다. 항소법원의 판결을 파기하고, 이 의견에 부합하는 추가 절차를 위해 사건을 환송한다.

EU Akzo 판결

Case C-62/86, AKZO Chemie BV v Commission, [1991] ECR I-3359, ECLI:EU:C:1991:286

AKZO Chemie BV와 그 자회사들은 화학 제품 및 인조 섬유를 제조하는 네덜란드 그룹 AKZO NV의 특수 화학 부문을 구성한다. AKZO Chemie의 완전 자회사인 AKZO UK(AKZO는 AKZO Chemie BV와 그 자회사들로 구성된 경제적 실체를 지칭)는 영국에서 플라스틱 산업에 사용되는 특수 화학물질인 유기 과산화물(organic peroxides)을 생산한다. 또한 밀가루 표백제로 사용되는 과산화벤조일(benzoyl peroxide, 유기 과산화물 중 하나) 기반 화합물과, 두 가지 다른 밀가루 첨가제인 브롬산칼륨(potassium bromate) 및 비타민 혼합물도 생산한다. 과산화벤조일과 브롬산칼륨은 고객 요구에 따라 다양한 농도로 공급된다. 과산화벤조일은 주로 16% 또는 20% 농도로, 브롬산칼륨은 일반적으로 6% 또는 10% 농도로 판매된다.

세 공급업체(AKZO, ECS 및 Diaflex)가 영국과 아일랜드에서 전(全) 범위 혹은 거의 전범위의 밀가루 첨가제를 제공한다. 첨가제 고객은 세 범주로 나눌 수 있다. 첫 번째는 비슷한 규모의 세 주요 제분 그룹인 RHM, Spillers 및 Allied Mills로 구성되며, 이들은 함께 수요의 약 85%를 차지한다. 두 번째는 세 대형 그룹과 독립적인 제분소인 "대형 독립업체"로, 수요의 10%를 차지한다. 나머지 5%는 소규모 제분소인 "소형 독립업체"가 구매한다. RHM은 AKZO와 Diaflex 사이에 주문을 나누었다. Spillers는 주로 AKZO에서 공급받았고, 나머지는 Diaflex로부터 공급받았다. Allied Mills는 구매 대행사 Provincial Merchants를 통해 ECS로부터 첨가제를 구매했다. 그러나 Allied Mills 그룹의 제분소 중 하나인 Coxes Lock은 AKZO로부터 공급을 받았다. 또한 ECS는 "대형 독립업체" 사업의 3분의 2를, AKZO는 나머지 3분의 1을 차지했다.

[ECS는 AKZO를 경쟁당국에 신고했는데, ECS가 과산화벤조일을 플라스틱 제품용으로 판매하는 것을 그만두지 않을 경우 밀가루 첨가제 시장에서 ECS를 퇴출시키겠다고, AKZO가 위협했다는 것이었다. ECS는 AKZO가 자신을 밀가루 첨가제 시장에서 퇴출시키기 위해 해당 시장에서 자신의 고객을 타겟으로 한 차별적이고 약탈적인 가격인하(discriminatory and predatory price cutting)를 도입했다는 취지로 신고했다. 집행위원회는 AKZO가 평균 가변비용과 평균 총비용 사이의 가격으로 판매했고 이

는 시장지배적 남용행위라고 판단했다.]

주목해야 할 점은, 법원이 *Hoffman–La Roche* 판결에서 판시한 바와 같이, 남용의 개념은 시장지배적 지위에 있는 사업자의 행위와 관련된 객관적 개념이라는 것이다. 이는 해당 사업자의 존재 자체로 인해 경쟁 정도가 약화된 시장 구조에 영향을 미치는 행위를 말한다. 또한 이는 상업 운영자들의 거래를 기반으로 한 상품이나 서비스의 정상적인 경쟁 조건과는 다른 방법을 통해, 시장에 여전히 존재하는 경쟁 정도의 유지나 그 경쟁의 성장을 방해하는 효과를 가진다. 따라서 [TFEU 제102조]는 시장지배적 사업자가 품질에 기반한 경쟁(competition on the basis of quality)의 범위를 벗어난 방법을 사용하여 경쟁자를 제거하고 이를 통해 자신의 지위를 강화하는 것을 금지한다. 그러나 이러한 관점에 따르면, 가격에 기한 모든 경쟁이 정당한 것으로 간주될 수는 없다.

시장지배적 사업자가 경쟁자를 제거하려는 수단인 평균 가변비용(즉, 생산량에 따라 달라지는 비용) 미만의 가격은 남용으로 간주되어야 한다. 지배적 사업자는 경쟁사업자를 제거하고 순차적으로 가격을 올림으로써 독점적 지위에 따른 이익을 올리는 것 이외 그러한 가격을 적용할 아무런 경제적 이익이 없다. 왜냐하면 그러한 가격에 따른 판매 때마다 손실, 즉 총 고정비용(생산량에 무관하게 항상 드는 비용)과 적어도, 생산 단위와 관련된 가변비용의 일부분이 발생하기 때문이다. 평균 총비용(즉, 고정비용과 가변비용의 합) 미만이지만 평균 가변비용을 초과한 가격도, 만약 그것이 경쟁자를 제거하기 위한 계획의 일환으로 책정된 것이라면, 남용적인 것으로 간주되어야 한다. 이러한 가격은 지배적 사업자만큼 효율적일 수 있지만 재정적 자원이 더 적어 자신들을 상대로 한 경쟁을 견뎌낼 수 없는 사업자들을 시장에서 몰아낼 수 있다.

주장된 남용행위는 AKZO가 1979년 후반에 ECS에 대해 가했다고 주장된 위협과, 1980년 12월(문제의 첫 번째 제안 날짜)부터 1983년 7월(AKZO에 최소 가격 체계를 준수할 것을 요구한 임시조치 결정 날짜) 사이에 세 가지 밀가루 첨가제에 대해 제안되거나 부여된 가격과 관련된다.

위협

위원회는 AKZO가 1979년 말 ECS 관리자들과의 회의에서 ECS에게 직접적인 위협을 가했으며, 이는 ECS가 "플라스틱" 용도의 유기과산화물 시장에서 ECS의 철수를 확보하기 위한 목적이었다고 판단했다.

AKZO는 ECS를 위협했다는 것을 부인한다. AKZO는 단지 ECS가 플라스틱 부문에서 매우 낮은 가격으로 제안을 계속한다면, 밀가루 첨가제 부문에서 협력을 계속할 수 없다는 것을 ECS에 알렸을 뿐이라고 주장한다. 분쟁이 있기 전 ECS와 AKZO는 서로 부족한 생산량을 보충하거나 어느 한쪽이 직접 생산하지 않는 다른 쪽 필요량을 충족시키기 위해 특정 밀가루 첨가제를 할인된 가격으로 서로 공급했다. 따라서 AKZO는 ECS의 과산화벤조일의 필요량 중 일부를 충족시켰고, ECS는 AKZO에 비타민 혼합물을 공급했다.

AKZO 주장이 타당한지 판단하기 위해서는 1979년 11월 16일과 12월 3일에 열린 회의 내용을 파악할 필요가 있다. 이와 관련하여 법원은 ECS 임원이 작성한 회의 기록, AKZO 관리자의 진술, 그리고 다른 AKZO 임원이 작성한 메모를 가지고 있다. ECS 관리자들이 작성한 다양한 문서에 포함된 정보는 실질적으로 일관된다. 특히, 첫 번째 회의에서 AKZO는 ECS가 플라스틱 부문에서 과산화벤조일을 계속 판매할 경우 밀가루 첨가제 부문에서 전반적인 가격 인하를 할 의향이 있고, 필요하다면 심지어 250,000파운드의 손실이 초래될지라도 생산비 미만 가격으로 판매할 것을 결정했음을 알렸다. 두 번째 회의에서 AKZO는 필요한 경우 생산비보다 낮은 가격으로 판매할 준비가 되어 있음을 확인했다.

이러한 회의들로 인해 ECS는 런던 고등법원에 AKZO의 위협행위가 [TFEU 제102조]를 위반했다는 이유로 위협에 이은 실행을 금지하는 명령을 신청했다. 이러한 절차 중에 AKZO 임원 중 한 명이 증인 진술서에서 회의 내용을 설명했다. 그 진술서는 또한 ECS가 플라스틱 시장에서 철수하지 않으면 AKZO가 비용 미만으로 판매하고, 필요하다면 손실을 감수할 준비가 되어 있다는 것을 보여준다.

가격 관련 AKZO 행위

시장지배적 사업자의 가격 관련 행위를 평가하기 위해 채택된 기준을 고려할 때, 관련 기간 동안 문제의 각 첨가제에 대한 AKZO의 총비용과 가변비용을 결정해야 한다. 위원회는 이의제기서(Statment of Objections)를 보완하는 서신에 AKZO 회계를 기준으로 계산한 총비용 추정치를 첨부했다. 그러나 위원회는 AKZO의 총비용이 이 추정치보다 높았을 것이 틀림없다고 적시했다. AKZO는 회계법인의 보고서를 의견서에 첨부했는데, 여기에는 같은 기간 동안의 비용 평가가 포함되어 있었다. 이 계산은 AKZO의 총비용이 어떤 경우에는 위원회 조사담당자들이 계산한 것보다 낮고 어떤 경우에는 높다는 것을 보여준다.

위원회는 법원 절차 동안 이러한 수치에 이의를 제기하지 않았다. 한편으로는 "AKZO의 자체 문서를 기반으로 위원회가 자체 계산한 것이 정확했다는 믿음을 확인했다."고 언급했다. 다른 한편으로는 이 수치가 "AKZO가 ECS의 정규 고객들에게 제시한 가격 제안이 거의 항상 손실을 발생시켰다."는 주장과 모순되지 않는다고 강조했다. 따라서 AKZO의 총비용은 의견서에 첨부된 보고서에 나타난 것으로 판단해야 한다.

당사자들은 법원에 AKZO의 가변비용에 대해 매우 다른 계산 결과를 제출했다. 본질적으로 이러한 차이는 당사자들이 특정 비용 요소가 고정인지 가변인지에 대해 의견이 일치하지 않기 때문이다. 위원회 의결서에서는 대부분의 회계 시스템이 노동, 유지보수, 창고 및 배송과 같은 항목을 변동비로 분류하기 때문에 이들을 가변비용으로 간주되어야 한다고 명시되어 있다. AKZO는 특정 항목이 고정인지 가변인지를 결정하는 유일한 기준은 생산량에 따라 달라지는지 여부라고 주장한다. 이 사건에서 노동 비용은 고정 비용으로 간주되어야 한다는 것이다. 1980년에서 1985년까지의 연간 노동 비용 변화와 같은 기간 동안 생산량 변화를 비교해 보면, 둘 사이에 상관관계가 없음을 보여준다는 것이다. 이에 대해 위원회는 첫째, AKZO의 회계 기록에 따르면 AKZO가 고정 비용으로 분류하는 것의 상당 부분이 실제로 생산 변화에 따라 달라진다는 것을 보여주며, 둘째, AKZO가 1984년 3월에 생산 능력을 강화하기 위해 두 명의 신규 근로자를 고용했기 때문에 노동량과 생산량 사이에 상관 관계가 있다고 답변한다.

비용 항목이 본질적으로 고정적이거나 가변적이지 않다는 점을 지적해야 한다. 따라서 이 사건에서 노동 비용이 생산량에 따라 달라졌는지 여부를 결정해야 한다. AKZO가 인용한 수치는 생산량과 노동 비용 사이에 직접적인 상관 관계가 없음을 보여준다. AKZO의 과산화벤조일 생산량이 증가한 1982년과 1983년에 인플레이션을 고려한 노동 비용은 감소했다. 반대로, 1983년과 1984년에 브롬산칼륨의 생산량이 감소했을 때, 인플레이션을 감안한 노동 비용은 증가했다. 따라서 이 사건에서 노동 비용은 고정비용으로 간주되어야 한다. 결과적으로 AKZO의 가변비용은 해당 기업이 법원에 제출한 문서에 표시된 비용이라고 판단해야 한다.

ECS 고객에게 부여된 부당하게 낮은 가격

위원회는 1980년 12월경부터 AKZO가 ECS의 생존능력을 손상시키려는 목적으로 Provincial Merchants, Allied Mills 및 ECS의 "대형 독립" 부문 고객에게 체계적으로 부당하게 낮은 가격으로 밀가루 첨가제를 제안하고 공급했다고 판단했다.

AKZO는 ECS에 해를 끼칠 목적으로 Allied Mills 또는 Allied 그룹의 제분소들에게 부당하게 낮은 가격으로 첨가제를 제안했다는 점을 부인한다. 그 근거로 첫째, 그러한 의도는 없었다. 단순히 매출을 늘리고 ECS가 1980년에 RHM과 Spillers에 제안한 것으로 인해 발생한 이익 마진의 상당한 하락을 줄이기 위해 새로운 고객을 확보하고자 했다. 둘째, 제시된 가격이 부당하게 낮다고 볼 수 없다. 1981년 1월에 Allied Mills에 제안한 가격은 ECS가 1980년 10월에 Spillers에 제시한 가격과 동일했다. 해당 기간 동안 제시된 가격은 AKZO의 평균 가변비용보다 높았다는 것이다.

비타민 혼합물(1981년 판매)인 과산화벤조일 16%와 브롬산칼륨 10%의 경우, 이 가격은 AKZO의 평균 총비용 미만이지만 위에서 확인된 평균 가변비용을 초과한다. AKZO가 1982년에 저가 비타민 혼합물에 대해 제시한 455파운드 가격과 관련하여, 어떤 경우에도 표준 비타민 혼합물에 대해 714.40파운드인 평균 총비용보다 낮았다.

게다가, 이 모든 가격 제안은, AKZO가 ECS에 피해를 입히려는 의도로만 설명 가능하며, 이익 마진을 회복하려는 노력으로 설명될 수 없다. AKZO의 대표 중 한 명이 작성한 메모에 따르면, AKZO는 1981년 1월 Allied Mills에 대한 제안가를 ECS가 Allied Mills에 청구한 가격보다 훨씬 낮게 계산하여 책정했다는 점을 보여준다. 이는 AKZO 의도가 단순히 주문을 따내는 것만이 아니었음을 보여주는데, 만약 그랬다면 이 목적에 필요한 범위 내에서만 가격을 낮췄을 것이다. 또한 AKZO가 Allied Mills에 ECS가 Spillers에 제안한 가격과 동일한 가격을 제시했는데, AKZO 목표는 ECS를 제거할 목적으로 과산화벤조일의 판매가를 낮추지 않겠다고 런던 고등법원에 한 약속을 위반하지 않으면서 가능한 한 최저 수준으로 가격을 설정하는 것이었다. 따라서 위원회가 AKZO가 ECS의 생존능력을 손상시킬 목적으로 Allied Mills와 Allied 그룹의 제분소에 밀가루 첨가제를 부당하게 낮은 가격으로 제안하고 공급했다고 판단한 것은 타당했다.

ECS의 고객이었던 "대형 독립업체"에 대한 가격 제안과 관련된 이의제기에 관해, AKZO는 Allied 그룹에 부당하게 낮은 가격으로 제안한 것이라는 이의제기를 다투면서, 제시한 주장과 본질적으로 동일한 근거를 제시한다. AKZO의 가격제안은 위에서 확인된 바대로 평균 총비용 미만이나 평균 가변비용 초과라는 점을 지적해야 한다. 비타민 혼합물 관련 1982년 10월 견적의 경우 가변비용보다 낮다. 1983년 6월 브롬산칼륨 6% 및 비타민 혼합물에 대한 가격제안은 평균 총비용보다 높다. 그러나 이는 해당 기간 동안 AKZO의 행동을 보여주지는 않는다. 사실, 이는 임시조치 신청절차의 청문회에서 심리 2일 전(1983년 6월 23일)에 이루어졌고 임시조치 결정이 채택되기 한 달 남짓 전(1983년 7월 29일)에 이루어졌다.

AKZO가 1980년 12월에 ECS의 이 고객 범주에게 제시한 가격은 AKZO의 목적이 ECS를 손상시키는 것이지 자체 이익률을 회복하는 것이 아니라는 것을 보여준다. 이 가격은 ECS와 경쟁하는 데 필요한 가격보다 훨씬 낮다. 당시 ECS가 이 범주의 고객에게 청구한 가격과 비교했을 때, 과산화벤조일 16%의 경우 70파운드 이상, 브롬산칼륨 6%의 경우 100파운드 이상, 비타민 혼합물의 경우 60파운드 이상의 차이가 난다. 따라서 위원회는 AKZO가 ECS의 생존능력을 손상시키려는 목적으로 "대형 독립업체" 범주의 ECS 고객에게 밀가루 첨가제를 부당하게 낮은 가격으로 제안하고 공급했다고 올바르게 판단했다.

위원회는 AKZO가 ECS를 손상시키려는 계획의 일환으로 영국의 밀가루 첨가제 가를 장기간 인위적으로 낮은 수준으로 유지했으며, 이는 ECS보다 우월한 재정 자원 덕분에 버틸 수 있었던 상황이라고 판단한다. AKZO와 위원회는 이러한 비난이 RHM과 Spillers에 제공된 가격과 관련 있다는 점에 동의한다. AKZO는 ECS 또는 Diaflex가 제시한 반대 제안에 대응하기 위한 정당한 이유가 있기 때문에, 가격이 남용적이지 않다고 주장한다.

위원회는 원칙적으로 시장지배적 사업자가 가격을 조정할 수 있는 권리를 다투지 않는다. 그러나 AKZO의 가격이 Diaflex와의 강력한 경쟁으로 인해 인하되었다는 것은 받아들이지 않는다. 여러 문서에 따르면, AKZO가 Diaflex의 가격을 통제하고 있었다. 따라서 이 사건에서 AKZO가 그러한 가격에 맞춘 것은 정당하지 않다. 위원회가 언급한 문서는 특히 다음을 보여준다.

- 1979년 6월 Diaflex와 AKZO는 RHM과 Spillers에 청구하는 가격 인상 절차에 대해 서로 협의
- 1980년 Diaflex의 고문 중 한 명이 Diaflex가 AKZO로부터 고객을 빼앗는 것을 금지하는 "불문율"이 있다고 언급
- 1980년 11월 Diaflex는 AKZO에 ECS가 RHM에 제안한 금액을 알렸고, 이 문서에 따르면 Diaflex와 AKZO는 RHM을 고객으로 유지하려면 청구가를 낮춰야 했음
- 1982년 11월 AKZO의 관리자에게, Diaflex에 연락해 가격 인상을 설득하라는 지시가 내려짐

이 문서들은 AKZO와 Diaflex가 임시조치 결정 이전 기간 동안 가격과 관련된 정책에 관해 긴밀한 접촉을 유지했음을 보여준다. 결과적으로 위원회는 Diaflex가 청구한 가격에 맞춘 AKZO의 가격 조정을 불법으로 간주한 것은 정당했다. 따라서 이 점을 검토할 때, Diaflex의 가격제안은 무시해야 한다.

과산화벤조일 20%와 관련하여, AKZO가 1981년 1월부터 1982년 3월까지 Diaf-lex 이외의 사업체로부터 가격제안을 받지 않고도 RHM에 640파운드 가격을 청구했음을 주목해야 한다. 1982년 3월 AKZO는 독립 유통업체가 629파운드의 가격제안을 하자 이에 대응하기 위해 가격을 629파운드로 인하했다. 이후 다른 추가적인 경쟁 견적에 직면하지 않았기 때문에, 이 가격제안은 AKZO가 임시조치 결정 채택 시까지 그 가격을 유지한 것을 정당화할 수 없다. 위에서 본 것처럼 640파운드와 629파운드의 가격은 평균 총비용보다 낮지만 위에서 확인된 평균 가변비용보다 높았다. 브롬산칼륨 10%와 관련하여, AKZO는 1981년 1월부터 1982년 3월까지 314파운드, 1982년 3월부터 1983년 2월까지 309파운드, 1983년 2월부터 6월까지 325파운드, 1983년 6월부터 339파운드의 가격을 청구했다. 경쟁 가격제안 없이 제공된 이 가격들은 평균 총비용 미만이지만 평균 가변비용을 초과했다.

따라서 AKZO가 RHM에 청구한 가격은 과산화벤조일에 대한 629파운드 가격(1982년 3월)을 제외하고는 경쟁 가격제안의 영향을 받지 않았다. 객관적인 정당화 사유(objective justifications) 없이 장기간 평균 총비용 미만의 가격을 유지함으로써, AKZO는 ECS가 자사 고객을 침식하는 것을 단념하게 만들어 ECS에 해를 끼칠 수 있었다.

EU Post Danmark 판결

Case C-209/10, Post Danmark A/S v Konkurrencerådet,[2012] ECR I-0000, ECLI:EU:C:2012:172

덴마크에서 Post Danmark와 Forbruger-Kontakt는 무주소 우편 부문(브로셔, 전화번호부, 가이드, 지역, 가이드 및 지방 신문 등)에서 가장 큰 두 사업체다. 이 부문은 완전히 자유화되었으며 덴마크의 우편 서비스 관련 법률의 적용을 받지 않는다. 이 소송에서 관련 시장은 덴마크 내 무주소 우편물 배포 시장으로 간주될 수 있다는 점에 대해 다툼이 없다.

해당 시기에 Post Danmark는 일정 중량 이하의 주소 있는 편지와 소포 배달에서 독점을 누렸으며, 이는 배포 독점권으로 인해 일정 중량 이하의 주소 있는 우편물을 배달할 보편적 서비스 의무와 연계되어 있었다. 이를 위해 Post Danmark는 전국을 포괄하는 네트워크를 보유했으며, 이 네트워크는 무주소 우편물 배포에도 사용되었다. Forbruger-Kontakt은 Søndagsavisen a-s 언론그룹의 일원으로 주요 활동은 무주소 우편물 배포이다. 해당 시기에 주로 소규모 유통 사업 인수를 통해 거의 전국 영토를 아우르는 유통 네트워크를 구축했다. 2004년까지 슈퍼마켓 부문의 사업체인 SuperBest, Spar 및 Coop 그룹은 Forbruger-Kontakt의 주요 고객이었다. 2003년 말에 Post Danmark는 이 세 그룹과 2004년 1월 1일부터 무주소 우편물 배포 계약을 체결했다.

Forbruger-Kontakt의 신고에 따라, 덴마크 경쟁위원회(Konkurrencerådet)는 2004년 9월 29일 결정에서 Post Danmark가 덴마크 무주소 우편물 배포 시장에서의 지배적 지위를 남용하여, 고객 충성도를 확보하기 위해 설계된 특정 고객을 대상으로 한 할인 정책(targeted policy of reductions)을 시행했다고 판단했다. 첫째, 요금과 리베이트 측면에서 고객을 동등하게 대우하지 않았고(경쟁위원회는 '2선 가격 차별'로 명명), 둘째, Forbruger-Kontakt의 이전 고객들에게 Post Danmark 자사의 기존 고객들과 다른 요금을 부과하면서 이러한 요금 및 리베이트 조건의 상당한 차이를 비용 관련 고려사항으로 정당화하지 못했다(경쟁위원회는 '1선 가격 차별'로 설명).

선결적 판결(preliminary ruling)을 요청한 덴마크 법원은 Coop 그룹에 제시된 가격이 Post Danmark가 '평균 총비용(average total costs)'을 충당할 수 없었지만, '평균 증분비용(average incremental costs)'은 충당할 수 있었다고 언급했다. 그럼에도 불구하고 덴마크 경쟁위원회는 비용 분석과 관련하여, 이 사실이 Post Danmark가 Coop 그룹에 적용한 가격 정책의 전반적인 평가에 영향을 미치지 않는다고 판단했다. 첫째, Post Danmark의 가격 및 할인, 리베이트에 대한 일반 계약조건에는 규모의 경제에 기반한 기준이 없었고, 둘째, 동일 가구에 여러 우편물을 배포하는 비용의 한계 감소는 동일한 발신자가 해당 여러 우편물을 보냈다는 사실과 관련이 없었기 때문이다.

2005년 7월 1일의 결정으로 경쟁항소위원회(Konkurrenceankenævnet)는 2004년 9월 29일의 경쟁위원회 결정을 유지했다. 경쟁위원회 및 경쟁항소위원회의 결정들은, 첫째 약탈적 가격설정으로 인한 지배적 지위의 남용이 없었고, 둘째는 SuperBest, Spar 및 Coop 그룹 이외의 Post Danmark의 고객에 대한 '2선 가격 차별(second–line price discrimination)' 정책으로 인해 남용이 있었다는 점을 확정하였다.

해당 결정들이 특정 그룹들에 적용된 선별적 저가 정책을 통한 지배적 지위 남용과 관련된 범위 내에서 Post Danmark는 덴마크 동부지방법원에 이의를 제기했다. 동부지방법원은 2007년 12월 21일 덴마크 경쟁위원회 및 경쟁항소위원회의 결정을 유지했다. 이 결정들은 Post Danmark가 2003년과 2004년에 Forbruger–Kontakt의 이전 고객에 대해 자신의 기존 고객과는 다른 가격 정책을 추구함으로써 덴마크 무주소 우편물 배송 시장에서 지배적 지위를 남용했다고 판단했는데, Post Danmark는 이런 차이를 비용 관련 근거로 정당화할 수 없었기 때문이다.

Post Danmark는 동부지방법원의 해당 결정에 대해 선결적 판결을 요청한 덴마크 대법원(Højesteret)에 상소했다. 특히, Post Danmark는 *AKZO* 판결에서 도출된 기준에 따르면, [TFEU 제102조]에 따른 소송과 관련해서는 Coop 그룹에 제시된 가격은 경쟁자를 시장에서 몰아내려는 의도가 입증될 수 있는 경우에만 남용에 해당한다고 볼 수 있다고 주장했다. 반면 덴마크 경쟁위원회는 평균 총비용보다 낮지만 평균 증분비용보다 높은 선별적 가격 관행이 지배적 지위의 남용에 해당하기 위해서는 경쟁자를 시장에서 몰아내려는 의도가 절대적으로 필요한 것은 아니라고 주장했다.

덴마크 대법원은 이에 소송 절차를 중단하고 다음 질문을 유럽대법원(the Court of Justice)에 회부하여 선결적 판결(preliminary ruling)을 요청하기로 결정했다.

(1) [TFEU 제102조]는 보편적 서비스 의무를 지닌 지배적 우편 사업자가 경쟁자

를 몰아내기 위한 목적으로 가격을 정한 것이 아니라는 점이 입증된 경우에도, 해당 우편 사업자의 평균 총비용보다 낮지만 평균 증분비용보다 높은 수준으로 선별적 가격 인하를 하는 것이 배제적 남용에 해당한다는 의미로 해석되어야 하는가?

(2) 질문 1에 대한 답이 해당 질문에 제시된 상황에서 선별적 가격 인하가 특정한 경우 배제적 남용에 해당할 수 있다는 것이라면, 회원국 국내 법원이 고려해야 할 사정들은 무엇인가?'

판례에 따르면, [TFEU 제102조]는 소비자에게 직접적으로 피해를 입히는 관행뿐만 아니라 경쟁에 미치는 영향을 통해 소비자에게 피해를 입히는 관행도 포함한다. 회부된 질문에 나타난 '배제적 남용(exclusionary abuse)'이라는 표현은 후자의 의미로 이해해야 한다. 사업자가 그러한 지배적 지위가 있다는 사실 그 자체로 해당 사업자에 대한 비판의 근거가 되지 않는다는 것이 확립된 판례이다. [TFEU 제102조]의 목적은 사업자가 자체적인 역량(성과, merits)으로 시장에서 지배적 지위를 획득하는 것을 막는 것이 아니다. 또한 이 조항은 지배적 지위를 가진 사업자보다 덜 효율적인 경쟁자가 시장에 남도록 보장하려는 것도 아니다. 따라서 모든 배제적 효과가 반드시 경쟁에 해로운 것은 아니다. 역량에 기반한 경쟁은 정의상 가격, 선택, 품질 또는 혁신 등의 관점에서 덜 효율적이어서 소비자에게 덜 매력적인 경쟁자들이 시장에서 퇴출되거나 소외되는 결과를 초래할 수 있다.

따라서 [TFEU 제102조]는 지배적 사업자가 무엇보다 자신과 동등하게 효율적이라고 여겨지는 경쟁자를 배제하는 효과가 있는 가격 설정 관행을 채택하는 것과 역량 경쟁이 아닌 다른 방법을 사용하여 지배적 지위를 강화하는 것을 금지한다. 따라서 그러한 관점에서 모든 가격 경쟁이 합법적인 것으로 간주될 수는 없다(*AKZO* 판결). 지배적 사업자가 가격 설정 관행을 통해 지배적 지위를 남용했는지 여부를 결정하려면 모든 상황을 고려할 필요가 있고, 해당 관행이 구매자의 공급원 선택의 자유를 제거하거나 제한하는 경향이 있는지, 경쟁자가 시장에 접근하는 것을 막는지, 다른 거래 당사자와의 동등한 거래에 다른 조건을 적용하는 등으로 경쟁사를 경쟁에서 불리한 위치에 놓는지, 또는 경쟁을 왜곡하여 지배적 지위를 강화시키는지를 검토해야 한다.

AKZO 판결에서 사업체가 약탈적 가격설정을 실행했는지 여부를 판단하는 것이

문제였는데, 법원은 첫째, '가변' 비용(생산량에 따라 변동되는 비용)의 평균보다 낮은 가격은 원칙적으로 남용으로 간주되어야 한다고 판결했다. 왜냐하면 그러한 가격을 청구할 때 지배적 사업자는 경쟁자를 퇴출시키는 것 외에는 다른 경제적 목적을 추구하지 않는 것으로 간주되기 때문이다. 둘째, 평균 총비용 미만이지만 평균 가변비용보다 높은 가격은 경쟁자를 제거하기 위한 계획의 일환인 경우 남용으로 간주되어야 한다고 판결했다. 따라서 지배적 사업자가 실행한 저가 정책의 적법성을 평가하기 위해, 법원은 지배적 사업자가 부담한 특정 비용과 문제된 가격의 비교, 그리고 지배적 사업자의 전략에 기반한 기준을 사용했다(*AKZO* 판결).

Post Danmark가 반경쟁 전략을 추구했는지 여부에 관해, 법원에 제출된 문서에서 소송의 근원이 된 불만은, Post Danmark가 경쟁사의 주요 고객 중 일부를 대상으로 한 저가 정책을 통해 해당 경쟁사를 해당 시장에서 퇴출시킬 수 있다는 주장에 기반한 것임을 알 수 있다. 그러나 선결적 판결 요청(order for reference)에서 분명하게 드러난 것처럼, Post Danmark가 의도적으로 해당 경쟁사를 몰아내려고 했다는 점은 증명될 수 없었다.

게다가, 이 소송에서 덴마크 경쟁위원회의 입장을 뒷받침하기 위해 의견을 제출한 덴마크 정부의 주장과 달리, 지배적 사업자의 관행이 이 소송에서 문제된 가격 정책처럼 '가격 차별'로 설명될 수 있다는 사실, 즉 동일한 비용이 드는 상품이나 서비스에 대해 다른 고객이나 다른 고객 계층에게 다른 가격을 부과하거나, 반대로 공급 비용이 다른 고객에게 단일 가격을 부과한다는 사실만으로는 배제적 남용이 존재한다는 것을 시사할 수 없다.

이 사건에서, 가격－비용 비교를 수행하기 위해 덴마크 경쟁당국은 *AKZO* 판결에서 언급된 '가변비용(variable costs)' 개념이 아닌 당국이 '증분비용(incremental costs)'으로 부르는 다른 개념에 의존했다는 것이 사건 기록에서 드러났다. 이와 관련하여, 특히 덴마크 정부의 서면 의견과 법원이 제기한 질문에 대한 서면 답변을 통해, 경쟁당국이 '증분비용'을 'Post Danmark가 무주소 우편물 배달 사업 활동을 포기할 경우 단기 또는 중기(3~5년)에 사라질 비용'으로 정의했다는 것을 알 수 있다. 또한 덴마크 정부는 '평균 총비용'을 '평균 증분비용에 Post Danmark의 보편적 서비스 의무 외의 활동과 관련된 공통 비용에서 추정으로 결정된 일부를 더한 것'으로 정의했다고 명시했다.

그러나 덴마크 정부가 해당 질문에 대한 서면 답변에서 언급했듯이, 이 사건의 주목할 만한 특징은 Post Danmark의 보편적 서비스 의무 범위 내의 활동과 무주소 우편물 배포 활동 모두와 관련된 상당한 비용이 있다는 점이다. 이러한 '공통' 비용은, 특히 당시 Post Danmark가 무주소 우편물 배포 활동과 특정 주소 있는 우편물에 대한 보편적 의무와 관련하여 예약된 활동 모두에 동일한 인프라와 동일한 직원을 사용했다는 사실에 기인한다. 덴마크 정부는 경쟁위원회 분석을 인용하여 Post Danmark의 무주소 우편물 활동이 기업의 '공통 배포 네트워크 자원'을 사용했기 때문에, Post Danmark가 무주소 우편물 배포를 포기할 경우 보편적 서비스 의무 활동 비용이 3~5년 동안 감소될 수 있다고 밝혔다.

이러한 상황에서, 특히 2004년 11월 24일 덴마크 경쟁위원회가 언급된 바와 같이, '평균 증분비용'이라 설명한 것을 추산하기 위해, 무주소 우편물 배포 활동에만 귀속되는 고정 비용과 변동 비용뿐만 아니라, '공통 가변비용(common variable costs)', '물류 용량의 귀속 가능한 공통 비용(the attributable common costs of logistical capacity)의 75%', '귀속 불가능한 공통 비용(non-attributable common costs)의 25%'로 설명된 요소도 포함시켰다. 이 소송의 특정 상황에서, 이러한 귀속 방법은 무주소 우편물 배포 활동에 귀속될 수 있는 비용의 압도적 대부분을 파악하려는 것으로 보인다는 점을 고려해야 한다.

그 추산이 완료되었을 때, 특히 Coop 그룹에 제시된 가격이 Post Danmark가 무주소 우편물 배포 활동에 기인한 평균 총비용을 전체적으로 충당하지는 못했지만, 덴마크 경쟁당국이 추정한 바에 따르면 해당 활동과 관련된 평균 증분비용은 충당할 수 있었다는 사실이 밝혀졌다. 게다가, 이 사건에서 Spar 및 SuperBest 그룹에 제공된 가격이 덴마크 경쟁당국이 추정한 평균 총비용보다 높은 수준으로 평가되었다는 것은 공통된 의견이다. 이런 상황에서 그러한 가격이 반경쟁적 효과가 있다고 볼 수 없다. Coop 그룹에 부과된 가격과 관련하여, 소송에서 문제된 것과 같은 가격 정책은 단순히 지배적 사업자가 단일 고객에게 부과한 가격이 해당 활동에 귀속된 평균 총비용보다 낮지만 평균 증분비용보다 높다는 이유만으로 배제적 남용에 해당한다고 간주될 수 없다.

실제로 지배적 사업자가 해당 상품 또는 서비스 공급에 귀속될 수 있는 비용의 대부분을 충당하는 수준으로 가격을 설정하는 한, 일반적으로 해당 사업자만큼 효율적인 경쟁자는 장기적으로 지속 불가능한 손실을 입지 않고 해당 가격과 경쟁할 수 있을 것이다. 이 사건의 관련 상황을 평가하는 것은 선결적 판결을 요청하는 법원의 몫이다. 어떤 경우든 법원에 제출된 문서에 따르면, Forbruger–Kontakt는 관련 고객 3명과 관련된 우편물 물량을 잃었음에도 불구하고 유통망을 유지했고, 2007년에는 Coop 그룹의 고객을 되찾았고, 그 이후에는 Spar 그룹의 고객도 되찾았다는 점이 주목할 만하다.

앞서 언급한 모든 사항을 고려할 때, 회부된 질문에 대한 답변은, [TFEU 제102조]는 지배적 사업자가 경쟁자의 특정 주요 고객에게 낮은 가격을 부과하는 정책이, 단순히 해당 기업이 그 고객들 중 하나에게 부과하는 가격이 관련 활동에 귀속된 평균 총비용보다 낮지만 해당 활동과 관련된 평균 증분비용보다 높다는 이유만으로는 배제적 남용에 해당한다고 간주될 수는 없다는 의미로 해석되어야 한다. 해당 사건과 같은 상황에서 반경쟁적 효과의 존재를 평가하기 위해서는, 객관적인 정당화 사유 없이 해당 가격 정책이 실제적 또는 잠재적 배제 효과를 야기하여 경쟁을 해치고, 이를 통해 소비자의 이익을 해치는지를 고려해야 한다.

5. 가격 차별(Price Discrimination)

EU United Brands 판결

Case 27/76, United Brands Company and United Brands Continentaal BV v Commission, [1978] ECR 207, ECLI:EU:C:1978:22

UBC가 관련 시장에서 'Chiquita' 브랜드로 판매하는 모든 바나나는 동일한 지리적 원산지를 가지고 있으며, 동일 품종에 속하며 거의 동일한 품질을 가지고 있다. 이 바나나들은 로테르담과 브레머하펜이라는 두 항구에 하역되는데, 20kg 상자당 하역 비용은 단 몇 센트 차이에 불과하다. Scipio와 아일랜드를 제외하고는 동일한 판매 조건 및 지불 조건으로 재판매된다. 구매자의 화차나 트럭에 적재된 후의 가격은 평균적으로 상자당 3~4달러이며, 1974년에는 5달러까지 올랐다. 따라서 로테르담과 브레머하펜에서 물품을 구매하는 모든 고객들은 UBC가 'Chiquita' 바나나에 대해 모두 동일한 판매 가격을 제시할 것으로 예상할 수 있다.

집행위원회는 원고 UBC가 매주 브랜드 바나나를 판매하면서 객관적인 정당화 사유 없이 회원국에 따라 가격을 상당히 다르게 부과한 것을 문제삼고 있다. 바나나가 공급되는 회원국에 따라 다른 가격을 부과하는 이 정책은 적어도 1971년부터 독일 연방 공화국, 네덜란드, 벨기에-룩셈부르크 고객에게 적용되었으며 1973년 1월에는 덴마크 고객에게, 1973년 11월에는 아일랜드 고객에게 확대되었다. 두 목적지 간에 기록된 최대 주간(週間) 차이는 1971년 전체 평균 17.6%, 1972년에는 11.3%, 1973년에는 14.5%, 1974년에는 13.5%였다. 가장 큰 주간 차이(상자당)는 독일 고객과 벨기에-룩셈부르크 및 네덜란드 고객 간에 각각 다음과 같다.

- 1971년: 32% 및 37%
- 1972년: 21% 및 30%
- 1973년: 18% 및 43%
- 1974년: 25% 및 54%

그리고 덴마크 고객과 벨기에-룩셈부르크 및 네덜란드 고객 간에는 다음과 같다.

– 1973년: 24% 및 54%

– 1974년: 16% 및 12%

벨기에 고객들에 요구된 가격은 아일랜드 고객이 지불한 가격보다 평균 80% 더 높다. 가장 큰 가격 차이는 UBC가 아일랜드 고객에게 청구한 로테르담 배송 가격과 덴마크 고객에게 청구한 브레머하펜 FOB(본선 인도 조건) 가격 간의 138%이다. 즉, 덴마크 고객이 지불한 가격은 아일랜드 고객이 지불한 가격의 2.38배이다.

위원회는 UBC가 동등한 거래에 대해 상이한 조건을 적용함으로써 다른 거래 당사자들을 경쟁에서 불리한 위치에 놓이게 했다는 점에서 이를 지배적 지위의 남용으로 간주한다.

UBC는 자사 가격이 시장에 의해 결정되므로 차별적일 수 없다고 진술한다. 또한 1975년 해당 국가 시장들 사이의 'Chiquita' 바나나 가격의 평균 차이는 단 5%였다. 특정 주간의 가격은 각 국가 시장의 다음 주의 숙성 바바나 예상가를 최대한 반영하도록 계산된다. 이 가격은 로테르담 경영진이 원고의 현지 대표와 숙성업자/유통업자 간의 논의와 협상 후 결정하며, 필연적으로 각 국가의 숙성업자/유통업자들이 운영되는 서로 다른 경쟁 환경을 고려해야 한다는 것이다. 이런 점은 평균 예상 시장가격에 근거해서 객관적 정당성을 인정할 수 있다고 주장한다.

이러한 가격 차이는 실제로 날씨, 계절별 경쟁 과일의 공급 가능성 차이, 공휴일, 파업, 정부 조치, 통화 단위와 같은 시장 요인의 변동으로 인해 발생한다. 간단히 말해, 원고는 실제로 그렇게 할 수 없었던 시점에 위원회로부터 단일 바나나 시장을 설립하기 위한 적절한 조치를 취하라는 요구를 받았다는 것이다.

UBC에 따르면, 공동체 기관들이 단일 바나나 시장을 위한 체제를 수립하지 않고 다양한 시장이 국가별로 유지되고 개별적으로 공급/수요 상황에 대응하는 한, 이들 시장 간 가격 차이는 방지할 수 없다. 위원회 요청에 대한 UBC의 답변에서, UBC가 Chiquita 브랜드명으로 판매되는 바나나에 대해 매주 단위로 거래하는 고객인 숙성업자/유통업자에게 요금을 청구하면서, 이들의 사업장이 있는 회원국에 따라 위원회가 주목한 비율에 따라 다른 판매 가격을 책정한다는 사실이 드러났다. 거래 시 공급되는 제품이 동일하더라도(SCIPIO 그룹은 예외로서 SCIPIO의 숙성 시설에서 생산된 바나나는 독립 숙성업체가 판매하는 바나나와 동일한 가격으로 판매된다는 관찰에 따름), 이러한 가격 차이는 일부 주간에는 30~50%에 달할 수 있다. 실제로 UBC가 판매하는 바나나는 모두 같은 선박으로 운송되고, 로테르담이나 브레머하펜에서 동일한 비용으로 하역되며, 가격 차이는 동일한 품종의 실질적으로 유사한 양의 바나나에 관한 것으로, 이는 동일한 정도로 숙성되고, 유사한 품질이며, 동일한 'Chiquita' 브랜드명으로 판매되고, 구매자의 자체 운송 수단에 적재하기 위한 동일한 판매 및 지불 조건 하에 있으며, 구매자는 이 항구들로부터의 관세, 세금 및 운송 비용을 지불해야 한다.

이러한 차별적 가격 정책은 1971년부터 UBC에 의해 독일, 네덜란드 등 고객에게 적용되었으며, 1973년 초에는 덴마크 고객에게, 1973년 11월에는 아일랜드 고객에게 확대 적용되었다. 단일 바나나 시장을 설립할 책임이 UBC에게 있지는 않지만, 원고 UBC는 조약이 규정한 시장 규제 및 조정 규정을 준수하는 한에서 '시장이 감당할 수 있는 것'을 얻으려 노력할 수 있을 뿐이다. 운송 비용, 세금, 관세, 노동력 임금, 마케팅 조건, 통화 평가의 차이, 경쟁 밀도의 차이가 결국 회원국별 소매 가격 차이로 귀결될 수 있음을 이해한다면, 이러한 차이는 UBC가 제한적으로 고려해야 하는 요소라는 결론에 이른다. 왜냐하면 UBC는 항상 동일제품을 동일 장소에서, 소비자 시장의 위험을 '홀로' 부담하는 숙성업체/유통업체에게 판매하기 때문이다.

공급과 수요의 상호작용은 그 본질상 실제로 그것이 명백히 드러나는 각 시장 단계에만 적용되어야 한다. 시장 메커니즘은 가격 책정 과정에서 한 단계를 건너뛰고 잘못된 기준을 적용할 때 왜곡된다. 즉, 판매자(UBC)와 직접 구매자(숙성업자/유통업자) 간의 공급과 수요를 고려하지 않고, 대신 판매자와 최종 소비자 간의 공급과 수요 법칙을 적용하여 가격을 산정하면 시장 기능에 악영향을 미친다. 따라서, 지배적 지위로 인해 UBC는 현지 대표로부터 받은 정보에 기반해 중간 구매자에게 판매 가격을 부과할 수 있었다. 이 가격과 "주간 할당량"은 바나나 운반 선박이 정박하기 4일 전에만 확정되어 고객에 통보된다.

회원국 상황에 따라 달랐던 이러한 차별적 가격은 상품의 자유로운 이동에 대한 장애물이었고, 그 효과는 바나나가 아직 녹색일 때 재판매를 금지하는 조항과 주문량의 감소로 인해 더욱 커졌다. 이로 인해 인위적으로 다른 가격 수준의 경직된 국가 시장 분할이 만들어졌고, 원래 있어야 할 경쟁이 왜곡되었기 때문에, 특정 유통업자/숙성업자들은 경쟁상 불리한 입장에 처하게 되었다. 결국 UBC가 동등한 거래에 다른 조건을 적용하는 차별적 가격 정책은, 다른 거래당사자들을 경쟁상 불리한 위치에 놓이게 하므로 지배적 지위의 남용에 해당한다.

IV

기업 결합

1. 관련 규정

📖 미국 클레이아이튼법(Clayton Act) 제7조

Section 7

No person engaged in commerce or in any activity affecting commerce shall acquire, directly or indirectly, the whole or any part of the stock or other share capital and no corporation subject to the jurisdiction of the Federal Trade Commission shall acquire the whole or any part of the assets of another corporation engaged also in commerce or in any activity affecting commerce, where in any line of commerce in any section of the country, the effect of such acquisition may be substantially to lessen competition, or to tend to create a monopoly.

거래나 거래에 영향을 미치는 활동에 종사하는 자가, 직접 또는 간접적으로 주식이나 기타 지분의 전부 또는 일부를 취득하거나, 연방거래위원회의 관할에 속하는 회사가 거래나 거래에 영향을 미치는 활동에 마찬가지로 종사하는 다른 회사의 자산의 전부 또는 일부를 취득하는 경우에, 그러한 취득행위의 효과가 국가의 특정분야에서의 일정한 거래분야에서 경쟁을 실질적으로 감소시킬 수 있거나 독점을 창출할 경향이 있는 때에는 그러한 행위를 하여서는 아니된다.

📖 EU 기업결합 규칙(EU Merger Regulation) 제2조 제3항

Article 2

3. A concentration which would significantly impede effective competition, in the common market or in a substantial part of it, in particular as a result of the creation or strengthening of a dominant position, shall be declared incompatible with the common market.

공동시장 또는 그 상당 부분에서 유효 경쟁을 현저히 저해하는 결합, 특히 지배적 지위를 창출하거나 강화한 결과 발생한 결합은 공동시장과 양립하지 않는다.

2. 수평 결합(Horizontal Merger)

미국 Staples 판결

FTC v. Staples, Inc., 970 F. Supp. 1066 (D.D.C. 1997)

배경

연방거래위원회(FTC)는 FTC법에 따라 조직되고 존재하는 미국의 행정 기관이다. 위원회는 특히 클레이튼법 제7조와 FTC법 제5조 및 제13조 (b)항을 집행할 책임이 있다.

피고들은 모두 사무용품, 사무용 기계, 컴퓨터 및 가구를 포함한 사무용품을 소매점, 일반적으로 사무용품 대형매장(superstores)을 통해 판매하고 직접 우편 배달 및 계약 문구점 운영을 통해서도 판매하는 기업이다. Staples는 미국에서 2번째로 큰 사무용품 대형매장 체인으로, 주로 북동부와 캘리포니아에 위치한 28개 주와 컬럼비아 특별구에 약 550개의 매장이 있다. 1996년 Staples의 모든 매장의 운영 매출은 약 40억 달러였다. 제일 큰 규모의 사무용품 대형매장 체인인 Office Depot은 38개 주와 컬럼비아 특별구에 위치한 500개가 넘는 소매 사무용품 대형 매장을 운영하며, 주로 남부와 중서부에 있다. Office Depot의 1996년 매출은 약 61억 달러였다. 미국 내 다른 대형 사무용품 매장은 OfficeMax가 운영한다.

1996년 9월 4일, 피고 Staples와 Office Depot, 그리고 Staples의 완전자회사인 Marlin Acquisition Corp.(Marlin)는 Marlin이 Office Depot와 합병하고 Office Depot가 Staples의 완전자회사가 되는 "합병계약 및 계획"을 체결했다. 1976년 하트-스콧-로디노 반독점 개정법(Hart-Scott-Rodino Improvements Act)에 따라 Staples와 Office Depot은 1996년 10월 2일에 미국 FTC와 법무부(DOJ)에 사전 신고했다. 그 후 FTC는 7개월 동안 조사를 실시했다.

1997년 3월 10일, FTC는 4대 1 투표를 통해 기업결합에 이의를 제기하고, FTC법 제13조 제(b)항에 따라 임시 제한 명령(temporary restraining order)과 합병을 금지하는 가처분 명령(preliminary injunction) 신청을 개시할 것을 승인했다. 이 투표 이

후, 피고들과 FTC 직원들은 Staples와 Office Depot가 OfficeMax에 63개 매장을 매각하는 조건으로 기업결합을 승인하는 동의 판결(consent decree)을 협상했다. 그러나 FTC는 1997년 4월 4일에 제안된 동의 판결을 3대 2로 거부하기로 투표로 결정했다. 그런 다음 FTC는 1997년 4월 9일에 이 소송을 제기하여 FTC법 제5조 및 클레이튼법 제7조 및 제11조에 따른 행정 절차가 종료될 때까지 결합에 대한 임시 금지명령(temporary restraining order)과 가처분 명령을 신청했다.

이 문제의 긴급성 때문에 법원은 신속한 증거개시를 허가하고 1997년 5월 19일부터 5일간의 증거 심리를 열었다. 최종 변론은 1997년 6월 5일에 열렸다. 그동안 피고들은 법원이 가처분 신청에 대한 결정을 내릴 때까지 기업결합을 연기하기로 동의했고, 이로 인해 원고 FTC의 임시제한명령 신청은 불필요(moot)해졌다. 심리에서 FTC는 업계 증인 3명과 경제전문가 2명을 포함한 여러 명이 증언했다. 피고들은 경제전문가 및 소매전문가를 포함해 8명 증인이 증언했다. 이러한 증인 외에도 원고와 피고들은 소비자, 산업 분석가, 경제 전문가, 공급업체 및 기타 사무용품 판매자의 진술서를 포함하여 6,000개가 넘는 증거를 제출했다. 심리가 끝난 후 9개 주가 FTC의 신청을 지지하는 공동 법정조언자 의견서(amicus brief)를 제출했다. [법원은 원고의 신청을 인용한다.]

II. 지리적 시장

이 사건의 당사자들이 동의하는 몇 안 되는 쟁점 중 하나는 신고된 기업결합의 경쟁 효과를 분석하기에 대도시 지역이 적합한 지리적 시장이라는 점이다. 지리적 시장은 “소비자들이 제품의 대체 공급원으로 실제 전환할 수 있고 반독점 피고가 경쟁에 직면하는” 그러한 지리적 영역이다.

III. 관련 상품 시장

당사자들이 관련 지리적 시장에 대해 합의한 것과는 대조적으로, FTC와 피고들는 관련 상품 시장 또는 상업 분야의 적절한 획정에 대해서는 크게 의견이 다르다.

많은 반독점 사건에서 그러하듯, 본 사건에서 관련 상품 시장 획정은 중요하다. 사실, 이 사건은 상당 부분 관련 상품 시장의 적절한 획정에 달려 있다.

FTC는 관련 상품 시장을 "사무용품 대형매장(office superstore)을 통한 소모성 사무용품 판매"로 정의하며, "소모품"은 소비자가 반복적으로 구매하는 상품, 즉 "소모되거나" 폐기되는 품목을 의미한다. 예를 들어, FTC의 정의에 따르면 "소모성 사무용품"에는 컴퓨터, 팩스 및 기타 사무용 기계나 사무용 가구와 같은 자본재(capital goods)는 포함되지 않지만 종이, 펜, 파일 폴더, 포스트잇, 컴퓨터 디스크, 토너 카트리지와 같은 상품은 포함된다. 피고들은 FTC의 상품 시장 획정을 법이나 사실에 근거가 없는 "억지로 만든" 것으로 규정하고, Staples－Office Depot 결합의 경쟁적 결과를 평가하는 데 적절한 상품 시장은 단순히 사무용품의 전체 판매이며, 결합된 Staples－Office Depot는 1996년 북미 총 판매의 5.5%를 차지했다고 반박한다. 또한, 피고들은 문제가 된 결합은 상품 시장이 어떻게 획정되건 "실질적으로 경쟁을 감소시킬" 가능성이 없다고 주장한다. 법원은 이 사건에서 적절한 관련 상품 시장은 위원회가 주장한대로 사무용품 대형매장을 통한 소모성 사무용품 판매라고 판단한다.

관련 상품 시장을 결정할 때의 일반적인 규칙은 "상품 시장의 외부 경계는 소비자에 의한 합리적인 사용의 대체가능성(interchangeability of use) 또는 상품 그 자체와 대체재 간 수요의 교차 탄력성(cross－elasticity of demand)에 의해 결정된다"는 것이다(*Brown Shoe* 판결). 사용의 대체가능성과 수요의 교차 탄력성은 대체 상품의 가용성, 즉 해당 상품 또는 상품들과 유사한 특성이나 용도를 가진 다른 상품들이 소비자에게 제공되는지 여부와 구매자가 한 상품을 다른 상품으로 대체하기 위해 얼마나 멀리 갈 것인지를 살펴본다. 다시 말해, 일반적인 질문은 "두 상품을 같은 목적으로 사용할 수 있는지 여부와 그렇다면 구매자들이 한 상품을 다른 상품으로 대체할 의향이 있는지 여부와 그 정도"이다.

소비자가 이용할 수 있는 다른 상품이 해당 상품과 성격이나 용도가 유사한지의 여부는 "기능적 대체가능성(functional interchangeability)"이라고 할 수 있다. 물론 이 사례는 완벽한 "기능적 대체가능성"의 예이다. 여기서 문제가 되는 소모성 사무용품은 Staples나 Office Depot 또는 다른 사무용품 판매업체에서 판매하든 동일하다. Staples나 Office Depot에서 판매하는 포스트잇은 Viking이나 Quill에서 판매하는 포스트잇과 "기능적으로 대체가능"하다. 소모성 사무용품의 기능적 대체가능성에 이의를 제기하는 사람은 없다. 그러나 정부가 주장했듯이, 기능적 대체가능성으로 법원의 분석이 끝나서는 안 된다.

대법원은 *du Pont* 사건에서 셀로판과 다른 포장재 사이에 높은 수준의 기능적 대체가능성을 발견한 후에도 멈추지 않았다. 대신, 법원은 또한 "상품 간 수요의 교차 탄력성에 대한 고려 요소는 한 상품의 판매가 다른 상품의 가격 변화에 반응하는 것"이라고 판단했다. 예를 들어, 그 사건에서 법원은 "[셀로판 가격이 약간 하락하면 다른 유연 포장재의 상당수 고객들이 셀로판으로 전환하는 경우 [셀로판과 다른 유연 포장재] 사이에 수요의 높은 교차 탄력성이 존재하고 [따라서] 두 상품이 동일한 시장에서 경쟁한다는 것을 나타낸다."라고 설명했다. 이 사건에서 이러한 추론에 따라 위원회는 Staples－Office Depot의 가격이 약간이지만 상당히 인상되더라도 Staples－Office Depot의 상당수의 고객이 Wal－Mart, Best Buy, Quill 또는 Viking과 같은 다른 비대형 매장에서 소모성 사무용품을 구매하게 되지는 않을 것이라고 주장했다. 반면 위원회는 Staples의 가격 인상으로 인해 소비자에게 선택권이 있다면 소비자들은 다른 사무용품 대형 매장, 특히 Office Depot로 전환할 것이라고 주장했다. 따라서 위원회는 이 사건에서 사무용품 대형 매장에서 소모성 사무용품 판매가 적절한 관련 상품 시장이며, Wal－Mart, Best Buy, Viking, Quill 등과 같은 경쟁자가 판매하는 상품은 제외해야 한다고 결론내렸다.

법원은 실제로 모든 공급업체가 소모성 사무용품을 판매하는 광범위한 시장이 존재하며, 이러한 판매자들이 어느 정도 서로 경쟁해야 한다는 사실을 인정한다. 그러나 한 회사가 전체 시장에서 경쟁자로 지칭될 수 있다는 사실만으로 반드시 반독점 목적으로 관련 상품 시장에 포함되어야 하는 것은 아니다. 대법원은 광범위한 시장 내에 "잘 정의된 서브마켓(하위시장, submarket)이 존재할 수 있으며, 이들 자체가 반독점법 목적의 상품 시장을 구성할 수 있다."는 사실을 인정했다(*Brown Shoe* 판결). 이러한 서브마켓과 관련하여, 법원은 "[클레이튼법 제7조는 '어떠한 상거래 분야에서' 경쟁을 실질적으로 감소시킬 수 있는 기업결합을 금지하기 때문에, 기업결합이 경쟁을 실질적으로 감소시킬 합리적 개연성(reasonable probability)이 있는지 판단하기 위해 각각의 경제적으로 중요한 서브마켓에서 기업결합의 영향을 검토할 필요가 있다. 그러한 개연성이 있다고 판단되면, 그 기업결합은 금지된다."라고 설명했다. 따라서 사무용품 대형매장의 소모성 사무용품 판매는 일반적인 사무용품 소매업자들의 더 큰 시장 내의 서브마켓으로 분류될 가능성이 있다.

Brown Shoe 판결에서 법원은 서브마켓이 존재하는지 여부를 판단하기 위한 일련의 요인 또는 "실질 지표(practical indicia)"를 제공했다. 여기에는 "업계 또는 대중이 서브마켓을 별도의 경제적 실체로 인정하는지, 상품의 독특한 특성 및 용도, 고유한 생산 시설, 구별되는 고객, 구별되는 가격, 가격 변화에 대한 민감성 및 전문 공급업체"가 포함된다. 법원이 이러한 요인을 요건이 아닌 "실질 지표"로 설명했기 때문에, 이후 사례에서는 이러한 요인 중 일부만 존재하더라도 서브마켓이 존재할 수 있다고 판단하였다.

FTC는 *Brown Shoe* 사례에서 업계 인정과 사무용품 판매자와 구별되는 대형매장의 특별한 특성, 즉 구별된 형태, 고객, 가격 등과 같은 여러 가지 "실질 지표"를 논의했다. 그러나 FTC는 주로 "가격설정 증거"라고 불리는 것에 초점을 맞추었고, 법원은 이것이 *Brown Shoe* 사건에서 "가격 변화에 대한 민감성" 요인과 일치한다고 판단했다. 먼저 FTC는 Staples가 유일한 사무용품 대형매장인 지리적 시장에서의 Staples 가격과, Staples가 Office Depot 또는 OfficeMax 혹은 두 사업자 모두와 경쟁하는 시장에서의 가격을 비교하는 증거를 제시했다. FTC 계산에 따르면, Staples가 사무용품 대형매장과 전혀 경쟁하지 않는 시장('단일 기업 시장')에서 가격은, Office Depot과 OfficeMax 모두와 경쟁하는 '3개 기업 시장'보다 13% 더 높다. FTC는 1997년 1월 기준 Office Depot의 500개 품목 샘플 가격을 기반으로 유사한 증거를 제시했다. 마찬가지로 이 증거에 따르면, Office Depot만 있는 시장에서는 Office Deport 가격은 3개 기업 시장보다 5% 이상 상당히 높다.

이 모든 증거는 대형 사무용품 매장 가격이 주로 다른 대형 사무용품 매장의 영향을 받으며, Wal-Mart, Kmart, Target과 같은 대형 소매점(mass merchandisers), BJ's, Sam's, Price Costco와 같은 회원제 도매클럽 매장(wholesale club), Computer City와 Best Buy와 같은 컴퓨터 또는 전자제품 매장, 독립형 소매 사무용품 매장, Quill과 Viking과 같은 통신판매(mail orders) 회사, 그리고 계약 문구점과 같은 비대형마트 경쟁업체들의 영향은 받지 않는다는 것을 시사한다. FTC가 Staples와 Office Depot

각각이 1, 2, 3개 있는 시장에서 비대형마트 경쟁의 정확한 양에 대한 증거를 법원에 제시하지 않았지만, 법원은 이러한 경쟁업체들이 서로 다른 조합과 집중도에도 불구하고 모든 시장에 존재한다는 것이 분명하다고 판단한다. 예를 들어, 통신판매 경쟁자는 이 사건에서 문제가 되는 모든 지리적 시장에서 경쟁한다는 것은 확실하다. 사무용품은 50개 주 전체에서 우편을 통해 구입할 수 있으며, 약 30년 동안 이용되어 왔다. 그러나 이러한 통신판매 경쟁에도 불구하고, Staples와 Office Depot은 통신판매 회사에 상당한 수의 고객을 빼앗기지 않으면서도, 여전히 2개 기업 시장과 3개 기업 시장보다 단일 기업 시장에서 더 높은 가격을 부과할 수 있다. Wal-Mart와 관련하여도 마찬가지인 것으로 보인다. Wal-Mart Stores의 상품 담당 부사장은 Staples와 Wal-Mart가 모두 있는 지역에서 양사 가격을 가격 검사한 결과, 평균적으로 Staples와 Wal-Mart만 있고 다른 대형매장이 없는 지역에서의 Staples 가격이 Staples, Wal-Mart, 그리고 다른 대형매장이 있는 지역보다 더 높았다고 설명했다.

도매클럽 매장과 관련된 증거도 일관된다. BJ's Wholesale Club의 부사장 겸 부문 상품 관리자는 BJ's가 두 대형매장 중 하나 또는 둘 다와 경쟁하는 지역에서 Staples와 Office Depot의 가격 확인에 대해 증언했다. BJ의 가격 확인 결과, 일반적으로 사무용품 대형매장 가격은 Staples와 Office Depot이 모두 있는 곳에서 가장 낮았다. 또한 Staples의 자체 가격 정보에 따르면 도매클럽 매장은 Staples의 가격에 거의 영향을 미치지 않는다는 점을 보여준다.

Best Buy와 같은 컴퓨터 및/또는 가전제품 매장과 관련해서도 일관된 증거가 있다. 예를 들어, Office Depot는 Best Buy 매장은 있지만 다른 사무용품 대형매장이 없는 지역을 위해 "zone 30"이라고 하는 별도의 가격 구역을 유지한다. 그러나 FTC는 1997년 1월 "판매 속도 기준 상위 500개 품목"의 장바구니 분석을 기반으로, Office Depot의 "zone 30" 가격 구역의 가격이 다른 사무용품 대형매장과 경쟁하지 않는 "비경쟁" 가격 구역의 가격만큼 높다는 증거를 제시했다.

다른 경쟁자의 진입에 직면했을 때 피고 행동과 관련해서도 유사한 증거가 있다. 증거에 따르면, 피고들은 다른 대형매장의 진입에 직면했을 때 가격 구역(price zone)을 변경하지만, 다른 소매업체에 대해서는 변경하지 않는다. 예를 들어, Office Depot과 OfficeMax가 신시내티 지역에 진입했을 때 Staples는 신시내티의 가격 구역을 더 낮은 가격 구역으로 변경했다. Staples와 OfficeMax의 새로운 진입으로 인해 Office Depot의 그린스버러 매장 가격이 하락했다. 1996년 7월, OfficeMax가 미시간 주 잭슨에 진입한 후, Staples는 잭슨 매장을 새로운 구역으로 이전하고 가격을 6% 인하했다. 대형매장 진입으로 인해 구역이 변경되고 가격이 하락한 사례가 많이 있다. 다른 대형매장이 아닌 소매업체가 지리적 시장에 진입했을 때 구역이 변경되고 가격이 하락한다는 증거는 없다.

FTC의 증거들이 개별적으로 시간상 짧은 스냅샷만 보거나 제한된 수의 재고 관리 단위(Stock Keeping Unit, SKU)만 고려한다는 점에서 비판받을 수 있지만, 법원은 이 증거가 Staples의 가격이 작지만 유의미하게 인상되어도 상당수의 소비자들이 소모성 사무용품을 구매하기 위해 대형매장이 아닌 대안으로 전환하지 않을 것이라는 설득력 있는 증거라고 판단한다. 사무용품 대형매장과 다른 사무용품 소매업체에서 판매하는 소모성 사무용품 간의 기능적 대체가능성이 높음에도 불구하고, 위원회가 제시한 증거는 Staples와 Office Depot에서 더 높은 가격을 책정하더라도 일부 소비자는 다른 곳에서 용품을 구매하지 않는다는 것을 보여준다. 이는 비대형 소매업체의 사무용품 판매가 단일 기업 시장에서 Staples와 Office Depot이 책정한 더 높은 가격에 반응하지 않는다는 것을 더욱 잘 보여준다. 이는 대형매장에서 판매하는 소모성 사무용품과 다른 판매자가 판매하는 소모성 사무용품 간의 수요 교차탄력성이 낮음을 나타낸다.

이 사건에서 FTC가 제시한 서브마켓의 *Brown Shoe* 판결에서 다른 "실질 지표(practical indicia)"로 돌아가서, 위원회는 청문회와 증언을 통해 사무용품 대형매장의 고유성과 사무용품 대형매장과 대형 소매업체, 도매클럽, 통신판매 회사와 같은 다른 사무용품 판매업체 간의 차이점, 그리고 사무용품 대형매장 고객들의 특별한 특성을 제시했고 법원은 이를 청취했다. 그 증거는 사무용품 대형매장이 실제로 외관, 물리적 크기, 형식, 제공되는 SKU의 수와 다양성, 그리고 목표로 하고 서비스하는 고객 유형이 다른 사무용품 판매업체와 매우 다르다는 것을 보여준다.

법원은 대형 사무용품 매장이 다른 사무용품 판매업체와 매우 다르게 보인다는 점을 지적했다. 사무용품 대형매장은 20,000제곱피트가 넘는 평균 면적을 가진 대량할인 사무용품 체인점으로, 그 중 11,000제곱피트가 전통적인 사무용품에 할애되고, 컴퓨터, 사무용 가구 및 기타 비소모품 외에도 5,000개 이상의 소모성 사무용품 SKU를 판매한다. 반면 Kmart와 같은 매장은 약 250개 SKU의 소모성 사무용품 판매에 약 210제곱피트를 할애한다. Kinko's는 약 150개 SKU의 판매에 약 50제곱피트를 할애한다. Target은 400개 SKU만 판매한다. Sam's Club과 Computer City는 각각 약 200개 SKU를 판매한다. 피고들이 주장한 것처럼 이러한 SKU 총계가 낮은 추정치일지라도 대형매장과 나머지 사무용품 판매업체 사이에는 여전히 엄청난 차이가 있다.

SKU 숫자와 다양성의 차이 외에도, 대형매장은 목표로 삼고 유치하는 고객 유형 때문에 다른 많은 사무용품 판매업체와 다르다. 대형매장의 고객 기반은 대부분 직원이 20명 미만인 소규모 사업체와 홈 오피스가 있는 소비자로 구성되어 있다. 반면, 통신판매 고객은 일반적으로 직원이 20명 이상인 중견기업이다. 또 다른 예로는 직원이 100명 이상인 고객에게 서비스를 제공하는 계약 문구업체가 있다. 법원은 직원이 20명 미만인 일부 소규모 사업체와 홈 오피스 고객이 다른 사무용품 판매업체를 선택한다는 것을 인정하지만, 대형매장의 고객은 많은 경쟁업체의 고객과 다르다.

Brown Shoe 판결에서 제안한 서브마켓의 존재를 판단하기 위한 또 다른 "실질 지표"는 "업계 또는 대중이 서브마켓을 별도의 경제적 실체로 인식하는 것"이다. FTC는 Staples와 Office Depot의 문서에서 이 요인에 대한 풍부한 증거를 제시했는데, 이는 Staples와 Office Depot 모두가 주로 다른 대형매장과의 경쟁에 초점을 맞추고 있음을 보여준다.

주요 추세를 평가하고 장기 계획을 세울 때, Staples와 Office Depot은 다른 대형매장의 계획에 초점을 맞춘다. 또한 새로운 대도시 지역에 진출할지 여부를 결정할 때, Staples와 Office Depot은 모두 시장에서의 사무용 대형매장 경쟁의 범위와 시장이 지원 가능한 사무용품 대형매장의 수를 평가한다. 새로운 매장 개점을 위한 부지와 시장을 선택할 때, 피고들은 사무용품 대형매장이 없는 시장을 "비경쟁적"이라고 반복해서 언급하는데, 이는 새로운 매장이 창고형 클럽(warehouse club), 가전제품 매장 또는 월마트와 같은 대형 소매점과 인접해 있거나 가까이에 있는 경우에도 마찬가지이다.

법원은 Staples와 Office Depot가 창고형 클럽, Best Buy 또는 Wal-Mart와 같은 판매자를 무시하지 않는다는 것이 분명하지만, 증거는 Staples와 Office Depot

가 각각 다른 대형매장을 주요 경쟁자로 간주한다는 것을 분명히 보여준다. 예를 들어, Office Depot에는 Best Buy 구역이 있고 Staples에는 창고형 클럽 구역이 있다. 그러나 각각은 여전히 다른 사무용품 대형매장이 없는 자사만의 시장을 "비경쟁(non-competitive)" 구역 또는 시장이라고 언급한다. 또한 증거를 보면, Staples와 Office Depot가 BJ's나 Best Buy와 같은 다른 소매업체의 가격을 확인하는 것보다 훨씬 더 자주 그리고 광범위하게 다른 사무용품 대형매장의 가격을 확인하고, Staples와 Office Depot가 Best Buy나 창고형 클럽보다 낮은 가격을 책정하는 것보다 해당 지역의 다른 사무용품 대형매장과 동일 가격을 유지하는 데 더 관심이 있다는 것은 분명하다.

위 분석에서 제시된 이유로, 법원은 사무용품 대형매장을 통한 소모성 사무용품 판매가, Staples와 Office Depot 간의 제안된 기업결합의 잠재적인 경쟁제한 효과를 고려하는 목적에 적합한 관련 상품시장이라고 판단한다. 가격설정 증거는 Staples 또는 Office Depot에서 판매하는 소모성 사무용품과 다른 사무용품 판매자가 판매하는 동일한 제품 간의 수요 교차탄력성이 낮음을 나타낸다. 해당 증거는 사무용품 대형매장이 아닌 판매자는 대형매장 가격을 효과적으로 제한할 수 없음을 나타낸다. 상당수의 대형매장 고객이 단일 회사 시장에서 더 높은 가격에 직면했을 때, 대형매장 아닌 대안으로 전환하지 않기 때문이다. 또한, *Brown Shoe* 판결의 요소 또는 "실질 지표(practical indicia)"는, 이 사건의 사실관계 하에서 "서브마켓"이라는 판단을 뒷받침하며, *Brown Shoe* 판결이 확립한 바와 같이 "서브마켓" 자체가 반독점 목적상 적절한 상품시장일 수 있다.

Ⅳ. 경쟁에 대한 개연성 있는 효과

법원은 FTC의 관련 상품시장 획정을 수용한 다음으로 이전에 식별된 지리적 시장에서 Staples와 Office Depot의 기업결합의 개연성 있는 효과(probable effect)를 고려해야 한다. 이를 수행하는 한 가지 방법은 지리적 시장 내의 집중도 통계와 HHI(허핀달-허쉬만 지수)를 조사하는 것이다. 관련 상품시장이 사무용품 대형매장을 통한 소모성 사무용품 판매로 획정되는 경우, 많은 지리적 시장의 HHI는 결합 전에도 문제가 있는 수준이다. 현재 가장 집중도가 낮은 시장은 HHI가 3,597인 미시간주 Grand Rapids－Muskegon－Holland이고, 가장 집중도가 높은 시장은 HHI가 6,944인 워싱턴 D.C.이다. 반면, Staples와 Office Depot가 결합된 후 가장 집중도가 낮은 지역은 Kalamazoo－Battle Creek Michigan으로 HHI가 5,003이고, 많은 지역에서 HHI가 10,000에 이를 것이다. 결합으로 인해 HHI가 평균적으로 2,715포인트 증가할 것이다. 시장 집중도 통계는 결합된 Staples와 Office Depot가 전국의 42개 지리적 시장에서 지배적인 시장점유율을 갖게 될 것임을 보여준다. Staples와 Office Depot의 사무용품 대형매장 시장에서의 합산 점유율은 15개 대도시권에서 100%가 될 것이다. 이러한 시장은 결합 후 HHI는 10,000이 될 것이다. 사용품용 대형매장의 경쟁업체의 수가 3개에서 2개로 감소하는 다른 27개 대도시권에서는, 결합 후 시장 점유율은 45%에서 94% 사이이고, 결합 후 HHI는 5,003에서 9,049 사이가 될 것이다. 이러한 HHI 중 가장 낮은 수치조차도 "고도로 집중된" 시장을 나타낸다.

법무부(DOJ) 기업결합 가이드라인에 따르면, HHI가 1,000 미만인 시장은 "비집중(unconcentrated)" 시장이다. HHI 1,000과 1,800 사이는 "중간수준 집중(moderately concentrated)" 시장을 나타내며, HHI가 1,800을 초과하는 모든 시장은 "고도 집중(highly concentrated)"으로 간주된다. 또한 기업결합 가이드라인에 따르면, 결합이 경쟁을 감소시킬 가능성이 없다는 결론을 이끄는 다른 요인에 의해 완화되지 않는 한, 결합 후 고도 집중된 시장에서 HHI가 50포인트를 초과하면 중대한 경쟁 우려를 야기시킬 수 있다(may raise significant competitive concerns). 결합 후 HHI가 1,800보다 작지만 1,000보다 큰 경우, 가이드라인은 HHI가 100포인트 증가하는 것이 결합으로 시장력을 창출하거나 강화시킬 것이라는 증거라고 가정한다. 물론 가이드라인은 법원에 구속력이 없지만, 이 법원이 언급했듯이 "HHI 적용에 대한 유용한 설명"을 제공하며, 법원은 이 가이드라인을 이 사건에서 사용할 것이다. 또한 대법원은 시장집중도 증가가 반독점법을 발동시키는 정해진 기준은 없다고 확립했지만(*Philadelphia National Bank* 판결), 분명히 이 사건은 경계선상의 사례는 아니다. 결합 전 시장은 이미 "고도 집중" 범위에 있으며, 결합 후 HHI는 평균 2,715포인트 증가를 보여준다. 따라서 법원은 원고가 본안 승소 가능성을 보여 주었다고 판단한다. 이 수준의 HHI를 통해, 위원회는 제안된 기업결합이 경쟁제한 효과를 가질 "합리적 개연성(rea－

sonable probability)"을 확실히 보여주었다.

그러나 HHI 계산과 시장 집중 증거는 Staples와 Office Depot의 결합이 경쟁을 실질적으로 감소시킬 수 있다는 유일한 지표는 아니다. 관련 상품시장을 획정하는 것과 관련해 이미 논의된 많은 증거도 결합이 반경쟁적 효과를 가질 가능성이 있음을 보여준다. 예를 들어, 피고들의 현재 가격 책정 관행에 대한 증거는 다른 대형매장과 경쟁에 직면하지 않은 사무용품 대형매장 체인의 경우, 소모성 사무용품의 가격을 경쟁 수준 이상으로 수익성 있게 인상할 수 있는 능력이 있음을 보여준다. Staples와 Office Depot 모두 대형매장 경쟁이 없는 곳에서 더 높은 가격을 부과한다는 사실은 사무용품 대형 매장이 경쟁 수준 이상으로 가격을 인상할 수 있음을 보여준다. 또한 증거는 피고가 다른 사무용품 대형매장의 진입에 직면했을 때 가격 구역을 변경하지만, 다른 소매업체에 대해서는 그렇게 하지 않는다는 것을 보여준다. Staples와 Office Depot가 경쟁하는 시장에서는 가격이 상당히 낮기 때문에, 이러한 경쟁을 제거하면 이 둘은 해당 시장에서 더 높은 가격을 부과할 자유를 갖고, 특히 결합된 회사가 유일한 사무용품 대형매장이 되는 시장에서는 그렇다. 또한 피고가 결합하도록 허용하면, 향후 상당한 경쟁이 없어질 것이다. 결합이 없다면, 두 회사는 서로의 시장에 더 많이 진입할 가능성이 높고 실제로 그렇게 계획했을 것이며, 이로 인해 시장이 분산되고, 그 결과 대형매장 간의 경쟁을 증가시키는 결과를 초래할 것이다.

또한, 직접적인 증거에 따르면 Staples의 가장 주요한 경쟁자를 제거함으로써, 이 기업결합은 Staples가 가격을 인상하거나 아니면 가격을 경쟁제한적 수준으로 유지할 수 있도록 할 것이다. 이 기업결합은 대형매장 시장에서 가장 낮은 비용과 가장 낮은 가격을 제공하는 두 회사 간의 상당한 직접 경쟁을 없앨 것이다. 따라서 기업결합은 고도 집중 시장에서 특히 공격적인 경쟁자를 없애는 결과를 가져올 것이며, 이는 가능한 반경쟁적 효과를 분석할 때 확실히 중요한 고려 사항이다. 또한 법원은 이러한 모든 증거를 토대로 위원회가 본안에서 승소할 가능성이 높고 대상 거래가 반경쟁적 효과를 가져올 "합리적 개연성"이 있음을 증명했다고 판단한다.

Staples와 Office Depot 간의 제안된 거래가 당사자들이 합의한 지리적 시장에서 사무용품 대형매장에서 판매하는 소모성 사무용품 시장에서 부당한 집중을 초래할 것이라는 점을 보여줌으로써, 위원회는 이 거래가 경쟁을 실질적으로 감소시킬 것이라는 추정을 확립한다. 일단 이러한 추정이 확립되면, 이 추정을 반박하기 위한 증거를 제시할 책임은 피고에게 넘어간다. 이 책임을 충족하기 위해 피고는 시장점유율 통계는 제안된 인수가 경쟁에 미칠 개연성 있는 효과에 대한 부정확한 예측을 제공한다는 것을 증명해야 한다.

피고들은 위원회의 가격설정 증거에 대한 비판하면서, FTC가 데이터를 "유리한 것만 선별해 사용(cherry－picking)"했다고 비난했고, 위원회의 결론과 모순되는 구체적인 사례를 지적했다. 예를 들어, 피고들은 Ohio의 두 마을, 즉 2개의 대형매장이 있는 Columbus와 3개의 대형매장 체인을 모두 보유한 Cincinnati의 서류 바인더에 대한 FTC의 비교 가격에 초점을 맞췄다. 1995－96년의 경우, 바인더 가격은 2개 회사 시장에서 3개 회사 시장보다 평균 51% 더 높았다. 피고들은 Ohio 사례와 대조적으로 두 회사가 있는 Kokomo와 세 회사가 모두 있는 Elkhart/South Bend를 비교하면 그 반대가 나타난다고 주장했다. 실제로 피고들이 1996년 Kokomo와 Elkhart/South Bend의 바인더 평균 가격을 비교한 결과, 2개 회사 시장인 Kokomo의 가격이 3개 회사 시장보다 30%나 낮았음을 보여준다.

법원은 기록에 이런 유형의 증거가 일부 있다는 것을 인정하며, 이를 모두 고려했다. 그러나 개별 도시의 개별 품목과 관련하여 FTC의 증거와 모순되는 몇 가지 사례가 있을 수 있다는 사실은 법원을 지나치게 우려시키지 않는다. 몇 개의 고립된 제품의 사례는 시간 경과에 따른 전반적인 추세와 관련하여 FTC 증거력을 쉽게 반박할 수 없다. 이 추세는 Staples와 Office Depot의 가격은 3개 회사 시장에서 가장 낮고, 다른 사무용품 대형매장과 경쟁하지 않는 곳에서 가장 높다. 일부 2개 대형매장 지역의 가격이 일부 3개 회사 시장보다 낮다는 사실도 마찬가지이다. 또한 피고가 Kokomo와 Elkhart/South Bend에 대해 수행한 가격 비교 연구를 자세히 살펴보면, 비교된 6가지 제품 중 4개 가격이 실제로 Kokomo에서 더 높았다. 게다가 Staples의 가격에 민감한 품목과 가격에 민감하지 않은 품목의 총 가격을 조사했을 때, Ko－komo의 가격은 Elkhart보다 3~5% 더 높았다. 이는 위원회의 결과를 반박하는 것이 아니라 오히려 재확인하는 것이다.

V. 시장 진입

“진입 장벽의 존재와 중요성은 물론 반박 분석에서 종종 중요한 고려 사항이다. [왜냐하면] 중대한 장벽이 없다면, 회사는 아마도 어느 기간 동안이라도 경쟁수준을 넘는 높은 수준의 초경쟁적 가격을 유지할 수 없기 때문이다.” 따라서 법원은 이 사건에서 “시장 진입이 [Staples]의 [Office Depot] 인수로 인한 경쟁제한 효과를 막을 가능성이 있는지”를 고려해야 한다. 피고가 시장 진입 관련 증거에서 시장점유율 통계가 대상 거래가 경쟁에 미치는 영향에 대한 틀린 예측을 제공한다는 것을 보여주었다면, 시장 진입이 Staples－Office Depot의 가격에 제약으로 작용하여 반경쟁적 효과를 막을 가능성이 높기 때문에 법원은 FTC의 신청을 기각할 것이다. 그러나 법원은 이 사건에서 그러한 판단을 내릴 수 없다.

그러나 피고의 증거에는 법원이 이 사건에서 새로운 경쟁자의 시장 진입이나 기존 회사의 시장 확장이 Staples의 Office Depot 인수로 인한 반경쟁적 효과를 막을 가능성이 높다고 판단하지 못하도록 하는 문제가 있다. 예를 들어, 모든 사무용품 대형매장 진입자가 지난 11년 이내에 진입한 것은 사실이지만, 사무용품 대형매장의 최근 추세는 실제로 진입보다는 시장에서 철수하는 방향이었다. 지난 몇 년 동안 사무용품 대형매장 체인의 수는 23개에서 3개로 크게 감소했다. Staples, Office Depot, OfficeMax를 제외한 모든 매장은 문을 닫거나 인수되었다. 실패한 사무용품 대형매장 진입자에는 Kmart, Montgomery Ward, Ames, Zayres와 같은 매우 크고 잘 알려진 소매점들이 포함된다. 새로운 사무용품 대형매장은 기존 3개 회사가 누리고 있는 구매 및 유통에서 규모의 경제를 달성하기 위해 전국적으로 많은 매장을 열어야 한다. 매몰 비용이 매우 높을 것이다. 지역 수준에서 광고 및 유통 비용 등 규모의 경제를 실현하는 것도 새로운 대형마트 진입자가 달성하기 어려울 것인데, 기존 업체 3개가 많은 중요한 지역 시장을 포화 상태로 만들었기 때문이다.

위에서 논의한 이유로, 법원은 새로운 사무용품 대형매장이 시장에 진입하여 Staples의 Office Depot 인수에 따른 반경쟁적 효과를 방지할 가능성이 극히 낮다고 판단한다. 물론 피고들은 단순히 추가적인 대형매장의 진입에만 자신의 진입주장을 집중하지 않고, U.S. Office Products와 Wal－Mart와 같은 기존 회사의 시장 확장도 지적했다. 법원은 U.S. Office Products와 Wal－Mart의 확장 또한 기업결합으로 인한 반경쟁적 효과를 방지할 가능성이 낮다고 판단한다.

피고들은 시장 진입에 관한 일반적인 증언 외에도 최근 또는 계획된 진입의 구체적인 사례를 강조했다. 예를 들어, 피고들은 U.S. Office Products의 대표 겸 CEO인 John Ledecky의 증언을 제시했는데, 이는 U.S. Office Products가 Mailboxes를 인수한 것과 관련된 내용이었다. 이 인수는 공교롭게도 이 사건에서 Ledecky가 증언하기 전날 밤에 발표되었다. 이 인수를 통해, 미국 전역에 약 165개의 계약 문구점으로 구성된 조직 또는 협동조합인 U.S. Office Products는 3,300개의 Mailboxes 프랜차이즈 운영권을 인수하게 된다. 피고 측은 또한 Wal-Mart가 매장 내 사무용품 섹션을 개편하고 확장하려는 계획에 대한 증언을 제시했다. Wal-Mart의 상품화 부문 부사장인 William Long과 대표 겸 CEO인 David Glass의 증언에 따르면, Wal-Mart는 1997년 5월부터 여름까지 "Department 3"로 불리는 사무용품 부서를 개편할 예정이다. Long은 새로운 Department 3에서 제공될 사무용품 SKU의 정확한 수를 확신하지 못했지만, 대략 2,600~3,000개 사이로 추정했다. 마지막으로 피고 측은 대형 유통업체, 컴퓨터 전문점, 창고형 매장이 새로운 수요나 인기 있는 제품을 수용하기 위해 매장 구성 변경 및 선반 공간 조정을 할 수 있는 일반적인 능력에 대한 증언을 제시했다.

피고들의 U.S. Office Products에 대한 증거의 문제점은 수없이 많다. Staples와 Office Depot과는 대조적으로, U.S. Office Products는 주로 중견기업 부문에 서비스를 제공하는 계약 문구점 사업에 집중하는 회사이다. U.S. Office Products가 최근 인수한 Mailboxes 매장은 약 1,000-4,000제곱피트 규모의 매장에서 사무용품 50-200개 SKU만 판매하며, 그 면적의 절반도 소모성 사무용품에 할애되지 않았다. 규모가 작고 SKU 수가 제한적이라는 점 외에도 Mailboxes 매장은 실제로 신규 진입자가 아니다. U.S. Office Products는 기존 매장을 인수하고 있으며, Ledecky가 모든 Mailboxes 매장에 U.S. Office Products 카탈로그를 배치할 계획 외에는 소매점 자체에서 판매되는 SKU 수를 1,088개로 늘리거나 평균 Mailboxes 매장의 규모를 늘릴 계획에 대한 증언은 없었다. 마지막으로, Ledecky는 Staples와 Office Depot가 결합 후 가격을 인상한다면, 그는 그것을 결합된 회사에서 사업을 빼앗을 기회로 여길 것이라고 증언했지만, 나중에 그는 계약 문구업 분야에서의 일이라고 설명하여 그 발언을 명확히 했다.

피고들의 Wal-Mart의 Department 3 확장에 대한 증거 역시 유사한 약점이 있다. 새로운 Department 3에서 취급될 것으로 예상되는 총 SKU 수는 인상적이고, Glass는 이를 2,600~3,000개 SKU로 추정했지만, 증거에 따르면 이는 약 400개 SKU의 증가에 불과하다. 법원은 이미 Wal-Mart의 사무용품 판매가 이 사건에서 관련 상품시장 바깥에 있다고 판단했는데, 그 이유는 주로 가격설정 증거가 Wal-Mart가 현재 대형매장의 가격을 효과적으로 제한하지 못한다는 사실을 보여주기 때문이다. 법원은 400개 SKU를 추가하고 선반 공간을 재구성하면 Wal-Mart가 Staples와 Office Depot의 가격을 제한하는 능력이 크게 바뀔 것이라고 결론 내릴 수 없다. 대형매장은 소모성 사무용품의 훨씬 더 많은 SKU를 계속 제공할 것이다. 이러한 이유로 법원은 Wal-Mart가 Department 3를 통해 확장하는 것이 Staples가 Office Depot를 인수함으로써 발생하는 반경쟁적 효과를 막을 가능성이 있다고 판단할 수 없다.

진입과 관련된 피고들의 최종 주장은, Sam's Club, Kmart, Best Buy와 같은 기존 소매업체들이 추가적인 사무용품 SKU를 포함하도록 선반 공간을 재배치할 수 있는 능력이 있다는 것이었다. 이러한 매장은 확실히 선반 공간을 재배치할 수 있는 능력이 있지만, Staples-Office Depot가 합병 후 가격을 5% 인상한다면 실제로 이를 실행할 것이라는 증거는 없다. 사실, 증거는 그들이 그렇게 하지 않을 가능성이 더 높다는 점을 시사한다. 예를 들어, Staples나 Office Depot가 다른 대형매장과 경쟁하지 않는 대형 매장의 반경쟁(anti-competitive) 구역에서도, 어떤 소매업체도 대형매장 가격을 제한할 정도로 소모품 사무용품을 성공적으로 확장한 적이 없다. Best Buy는 1994년에 사무용품 부서를 만들어 2,000개의 사무용품 SKU를 제공함으로써 그러한 확장을 시도했지만, 확장이 기대했던 것보다 수익성이 낮다는 것을 알게 되어 2년 후에 포기했다. 이러한 이유로 법원은 또한 많은 사무용품 판매업체들이 선반 공간을 재구성하고 사무용품 SKU를 추가하는 능력이, Staples가 Office Depot을 인수함으로써 발생하는 경쟁제한 효과를 방지할 가능성이 있다고 판단할 수 없다.

결론

Thomas Stemberg는 1985년 사무용품 대형매장 개념을 개척했다. 그는 주로 소규모 사업체에 사무용품을 광범위하게 판매하는 대폭 할인된 가격을 판매하는 체인을 만들었는데, 그 당시 소규모 사업체는 사무용품에 대해 "엄청난 비용을 지불"하고 있었다. Staples는 낮은 총 마진으로 운영되는 대량 판매 체인이 되었고, 판매량이 많을수록 소비자에게 더 낮은 비용을 제공하고자 했다. Staples의 가격 설정과 곧 Staples의 방식을 따르는 다른 사무용품 대형매장의 가격 설정은, 사무용품 산업을 혁신하여 모든 사무용품 소매 유통 채널에 영향을 미쳤다. Staples와 다른 대형매장은 사무용품을 정가 대비 30~60% 할인된 가격으로 판매함으로써 업계의 다른 모든 업체들이 가격 인하에 집중하도록 하는 촉매 역할을 했다. 비교적 짧은 기간 동안 사무용품 대형매장은 전반적으로 사무용품 가격을 낮추었다. 그 인하는 대형매장이 구매력을 높이면서 계속되었고, 제조업체와 공급업체는 제품 판매에서 경쟁하기 위해 자체 사업에서 효율성을 구현해야 했다.

Staples와 Office Depot가 소비자에게 제공한 부인할 수 없는 혜택을 감안할 때, 법원이 이 사건에서 내려야 할 결정은 유감스러운 일이다. 이 결정은 아마도 합병을 무산시킬 것이다. 법원은 어느 정도, 피고들이 자신의 성공과 소비자에 제공한 혜택 때문에 처벌받고 있다고 느낀다. 실제로 그들은 자신들의 폭탄에 날아갔다(셰익스피어, 햄릿, 3막 4장). 또한 법원은 이 사건의 보다 광범위한 파급효과를 우려한다. 대형매장이나 "카테고리 킬러(category killer)"와 같은 사무용품 대형마트는 비교적 최근의 현상이며, 이는 확실히 사무용품에만 국한되지 않는다. 오늘날 미국에는 반려동물 용품, 가정 및 정원 제품, 침대, 목욕 및 주방 제품, 장난감, 음악, 책 및 전자 제품과 같은 다양한 분야를 포괄하는 수많은 대형매장 또는 "카테고리 킬러"가 있다. 실제로 이러한 "카테고리 킬러" 매장은 미래의 소매업 방식이 될 수 있다. 이 사건이 독특한 사례(sui generis)인지 아니면 FTC 적극주의(FTC activism)의 새로운 물결일지는 두고 볼 일이다. 이러한 이유로 법원은 이 사건의 결정이 이 특정 사건의 사실에 엄격히 근거하며, 이 법원이 일반적인 대형매장 관련상품 시장을 인정한 것으로 해석되어서는 안 된다는 점을 강조해야 한다.

법원의 이 사건에서 피고들의 곤경에 대한 동정에도 불구하고, 법원은 FTC가

Staples와 Office Depot의 제안된 기업결합이 경쟁을 상당히 저해할 수 있다는 "합리적인 개연성"을 보여 주었고, 마찬가지로 "사안의 본안에 대해 매우 심각하고 중대하며 난해하고 의심스러운 쟁점을 제기하여, 이를 FTC가 최초로 철저히 조사하고 검토할 정당한 근거로 삼으며, 궁극적으로 법원이 이를 판단할 수 있는 기초를 제공한다."고 판단했다. 따라서 법원은 위원회가 본안에 대한 완전한 행정재판을 거친 후 Staples와 Office Depot의 제안된 기업결합의 효과가 클레이튼법 제7조를 위반하여 "경쟁을 실질적으로 감소시킬 수 있다"는 것을 증명하는 데 성공할 가능성을 보여 주었다고 판단한다. 또한 법원은 형평성을 고려한 결과, 가처분 명령(예비 금지명령)을 내리는 것이 타당하다고 판단한다. 따라서 가처분 명령은 공익에 부합하는 것으로 판단된다. FTC의 가처분 신청을 인용한다.

법원은 이 문제에 대한 양측 대리인들의 탁월한 수행과 양측에서 이루어진 엄청난 노력에 대해 다시 한번 찬사를 보낸다. 이 사건은 매우 복잡한 문제였지만, 뛰어난 변론 능력을 가진 대리인이 문제를 법원에 명확하게 제시했다. 변호사는 또한 주변 문제를 해결하는 능력에서 높은 수준의 전문성을 발휘했고, 법원은 이 소송에서 제기된 중요 쟁점에 집중할 수 있었다.

EU Gencor 판결

Case T-102/96, Gencor Ltd v Commission,[1999] ECR II-753, ECLI:EU:T:1999:65

Gencor Ltd(Gencor)는 남아프리카법에 따라 설립된 회사로, 이 회사는 주로 광물 자원 및 금속 산업 분야에서 활동하는 그룹의 지주회사이다. Impala Platinum Holdings Ltd(Implats)는 남아프리카법에 따라 설립된 회사로, Gencor의 백금족 금속(Platinum Group Metals, PGM) 분야 활동을 통합한 기업으로, Gencor가 46.5%, 공개 지분이 53.5%이며, [EU 기업결합 규칙, EUMR] 제3조 제3항의 목적상 Gencor가 이를 지배한다. Lonrho Plc(Lonrho)는 영국법에 따라 설립된 회사로서, 광업 및 금속, 호텔, 농업, 일반 무역 분야에 관심을 둔 다각화된 그룹의 지주회사이다.

Eastern Platinum Ltd(Eastplats)와 Western Platinum Ltd(Westplats)는 일반적으로 Lonrho Platinum Division(LPD)이라는 이름으로 알려져 있으며, 남아프리카법에 따라 설립된 회사들로 Lonrho의 PGM 분야 활동을 통합한다. 이들 회사는 Lonrho가 73%, Gencor가 자회사 Implats를 통해 27%의 지분을 보유하고 있다. Gencor가 Implats를 통해 보유한 LPD 지분이 1990년 1월 15일 Gencor 그룹과 Lonrho 그룹 간에 체결된 주주간합의(기본합의)의 대상이다. 기본합의에 따라 각 주주는 동일한 수의 이사를 임명하며, 이사들은 동일한 의결권을 가지며, 어떤 이사도 결정권(casting vote)을 갖지 않는다.

Gencor와 Lonrho는 두 단계로 이루어진 작업을 통해 Implats의 공동 지배를 취득하고, Implats를 통해, Eastplats와 Westplats(LPD)의 공동 지배를 획득할 것을 제안했다. [두 단계를 거쳐] 거래가 종료된 후, Implats는 Eastplats와 Westplats를 단독 지배(solo control)할 예정이었다. Implats의 지분은 Gencor가 32%, Lonrho가 32%, 공개 지분이 36%를 보유하게 될 것이었다. 또한, 이사 임명 및 의결권 관련 협정은 Implats 운영과 관련된 주요 사안에 대해 두 주요 주주(Gencor와 Lonrho)의 행동을 규율하도록 해서, 이들에게 Implats에 대한 공동 지배를 부여할 것이었다.

1995년 6월 20일 Gencor와 Lonrho는 각자의 PGM(Platinum Group Metals, 백금족 금속) 사업을 합병하기 위한 기본 합의서를 체결했다고 발표했다. 같은 날 그들은 위원회에 거래를 발표하는 보도자료 사본을 송부했다. 1995년 8월 22일 남아프리카 경쟁위원회(the South African Competition Board)는 결합 당사자들에게 1995년 8월 14일에 보낸 문서를 고려할 때, 해당 거래가 남아프리카 경쟁법상 어떠한 우려도 야기하지 않는다고 통보했다.

1995년 12월 20일의 결정으로, 집행위원회는 해당 결합이 공동시장과의 양립성에 대해 심각한 의심을 불러일으킨다고 판단했으며, 따라서 EUMR 제6조 제1항 (c)호에 따른 절차를 개시했다. 1996년 4월 24일의 결정에 따라 위원회는 EUMR 제8조 제3항에 따라 기업결합이 공동 시장과 EEA 협정과 양립할 수 없다고 결정했다. 왜냐하면 해당 결합은 세계 백금 및 로듐 시장에서 [Gencor 및 Lonrho의 경쟁사] Amplats와 Implats/LPD 간의 지배적 복점(duopoly) 지위를 창출하게 되었고, 그 결과 공동시장에서 유효경쟁(effective competition)이 상당히 저해될 것이기 때문이었다.

III. EUMR 제2조 위반을 주장하는 항변: 위원회가 결합이 공동의 시장지배적 지위(collective dominant position)를 창출할 것이라고 잘못 판단했고 [TFEU 제296조]를 위반했다는 점에서 EUMR 제2조 위반을 주장

A. 다툼이 되는 결정

Implats/LPD와 Amplats 사이에 공동의 시장지배적 지위(collective dominant position)가 형성되어 공동시장 내에서 유효 경쟁이 상당히 저해될 것이라는 결론을 내리기 위해 위원회는 특히 다음과 같이 판단했다.

- PGM(백금, 팔라듐, 로듐, 이리듐, 루테늄 및 오스뮴)이 동일한 광석체에서 자연적으로 함께 발생한다는 사실에도 불구하고, 단일 상품시장을 형성한다고 간주할 만큼 충분히 대체가능하지 않으며, 따라서 각 PGM 자체가 하나의 상품시장을 구성한다.
- PGM은 전 세계에서 동일한 조건으로 판매되는 고가 상품이며, 따라서 각 PGM에 대해 통합된 세계 시장이 존재한다.
- 세계 백금 및 로듐 시장은 제품 동질성, 높은 시장 투명성, 현재 가격 범위에서 가격 비탄력적 수요, 수요의 점진적 증가, 성숙한 생산 기술, 높은 진입 장벽, 높은 수준의 집중도, 여러 시장에서 공급업체 간의 재정적 연계 및 접촉,

구매자의 협상력 부족, 과거 시절 몇몇 경쟁 요소만 남은 낮은 수준의 경쟁이 특징이다.

- 결합 이후, Implats/LPD와 Amplats는 각각 세계 백금시장의 약 35% 점유율(합산 약 70%)을 보유하게 되며, 2년 후 러시아 재고가 고갈될 것으로 예상하면 각각 40%(합산 약 80%)로 상승해 두 회사는 추정 세계 PGM 매장량의 89% 중 각각 50%를 차지하게 된다.
- 결합 이후, Implats/LPD와 Amplats는 유사한 비용 구조를 갖게 될 것이다.
- 결합은 LPD가 이전에 시장에 가했던 경쟁 위협을 확실히 제거할 것이다.
- 결합 이후, 러시아는 시장에서 단지 소규모 참여자가 될 것이다.
- 주변 공급원, 즉 과점 바깥의 공급업체인 재활용 기업, 러시아 외의 재고 보유자 및 백금을 대체하는 팔라듐 사용은 Implats/LPD와 Amplats로 구성된 복점의 경제적 힘을 좌절시킬 수 없을 것이다.
- 백금 및 로듐 시장에 신규 진입 사업자가 나타날 가능성은 낮았다.

B. 일반적인 고려사항

원고는 위원회 결정의 증거와 추론이 이 사건에서 공동의 시장지배적 지위를 인정하기에 충분하지 않으며, [TFEU 제296조]에 대한 판례에서 요구하는 판단 기준(standard of reasoning)을 충족하지 못한다고 주장한다. 원고는 위원회가 이전에 결정 관행에서 사용한 기준을 백금과 로듐 시장의 객관적 특성을 올바르게 적용했다면, 결합으로 인해 공동의 시장지배적 지위가 형성된다는 결론에 도달하지 않았을 것이라고 주장한다.

EUMR 제2조 제3항에 따라, 유효경쟁이 공동시장 또는 그 상당 부분에서 현저히 저해되는 결과로 지배적 지위를 형성하거나 강화하는 결합은 공동시장과 양립할 수 없다고 선언해야 한다는 점을 명심해야 한다. 따라서 위원회는 공동의 시장지배적 지위가 있는지 평가할 때, 관련 시장에 대한 예측 분석을 사용하여 문제된 결합이 결합에 관여된 사업자와 하나 이상의 다른 사업자에 의해 관련 시장에서의 유효경쟁이 현저히 저해되는 상황을 초래할지 여부를 증명해야 한다. 이들은 특히 결합당사자들 간의 연결을 유발하는 요인 때문에, 시장에서 공동 정책을 채택하고 그들의 경쟁자,

고객 및 궁극적으로 소비자와 상당한 정도로 독립해서 행동할 수 있다.

C. 결합 이전에 LPD에 대한 Gencor와 Lonrho의 공동 지배 협의

당사자들의 주장

원고는 위원회가 기업결합 이전에 원고와 Lonrho가 공동으로 LPD를 지배한 상황과 관련하여, 제출된 모든 증거를 충분히 무게를 두고 검토하지 않았다고 주장한다. 공동시장과 양립할 수 없다는 결론을 내리게 한 요인은 거래 이전 이미 존재했다. 따라서 결합이 공동시장 또는 그 상당 부분의 경쟁 수준에 어떤 차이를 가져왔는지 이해하기 어렵다고 주장한다.

위원회는 원고 주장과 달리, LPD는 제안된 결합 이전에 Gencor와 Lonrho가 공동 지배하지 않았다고 주장한다. 위원회에 따르면, 원고 주장은 이의제기서(Statement of Objections)에 대한 답변서에서 당사자들이 언급한 내용과 모순되는데, 즉 해당 답변에서 Implats와 LPD는 완전히 별개의 독립된 법인이며 Implats가 LPD에 관여한 것은 단순히 소수 주주로서였다고 명시했다.

이러한 상황에서 위원회는 기본계약에 따른 원고와 Lonrho 간의 구조적 연계에도 불구하고, 제안된 결합이 마케팅과 생산 측면에서 Implats와 Amplats의 고비용 운영에 대한 LPD의 경쟁 위협을 확실히 제거하고, 기존 시장 구조에 상당한 영향을 미칠 것이라고 판단한 것은 정당했다.

D. 위원회의 공동 시장지배적 지위의 분류

1. 시장점유율 기준

[원고는] 공동 시장지배적 지위가 인정된 다른 결합 사례들, 예를 들어 Nestlé–Perrier 결정 및 1993년 12월 14일 위원회의 Kali & Salz 결정에서는 합산 시장점유율이 본 사건보다 훨씬 높았음에도 불구하고, 위원회는 해당 결합들을 승인하였다고 주장한다.

Nestlé–Perrier 사건에서 Nestlé 와 BSN은 프랑스 생수 시장이라는 관련시장에서 도합 82%의 시장점유율이었다. 해당 결합은 특정 조건을 준수하는 것을 조건으로 승인되었다. Kali & Salz 사건에서 Kali & Salz의 시장점유율은 독일을 제외한 공동시장에서 17%에서 25%로 증가했고, 독일 시장의 경우 98% 점유율로 사실상의 독점이 발생했으며, 이는 그 자체로 관련 지리적 시장으로 고려되었다. 이 경우 역시 결합은 위원회에 의해 조건부로 승인되었다.

위원회는 원고가 Nestlé－Perrier 사건에서 결합 당사회사의 시장점유율과 과점의 모든 구성원의 총 시장점유율(82%)을 비교한 것은 부정확하며, Kali & Salz 사건과 비교한 것도 부정확하다고 주장한다.

언급된 지배적 지위는 하나 이상의 사업자가 경제력(economic power)을 행사하여 경쟁자, 고객 및 궁극적으로 소비자로부터 상당히 독립적으로 행동할 수 있는 기회를 제공함으로써 관련 시장에서 유효경쟁이 유지되는 것을 막을 수 있는 상황과 관련이 있다.

지배적 지위의 존재는 개별적으로 보면 반드시 결정적이지 않은 여러 요인에서 비롯될 수 있다. 이러한 요인 중에서 아주 큰 시장점유율의 존재는 매우 중요하다. 그럼에도 불구하고 지배적 지위의 존재에 대한 증거로서 상당한 시장점유율은 고정적인 요인은 아니다. 그 중요성은 시장마다 다르며, 특히 생산, 공급 및 수요와 관련하여 시장 구조에 따라 다르다(*Hoffmann－La Roche* 판결). 또한 결합에 관련된 사업자의 시장점유율과 경쟁자, 특히 차상위 사업자의 시장점유율 간의 관계는 지배적 지위의 존재에 대한 관련 증거이다. 이러한 요인을 통해 해당 사업자의 경쟁자들의 경쟁력(competitive strength)을 평가할 수 있다(*Hoffmann－La Roche* 판결). 따라서 위원회가 공동의 시장지배적 지위를 창출하거나 강화할 수 있는지에 대한 평가를 뒷받침하기 위해, 시장점유율이 더 높거나 더 낮은 다른 결합 사례에 의존해 왔다는 사실이, 특히 수요와 공급의 구조와 경쟁 조건이 다른 시장과 관련된 다른 사례들에 대한 평가에서 위원회를 구속할 수 없다.

Nestlé－Perrier 사건과 Kali & Salz 사건에서 조사한 광천수 시장 및/또는 탄산칼륨 시장과 이 사건에서 검토 중인 백금 및 로듐 시장이 근본적으로 유사한 특성을 가지고 있다는 신뢰할 만한 증거가 없다. 때문에 원고는 이 사건에서 공동 시장지배적 지위를 나타내는 것으로 채택한 시장점유율 기준에 의문을 제기하기 위해, 이 두 사건 중 하나에서 고려한 과점시장 구성원들의 시장점유율 차이를 근거로 할 수는 없다. 나아가 시장점유율의 중요성은 시장마다 다를 수 있지만, 예외적인 상황을 제외하고는 매우 큰 시장점유율 자체가 지배적 지위의 존재의 증거라고 보는 견해를 합법적으로 취할 수 있다(*Akzo* 판결). 매우 큰 시장점유율을 가지고 있고 생산량과 공급 규모를 통해 얼마 동안 시장점유율을 유지하는 기업은, 시장점유율이 훨씬 작은 기업이 가장 큰 시장점유율을 가진 기업에서 벗어나고자 하는 업체들의 수요를 신속하게 충족시킬 수 없기 때문에, 이미 피할 수 없는 거래 상대방이 되는 강력한 위치에 있으며, 그러한 이유 때문에, 적어도 바로 그 비교적 긴 기간 동안 지배적 지위의 특징인 행동의 자유를 확보한다(*Hoffmann La Roche* 판결).

2. Implats/LPD와 Amplats의 결합 이후 비용구조의 유사성

결과적으로 문제가 된 사업자들의 시장점유율, 세계 매장량 점유율 및 비용 구조의 유사성을 고려할 때, 위원회는 결합 이후 시장 변화와 관련하여 Amplats와 Implats/LPD의 이해관계가 더 높은 수준으로 발생했을 것이며, 이러한 이해관계 일치로 인해 생산량 제한과 같은 경쟁제한적 병행행위(parallel behaviour) 가능성이 높아졌을 것이라는 결론을 내릴 수 있었다.

원고가 주장한 바와 같이, 원고가 제시한 요인들이 존재하지 않았다면 가격에 어떤 일이 일어났을지 위원회가 제대로 평가하지 않았다는 주장과 관련하여, 위원회가 결합이 시장에 미치는 예측 가능한 영향을 평가할 때, 하나 또는 다른 경쟁 요인이 없었다면 과거에 시장이 어떻게 되었을지를 고려할 필요가 없다는 점을 언급하는 것으로 충분하다. 위원회는 특히 해당 시장에서 경쟁 조건에서의 이전의 변화로 인해, 결합이 하나 이상의 사업자에게 경제력 지위(a position of economic power)를 창출하여 그들이 남용, 특히 가격 인상과 관련한 남용행위를 가능하게 하는지 여부만을 증명해야 한다.

법원은 *Flat Glass* 판결에서 구조적 성격의 연계를 예시로만 언급했을 뿐, 공동지배적 지위(collective dominance)를 인정하기 위해 그런 연계가 반드시 존재해야 한다고 단언하지 않았다. 법원은 단지 원칙적으로 2개 이상의 독립적인 경제 주체가 특정 시장에서 경제적 연계에 의해 합쳐지고(united by economic links), 그 사실로 인해 이들이 동일한 시장에서 다른 사업자들에 대해 공동으로 지배적 지위를 보유하는 것을 배제할 수는 없다고 판시했다. 법원은 2개 이상의 독립적인 사업자가 계약이나 라이선스를 통해 공동으로 기술적 우위를 확보하여 경쟁자, 고객 및 궁극적으로 소비자로부터 상당히 독립적으로 행동할 수 있는 힘을 가진 경우라고 덧붙였다.

또한 법원이 같은 판결에서 경제적 연계(economic links) 개념을 원고가 언급한 구조적 연계(structural links) 개념으로 한정했다고 추론할 수 없다. 나아가, 적절한 특성, 특히 시장 집중도, 투명성 및 제품 동질성 측면에서 시장에서 당사자 간에 존재하는 상호의존 관계를 경제적 연계 개념에서 제외할 법적 또는 경제적 용어의 이유가 전혀 없다. 이러한 당사자는 서로의 행동을 예상할 수 있는 위치에 있으며, 따라서 시장에서 행동을 조정하도록 강하게 유도되는데, 특히 가격을 인상하기 위해 생산을 제한하여 공동 이익을 극대화하는 방식이 그 예이다. 이러한 상황에서는 각 사업자는 시장점유율을 높이기 위한 치열한 경쟁행동(예: 가격 인하)은 다른 사업자에게도 같은 행동을 촉발시켜 그 결과 자신의 주도적 행위로 어떤 이익도 얻지 못한다는 점을 안다. 이런 식으로 모든 사업자는 가격 인하의 영향을 받게 된다.

이러한 결론은 경쟁제한적 시장 구조가 발생하거나 강화되는 것을 방지하는 것을 목표로 하는 결합 심사와 관련하여 더욱 적절하다. 이러한 구조는 원고가 주장한 엄격한 의미에서 경제적 연계의 존재에서 비롯될 수도 있고, 각 사업자가 공동의 이해관계를 인식하여, 특히 합의하거나 혹은 동조적 행위(concerted practice)에 의지하지 않고도 가격을 인상할 수 있는 과점적 유형의 시장 구조에서 비롯될 수도 있다. 따라서 이 사건에서 원고가 위원회가 구조적 연계의 존재를 증명하지 못했다고 주장한 이의 근거는 부적절하다. 앞서 모든 사항을 종합하면, 위원회는 결합으로 인해 Amplats와 Implats/LPD가 백금 및 로듐 시장에서 지배적인 복점을 형성할 것이며, 그 결과 EUMR 제2조의 의미 내에서 공동시장에서 유효 경쟁이 심각하게 저해될 것이라는 결론을 내릴 수 있었다. 또한 다툼의 대상이 된 결정의 논거는 [TFEU 제296조]에 규정된 요건을 충족한다.

3. 수직 결합(Vertical Merger)

EU GE/Honeywell 판결

Case T-210/01, General Electric Company v Commission, [2005] ECR II-5575, ECLI:EU:T:2005:456

General Electric Company(GE 또는 원고)는 항공기 엔진, 가전제품, 정보 서비스, 전력 시스템, 조명, 산업 시스템, 의료 시스템, 플라스틱, 방송, 금융 서비스 및 운송 시스템 분야에서 활동하는 다각화된 사업자이다. Honeywell International Inc.(Honeywell)은 항공 제품 및 서비스, 자동차 제품, 전자 소재, 특수 화학물질, 성능 폴리머, 운송 및 전력 시스템, 주택 및 건물 제어 그리고 산업 제어 시장에서 활동하는 사업자이다. GE와 Honeywell은 2000년 10월 22일 GE가 Honeywell의 전체 주식을 인수하기로 하는 계약(결합)을 체결했으며, 이에 따라 Honeywell은 GE의 완전자회사가 되었다.

집행위원회는 2001년 2월 5일 기업결합신고를 EUMR 제4조에 따라 공식 접수했고, 집행위원회는 2001년 5월 8일 GE에 이의제기서(Statement of Objections)를 발송했으며, GE는 이에 대해 2001년 5월 24일 답변했다. GE와 Honeywell은 2001년 5월 29일과 30일 구두 청문회에 참석했다. 2001년 6월 14일과 28일 GE와 Honeywell은 집행위원회가 결합을 승인 가능하도록 고안된 두 가지 확약을 공동 제안했다. 집행위원회는 2001년 7월 3일 해당 결합이 공동시장 및 EEA 협정과 양립할 수 없음을 선언했다.

당사자들의 주장

문제된 결정의 수직적 중복(vertical overlap)과 관련하여, 이는 Honeywell의 엔진 시동기(스타터)와 GE의 엔진을 결합함으로써 발생할 수 있는 결과를 다루는 부분인데, 원고는 집행위원회가 Honeywell이 GE의 경쟁 엔진제조사들에게 시동장치를 공급한다는 사실을 무시했다고 주장한다. 집행위원회는 결합이 결합기업의 경쟁자들을 배제하는 결과를 초래할 것이라는 증거를 제시하지 않았으며, 특히 엔진 시동기가 엔진 가격의 단지 0.2%만을 차지한다는 사실을 고려할 때 더욱 그렇다고 주장한다. Rolls－Royce와 Rockwell의 이해관계인 진술에 대한 답변 및 청문회에서, 원고는 *Tetral Laval* 판결에 근거해 결합기업이 [TFEU 제102조]에 따라 적용받는 의무를 집행위원회가 고려했어야 한다고 추가로 언급했다. 엔진 시동기와 관련된 확약에 관해, GE는 Honeywell의 시동기 사업 매각을 제안했다. 다툼의 대상이 된 집행위원회 결정에서 해당 확약에 대해 제기된 이의는 전적으로 근거가 없다고 주장한다.

집행위원회는 Rolls－Royce의 지원을 받아 시장 상황을 분석해 보면, Honeywell이 대형 상업 항공기용 엔진 시동기에서 유일하게 신뢰할 수 있는 독립 공급업체이며, 이를 시장지배적 엔진 공급업체와 같은 기업에 통합하면 결합기업이 독립적으로 행동할 수 있게 되는데, 이는 결합 전에는 불가능했던 일이라 언급한다. 또한 집행위원회는 이 시장과 관련된 확약 거부에 대한 원고의 비판은 단순한 주장에 불과하다고 지적한다. Rolls－Royce는 엔진 시동기가 모든 제트 엔진의 필수부품이며, 결합법인은 이전보다 더 유리한 조건으로 이 부품을 구매할 수 있을 것이라고 강조한다. Rolls－Royce가 Honeywell 외의 공급업체를 선택하는 것은 재정적, 기술적으로 어려울 것이라고 주장한다.

법원의 판단

위원회는 다툼이 있는 결정에서 다양한 엔진 부속품 및 제어장치 시장에서 Honeywell의 입장을 설명했다. 특히, Honeywell은 해당 제품 중 하나인 엔진 시동기 시장에서 [50~60]%의 시장점유율을 가지고 있으며, P&W의 계열사인 Hamilton Sundstrand가 생산량 면에서 [40~50]%의 시장점유율로 두 번째로 큰 제조업체라고 명시했다. 위원회는 결정에서 결합으로 인해 Honeywell이 해당 시장에서 지배적 지위를 창출하거나 강화할 것이라고 보지 않았다는 점에 유의할 필요가 있다.

반면, 위원회는 '제품 패키지 제공의 효과와는 별개로, 결합은 대형 상업용 항공기 엔진 시장에서 GE의 지배적 지위를 강화할 것이며, 이는 GE가 엔진 제조업체로서 그리고 Honeywell이 GE 및 그 경쟁업체에 엔진 시동기를 공급하는 공급업체인 수직적 관계로 인해 경쟁 엔진 제조업체에 대한 수직적 배제(vertical foreclosure)를 초래할 것이기 때문'이라고 결정했다. 위원회는 '결합 이후, 결합법인은 Honeywell 엔진 시동기를 경쟁 엔진 제조업체에 공급하는 것을 지연하거나 방해할 인센티브를 갖게 되어 GE의 엔진 경쟁업체의 공급, 유통, 수익성 및 경쟁력이 손상될 것'이라고 보았다. 마찬가지로 위원회는 결합회사는 엔진 시동기 혹은 그 예비품의 가격을 인상하여 경쟁 엔진 제조업체의 비용을 증가시키고 이들이 결합회사와 경쟁할 역량을 보다 약화시킬 수 있다고 보았다.

원고 GE가 그러한 분석에 의심을 품게 하기 위해 제시한 다양한 주장을 위원회는 기각했다. 그 중에서도 Hamilton Sundstrand는 현재 P&W 엔진용으로만 시동기를 제조하고 있으며, 가격이 인상되더라도 다른 엔진 제조업체에 엔진 시동기를 판매할 상업적 관심이 없다고 주장했다. 결과적으로 위원회는 Hamilton Sundstrand가 Honeywell의 경쟁자로 간주되어서는 안 된다는 견해를 취했다. 위원회는 다른 경쟁자가 시장에서 Honeywell에 효과적인 경쟁 제약(competitive constraints)을 가할 수 없으며, 진입 장벽이 상당하므로 새로운 시장 진입 가능성도 현실적인 제약이 아니었다고 언급했다.

Honeywell의 엔진 부속품 및 시동기를 포함한 제어 장치는 경쟁사 엔진, 특히 Rolls-Royce 엔진에 상당수 사용된다는 것은 다툼 없는 사실이다. GE의 주요 경쟁사인 Hamilton Sundstrand가 시장에서 자사의 시동기를 판매하지 않는 상업적 전략을 감안할 때, GE도 이 점을 부인하지 않는데, Rolls-Royce는 앞으로 Honeywell에 의존할 것이다. Honeywell의 시장점유율 [50-60]%는 Rolls-Royce에 대해 행사할 수 있는 상업적 영향력의 규모를 적절히 반영하지 못한다. 위원회는 또한 공기 터빈 엔진으로 구동되는 항공기와 달리, 대형 상업용 항공기의 경우 종종 엔진을 선택할 수 있다는 사실이, 엔진 제조업체가 당장의 미래에 경쟁사를 배제하려는 특별한 유인을 발생시킨다고 언급했다. 이러한 유인은 엔진 제조의 다른 부문에서는 존재하지 않는다.

이 판결의 해당 부분에서 문제되는 결합 효과는 공급자와 고객 간 직접적인 수직 관계에서 비롯되므로 혼합 효과가 아니다. 그러나 수직 관계에서 발생할 결합의 반경쟁적 효과에 관한 위원회 사건은, 결합 법인의 미래의 행동에 달려 있다는 점은 명확하며, 이 행위가 없으면 결합은 해로운 영향을 미치지 않을 것이다. 따라서 위원회는 그러한 행동 가능성에 대한 설득력 있는 증거를 제시할 책임이 있었다(*Tetra Laval* 판결). 어떤 경우에는 그러한 증거가 시장 상황의 가능한 전개를 확정하고 결합법인이 특정 방식으로 행동할 유인이 있음을 보여주는 경제 분석일 수 있다. 원고 GE가 지적했듯이, 위원회는 이 사건에서 그러한 증거를 제시하지 않았다.

그러나 공동체법에서 증거 평가는 제한이 없어야 한다는 것이 최우선 원칙이므로, 그러한 유형의 증거가 없다는 사실 자체는 결정적이지 않다. 특히, 사업자의 상업적 이익이 특정 행동 방침을 따르는 것이 유리한 것이 명백한 상황, 예컨대 경쟁자의 사업을 방해할 기회를 활용하는 경우, 위원회가 결합법인이 예상되는 행동에 실제 관여할 가능성이 있다고 판단하는 것은 명백한 평가 오류(manifest error of assessment)를 범하는 것은 아니다. 그러한 경우 특정 사건의 단순한 경제적 및 상업적 현실이 판례에서 요구하는 설득력 있는 증거가 될 수 있다.

이 사건의 경우, 위원회는 첫째, 엔진 시동기 시장에서 공급 측면의 집중도가 높아 GE와 경쟁사들, 특히 Rolls-Royce가 Honeywell에 크게 의존하고 있으며, 둘째, 합병 결과로 필수 구성요소(엔진 시동기)의 제조와 이미 지배적 지위를 가진 하류 시장에서 판매되는 완제품 제조를 결합하는 상업적으로 수직 통합된 구조가 만들어질 것이라 판단했다. 이 단계에서 그러한 점에 영향을 미칠 수 있는 잠재적인 법적 제약은 제쳐두고, 위원회는 그러한 시장 조건을 바탕으로 결합법인이 상대적으로 저렴하지만 엔진 작동에 필수적인 구성요소의 피할 수 없는 공급자로서의 힘을 사용하여 경쟁자의 엔진 생산을 방해하는 것이 상업적 이익에 부합한다고 판단했다.

이와 관련한 위원회의 분석은 경제 분석이 없더라도 설득력이 있다. 결합기업이 경쟁사의 이익을 크게 해칠 수 있는 예상 행위가 상업적 이익에 부합한다는 것이 명확하기 때문이다. 결합 당사자들은 엔진 시동기가 엔진 비용의 극히 일부, GE 진술에 따르면 0.2%에 불과하다는 데 동의한다. 결과적으로 결합기업이 해당 제품을 Rolls-Royce와 P&W에 판매하여 얻을 수 있는 이익은 Rolls-Royce와 P&W를 희생하여 대형 상업용 항공기 엔진 시장점유율을 늘려 얻을 수 있는 이익에 비해 필연적으로 미미하다.

이와 관련하여 위원회는 다툼의 대상이 된 결정에서 Hamilton Sundstrand가 공개시장에서 엔진 시동기 판매를 재개할 가능성을 분석하는 과정에서 다음과 같이 언급한다. '... Rolls-Royce에 엔진 시동기를 판매하여 발생하는 상류 시장의 예상 이익은 P&W가 엔진 하류 시장에서 직면할 수 있는 이익 손실을 상회할 수 없다.' 이러한 상업적 논리는 또한 결합기업이 경쟁사를 상대로 대형 상업용 항공기 엔진용 시동기 공급을 제한하거나 방해할 유인이 있을 것이라는 위원회의 주장을 뒷받침한다.

계약 성격의 법적 제약이 위원회가 예측한 행위를 효과적으로 막을 가능성과 관련하여, 첫째, 특히 GE가 법원이 지적한 특정 사항을 다투지 않았기 때문에, 이 소송에서 공급 거부를 막도록 의도된 계약적 조치가 결합법인이 위원회가 예측한 유해한 반경쟁적 행위를 막지 못할 것이라는 사실이 증명되지 않았다는 점에 유의해야 한다. 그러나 GE는 소 제기 후 선고된 *Tetra Laval* 판결에서 법원이 내린 판결에 근거해서, 위원회는 결합법인이 [TFEU 제102조]에 따라 부과받는 의무를 고려해야 했다고 주장한다. 원고 제출에 따르면, 위원회 분석이 관련 시장의 상업적 및 경쟁적 상황에 대해 정확하다는 가정 하에, 위원회가 예상한, 결합기업이 경쟁사의 엔진 제조 활동을 고의로 방해하는 행위는, 대형 상업용 제트 항공기 엔진 시장에서 위원회가 결정한 합병 전 지배적 지위의 남용에 명백히 해당할 것이다. [GE 주장에 따르면] 위원회는 이 사건에서 [TFEU 제102조]가 적용될 경우 발생할 수 있는 억제 효과(deterrent effect)를 조사하지 않았기 때문에, 결합기업이 예견된 방식으로 행동할 유인에 대한 분석이 왜곡되었다.

이와 관련하여 EU대법원이 *Tetra Laval* 사건의 상소심 판결에서 특정 행위의 채택 가능성을 종합적으로 검토해야 한다는 1심법원의 판단을 지지했다는 점을 상기하는 것이 적절하다. 즉, 그러한 종합 검토는 특정 행위를 택할 유인과 함께, 행위가 불법일 가능성을 포함해서, 그런 유인을 감소시키거나 없앨 수 있는 요인 둘 다를 고려하는 것이다. 그러나 EU대법원은 또한 위원회가 각 합병에 대해 해당 행위의 불법성, 그 행위가 적발될 가능성 및 유관 당국이 취한 조치의 결과로 반경쟁적 행위를 채택할 유인이 어느 정도 줄거나 심지어 제거될 것인지 검토하도록 요구하는 것은 EUMR의 예방적 목적에 어긋난다고 판결했다. 따라서, 위원회는 원칙적으로 특정 행위의 잠재적으로 불법적이며 그래서 제재 가능한 특성을, 특정 행위를 하려는 사업자의 유인을 감소시키거나 심지어 없앨 수 있는 요인으로서 고려해야 한다. 그러나 미래에 예상되는 행위가 실제로 [TFEU 제102조] 위반에 해당할 것인지, 또는 그러한 위반이 적발되어 처벌될 것인지 여부를 증명할 필요는 없고, 위원회는 이와 관련하여 이용 가능한 증거에 근거해서 간단한 분석으로 그칠 수 있다.

이 사건에서 위원회는 엔진 시동기 시장에서 미래 행위를 예측했으며, 그 목적은 효과적이라고 판명될 경우 대형 상업용 제트 항공기 엔진 시장에서 지배적 지위를 강화하는 것, 특히 해당 시장에서 결합기업의 경쟁자를 약화시키는 것이다. 문제된 행위, 즉 경쟁사에 대한 엔진 시동기 공급 중단, 판매 거부, 가격 인상은, 결합회사의 경쟁사의 제트 엔진 제조 활동에 중대한 피해를 주는 한에서만 대형 상업용 제트 항공기 엔진 시장에 영향을 미칠 것이다. 비록 사업자가 시장지배적 지위에 있다는 사실이 회사의 상업적 이익을 보호할 권리를 박탈할 수 없더라도, 확립된 판례에 따르면 그러한 행위의 목적이 특히 지배적 지위를 강화하고 이를 남용하는 것이라면 그러한 행위는 불법이라는 점을 상기해야 한다(*United Brands* 판결 등). 따라서 예를 들어 시장지배적 지위에 있는 회사가 경쟁자에게 필수 구성요소의 판매를 거부하는 것은 그 자체로 시장지배적 지위 남용에 해당한다.

결합법인이 엔진 시동기 가격을 인상할 가능성에 대해, 대형 상업용 제트 항공기 엔진 시장에서 Rolls－Royce의 경쟁력에 실질적인 영향을 미치려면, 그러한 가격 인상이 명백히 남용에 해당할 정도로 매우 커야 한다는 점을 지적해야 한다. 명백한 상업적 정당성 없이, 엔진 시동기 가격이 50% 인상된다고 하더라도, 제트 엔진 가격을 0.1% 인상시킬 뿐이므로, 제트 엔진 시장에는 사실상 아무런 영향이 없기 때문이다. 더구나, 엔진 시동기의 가격 인상이 차별 없는 방식으로 적용되면, 결합법인의 일부 고객에게 부정적인 영향을 미칠 수 있으며, 그에 따라 해당 법인에 해로운 상업적 결과가 있을 것이다. 이러한 인상은 특히 항공사와의 관계에 영향을 미칠 수 있는데, 항공사는 항공기 구매자로서 간접적으로, 그리고 서비스 애프터마켓에서 직접적으로, 엔진 시동기의 고객이며, 또한 결합법인의 엔진 및 항공전자 및 비항공전자 제품의 고객이 될 가능성이 있다. 반대로, 이러한 인상이 경쟁사에 대해 차별적인 방식으로 적용되면, 인상 목적이 경쟁사를 시장에서 배제하려는 것이 명백하고, 이는 남용에 해당한다.

마찬가지로 결합 후 결합법인이 공급을 중단하면 그 중단이 일반적이라면 자체 고객에게 부정적인 영향을 미칠 것이고, 중단이 차별적이라면 남용에 해당할 것인데, 특히 Rolls-Royce와 관련하여 그렇다.

결국 이 사건에서 위원회가 예측한 행위는 시장지배적 지위의 남용에 해당할 가능성이 있다. 이 사건에서 해당 행위의 실효성에 대한 위원회 주장이 보다 설득력이 있어서 이에 관여하려는 상업적 유인이 보다 명확할수록, 해당 행위가 반경쟁적 행위로 분류될 가능성이 더 크다. 이를 종합해 보면, 위원회가 예측한 행위의 가장 극단적인 형태는, 경쟁사의 사업을 해치는 목적에 가장 효과적일 뿐만 아니라 가장 눈에 띄고 명백한, 그래서 처벌받을 가능성도 가장 높은, 결합법인의 시장지배적 지위 남용에 해당할 것이다.

이와 관련하여, 남용이 특정 시장(이 사건에서 엔진 시동기 시장)에서 발생한다고 하더라도, 지배력(dominance) 평가를 위한 관련시장이 연관된 하류 시장(이 사건에서 대형 상업용 제트 항공기 엔진 시장)이 될 수 없다는 의미는 아니다. 위원회가 첫 번째 시장에서 예측한 행위가, 구체적으로 두 번째 시장에서 사업자의 지배적 지위를 유지 또는 강화하기 위한 것일 경우 그러하다(*AKZO* 판결). 따라서 결합 이전에 원고가 대형 상업용 제트 항공기 엔진 시장에서 지배적 위치에 있었다는 판단을 감안할 때, 위원회는 엔진 시동기 시장에서 스스로 예상한 행위가 [TFEU 제102조] 위반에 해당하며 이에 따른 제재 대상이 될 가능성을 평가하기 위해 필요한 모든 증거를 필연적으로 갖고 있었으며, 관련한 상세한 조사를 수행할 필요도 없었다. 따라서 위원회는 그 요인이 결합법인에 미칠 수 있는 억제 효과를 고려하지 않은 법률 오류를 범했다. 억제 효과(deterrent effect)가 고려되었더라면 이는 문제된 행위를 택할 가능성이 얼마나 되는지에 대한 위원회의 평가에 실질적으로 영향을 미쳤을 수 있다는 점 또한 분명하다. 이러한 상황에서, 법원이 [TFEU 제102조]의 억제 효과를 고려했을 경우 위원회가 어떤 결정을 했을 것인지 확정하려고 함으로써, 위원회 평가를 법원의 자체 평가로 대체해서는 안 된다. 따라서 위원회의 사건에 대한 이러한 측면에서의 분석은, [TFEU 제102조]의 억제 효과를 고려하지 않았기 때문에, 그 관련성에도 불구하고, 필연적으로 명백한 평가 오류(a manifesterror of assessment)로 인해 효력을 잃는다.

따라서 법원은 엔진 제조 사업과 Honeywell의 해당 엔진용 시동기 제조 사업 간 수직 결합으로 인해 GE의 결합 이전 대형 상업용 제트 항공기 엔진 시장에서 지배적 지위가 강화된다는 점에 관해, 다툼의 대상이 된 위원회 결정의 핵심이 충분히 증명되지 않았다고 판단한다. 따라서 이 소송에서 엔진 시동기에 관해 당사자들이 제안한 확약을 위원회가 거부한 것이 타당한지에 대한 주장을 고려할 필요는 없다.

4. 혼합 결합(Conglomerate Merger)

EU Tetra Laval 판결

Case C-12/03 P, Commission v Tetra Laval BV, [2005] ECR I-987, ECLI:EU:C:2005:87

EU집행위원회는 이번 상소를 통해, EU 1심법원이 내린 판결을 취소해 줄 것을 EU대법원에 청구한다. 해당 판결에서 1심법원은 2001년 10월 30일 위원회가 내린 결정을 취소했는데, 이는 위원회가 해당 결합이 공동시장 및 유럽경제지역(European Economic Area, EEA) 협정과 양립할 수 없다고 선언한 결정이었다.

다퉈지는 위원회 결정에서 액체 식품에는 상자 포장, 플라스틱 포장(재료는 폴리에틸렌 테레프탈레이트, PET 또는 고밀도 폴리에틸렌, high-density polyethylene, HDPE), 캔 및 유리의 네 가지 유형의 포장이 사용된다는 것은 분명하다. 제품에 사용되는 포장 유형은 여러 요인에 따라 달라진다. 가장 중요한 요인은 제품의 기술적 특성, 포장 재료의 특성 및 포장 방법과 관련된 특성이다.

위원회 결정은 '민감(sensitive)' 제품에 초점을 맞춘다. 여기는 우유 및 액상 유제품(liquid dairy products, LDP), 과일 주스 및 넥타, 과일 맛 무탄산 음료(fruit-flavoured still drinks, FFD) 및 차와 커피 음료가 포함된다. 어떤 경우에는 우유처럼 제품을 빛으로부터 보호하거나, 과일 주스처럼 산소로부터 보호해야 하며, 그보다 정도는 덜하지만 FFD 및 차와 커피 음료 또한 마찬가지다. PET는 산소와 빛이 통과할 수 있는 다공성 수지이므로 이러한 제품에는 종이팩(carton)에 비해 적합하지 않다. 그럼에도 불구하고, '차단(barrier)' 기술, 즉 산소와 빛으로부터 확실하게 보호하는 방법에 대한 연구가 진행 중이다.

포장 기술 또한 포장 유형을 선택하는 데 중요한 요인이다. 우유와 과일 주스와 같은 특정 산성 제품은 무균 상태로 포장하거나 냉장 상태로 유통해야 한다. 기록에 따르면, 해당 액상 식품 생산자가 포장 공정을 단일 단계로 수행하기 때문에 이러한 유형의 제품을 종이팩에 포장하면 무균 상태를 더 잘 유지할 수 있다는 점은 분명하다. 대부분의 경우 생산자는 통합 포장 라인을 갖추고 있다. 종이팩을 롤 형태로 구매한 후, 이를 절단하고, 모양을 잡고, 채우고, 밀봉한다. 반면에 PET로 액상 제품을 포장하는 것은 대부분의 경우 여러 단계로 수행되므로 무균 상태를 보장하기가 보다 어렵다. 우선, 프리폼(preform)으로 불리는 수지로 만든 플라스틱 튜브를 제작해야 하고, 그런 다음 원하는 모양에 적합한 금형이 포함된 SBM(stretch blow moulding) 기계에 프리폼을 넣어 빈 병을 형성해야 하며, 마지막 단계에서 병을 채우고 밀봉해야 한다. 이러한 여러 단계는 다양한 사업자들이 수행할 수 있다. 그래서 빈 포장재를 제조하여 액체 생산자에게 공급하는 '컨버터(converters)'가 있다. 그러나 무균 조건에서 포장을 보다 쉽게 보장할 수 있는 통합 생산 라인과 생산 기술이 현재 개발 중이다.

위원회는 Tetra Laval BV(Tetra)가 Sidel SA(Sidel)를 인수한 것이 공동시장과 EEA 협정의 기능과 양립할 수 없다고 공표했다. Tetra는 Tetra 그룹의 지주회사로, 이 그룹에는 Tetra Pak 회사도 포함한다. Tetra Pak은 종이팩 포장 부문에서 세계적으로 선두이며 해당 시장의 무균 포장 분야에서 지배적 지위를 가진 것으로 간주된다. 반면, Sidel은 SBM 기계 생산 및 공급 부문의 선도 기업이며 '차단(barrier)' 기술 분야에서 활동한다. 위원회는 종이팩 및 PET 포장 시스템 시장이 별개이나 밀접하게 연관되어 있고 잠재적으로 통합되는 시장이며, 공통 고객의 수가 증가하고 있다고 결론지었다. 또한 특히 고용량 및 저용량 SBM 기계에 대한 별개 시장이 있고, 이러한 시장은 다시 민감 제품용 그리고 비민감 제품용 시장으로 세분될 수 있다고 판단했다. 이러한 최종 용도에 따른 구분은 해당 기계의 사양 차이로 설명 가능한데, 생산자는 구매 시점에 결정되는 최종 용도에 따라 다른 가격을 책정할 수 있기 때문이다. 이러한 가격 차별은 차익거래(arbitrage)를 통해 피할 수 없다.

위원회에 따르면, 신고된 결합은 Tetra가 종이팩 포장 장비 및 소모품 시장에서의 지배적 지위를 활용(leverage)해서, 특정 민감 제품을 포장하기 위해 PET로 전환 중인 고객을 설득해 Sidel의 SBM 기계를 선택하도록 장려하고, 이를 통해 훨씬 더 작은 경쟁사들을 배제하고, 민감 제품용 SBM 기계 시장에서 Sidel의 선도적 위치(leading position)를 지배적 지위(dominant position)로 바꾸게 될 것이다. Tetra는 고객과의 긴밀하고 지속적인 관계, 재무적 강점, 노하우 및 무균 및 초청정 부문에서의 명성, Sidel의 현재 강점, 기술 및 품질에 대한 평판, 신고된 결합으로 출현하는 법인이 3개 포장 시스템(종이팩, PET 및 HDPE)과 관련하여 이익을 얻을 수 있는 수직 통합을 통해, 이를 도울 것이다.

위원회는 또한 종이팩 포장용 장비 및 소모품 시장에서의 경쟁이 약하다는 점을 고려할 때, 종이팩과 밀접한 연관이 있는 PET 장비라는 성장 시장에서 선두 생산업체와 Tetra가 결합하면 잠재적 경쟁의 중요한 원천을 없앨 것이라고 결론지었다. 이를 통해 Tetra는 종이팩 포장 시장에서 지배적 지위를 강화하고 PET가 자사의 지위에 미치는 위협에 대처하기 위해 가격을 조정하고 혁신하려는 유인을 줄일 수 있다.

Tetra는 Tetra와 Sidel을 10년 동안 분리하고, Sidel이 제조한 종이팩 제품과 SBM 기계에 대해 공동 제안을 하지 않으며, 관련 규정에 따른 제반 의무를 준수하기로 하는 여러 확약을 하였다. 위원회는 이러한 확약이 문제된 기업결합으로 인해 제기된 구조적 경쟁 우려를 해소하기에 충분하지 않고, 확약 준수 여부를 모니터링하는 것이 사실상 불가능할 것이라고 판단했다. 따라서 위원회는 다퉈지는 위원회 결정의 제1조에서 해당 결합이 공동시장 및 EEA의 기능과 양립할 수 없다고 공표했다.

위원회는 첫 번째 상소 이유로 1심법원이 명백한 판단 착오(manifest error of assessment) 기준의 적용을 주장하면서도 실제로는 '설득력 있는 증거(convincing evidence)' 제출을 요구하는 다른 기준을 적용했다고 주장한다. 그럼으로써, 1심법원은 복잡한 사실관계 및 경제 문제와 관련하여 위원회에 부여된 재량권을 고려하지 않음으로써 [TFEU 제263조]를 위반했고, 또한 혼합효과(복합효과, conglomerate effect)가 있는 결합에 대해 합법 추정(presumption of legality)을 적용하여 EUMR 제2조 제2항 및 제3항을 위반했다고 주장한다. 민감제품에 대한 PET 포장재 사용의 상당한 증가에 대한 위원회의 예측 검토 사례를 들어, 위원회는 1심법원이 사실을 왜곡하고 주장을 기각할 적절한 이유를 제시하지 못했으며, 위원회 결정과 위원회 항변에서 제시한 요인, 주장 및 증거를 고려하지 못했고 심지어 해당 항변을 언급하는 것도 피했다고 주장한다.

법원은 위원회가 경제 사안에 관해 재량권을 가지고 있다는 것을 인정하지만, 그렇다고 해서 공동체 법원이 경제적 성격의 정보에 대한 위원회의 해석을 검토하지 않아야 한다는 것을 의미하는 것은 아니다. 공동체 법원은, 특히 근거로 하는 증거가 사실적으로 정확하고 신뢰할 수 있으며 일관성 있는지 뿐만 아니라, 해당 증거가 복잡한 상황을 평가하기 위해 고려해야 할 모든 정보를 포함하고 있는지, 그리고 그 증거가 도출된 결론을 실질적으로 뒷받침할 수 있는지도 확인해야 한다. 이러한 검토는 혼합효과가 있는 결합을 검토할 때 요구되는 예측 분석(prospective analysis)의 경우 더욱 필요하다. 따라서 1심법원이 *Kali & Salz* 판결에 의거하여, 혼합효과를 낳는 결합에 대한 위원회의 분석은 공동(집단) 시장지배력(collective dominance) 상황의 창출과 관련하여 법원이 정의한 것과 유사한 요건의 적용을 받으며, 참고 시장에서 경쟁 조건에 미치는 효과를 평가하는 데 적합한 관련 상황을 면밀히 검토할 것을 요구한다고 판단한 것은 타당했다.

1심법원은 신고된 것과 같은 종류의 결합의 반경쟁적 혼합효과에 대한 증거는, 그러한 효과를 발생시키는 것으로 주장되는 상황에 대한 설득력 있는 증거로 뒷받침되는 정확한 조사가 필요하다고 명시했지만, 요구되는 입증기준(standard of proof)에 관한 조건을 추가한 것은 아니며, 단지 증거의 본질적인 기능, 즉 주장의 타당성이나, 이 사건과 같이 결합에 관한 결정의 타당성을 설득력 있게 증명하는 역할을 강조했을 뿐이다.

기업결합 심사에 요구되는 종류의 예측 분석은, 과거 사건(원인을 이해할 수 있는 많은 증거가 자주 있음)이나 현재 사건을 조사하는 것이 아니라, 계획된 결합의 금지 결정 혹은 조건부 결정이 채택되지 않을 경우 미래에 발생할 가능성이 많거나 적은 사건을 예측하기 때문에 매우 신중하게 이루어져야 한다. 따라서 예측 분석은 결합이, 유효경쟁에 심각한 장애를 초래할지 여부를 확인하기 위해, 주어진 시장에서 경쟁 상태를 결정하는 요인을 어떻게 변경할 수 있는지 검토하는 것으로 이루어진다. 이러한 분석을 통해 다양한 원인과 결과의 연쇄를 예상해서 그 중 가장 가능성이 높은 것을 확인할 필요가 있다.

'혼합 유형' 결합에 대한 분석은 예측 분석으로, 첫째 미래의 긴 기간을 고려하고, 둘째 유효경쟁에 대한 중대한 장애를 야기하기 위해 필요한 지렛대 효과(지배력 전이, leveraging)가 원인과 결과의 연쇄를 희미하게 보이게 하고, 불확실하며 확립하기 어렵게 만든다는 것을 의미한다. 그래서 위원회가 기업결합이 공동시장과 양립할 수 없다는 결정의 채택이 필요하다는 것을 증명하려면, 위원회가 제출한 증거의 질이 특히 중요하다. 왜냐하면, 그 증거는, 만약 그러한 결정이 채택되지 않을 경우 위원회가 예상한 경제적 변화가 타당하다는 위원회의 결론을 뒷받침해야만 하기 때문이다.

이러한 다양한 요인으로부터, 1심법원이 사법심사 권한을 행사하는 데 적용할 기준을 정하거나, 위원회가 EU기업결합규칙(EUMR) 제2조 제3항의 요건 충족을 증명하기 위해 제출해야 할 증거의 질을 명시하는 것에 법리오해(error in law)가 없었다는 결론이 도출된다. 민감 제품에 대한 PET 포장 사용의 증가와 관련해 위원회가 제시한 사례에서, 1심법원이 공동체 법원이 행정 처분을 심사할 때 적용되는 한계를 초과했다는 점은 명확하지 않다. 위원회가 주장하는 것과는 달리, 다퉈진 위원회 결정에서 UHT(Ultra High Temperature, 초고속살균) 우유 포장용 PET 사용 증가에 관해 위원회 예측이 과장되었다는 점을 간결하게 재진술한 것일 뿐이다. 1심판결은 위원회가 제시한 증거가 근거 없다고 판단하고 그 이유를 제시하면서, 위원회가 인용한 3개의 독립 보고서 중에서 PCI 보고서만이 우유 포장용 PET 사용에 대한 정보를 포함하고 있다고 언급했다. 1심법원은 PCI 보고서의 증가 예측은 그다지 중요하지 않으며, 위원회 예측은 다른 보고서에 포함된 HDPE 사용에 대한 확실한 수치와 일치하지 않는다고 지적하여, 위원회가 제시한 증거가 설득력이 없다고 보여주었다. 1심법원은 단순히 위원회의 분석이 불완전했으며, 이러한 위원회 예측과 다른 보고서상 예측 간 차이를 감안할 때, 위원회 예측을 확인할 수 없다고 언급했을 뿐이다.

위원회는 1심법원이 '신선 우유는 PET가 제공하는 마케팅 이점이 특별히 중요한 제품은 아니다'는 판결한 것과 PET와 종이팩의 비용 비교에 대한 결론에 이의를 제기한다. 이러한 점들은 상소 절차에서 법원의 심사 대상이 아닌 사실관계라는 점에 유의해야 한다. 따라서 1심법원의 이러한 판단에 대해 판결할 필요가 없으며, 1심법원이 다양한 항목을 근거로 이러한 판결을 내릴 수 있었다는 점을 언급하는 것만으로 충분하다.

1심법원은 이 판결에서 명시된 요구되는 방식으로 검토를 수행했다. 1심법원은 위원회의 결론이 불충분하고, 불완전하며, 중요하지 않고, 일관성이 없는 증거에 근거했기 때문에 부정확해 보이는 이유를 설명하고 제시했다. 이를 수행하면서 1심법원은 공동체 법원의 사법 심사권한 행사에 적용되는 기준을 준수했으며, 그에 따라 [TFEU 제263조]를 준수했다. 따라서 위 분석은 1심법원이 EUMR 제2조 제2항 또는 제3항을 위반했다는 점을 보여주지 않는다. 위의 모든 고려 사항으로부터, 첫 번째 상소 이유는 근거 없다.

두 번째 상소 이유에서 위원회는 1심법원이 결합법인이 레버리지에 참여하도록 하는 유인에 특정 행위의 불법성이 미칠 영향을 고려하고, 가능한 구제책으로 남용 행위를 하지 않겠다는 확약을 평가하도록 요구함으로써 EUMR 제2조 및 제8조를 위반했다고 주장한다.

위원회는 첫째, 혼합효과와 Tetra의 불법 행위에 관한 1심법원이 택한 접근 방식이 EUMR 규정 제2조 및 일반적인 결합 규제에 위반된다고 주장한다. Tetra는 *Gencor* 사건과 비교가 무의미하다고 주장한다. 그 사건에서 공동의 시장지배적 지위(collective dominant position)는 수평형 결합에 의해 즉시 창출되었지만, 이 사건에서는 지배적 지위가 일정 기간 후에만 발생할 수 있어서 그 전에 남용 행위가 요구된다는 점에서 상황이 다르다고 주장한다. Tetra에 따르면, 위원회의 규정 해석은 그 목적이 남용을 방지하는 것이라는 잘못된 전제에 기반하고 있다. 그러나 EUMR 제2조 제2항의 문구에 따르면, 그 목적은 남용 없이도 그 자체로 유효경쟁에 중대한 장애를 초래할 수 있는 지배적 지위의 창출을 금지한다는 것이다.

위원회가 결정에서 [결합당사회사가] 언급된 행위를 택하는 것이 지배력 전이(leveraging)를 위한 필수적인 단계라고 보았기 때문에, 1심법원이 그 채택 가능성을 종합적으로 검토해야 한다고 판결한 것은 타당했다. 1심 판결에서 명시한 대로 그러한 행위를 택할 유인과 그러한 유인을 줄이거나 혹은 없앨 수 있는 요인, 특히 행위가 불법일 가능성을 모두 고려해야 한다. 그러나 1심 판결에서 판단한 바대로, 위원회가 신고된 각 결합에 대해 해당 행위의 불법성, 그 행위가 적발될 가능성, 지역 사회와 국가 차원에서 당국이 취한 조치, 그에 따른 금전적 제재로 인해 반경쟁적 행위를 택할 유인이 얼마나 줄거나 없어지는지 검토하도록 요구하는 것은 EUMR의 예방 목적에 어긋난다.

따라서 신고된 결합을 평가하는 단계에서, [TFEU 제102조] 위반이 발생할 가능성을 확인하고 여러 법률 체계에서 제재될지 확인하기 위한 평가는 매우 추측적이므로, 지배력 전이와 같은 변화가 발생할 경제적 시나리오를 뒷받침하는지 여부를 증명하기 위해 위원회가 모든 관련 사실에 근거해 평가할 수는 없다. 결국, 1심법원이, 문제된 행위의 불법성과 그에 따른 적발 가능성, 공동체 및 회원국 차원에서 유관당국의 조치, 그에 따른 금전적 제재 가능성을 위원회가 고려하지 않았다는 하나의 이유로, 결합법인이 지배력 전이로 이어질 수 있는 반경쟁적 행위를 했다는 위원회 결론을 기각한 것은 법리 오해의 잘못이 있다. 그럼에도 불구하고 1심 판결은 Tetra가 제시한 확약을 고려하지 않은 것을 근거로 하므로, 2번째 상소이유에 대한 검토를 계속할 필요가 있다.

1심법원이 *Gencor* 판결이 취한 접근 방식에서 벗어났다는 주장과 관련하여, 위원회가 주장하는 것과는 달리, 1심법원은, 남용 행위가 가능하고 경제적으로 합리적인 조건을 만드는 직접적이고 즉각적인 효과를 가진 결합으로 인해, 관련시장의 구조가 지속적으로 변경될 경우 공동시장에서 유효경쟁은 현저히 저해될 것이라는 *Gencor* 판결에서 이탈하지 않았다고 판단한다. *Gencor* 사건의 상황은 1심 판결에서 다뤄진 상황과 전혀 달랐다. 해당 사건의 판결에서 알 수 있듯이, 결합은 백금 및 로듐 시장에서 지배적 복점(dominant duopoly)을 만들어냈을 것이고, 그 결과 공동시장에서 유효경쟁이 현저히 저해되었을 것이다. 따라서 그 사건에서는 결합이 관련시장의 구조에 지속적인 변화를 초래했을 것이며, 그로 인해 남용행위가 가능하고 경제적으로 합리적일 수 있었다.

이 사건에서는 신고된 결합은 종이팩 시장 구조를 약간 변경할 수 있었던 것은 사실이며, 결합기업이 Tetra가 종이팩 시장에서 얼마 동안 유지해 온 지배적 지위를 강화할 수 있었고, 이는 [TFEU 제102조]에 따라 위원회 결정 대상이 되었다. 그러나 위원회가 결합을 금지함으로써 보호하려고 의도했던 것은 종이팩 시장에서의 유효경쟁이 아니라, PET 장비시장, 특히 민감 제품용 저용량 및 고용량 SBM 기계 시장에서의 경쟁이었다. PET 장비시장의 구조는 신고된 결합에 의해 즉각적이고 직접적으로 영향을 받지는 않았을 것이나, 오직 지배력 전이와, 특히 종이팩 시장에서 결합기업의 남용행위 결과에 영향을 받을 가능성이 있었을 것이다.

위 고려 사항으로부터, *Gencor* 사건에서 검토된 상황은, 1심법원이 유용한 추론을 도출할 수 있었던 상황과 충분히 비슷하지 않다. 1심판결이 유효경쟁을 보존하려 했던 시장 구조는, *Gencor* 사건에서는 결합으로 직접적으로 변경되었으나, 이 사건에서는 지배력 전이(leveraging)로써만 변경될 수 있었다. 문제된 결정에서, Tetra가 제출한 행태적 확약과 관련해서, 집행위원회는 원칙적으로 그러한 약속을 수용하기를 거부했는데, "이러한 확약은 그 자체로 논란이 된 운영으로 인해 발생한 시장 구조의 영구적인 변화를 해결하지 못하기 때문에 유효경쟁 조건을 영구적으로 복원하기에 적합하지 않다."고 판단했고, "이러한 행태적 약속들은 집행위원회의 시정조치 정책 및 기업결합 규정 자체의 목적과 상충되며, 그리고 효과적으로 모니터링하기가 매우 어렵거나 불가능하다."고 밝혔다.

두 번째 상소 이유를 전체적으로 검토한 결과, 1심법원이 결합법인이 지배력 전이를 초래할 가능성이 있는 행위를 택할 것이라는 위원회의 결론을 배척한 것은 법리 오해였지만, 판결에서 위원회가 해당 법인의 미래 행위와 관련하여 Tetra가 제출한 확약을 고려해야 했다고 판단한 것은 옳았다. 따라서 상소 이유가 부분적으로 타당하지만, 위원회 결정을 취소한 1심 판결이 위원회의 확약 미고려에 근거했기 때문에 대상 판결에 의문을 제기할 수 없다.

위원회는 네 번째 항소 이유를 통해, 1심법원이 EUMR 제2조를 위반하고, 사실을 왜곡했으며 Tetra가 종이팩 부문에서 지배적 지위를 강화할 것이라는 위원회 판단의 타당성을 인정하지 않음으로써 위원회의 특정 주장을 고려하지 않았다고 주장한다.

EUMR 규정 제2조 제1항에서 알 수 있듯이, 위원회는 기업결합이 공동시장에 양립하는지 평가할 때, 관련 시장의 구조, 사업자로부터의 실제 또는 잠재적 경쟁, 관련 사업자의 지위, 경제력 및 재정력, 공급자와 사용자에게 제공되는 가능한 선택지, 진입 장벽, 그리고 공급 및 수요 추세와 같은 여러 요인을 고려해야 한다. 따라서 1심법원이, 중요한 요인이기는 하나 인수회사가 이미 관련시장에서 명확한 지배적 지위를 보유하고 있다는 사실만으로는, 그 사업자가 직면해야 할 잠재적 경쟁 감소가 그의 지위를 강화시키는 것에 해당한다는 판단을 정당화하기에 불충분하다고 지적한 것은 옳았고, 그런 판단은 EUMR 제2조를 위반하지 않았다. 대체 제품의 생산자가 관련시장의 특정 부문에서 보여주는 잠재적 경쟁(현 사례에서는 민감 제품 시장 부문에서 PET 포장 공급업체인 Sidel이 무균 종이팩 포장과 관련한 경쟁)은, 기업결합이 지배적 지위를 강화할 위험이 있는지 평가할 때 고려해야 하는 여러 요인 중 하나일 뿐이다.

이러한 잠재적 경쟁의 감소가 다른 요인에 의해 상쇄될 수 있으며, 그 결과 이미 지배적인 기업의 경쟁 지위가 변함없이 유지될 가능성을 배제할 수 없다. 1심법원이 당사자들의 주장을 요약한 내용에서 알 수 있듯이, Tetra는 무균 종이팩 시장에서 결합법인의 지배적 지위가 강화될 것이라는 주장을 반박하면서, 특히 종이팩 부문의 혁신 부족이 종이팩 시장에서 Tetra의 현 경쟁자들에게 본질적으로 유리할 것이라고 주장했다. 따라서 1심법원이 당사자들의 주장에 대한 논의 및 평가와 관련하여, 위원회가 잠재적 경쟁이 감소하면 Tetra의 무균 종이팩 시장에서 경쟁자에 대한 지배적 지위가 강화될 경향이 있다는 점을 보여주어야 한다고 명시한 것은 타당했다.

따라서 1심법원은, PET 시장에서도 활발하게 활동하는 Tetra 경쟁사들의 종이팩 시장에서의 잠재적 반응을 근거로, 결합이 완료된 후 Tetra가 무균 종이팩 시장에서 가격을 인상할 수 있다는 위원회 주장을 반박하였고, 결합회사가 혁신을 줄이기로 결정할 수 있다는 주장도 반박했다. 따라서 네 번째 상소이유 중에서, 위원회가 잠재적 경쟁이 지배적이라 간주되는 사업자와 관련시장에서 활동하는 다른 사업자 간의 경쟁 관계와 무관하다고 주장하는 부분은 타당하다고 볼 수 없다.

EU GE/Honeywell 판결

Case T-210/01, General Electric Company v Commission, [2005] ECR II-5575, ECLI:EU:T:2005:456

혼합효과의 취급

혼합 기업결합은 합병 당사자들의 활동 간, 수평적 중첩(horizontal overlap)이나, 엄밀한 의미의 수직적 관계를 야기하지 않는다. 일반적으로 이러한 기업결합은 반경쟁적 효과를 낳지 않지만, 일부 경우에는 그러한 효과를 가질 수 있다(*Tetra Laval* 판결). 혼합 기업결합의 효과에 대한 예측 분석에서, 만약 위원회가 혼합 효과로 인해 가까운 미래에 지배적 지위가 십중팔구 형성되거나 강화되어, 그 결과로 시장에서 유효경쟁이 상당히 저해될 것이라고 결론 내릴 수 있다면, 해당 기업결합을 금지해야 한다.

이와 관련하여, 혼합 기업결합은 특정한 문제를 야기한다. 특히 첫째로, 이러한 거래의 평가에는 먼 미래까지 이어지는 기간에 대한 전망적 분석이 포함될 수 있고, 둘째, 결합기업의 특정 행동이 결합의 효과를 크게 좌우할 수 있다는 점에서 그렇다. 따라서 결합 이후의 원인과 결과의 연쇄, 즉 인과관계는 희미하며, 불확실하고, 증명하기 어려울 수 있다. 이러한 상황에서, 위원회가 기업결합을 공동시장과 양립할 수 없다고 공표하는 결정의 단단한 근거를 형성하기 위해 제시하는 증거의 질은 특히 중요하다. 왜냐하면 그러한 결정이 채택되지 않으면, 그 증거가 위원회가 예상하는 경제적 변화가 발생할 가능성이 있다는 위원회의 결론을 그 증거가 뒷받침해야 하기 때문이다(*Tetra Laval* 판결).

이 경우, 위원회는 문제된 위원회 결정에서 결합이 첫째, 엔진 시동기와 엔진 제조 간의 직접적인 수직 통합을 수반하고, 둘째, 혼합결합 효과를 야기하며, 셋째, 특정 시장에서 수평형 결합을 초래할 것이라 판단했다. 위원회 결정에서 혼합 효과에 대한 설명을 보면, 위원회 견해로는 결합이 즉시 또는 매우 단시간 내에 이러한 효과로 인해 어떤 시장들의 경쟁 조건을 변화시키고, 이에 따라 주요 시장(the first market)에서 이미 보유한 지배적 지위에서 비롯된 힘과 상업적 기회로 인해 어떤 시장들에서 지배적 지위가 창출되거나 강화될 것이라고 보았다. 그러나 이러한 결과는 결합 후 결합기업이 특정 행동을 취했을 경우에만 발생했을 것이며, 위원회는 이러한 행동이 일어날 가능성이 높다고 판단했음을 지적해야 한다. 위원회 견해로는, 그 행동은 결합 전 당사자 중 하나가 경쟁에 해로운 것으로 확인된 특정 상업적 관행을 결합 후 새로운 시장으로 확대할 것이 예상되었다. 이러한 상황에서 위원회는 결합기업이 예상된 방식으로 행동할 가능성이 높다는 결론을 뒷받침하는 설득력 있는 증거를 제시해야 했다. 만약 그렇게 행동하지 않았다면, 인접하지만 별개인 시장에서 결합당사자 두 회사의 지위가 결합되더라도, 당사자들의 각각의 지위가 서로에게 아무런 상업적 영향도 미치지 않았을 것이기 때문에, 지배적 지위의 창출이나 강화로 이어지지 않았을 것이다.

Tetra Laval 판결에서 EU대법원은 1심법원이 특정 미래 행위의 채택 가능성을 종합적으로 검토해야 한다고 판단한 것이 옳다고 판시했다. 즉, 그러한 행위를 채택할 유인과 그 유인을 감소시키거나 심지어 없앨 수 있는 요인들을 모두 고려해야 하며, 여기에는 해당 행위가 불법일 가능성도 포함된다.

그러나 EU대법원은 또한 각 결합에 대해 위원회가 반경쟁적 행위를 채택할 유인이 행위의 불법성, 적발 가능성, 공동체 및 회원국 차원의 관할 당국의 조치, 그리고 [해당 유인이] 초래될 수 있는 금전적 제재로 인해 얼마나 감소하거나 없어질지 검토하도록 요구하는 것은 EUMR의 예방적 목적에 반한다고 판시했다. 따라서 1심 법원이 그 사건에서 결합기업이 문제가 된 반경쟁적 행위를 채택할 것이라는 위원회의 결론을 배척한 것은 법리 오해라고 판단했다(*Tetra Laval* 판결).

이상의 내용으로부터, 위원회는 원칙적으로 특정 행위의 잠재적 불법성과 그에 따른 제재 가능성을 기업이 그러한 행위에 관여할 유인을 감소시키거나 없앨 수 있는 요인으로 고려해야 함을 알 수 있다. 그러나 이러한 평가가 적용 가능한 다양한 법 질서의 규칙들과 그 안에서 실행되는 집행 정책에 대한 철저하고 상세한 조사를 요구하는 것은 아니다. 위반 가능성이 있는지 확인하고 여러 법 체계에서 처벌될 것인지 확인하기 위한 평가는 너무 추측적일 것이기 때문이다. 따라서 위원회가 구체적이고 상세한 조사 없이도, [TFEU 제102조]나 위원회가 집행 권한이 있는 다른 공동체법 조항에 비추어 해당 행위가 불법임을 확인할 수 있는 경우, 위원회는 그러한 사실을 확인하고 결합기업이 그러한 행위에 관여할 가능성을 평가할 때 이를 고려해야 할 책임이 있다(*Tetra Laval* 판결).

결과적으로, 위원회는 결합 심사에 따른 결정을 채택할 때, 이용 가능한 증거를 바탕으로 문제된 행위의 합법성과 처벌 가능성에 대한 요약 분석을 근거로 삼을 권한이 있지만, 그럼에도 불구하고 심사 과정에서 예상되는 행위를 파악하고, 적절한 경우 그 행위가 공동체법상 명백히 불법이거나 혹은 불법일 가능성이 높다는 사실이 가질 수 있는 억제 효과를 평가하고 고려해야 한다.

D. 혼합효과

1. 재정력 및 수직통합

위원회가 GECAS의 활동 및 GE Capital의 재정적 지위에서 비롯된 지원이 GE의 합병 전 대형 상용 제트기 엔진 시장에서의 지배적 지위에 기여했다고 판단한 것은 정당했다. 그러나 GE가 정당하게 주장하듯이, 이러한 판단에서 합병 후 결합기업이 과거 대형 상용 제트기 엔진 시장에서 사용한 것과 동일한 관행을 항공전자(avionics) 및 비항공전자(non-avionics) 제품 시장에서도 활용하여 해당 제품 시장에서 지배적 지위를 창출하거나 강화했을 것이라고 단정할 수는 없다.

위원회는 결합기업이 그러한 관행을 항공전자 및 비항공전자 제품 시장으로 이전할 능력이 있다는 것뿐만 아니라, 설득력 있는 증거를 바탕으로 결합기업이 그러한 행위에 관여할 가능성이 높다는 것도 입증해야 했다. 또한 위원회는 이러한 관행이 비교적 가까운 미래에 최소한 일부 관련 항공전자 및 비항공전자 제품 시장에서 지배적 지위를 창출할 것임을 증명해야 했다. 위원회에 요구된 분석의 이 두 가지 측면을 아래에서 차례로 검토할 것이다.

위원회가 예상한 미래 행위의 가능성

위원회 주장에 따르면, '수직적' 혼합 효과(vertical conglomerate effect)가 '점유율 이동(Share-shifting)' 과정에서 발생하는 방식은, 관련 항공전자 및 비항공전자 제품이, (i) SFE(supplier-furnished equipment) 표준(독점적으로 제공되는 공급자 제공 장비 표준) 또는 (ii) BFE(buyer-furnished equipment, 구매자가 '선택' 또는 '제공'하는 구매자 제공 장비) 또는 SFE 옵션(구매자가 두 개 이상의 SFE 중 선택)인지에 따라 다르다. SFE 표준 제품의 최종 선택은 항공기 개발 중에 항공기 제조사가 결정하는 반면, BFE 장비의 최종 선택과 적어도 두 개의 사전 선택된 제품 사이에서 SFE 옵션 장비의 선택은 항공사가 주문할 때 이루어진다.

SFE 표준 제품

위원회는 설득력 있는 증거를 바탕으로 그러한 개연성(likelihood)이 존재한다는 것을 증명해야 했다. 이는 결합 이전에 위원회가 예상한 유형의 행위에 대해 여지가 없던 시장에서 결합 후 결합기업이 어떻게 행동할 것인지를 증명하는 것을 포함했기 때문에, 일반적으로 그러한 증거는 과거 행위의 증거만으로 이루어질 수는 없다. 따라서 대형 상업용 제트 항공기 엔진 시장에서 GECAS와 GE Capital이 수행한 역할과 관련한 위원회 판단은, 비록 그 자체로 일부 기여할 수는 있어도, 이러한 요건을 충족하기에 충분하지 않다. 그렇다고 해도, 설득력 있는 증거는, 원칙적으로 GE 및/또는 Honeywell의 이사회가 결합 후 GECAS와 GE Capital의 강점을 항공전자 및 비항공전자 시장에서 상업적으로 활용하려는 확고한 의도를 증명하는 문서나, 그러한 행동이 객관적으로 결합기업의 상업적 이익에 부합했을 것임을 보여주는 경제적 평가로 구성 가능하다. 위원회가 결합 후 대형 상업용 제트 항공기 엔진 시장에서의 GE의 관행을 항공전자 및 비항공전자 제품 시장으로 이전하려는 의도가 있었음을 증명할 수 있는 어떠한 증거도 제시하지 못했기 때문에, 위원회 결정이 그러한 이전이 결합기업의 상업적 이익에 부합했을 것인지를 증명하는지 검토할 필요가 있다.

원고는 항공기 기체 제조사에게 이전의 Honeywell로부터 SFE 항공전자 및 비항공전자 제품을 선택할 것을 요구하는 것은 합병기업의 상업적 이익이 아니라고 주장한다. GE는 대형 지역 항공기 및 대형 상업 항공기용 제트 엔진의 가격과 각 항공전자 및 비항공전자 제품 가격 사이에 큰 차이가 있음을 지적한다. 때문에 결합기업이 그러한 방식으로 항공전자 및 비항공전자 제품을 홍보할 상업적 이익이 없었을 것이라고 주장한다. 위원회가 근거한 경제 분석은 대형 상용 항공기 엔진 시장에서 일부 경쟁의 가능성을 인정한다. 특히 위원회는 Boeing B777X의 엔진 경쟁에 대한 설명에서 GE가 [...]를 통해 Boeing의 엔진 선택에 영향을 미칠 수 있었다는 사실을 언급했다. 이러한 맥락에서, GE의 결합 이전 지배력 평가에 중요했던 것은 GE가 자사 엔진을 납품하기 위해 단기적인 상업적 희생을 할 수 있었다는 사실이었다. 해당 관행이 GE에게 적어도 단기적으로는 일정한 비용을 수반하거나 수반할 수 있다는 점에 주목하는 것이 중요하다. B777X의 경우 이는 [...]로 표현된다. 이러한 비용은 엔진 애프터마켓 서비스에서 발생할 미래 수익으로 정당화될 수 있다.

현재의 맥락에서, 기업결합은 항공전자 및 비항공전자 제품 시장 상황에 영향을 미쳤을 수 있지만, 이는 결합기업이 항공기 기체 제조사들에게 그러한 상업적 압력이 없었던 상황에서는 선택하지 않았을 Honeywell 제품을 선택하도록 설득한 정도로 제한된다. B777X의 독점 엔진 공급 확보가 GE에게 일정한 상업적 '비용'을 수반했다는 점을 고려할 때, 결합기업이 SFE 항공전자 및 비항공전자 제품의 선택을 강요했다면 항공기 제조사가 [...]을 요구했을 가능성을 배제할 수 없다. 그러나 위원회는 이 가능성을 검토하지 않았다. 이러한 비용이 추가적인 미래 매출로 충당되었을 것이라는 보장은 없다. 어쨌든 위원회는 그 가상의 상황에서 결합기업에 추가 비용이 없을 것이라고 추정할 근거가 없었다.

결과적으로 SFE 표준 항공전자 및 비항공전자 제품 시장으로 해당 관행을 확대하는 것은, 결합기업이 그 관행으로 얻을 예상 수익이 잠재적 비용을 상쇄할 수 있는 경우에만 결합 후 합리적인 상업적 행동이었을 것이다. 그러므로 위원회는 결합기업이 그러한 관행을 항공전자 및 비항공전자 제품 시장으로 확대하는 것이 논리적이라거나 불가피하다고 간주할 권한은 없었다. 적어도 합리적인 추정치를 바탕으로 그러한 비용과 수익을 비교하는 경제적 연구가 없는 상황에서, 위원회는 GE의 관행이 그렇게 확대되었을 때 발생했을 가능성 높은 상업적 결과가 무엇이었을지 증명하지 못했다. 위원회 결정은 결합기업이 자사 SFE 제품 선택을 강요했다면 추가적인 상업적 비용이 발생했을지, 그리고 그러한 제품 선택으로 인한 수익이 그 가능한 비용을 상회했을지에 대한 질문을 다루지 않았다. 이러한 정보가 없는 상황에서, 이 사건에서 결합이 이루어졌다면 결합기업이 해당 관행을 SFE 표준 항공전자 및 비항공전자 제품 시장으로 확대하기로 선택했을지 판단하는 것은 불가능하다.

따라서 위원회는 설득력 있는 증거를 바탕으로, 그리고 충분한 정도의 개연성으로, 결합기업이 GECAS의 상업적 강점과 GE Capital의 지위에서 비롯된 기업집단의 재무적 강점을 이용하여 미래에 이전 Honeywell의 SFE 항공전자 및 비항공전자 제품을 판촉했을 것이라는 점을 증명하지 못했다.

BFE and SFE 옵션 제품

또한 BFE 제품과 관련하여, 위원회는 고객 선호도와 공통성(commonality) 효과의 존재를 인정한다. 그러나 위원회는 이 사건에서는 이런 효과가 중요하다고 판단하지 않는데, '항공사들은 이익 마진이 제한적이기 때문에 단기적 비용 절감을 주는 상업적 제안을 거부할 입장이 아니며', '항공사의 경우 단기적 비용 절감이 장기적 경쟁 감소 가능성보다 더 중요'하기 때문이라고 한다. 그러나 위원회는 항공사들의 재정적 취약성에 대한 주장을 뒷받침할 증거를 제시하지 않는다. 또한 항공사 기내 BFE 부품 공통성에서 비롯되는 선호도와 비용 절감이, GECAS가 제공할 것이라고 주장하는 구매 또는 리스 조건으로 나타내는 '단기적 비용 절감'보다 BFE 제품 선택 결정에 덜 중요한 요소라는 평가를 뒷받침할 수 있는 구체적 증거도 제시하지 않는다. 그러한 조건이 제공하는 이점에 대한 경제적 평가나 최소한의 추정 없이는 이와 관련된 위원회 주장이 얼마나 타당한지 평가하는 것이 불가능하다.

따라서 SFE 표준 제품과 마찬가지로, 위원회 주장은 GECAS가 항공사들에게 유리한 조건을 제공하여 그들이 독립적으로 선택할 수 있었다면 선택하지 않았을 결합기업의 BFE 제품이 장착된 항공기를 수용하도록 유인할 것이라는 전제에 기반한다. 이러한 유인의 창출은 결합기업에 일정한 '비용'을 수반할 수 있다. 왜냐하면 일반적으로 항공사는 결합기업의 전체적인 제안이 충분히 매력적이어서 그 선택이 항공사의 상업적 이익에 부합하지 않는 한, GECAS가 이미 구매한 장비 또는 사전 장착된 항공기를 수용하지 않을 것이기 때문이다.

위원회가 항공사들이 특정 제품을 선호한다는 점을 인정했기 때문에, 결합기업은 이 경우 항공사가 다른 제조사들의 항공전자 및 비항공전자 제품을 선호한다는 장애를 극복해야 할 것이다. 해당 비용이 문제의 BFE 부품 판매로 합병기업에 발생하는 수익에 비해 무시할 수 있는 경우, 그러한 일련의 조치들은 결합기업의 합리적인 상업적 행동일 것이다. 그러나 위원회가 이 사례의 상황에 비추어, 그 쟁점을 검토해야 했다.

항공전자 및 비항공전자 제품 시장에서의 미래의 지배적 지위 창출

위원회가 결합기업이 항공전자 및 비항공전자 제품 시장에서 자회사의 강점을 활용했을 것임을 충분히 증명했다고 가정하더라도(앞서 분석한 바와 같이 실제로는 증명되지 않음), 그러한 행위가 관련시장에서 지배적 지위를 창출할 것임을 추가로 입증해야 했다. 위원회가 제기한 주장은 Honeywell이 결합 전 해당 시장의 선도(leading) 기업이었으나 지배적 지위는 아니었고, 합병으로 인해 그 영향력이 강화되어 사후 지배적 지위를 가질 것이라는 것이다. 이와 관련하여, 위원회는 각 항공전자 및 비항공전자 제품마다 별개의 시장이 존재한다고 판단했고, 또한 대형 상용 항공기용 제품 시장과 지역/기업용 항공기용 제품 시장을 구분했다.

위원회의 결합기업의 자회사에 대한 분석은, 각 항공기 유형과 관련된 GE와 그 자회사의 활동 차이를 고려하지 않았음에 유의해야 한다. 위원회는 결합 전 GE가 대형 상용 제트 항공기 엔진 시장 및 대형 지역 제트 항공기 엔진 시장에서 지배적 지위를 점했으며, 기업용 제트 항공기 엔진 시장에도 일부 진출했으며, GECAS가 대형 상용 항공기와 대형 지역 항공기를 투기적 목적으로 구매했다고 판단했다. 그러나 위원회 결정문에서 소형 지역 항공기 시장에서 해당 기업들의 활동에 대한 정보가 포함되어 있지 않다. 투기적 항공기 구매를 하지 않았던 원고의 또 다른 자회사인 GECCAG는 기업용 항공기 시장에서 구매자로 활동했다. 또한, 위원회가 SFE 표준 제품(항공기 제조사가 최종 선택)과 SFE 옵션 제품(항공기 제조사가 인증 후 항공사가 최종 선택)을 구분했음에도, 검토된 SFE 항공전자 제품이 두 범주 중 어디에 속하는지 명시하지 않았다. 앞서 언급한 바와 같이, 항공전자 제품의 최종 선택 주체가 항공기 제조사인지 혹은 항공사인지에 따라 원고의 자회사의 영향력 메커니즘 분석은 크게 달라진다. 따라서 위원회 결정문에서 특정 SFE 제품 시장에 대한 위원회의 분석 범위가 불분명하다. 마찬가지로, 위원회는 검토된 비항공전자 제품이 SFE, SFE 옵션, BFE 중 어디에 해당하는지 명시하지 않았다. 이로 인해 특정 제품 시장에 대한 분석 범위를 확인할 수 없다.

법원은 위원회의 각 시장의 합병 이전에 대한 특정한 설명이나, 일반적인 설명으로부터, 원고의 자회사들이 (i) SFE 표준 시장에서 및 (ii) SFE 옵션 및 BFE 시장에서 상업적 영향력을 행사한 것과, 결합의 이러한 측면이 각 관련시장들에 미칠 것으로 예상되는 영향을 확정하는 것은 불가능하다고 판단한다. 결정문은 각 시장의 경쟁 상태, 경쟁사 상대적 위치, 경쟁사 구성이 시장별로 다르다는 것이 명확하다. 따라서 위원회는, 문제된 관행이 가정적으로 실행되었다 하더라도, 그러한 시장들 중 어느 하나에서 지배적 지위를 창출했을 것이라는 점을 충분히 증명하지 못했으며, 해당 시장 전체에 대한 지배적 지위 창출 가능성은 더욱 증명하지 못했다.

이상의 내용으로부터, 위원회는 결합 후 결합기업이 대형 상용 제트 항공기 엔진 시장에서 위원회가 확인한 관행을 항공전자 및 비항공전자 제품 시장으로 확대했을 충분한 정도의 개연성을 증명하지 못했다. 이 관행은 GE가 GE Capital로 인한 GE 기업집단의 재무적 강점과 GECAS의 항공기 구매로 대표되는 상업적 영향력(commercial leverage)을 활용하여 자사 제품의 판매를 촉진하는 것이었다. 어떤 경우이건 위원회는 이러한 관행들이 실행되었다고 가정하더라도, 다양한 관련 항공전자 및 비항공전자 시장에서 지배적 지위를 창출할 가능성이 있음을 적절히 증명하지 못했다. 따라서 위원회는 결합기업의 재무적 강점과 수직 통합이 항공전자 또는 비항공전자 제품 시장에서 지배적 지위의 창출이나 강화를 초래할 것이라고 판단함으로써 명백한 판단 오류를 범했다.

2. 번들링(Bundling)

위원회는 다툼의 대상이 된 결정에서 본질적으로 결합 이후, 결합기업이 경쟁사와 달리, 대형 상업 항공기, 대형 지역 항공기 및 기업용 항공기에 대해 엔진과 항공전자 및 비항공전자 제품을 모두 포함하는 패키지를 고객에게 제공할 수 있는 능력을 갖게 될 것이라고 밝혔다. 또한 이러한 행동이 결합기업의 상업적 이익에 명백히 부합하므로 결합 후 그러한 행동을 할 가능성이 높다고 판단했다. 결과적으로 Honeywell은 항공전자 및 비항공전자 제품 시장에서 지배적 지위를 갖게 되고, GE의 지배적 지위는 특히 대형 상업용 제트 항공기 엔진 시장에서 강화될 것이라고 보았다.

위원회 주장은 제트 엔진과 항공전자 및 비항공전자 제품이 상호 보완적이라는 사실에 기반한다. 이 모든 제품들이 항공기 제작에 필수적이기 때문이다. 따라서 최종 고객인 항공사는 직접 또는 간접적으로 이 모든 제품을 제조사로부터 구매해야 한다. 위원회는 결정에서 전반적으로 이 모든 제품들의 고객이 본질적으로 동일하며, 따라서 이 제품들을 묶음(결합) 판매(번들링, bundling)할 수 있다고 판단했다. 위원회는 또한 GE 기업집단이 엔진 시장의 주요 경쟁사들뿐만 아니라 항공전자 및 비항공전자 제품 시장의 경쟁사들과 비교해서도 재정적으로 매우 강력하다고 지적한다. 따라서 결합기업은 시장점유율을 높이고 미래에 더 큰 이익을 얻기 위해 항공전자 및 비항공전자 제품의 이윤 마진을 낮출 수 있는 위치에 있게 될 것이다.

예비적 관점에서, 이 사례에서 위원회의 묶음 판매 분석에서 결합기업이 미래에 어떻게 행동할 것인지에 대한 예측이 핵심적인 측면임을 주목해야만 한다. GE는 결합 전에는 항공전자 및 비항공전자 제품 시장에 존재하지 않았고, Honeywell이 합병 이전 대형 상업용 제트 항공기 엔진 시장에 존재하지 않았기 때문에, 결합은 이 시장들에 수평적 경쟁제한 효과를 초래하지 않았을 것이다. 따라서 언뜻 보기에 결합은 이 시장들에 어떠한 영향도 미칠 수 없었을 것이다.

또한 위원회가 결합 판매가 기업용 제트 항공기 엔진 시장에 영향을 미칠 것이라고 예측한 것과 관련하여, GE의 결합 전 해당 시장점유율이 설치 기반 기준으로 단지 [10－20]%였고 Honeywell은 [40－50]%였으며, 생산 중인 항공기의 설치 기반 기준으로는 GE가 [0－10]%, 반면 Honeywell은 [40－50]%였음을 주목해야 한다. 이러한 상황에서, 결합기업이 결합 후 해당 엔진을 항공전자 및 비항공전자 제품과 번들링할 것이라는 점이 입증되더라도, 엔진이 기존 GE 제품인 소수의 경우를 제외하고는 결합과 번들링 제안 사이에 인과관계가 없을 것이다. 더욱이 위원회 결정은 결합 당사자 중 어느 쪽도 소형 지역 항공기용 엔진을 제조한다는 점을 언급하지 않는다. 따라서 결합기업이 지역 항공기 시장에서 수행할 수 있는 묶음 판매는 어떤 경우에도 대형 지역 항공기만 해당될 것이다.

위원회는 결정에서 지역 및 기업용 항공기의 각 항공전자 제품이 그 자체로 시장을 구성하며, 대형 상업용 항공기를 포함한 모든 유형의 항공기용 비항공전자 제품별로 개별 시장이 존재한다고 판단했다. 따라서 묶음 판매를 통한 다양한 항공전자 제품 시장에서의 지배적 지위 창출에 관한 위원회 논리는, 기업용 및 지역 항공기용 다양한 항공전자 제품들 개별 시장들과 관련하여 수용될 수 없다. 실제로 결합 후 번들링이 현실화된다고 가정하더라도, 결합으로 인한 묶음 판매는 이러한 시장의 한 부분, 즉 대형 지역 항공기 부문에만 영향을 미칠 것이다. 같은 맥락에서 위원회 논리는 비항공전자 제품과 관련해서도 (비록 정도는 덜하지만) 약화된다. 위원회는 장착된 항공기의 크기와 기타 특성에 관계없이 각 특정 제품에 대해 개별 시장을 획정했다. 따라서 원칙적으로, 위원회의 묶음 판매에 대한 주장이 유지될 수 있는 것은, 위원회가 제트 엔진과 각 항공전자 제품에 대해 별도의 시장을 획정한 대형 상용 항공기 부문이다.

(i) 대형 상업용 항공기 및 대형 지역 항공기용 제트 엔진 시장, (ii) 대형 상업용 항공기용 항공 전자제품 시장, (iii) 비항공 전자제품 시장에 대한 결합의 가능한 영향과 관련하여, 법원은 위원회가 결합기업이 묶음 판매 관행에 관여할 능력이 있을 뿐만 아니라, 설득력 있는 증거를 바탕으로 합병 후 그러한 관행에 관여할 개연성이 있고, 그 결과 비교적 가까운 미래에 하나 이상의 관련 시장에서 지배적 지위가 창출되거나 강화되었을 것이라는 점을 입증했는지 판단해야 한다(*Tetra Laval* 1심판결).

원고가 올바르게 지적한 바와 같이, 세 가지 구별되는 관행을 구분할 필요가 있다. 순수 결합 판매(pure bundling, 순수한 상업적 의무를 통해 두 개 이상의 제품을 묶음으로 구매하도록 하는 판매가 연계되는 경우), 기술적 번들링(technical bundling, 제품의 기술적 통합을 통해 판매가 연계되는 경우), 혼합 번들링(mixed bundling, 여러 제품이 개별 구매 시보다 더 유리한 조건으로 패키지로 판매되는 경우). 이 세 가지 유형의 결합 판매에 대한 위원회의 분석은 아래에서 별도의 제목으로 검토된다. 그럼에도 불구하고, 먼저 위원회 결정에서 드러나는 결합 판매 전반에 대한 위원회의 논리에 영향을 미치는 몇 가지 실제적인 한계를 검토하는 것이 적절하다.

번들링 일반

위원회의 결합 판매 분석의 한 가지 실제 문제는, 다양한 엔진, 항공전자 제품 및 비항공전자 제품의 최종 고객이 항상 동일하지 않다는 점이다. 항공기 제조업체가 엔진을 독점적으로 선택하고 결과적으로 플랫폼이 단일 공급원이 되는 경우(solo－source platform), 항공기 제조업체는 본질적으로 엔진 제조업체의 고객이며, SFE 표준 항공전자 및 비항공전자 제품에 대해서도 마찬가지이다. 이러한 상황에서 항공사에 남은 유일한 선택지는, 논리적으로, 항공기를 구매할지 여부뿐이다.

반면에, 항공기 제조사가 자사 플랫폼에서 여러 엔진을 승인하는 경우(multi－source platform을 만들기 위해), 항공사는 사용 가능한 엔진 중에서 선택하며, BFE 및 SFE 옵션 항공 전자 및 비항공 전자제품도 마찬가지이다. 앞서 언급한 내용에서, 논리적으로 결합판매는, 항공기 제조사는 단일 공급원 플랫폼 기반으로 GE 엔진과 Honeywell SFE 표준 제품만 가능하고, 항공사는 다중 공급원 플랫폼에서 GE 엔진과 Honeywell BFE/SFE 옵션만 가능하다. 이러한 결과는 원칙적으로 위에서 언급한 경우를 제외하고 순수 번들링 가능성을 배제한다. 즉, 엔진을 선택하는 고객과 관련 항공전자 또는 비항공전자 제품을 선택하는 고객이 동일인이 아닌 경우 순수 결합판매가 배제된다.

순수 번들링(Pure Bundling)

순수 결합판매(pure bundling)에 대해서는, 위원회는 엔진 또는 항공전자 제품 중 하나 또는 비항공전자 제품이 주상품(tying product), 즉 결합기업이 다른 제품과 독립적으로 판매하는 것을 거부할 필수 구성품 또는 선택 구성품이 될 수 있다고 예측한다. 위에서 제시된 순수 번들링은 각 제품의 고객이 동일한 경우에만 가능하므로, 플랫폼이 엔진의 다중 공급원이면서 관련 항공전자 제품들이 BFE 또는 SFE 옵션 제품인 경우, 순수 번들링의 범위가 매우 제한적이라는 점에 유의해야 한다. 항공사가 기술적 또는 기타 이유로 결합법인의 엔진을 강하게 선호하는 경우에만, 번들링 전략이 항공사로 하여금 BFE 항공전자 또는 비항공전자 제품을 결합법인으로부터 구매하도록 만들 수 있다. 문제된 위원회 결정에서, 위원회는 이런 상업적 전략이 어떤 플랫폼 및/또는 특정 제품에 효과적일 수 있었는지 확인하기 위한 구체적인 조사를 수행하지 않았다는 점을 주목해야 한다.

또한 위원회가 정의한 항공전자 및 비항공전자 제품에 대한 개별 시장에 대한 결합 영향에 대한 분석이 전혀 없다는 점을 상기하는 것도 적절하다. 게다가 제품에 대한 선호도는 절대적이기보다는 상대적인 경우가 많으므로, 그러한 분석 과정에서 순수 번들링이 가진 유해한 상업적 효과도 고려해야 했다. 실제로 순수 번들링 때문에 잠재적 구매자가 결합기업의 엔진을 약간이라도 보다 선호할지라도, 결합기업의 엔진 구매를 꺼리게 될 수도 있다. 위원회는 이러한 상세한 조사를 하지 않았기 때문에, 결합법인이 다중 공급원 플랫폼에서 자신의 엔진을 주결합 상품으로 순수 번들링하는 것이 실행 가능했을 것이라는 점을 입증하지 못했다.

단일 공급원 항공기 엔진 판매와 SFE 표준 항공/비항공전자 제품 간 끼워팔기 가능성과 관련하여, 위원회는 위원회가 예상하는 미래 행동이 어떻게 작동할지에 대한 구체적인 예를 제시하지 않았다. 다시 말하지만, 시장에 대한 구체적인 분석이 없다는 것은 위원회의 추론이 도달한 결론을 입증하기에 충분히 정확하지 않다는 것을 의미한다. 위원회는 대형 상업용 제트 항공기 엔진 시장에서 지배적인 지위가 있다는 결론을 내렸지만, 여전히 그 시장에 어느 정도 잔여 경쟁이 있다고 판단했다. 따라서 결합법인이 항공기 제조사에게 SFE 항공전자 및 비항공전자 제품을 선택하도록 '강요(compel)'한다면, 특정한 경우에는 항공기 제조사가 다른 제조사 제품을 선택하도록 유도될 수 있기 때문에 항공기 제조사에게 해로운 상업적 결과가 초래될 수 있다. 위원회는 그러한 가능성을 고려하지 않았기 때문에, 순수 번들링으로 인해 SFE 제품을 대형 상업용 항공기 플랫폼에 납품 가능했을 것이라는 점을 입증하지 못했다.

이전 Honeywell의 항공전자 제품 또는 비항공전자 제품이 끼워팔기 주상품으로 고객이 결합회사의 엔진을 구매하도록 강요될 가능성과 관련하여, 위원회는 순수 번들링이 가능한 경우에 대한 구체적인 단일 사례를 제시한다. 그것은 '합병회사가 엔진 판매를 조건부로, Honeywell이 100% 시장점유율을 가진 제품(예: EGPWS, Enhanced Ground proximity Warning System, 개선형 지상 근접경고시스템)을 판매할 수 있는 능력을 갖게 될 것이다. 그 제품을 얻기 위해 항공사는 결합회사가 제공하는 엔진을 구매하는 것 외에 다른 선택의 여지가 없다.' 이와 관련하여 위원회는 결합기업이 고객에 대해 일종의 상업적 협박(commercial blackmail)을 가할 수 있다고 가정하고 있다는 점에 유의해야 한다. 즉, 고객이 해당 기업의 엔진을 구매하기로 동의하지 않는 한, 상대적으로 저렴하지만 필수적인 항공전자 제품 판매를 거부할 수 있다는 것이다. 대형 상업용 제트 항공기 엔진(항공기 제작사와 항공사 모두) 시장에서 GE 고객이 GE에게 맞설 수 있는 힘은 제한될 수 있고, 결합 후 결합기업을 상대로는 더욱 제한될 것이지만, 위원회는 이 사건에서 고객이 그러한 관행에 대항할 모든 잔여 능력을 상실했을 것이라는 점을 입증하지 않았다.

위원회가 언급한 특정 제품인 EGPWS의 경우, 이전 Honeywell의 장치를 대체할 수 있는 다른 제품이 있었다는 것이 분명하다. 위원회는 이러한 제품 중 어느 것도 시장에서 상당한 수량으로 판매되지 않았고, Thales에 따르면 해당 제품이 확립된 평판이 없다는 사실이 시장 진입의 주요 장벽으로 작용했다고 지적한다. 그러나 결합회사가 순수 번들링으로 표현되는 극단적인 상업적 입장을 취한다면, 이는 공급 거부 위협과 마찬가지이므로, 고객은 선택하지 않은 엔진을 수용하기 보다는 Honeywell의

EGPWS 대신, 열등하더라도 다른 제품을 사용하는 것을 선호할 수 있다. 어떤 경우든 이러한 가능성을 조사하는 것은 위원회가 할 일이었다.

마지막으로, *Tetra Laval* 판결에서 이와 관련하여 지지한 바와 같이, 위원회는 지배적 지위의 남용 금지가 [TFEU 제102조]에 규정된 잠재적 억제 효과에 의해 해당 시장에 미칠 수 있는 영향을 고려해야 했다. 결합법인이 순수한 번들링 전략을 실행하기 위해 필요했을 상기 행위가, 상업적 관점에서 극단적인 성격을 감안할 때, 위원회는 지배적 지위의 남용에 대한 공동체법 금지가 결합법인이 그러한 관행을 실행할 유인에 미칠 수 있는 영향을 고려할 의무가 있었다. 위원회는 그렇게 하지 못한 법리 오해를 범했고, 그 결과 위원회 분석은 왜곡되었고 그 결과 명백한 판단 오류로 인해 훼손되었다.

앞서 언급한 내용에 비추어 볼 때, 위원회는 결합법인이 합병 후 순수 번들링에 관여했을 것이라는 점을 충분히 입증하지 못했으며, 이와 관련한 위원회 분석은 여러 가지 명백한 판단 오류(manifest errors of assessment)로 인해 훼손되었다고 판단한다.

기술적 번들링(Technical Bundling)

기술적 번들링과 관련하여, 위원회는 다양한 항공전자 제품 간의 통합과 More Electric Aircraft Engine 프로젝트의 향후 계획을 근거로 제시하면서도, '엔진과 시스템의 명확한 통합은 아직 일어나지 않았다'는 사실을 인정하고 있다. 위원회는 그러한 통합이 해당 프로젝트의 일환으로 '가까운 미래'에 이루어질 가능성이 있다고 주장하지만, 프로젝트에 대한 어떠한 세부 정보를 제공하지 않으며 그런 통합의 예상 가능한 일자도 명시하지 않는다. 그럼에도 불구하고 위원회는 Honeywell이 잠재적인 혁신 파트너로서 제외되면, GE가 대형 상업용 제트 항공기 엔진 시장에서 지배적인 지위를 더욱 강화할 것이라는 결론을 내리기 위해 해당 프로젝트의 향후 계획에만 전적으로 의존한다. 프로젝트의 어떤 구체적인 측면이 그러한 진화를 가능하게 할 것인지에 대한 간략한 설명조차 없이, 시장이 어떻게 진화할 수 있는지에 대한 이런 기본적인 설명만으로는 이 점에 대한 위원회의 주장이 충분한 근거가 있다고 보기에 부족하다.

Tetra Laval 1심판결에 따르면, 위원회의 임무는 시장의 향후 변화와 관련하여 설득력 있는 증거에 근거하고 충분한 수준의 개연성으로 위원회가 예상하는 행위가 비

교적 가까운 미래에 발생할 뿐만 아니라, 그 행위가 비교적 가까운 미래에 지배적 지위를 창출하거나 강화하는 결과를 초래할 것이라는 것을 보여주는 것이다. 위원회는 이를 수행하지 않았다. 한편으로는 엔진과, 다른 한편으로는 항공전자 및 비항공전자 제품 간의 기술적 통합에 대한 상세한 분석과 이러한 통합이 관련 시장의 진화 방식에 미칠 수 있는 영향에 대한 분석이 부족한 점도 위원회 주장을 덜 신뢰하게 한다. 위원회가 논리적이지만 가정적인 일련의 변화를 제시하고 이것이 실현된다면 여러 다른 시장의 경쟁에 해로운 영향을 미칠 것으로 우려하는 것만으로는 충분하지 않다. 오히려 위원회는 결합의 결과로 지배적 지위가 창출되거나 강화될 것이라는 것을 보여주려는 개별시장의 개연성 있는 진화에 대한 구체적인 분석을 수행하고 그 결론을 뒷받침할 설득력 있는 증거를 제시해야 할 책임이 있다.

앞서 언급한 내용을 고려할 때, 위원회는 결합법인이 결합 직후 또는 비교적 가까운 미래에 기술적 제약을 통해 항공전자 제품 및/또는 비항공전자 제품 판매를 엔진 판매에 끼워판매할 실제 역량을 가질 것이라는 점을 적절하게 증명하지 못했다.

혼합 번들링(Mixed Bundling)

혼합 번들링과 관련하여, 고객이 동일한 같은 자여야 한다는 요건과 항공기의 다양한 구성품을 주문하는 일정에 관한 조사 결과에 따라, 결합기업은 경우에 따라 특정 제품에 대해 모든 제품이 선택된다는 조건 하에 더 낮은 가격으로 여러 제품을 제공할 수 있었을 것이다. 실제로 경제 주체는 통상 별도 판매되는 다수 제품을 포함하는 패키지를 항상 제공할 수 있다. 그러나 이러한 번들링 제안은 고객이 번들을 수락하고, 특히 제품별로 분리할 것을 요구하지 않는 경우에만 시장에 경제적 영향을 미친다. 따라서 위원회는 결합기업이 고객에게 제공하는 패키지가 개별 상품으로 분리되지 않은 상태로 그대로 수용할 것을 요구할 수 있었다는 점을 입증할 책임이 있다. 또한 위에서 언급했듯이 위원회는 결합법인이 실제로 혼합 번들링에 관여할 가능성이 있음을 입증해야 했다.

이 사건에서 위원회는 결합법인이 실제로 혼합 번들링에 참여할 개연성을 증명하기 위해 위원회 결정에서 실제로 세 가지 별개의 추론 방식을 사용했다. 첫째, 위원회는 자신들이 예상하는 관행과 유사한 관행들이 이미 관련 시장에서 활용되어 왔다고 주장했으며, 특히 Honeywell에 의해 사용되었다고 주장했다. 또한 이 맥락에서 위원회는 'Honeywell이 제품 통합 강점'과 'Honeywell의 패키지 거래에서의 강점'이 관련 있다고 간주했음을 주목해야 한다. 둘째, 위원회는 잘 확립된 경제 이론, 특히 '쿠르노 효과(Cournot effect)'에 따르면 결합법인은 위원회가 예상한 관행에 참여할 경제적 유인을 가질 것이고, 이와 관련하여 특정 경제 모델에 의존할 필요가 없다고 주장했다. 셋째, 위원회는 결합기업의 전략적 목표가 진출한 다양한 시장에서의 영향력 확대에 있으며, 이러한 의도 하에 번들링이 경제적 합리성을 지닌 행동이자 따라서 개연성 있는 행동이라고 주장했다.

이전 관행

먼저 위원회가 제시한 이전 관행의 사례는, 본질적으로 Honeywell이 항공전자 및 비항공전자 제품을 번들링한다는 주장과 관련 있다는 점에 주목해야 한다. 이러한 사례가 충분히 증명되었다고 가정하더라도, 결합 후 결합기업이 엔진 판매를 항공전자 및 비항공전자 제품 판매와 번들링할 수 있는 능력을 갖추었을 가능성과 그렇게 할 상업적 유인이 있었을 가능성을 입증하는 것과는 거의 관련이 없다. 엔진 가격이 각 항공전자 또는 비항공전자 제품의 구성 요소의 가격보다 현저히 높으며 따라서 혼합 번들(mix bundle)의 상업적 역학은, (i) 항공전자 제품 및 비항공전자 제품으로만 구성되는지 또는 (ii) 이러한 제품과 엔진으로 구성되는지에 따라 매우 다르다는 것은 논란의 여지가 없다. 따라서 항공전자 및 비항공전자 제품과 관련된 사례만을 근거로, 엔진을 포함하는 혼합 번들링(mixed bundling)이 합병 후 결합법인에 실행 가능하고 상업적으로 유리했을 것이라고 입증할 수 없다.

위원회가 엔진과 항공전자/비항공전자 제품을 모두 포함하는 번들링에 대해 제시한 유일한 구체적인 사례는, [⋯] 기업용 제트 항공기와 관련된 것이다. 그러나 위원회 스스로 문제의 항공기 기체 제조업체가 [⋯]임을 인정한다. 따라서 문제된 위원회 결정에서 제시된 그 사례는, Honeywell이 기업용 제트 항공기 및 항공전자/비항공전자 제품용 엔진을 포함하는 결합판매(bundled sale)에 성공적으로 수행할 수 있었을 것이라는 점을 증명하지 못한다. 오히려 그 반대로 [⋯]라는 사실은 이 점에 대한 위원회 주장을 완전히 부정하는 것이다.

위원회는 Honeywell이 엔진과 항공전자/비항공전자 제품을 포함한 광범위한 묶음 거래를 할 수 있는 능력이 최근에, 특히 1999년 Honeywell과 AlliedSignal이 결합

이후에 생겼다고 언급한다. 비록 그 요인이 위원회가 그러한 묶음 거래의 사례를 하나만 찾을 수 있었던 이유를 설명할 수 있을지 모르지만, 법원이 이전 관행이 미래에 유사 관행이 발생할 개연성(likelihood)이 있다고 최종 결론 내릴 수 있는 설득력 있는 사례의 부재를 보완할 수는 없다. 또한 결합으로 인해 결합회사가 처음으로 묶음 판매를 제공할 수 있는 대형 상업용 항공기 부문과 기업용 항공기 부문 사이에는 상당한 차이가 있다. 특히 대형 상업용 항공기는 엔진과 관련해, 때때로 다중 공급원 플랫폼인 경우 엔진 제조사 고객이 항공사인 반면, 기업용 항공기는 항상 단일 공급원 플랫폼에서 고객이 항공기 제조사라는 차이가 있다.

위의 내용을 고려할 때, 위원회가 Honeywell의 이전 관행과 관련해 제시한 사례는, 결합 후 결합회사가 한편으로는 이전 GE의 엔진을, 다른 한편으로는 이전 Honeywell의 항공전자 및 비항공전자 제품을 포함하는 혼합 번들링(mixed bundling)에 관여했을 것이라는 점을 증명하지 못한다.

경제 분석

위원회가 경제 모델과 관련해 사용한 2번째 이유와 관련해, 결합법인이 이러한 관행에 참여할 단순한 능력이 아닌 유인을 언급할 때마다, 결합 후 그러한 유인이 실제로 존재할 가능성을 입증할 수 있는 증거나 분석은 제시되지 않았다. 따라서 위원회가 단순히 'GE와 Honeywell 제품 제공의 상호 보완적 특성과 각각의 기존 시장 지위로 인해, 결합법인은 두 부류의 고객들에게 제품 판매 전반에 걸쳐 패키지 제공 또는 교차 보조(cross-subsidisation)할 수 있는 능력과 경제적으로 합리적인 유인을 가질 것'이라고 언급하지만, 그러한 요소가 그러한 동기를 발생시키기에 충분한 이유는 설명하지 않는다. '결합법인이 제품을 묶어 판매하려는 유인은 단기에서 중기적으로, 예를 들어 차세대 항공기 플랫폼과 항공기 장비가 개발될 때 변경될 수 있다'고 명시하지만, 그러한 유인이 발생하는 이유나 예측된 변화 전후에 그러한 유인 간 실제 차이가 무엇인지 설명하지 않는다.

따라서 결합법인이 결합 후에 혼합 결합판매에 참여할 유인이 있었을 것이라는 점을 입증하지 못한다. 그러나 위원회는 '[결합판매] 제안과 관련된 당사자의 주장'이라는 제목 아래에서 다른 근거를 제시한다. 특히, 해당 제목 아래의 한 섹션은 '결합 판매의 쿠르노 효과'라는 제목이다. 쿠르노 효과는 본질적으로 광범위한 제품군을 판매하는 회사가, 범위가 더 제한된 제품을 판매하는 경쟁사에 비해 얻을 수 있는 이점을 다루는 경제 이론이다. 모든 제품군에 할인을 제공하여 각 제품의 이익 마진을 줄이면, 모든 제품군을 더 많이 판매하기 때문에 전반적으로 이러한 관행에서 이익을 얻을 수 있다.

해당 제목 이하에서 위원회는 본질적으로, 결합 당사자의 주장에 대해 '각 제품의 가격을 낮추려는 유인은, 항공기 수요가 엔진 및 구성품 가격에 비해 비교적 비탄력적이며, 항공기의 전체 가격이 항공사가 항공기 추가 구매 결정에 영향을 주는 여러 요소 중 하나에 불과하기 때문에 낮다'라고 답변한다. 위원회는 항공기 장비 및 구성품에 대한 수요가 완전히 비탄력적이라고 생각하지 않는다고 밝힌 후, 어떤 경우든 각 개별 기업의 제품에 대한 수요는 실제 탄력적이라고 주장한다. 이를 근거로 '결합판매(bundling)가 항공기 또는 엔진 및 구성품에 대한 수요 총량에 영향을 미치지 않더라도, 결합판매는 수요 재할당(reallocation)으로 이어지고, 따라서 결합회사에 유리하게 시장점유율이 이동한다'라고 결론지었다.

이러한 추론으로부터, 위원회는 결합법인은 각 항공기 장비에 대한 시장 수준의 수요가 탄력적이든 아니든, 쿠르노 효과로 인해 결합 후 혼합 번들링에 참여할 유인이 있었을 것이라고 주장한다. 그러나 Rolls－Royce가 의뢰한 컨설팅 회사인 Frontier Economics가 2001년 8월 뉴스레터에서 인정했듯이, 쿠르노 효과에 근거하여 이러한 점을 증명하려면, 가격 인하 규모와 예상되는 매출 변화, 그리고 다양한 시장 참여자의 비용과 이익 마진에 대한 자세한 실증 분석이 필요하다. 또한 위원회 스스로 행정절차 단계에서 그러한 경제분석이 자신의 주장을 입증하는 데 필요하다고 생각한 것으로 보인다는 점에 주목해야 한다. 이의제기서(Statement of Objections)는 문제된 위원회 결정서 해당 부분과 동일하지만, 이의제기서에서 위원회는 Choi 교수가 해당 제품에 대한 수요가 비탄력적인 상황을 분석하는 모델을 개발했으며, 이를 통해 번들링의 반경쟁적 효과 가능성을 보여주었다고 언급했다. 또한 GE는 이의제기서에 대한 답변 및 신고서에 첨부된 다른 경제학자, 특히 Nalebuff, Rey 및 Shapiro 교수의 보고서를 인용하는데, 이는 Choi 교수의 결론과 반대로 결합기업이 거래 후 혼합 번들링에 참여할 동기가 없을 가능성이 있다는 것을 나타낸다. 따라서 다양한 경제학자들이 내린 결론의 타당성 혹은 Nalebuff 교수, Rey 교수, Shapiro 교수의 분석과 Choi 교수의 분석의 상대적 중요성에 대한 자세한 평가 없이, 쿠르노 효과가 이 사건에서 결합법인이 혼합 번들링할 유인을 제공했을지에 대한 문제는 논란의 여지가 있다고 결론 내릴 수 있다. 그러한 유인이 있을 가능성에 대한 위원회의 결론은 쿠르노 효과의 경제 이론의 직접적이고 자동적인 결과가 아니다.

이와 관련하여 GE는 행정절차와 법원에서 Snecma가 이전 Honeywell의 이익을 증대하기 위해 할인을 제공하여 이익 일부를 희생하는 데 이해가 없으므로, CFMI 엔진을 포함한 혼합 결합판매는 불가능했을 것이라고 올바르게 지적했다. 위원회는 문제된 결정에서 그러한 상황이 결합 후 결합법인의 번들링에 대한 유인에 필연적으로 미칠 상업적 영향을 적절히 고려하지 않았으며, 위원회 결정에서 GE와 경쟁하지 않는 독립적인 엔진 제조업체인 Snecma가 그러한 일련의 행동을 선호해서는 안 될 이유가 없다고 언급했다. 만약 Snecma가 결합법인이 제조한 항공전자 및 비항공전자 제품과 함께 엔진을 묶어 패키지 판매를 늘리기 위해 CFMI 엔진의 판매 가격을 낮추는 데 동의한다고 하더라도, Snecma는 자사 엔진 판매가 증가하는 범위 내에서만 결합판매에서 이익을 얻을 것이다. 따라서 쿠르노 효과가 작용하여 Snecma의 전체 제품군에서 이익을 증가시키는 일은 없을 것이다.

결과적으로, CFMI 엔진을 포함한 혼합 번들의 일부로 고객에게 제공되는 엔진 가격 할인은, 원칙적으로 GE가 전적으로 자금을 조달해야 한다. 즉, 그러한 할인의 절대 가치를 나타내는 금액은, GE가 합작 투자에 참여함으로써 받는 CFMI 엔진 가격의 약 절반에서 공제해야만 했을 것이다. 왜냐하면 Snecma는 그러한 할인의 자금 조달에 상당한 정도로 기여하는 데 있어 GE와 비교할 만한 상업적 이익이 없었기 때문이다. 따라서 결합법인이 대형 상업용 제트 항공기 엔진 시장에서 번들 판매를 촉진하기 위한 '지렛대(lever)'는, 원칙적으로 GE 단독으로 제조한 엔진의 경우보다 CFMI 엔진의 경우가 더 작을 것이다.

결과적으로 CFMI 엔진을 포함한 혼합 번들링은 결합법인의 관점에서 GE가 해당 엔진의 유일한 제조사였을 때보다 상업적으로 현저히 수익성이 낮았을 것이다. 이전 GE 엔진을 포함한 혼합 번들에 대해 쿠르노 효과가 있다고 가정하더라도, 위원회는 CFMI 엔진을 포함한 혼합 번들링의 경우 그러한 효과가 있는지 확인하기 위해 위에서 언급된 요인을 고려한 별도의 분석을 수행해야 했을 것이다.

앞서 언급한 모든 사항을 고려할 때, 이 사건의 특수한 상황에 쿠르노 효과 이론을 적용한 자세한 경제 분석이 없이는, 위원회가 그 이론을 간략하게 언급한 것만으로 결합법인이 결합 후 혼합 번들링에 관여할 가능성이 있었을 것이라고 결론 내릴 수 없다. 위원회는 쿠르노 효과가 이 특정 사례에 적용 가능하다는 것을 입증한 경우에만, 쿠르노 효과를 근거로 *Tetra Laval* 판결에서 언급된 설득력 있는 증거를 제시할 수 있다. 따라서 위원회는 결합 후 시장에서 존재할 것으로 보는 경제적 상황만을 설명했을 뿐, 결합된 사업체가 결합 후 혼합 번들링에 참여했을 것이라는 사실을 충분한 정도의 개연성으로 증명하는데 성공하지 못했다.

예상되는 행동의 전략적 본질

셋째, 위원회는 법원에서 번들링과 번들링이 실제로 발생할 개연성에 대한 설명은, 결합법인이 경쟁자를 소외시키기 위해 번들 거래를 제공할 능력을 '지렛대'로 전략적으로 사용할 것이라는 사실에 비추어 읽어야 한다고 주장했다. 원고 GE는 위원회 결정에 대한 법리 구성(construction)이 법원에서 처음 제기된 해석이므로 '허용될 수 없다(inadmissible)'고 주장한다. 이와 관련하여, *Tetra Laval* 판결에서 법원이 1심법원과 마찬가지로, 위원회가 결합 후 걸힙법인이 관여할 미래 행위를 근거로 하는 경우, 그 행위가 실제 발생할 것이라는 점을 설득력 있는 증거(covincing evidence)에 기반해 충분한 정도의 개연성(a sufficient degree of probability)으로 입증해야 한다고 판결한 것을 먼저 주목해야 한다. 이 경우, 앞에서 위원회는 사건의 객관적인 상업적 및 경제적 상황을 참조하여 결합 후 혼합 번들링에 참여하는 것이 결합법인에 이익이라는 점을 증명하지 못했다고 판결한 바 있다. 따라서 상업적 관점에서 결합 후 결합기업에게는 다양한 전략이 열려 있었을 것이다. 위원회가 예상한 전략적 선택은, 확실히 위원회가 이용 가능한 선택 중 하나였겠지만, 각 개별제품에서 가능한 최대 마진을 얻어 단기적으로 이익을 극대화하는 것도 하나의 선택이었을 것이다.

따라서 결합법인에 경제적 유인이 있다는 점이 충분히 증명되지 않았기 때문에, 문제된 결정에서 결합법인이 단기적으로 이익을 희생하여 미래에 더 큰 이익을 거두는 전략적 결정을 내릴 것이라는 것을 시사하는 다른 증거를 제시해야 할 책임이 위원회에 있었다. 예를 들어, GE 이사회가 Honeywell 인수 입찰을 시작할 때 그런 목표가 있었다는 점을 보여주는 내부 문서는 상황에 따라 그러한 증거가 될 수 있었다.

법원은 GE의 그런 주장에 동의하며, 위원회가 결합법인이 실제로 그러한 전략적 결정을 내릴 것임을 입증할 수 있는 증거를 제시하지 않았다는 점을 지적할 수밖에 없다. 위원회는 결합법인이 전략적으로 제안된 묶음거래에 대해 가격을 책정하고 교차보조를 실시할 수 있는 능력이 있었을 것이며, 실제로 그런 관행을 활용했을 것이라고 주장할 뿐, 그 주장을 정당화하는 이유를 제시하지 않는다. 그러나 결합법인이 그러한 전략적 결정을 내릴 수 있었다는 사실만으로는, 실제로 그렇게 했을 것이고 그 결과 다양한 항공전자 및 비항공전자 시장에서 지배적 지위가 창출되었을 것임을 증명하기에 불충분하다.

마지막으로, 1심법원에서 위원회는 GE의 예상되는 미래 행위의 전략적 목적 자체가 그 행위의 가능성을 평가할 때 고려되어야 한다고 주장했다. 그러한 주장은 위원회가 특정 경제 모델에 의존하지 않은 이유를 설명할 수 있지만, 그러한 전략적 목적을 가진 상업 정책을 GE가 택할 가능성에 대한 증거 부족을 보완할 수는 없다. 또한 위원회는 실제로 [TFEU 제102조]에 따라 지배적 지위의 남용에 대해 부과된 제재 가능성이 결합법인에 미칠 수 있는 억제 효과를 고려해야 했다는 점을 덧붙이는 것이 적절하다. 위원회 결정에서 그 요소를 고려하지 않은 것은 혼합 번들링과 관련된 평가를 더욱 약화시킨다. 이런 점을 고려할 때, 법원은 '전략적' 상업 정책을 미래에 택할 것이라는 점을 근거로 하는 위원회 추론은 수용할 수 없다고 결론내려야 한다. 왜냐하면, 그 가설의 가능성을 증명하는 설득력 있는 증거가 제시되지 않았기 때문이다.

결론

앞서 언급한 모든 내용으로부터 위원회는 결합 후 결합법인이 기존 GE 엔진과 기존 Honeywell의 항공전자 및 비항공전자 제품을 모두 포함하는 결합판매를 했을 것이라는 점을 충분히 입증하지 못했다. 이러한 판매가 없을 경우, 결합법인이 경쟁사보다 더 광범위한 제품을 보유했을 것이라는 사실만으로는 해당 시장에서 지배적 지위가 창출 혹은 강화되었을 것이라는 결론을 정당화하기에 충분하지 않다. 위원회의 결합판매에 대한 결론은 어떤 경우에도 충분히 증명되지 않았기 때문에, 위원회가 주장한 시장으로부터 경쟁자 배제에 관한 원고 GE 주장을 검토할 필요는 없다.

따라서, 위원회가 결합기업의 향후 번들링 사용이 항공전자 제품 또는 비항공전자 제품 시장에서 지배적 지위의 생성 또는 강화를 초래하거나, 대형 상용 제트 항공기 엔진 시장에서 GE의 기존 지배적 지위 강화를 초래한다고 판단한 것은 명백한 평가 오류를 범한 것으로 결론내린다.

저자 소개

이병주 변호사는 서울대학교 법과대학을 졸업하고, 네덜란드 라이덴대학교(Leiden University)와 미국 서던캘리포니아대학교(University of Southern California)에서 각각 LL.M. 과정을 마쳤다. 국내외 경쟁법 분야에 대한 이해를 바탕으로 공정거래를 포함한 다양한 업무를 담당해 왔으며, 현재 법무법인(유) 지평에서 근무하고 있다.

글로벌 경쟁법 판례 -미국 · EU 주요 사례-

초판발행 2025년 8월 29일

지은이 이병주
펴낸이 안종만·안상준

편 집 한두희
기획/마케팅 조성호
표지디자인 BEN STORY
제 작 고철민·김원표

펴낸곳 (주) 박영사
서울특별시 금천구 가산디지털2로 53, 210호(가산동, 한라시그마밸리)
등록 1959.3.11. 제300-1959-1호(倫)
전 화 02)733-6771
f a x 02)736-4818
e-mail pys@pybook.co.kr
homepage www.pybook.co.kr
ISBN 979-11-303-4997-8 93360

정 가 32,000원